물질의 세계

물질의 세계

6가지 물질이 그려내는 인류 문명의 대서사시

에드 콘웨이 지음 | 이종인 옮김

INFLUENTIAL
인플루엔셜

현대 사회를 구성하는 핵심에는 인간의 지식과 고도로 발달한 기술이 존재하지만, 그 기저에는 태곳적부터 변함없이 자리하고 있는 물질이 있다. 모래에서 비롯된 반도체가 없다면 인공지능의 미래는 존재하지 않았을 것이며, 리튬과 구리, 철이 없다면 화석연료의 사용을 대체하는 2차전지와 재생에너지 역시 존재하지 않았을 것이다.

이 책은 인류의 문명을 만들고 역사를 바꿔온 대체 불가능한 여섯 가지 물질이 그려내는 여정을 인문학과 경제, 역사와 과학이 어우러진 통섭의 눈으로 탁월하게 담아낸다. 물질이 만드는 그 생생한 과정 속에 우리가 새롭게 그려나갈 미래의 모습이 담겨 있다.

—이광형 | KAIST 총장

모래, 소금, 철, 구리, 석유, 리튬은 오랜 시간과 복잡한 채굴·정제 과정을 거쳐 우리의 일상 속에 자연스럽게 녹아들었다. 모래 없이 반도체나 스마트폰은 존재할 수 없으며, 구리 없이는 전력망을 구축할 수 없다. 소금 없이는 화학제품이나 의약품을 생산할 수도 없다. 물질은 인간에게 이로움을 주지만, 환경에 엄청난 영향을 미치기도 한다. 이러한 물질 세계의 아이러니를 통해 우리는 현대 사회가 어떻게 만들어졌으며 어떻게 움직이고 있는지 문명과 역사를 바라보는 새로운 시각을 얻을 수 있다. 이토록 많은 배움과 자극을 준 책을 정말 오랜만에 만나 반갑다.

—주경철 | 서울대학교 서양사학과 교수

인류의 대서사를 설득력 있게 풀어낸 책이다.

—팀 마샬 | 저널리스트, 《지리의 힘》 저자

세상을 움직이는 물질에 관한 종합선물세트 같은 책. 모래, 유리, 소금처럼 일상에서 흔하게 접하는 물질들이 세상을 어떻게 변화시켜 왔는지, 우리가 딛고 사는 땅 밑 세계는 얼마나 다채로운지, 물질을 쓸모 있게 바꾸기 위해 분투한 많은 사람의 이야기가 책 한 권에 담겨 있다.
꼬리에 꼬리를 물고 이어지는 이야기 속에서 과학과 역사, 지질학과 전쟁이 교차하며 흥미로운 지적 탐험이 이어진다. 세상에 대한 호기심을 품은 독자라면 오랜 역사 속에서 물질이 그려내는 가장 매력적인 세계를 만날 수 있을 것이다.

—최준영 | 〈최준영 박사의 지구본 연구소〉 소장, 법무법인 율촌 전문위원

다채로운 캐릭터와 매혹적인 연결고리로 가득한 《물질의 세계》는 모래에서 소금, 철에 이르기까지 가장 단순해 보이는 재료가 최종 형태에 도달하기까지 얼마나 복잡한 과정을 거치는지를 보여준다. 저자 에드 콘웨이는 흥미진진한 스토리텔링을 통해 왜 우리가 물질의 세계를 당연하게 여기면 안 되는지 증명해 보인다. 매혹적이고 통찰력 있는 이 책은 물질에 대한 나의 시각을 송두리째 바꿔놓았다.

—크리스 밀러 | 터프츠대학교 플래처스쿨 교수, 《칩 워》 저자

생동감 넘치는 현장과 풍부한 지식이 흥미진진하게 펼쳐진다. 책을 읽는 내내 감탄을 금치 못했다.

—피터 프랭코판 | 옥스퍼드대학교 세계사 교수, 《실크로드 세계사》 저자

고도로 발달된 현대 사회 기저에는 물질(자원)이 있다. 이 책은 세계 경제를 좌우하는 물질을 바탕으로 지구의 풍요로움에서 가치를 추출하려는 인간의 도전을 흥미롭게 풀어낸다. 물질을 둘러싼 보이지 않는 전쟁을 통해 미래의 지정학적 단층선이 새롭게 정의된다.

—《월스트리트저널》

에드 콘웨이는 물질 세계의 현장을 탐험하면서 곳곳에서 펼쳐지는 인류 진보의 비극적인 아이러니를 목격한다. 세계는 어떻게 만들어졌는지 고찰하는 이 책은 여섯 가지 물질을 통해 우리 사회에 생각할 과제를 남겨준다.

—《뉴욕타임스》

우리 삶을 좌우하는 6가지 물질을 찾아 떠나는 박진감 넘치는 여정. 생동감 넘치고 흠잡을 데 없이 잘 쓰인 이 책은 '세계작동원리'라는 새로운 문학의 지평을 열었다.

—《커커스리뷰》

매혹적이다. 환경문제의 심각성과 함께 탈석유화가 만들어낸 아이러니까지 명쾌하게 보여준다.

—《파이낸셜타임스》

에드 콘웨이는 이 시대 경제와 비즈니스에 가장 능통한 저널리스트이다. 이 책은 당신의 필독서 목록에 반드시 들어가야 한다.

—《시티 A.M.》

현대 문명의 토대가 된 '물질'에 대해 다루는 콘웨이의 책은 빌 브라이슨과 마찬가지로 방대하고 집요하게 정보를 수집하고 탐색한다. TV 저널리스트인 저자의 장점을 살려 북해의 소금 광산, 칠레 아타카마 사막의 광물철도와 구리 광산 등 전 세계 물질의 생산지를 직접 취재해 독자들에게 생생한 현장감을 전달한다.

—《뉴스테이츠먼》

현대 사회를 해체해 우리가 그 내부를 들여다볼 수 있게 한다. 기후변화, 경제 개발, 지정학적 긴장에 어떻게 대처할지 논쟁하는 지금, 이 책은 우리가 물리적인 것에 의존하고 있음을 시의적절하게 상기시키며, 이러한 논쟁에 대한 도전적이고 실용적인 관점을 제시한다.

—《블룸버그》

물질의 세계는 다음과 같은 강력한 점을 시사한다. 우리는 300만 년 전 인류가 탄생한 이래 가장 많은 양의 물질을 채굴하고, 채취하고, 폭발시키고 있다. 이는 향후 생태학적으로나 사회적으로 엄청난 결과를 가져올 것이다

—《뉴요커》

물질이 인간의 삶에 미치는 과정을 과학적으로 생생하게 보여준다. 현대 공급망의 복잡성, 일상용품의 숨겨진 과학, 정부 정책의 미묘한 변화로 인해 세계 경제에서 이러한 재료(물질)의 역할이 어떻게 변화하는지에 대한 매혹적인 시각을 제시한다.

—《포린폴리시》

매혹적이고, 흥미로우며 매우 중요한 책. 그동안 인지하지 못했던 우리가 만든 세계에 대한 놀라운 탐험이 이 책에 담겨 있다.

─팀 하포드 | 저널리스트, 《경제학 콘서트》 저자

현대 문명을 움직이는 핵심 물질과 그에 대한 인간의 끝없는 욕구를 어떻게 충족시킬지 매우 흥미로운 시각으로 바라보며, 중요한 시사점을 제시한다.

─케네스 로고프 | 하버드대학교 경제학부 교수, 전 IMF 수석 경제학자

이 책은 광범위한 지식을 폭넓게 전달하며 우리에게 수많은 교훈을 안겨준다. 인간의 역사를 만들고 현대사회를 건설한 여섯 가지 물질에 대한 놀라운 통찰력이 담겨 있다.

─루이스 다트넬 | 우주생물학자, 《오리진》 저자

매혹적인 이 책은 현대 사회의 빛과 그림자를 파고든다. 지구에서 살아가는 모든 인간의 삶을 촘촘히 연결하고 있는 광업 및 제조업의 현실을 드러낸다.

─마크 미오도닉 | UCL 기계공학과 교수, 《사소한 것들의 과학》 저자

우리가 알지 못했던 물질의 세계를 이토록 흥미진진하게 풀어내다니 콘웨이는 최고의 찬사를 받아 마땅하다. 다만 이제껏 아무도 이 이야기를 책으로 쓸 생각을 하지 않았다는 것이 당황스러울 뿐이다.

—**매튜 패리스** | **저널리스트,《균열*Fracture*》저자**

경제와 인간의 삶에 대한 당신의 생각을 변화시킬 놀라운 책!

—**매슈 사이드** | **저널리스트,《다이버시티 파워》저자**

에드 콘웨이는 위대한 사상가이다.《물질의 세계》는 인간의 삶에서 빼놓을 수 없는 기본적인 물질에 대한 몰입도 높은 연구를 바탕으로 쓰였다. 당신이 현대 사회를 만든 자원과 인류가 나아갈 방향에 관심이 있다면 이 책에 빠져들 수밖에 없다.

—**아담 볼튼** | **저널리스트, 타임스 라디오 진행자**

물질이 경제적·지정학적·환경적 측면에서 어떻게 현대 사회를 효과적으로 만들어왔는지에 대한 훌륭한 탐구를 보여준다.

—**다이앤 코일** | **케임브리지대학교 공공정책학 교수**

인류의 과거와 현재, 미래를 넘나드는 물질 세계로의 여행

나는 벼랑 끝에 서서 이제껏 본 적 없는 아주 깊은 구덩이를 내려다 보고 있었다. 거기에는 단단한 안전모를 쓴 한 무리의 사람들이 서 있 었다. 아니, 그런 사람들이 거기에 있다는 말을 들었다. 그들은 너무 멀 리 떨어져 있어서 도무지 육안으로 식별할 수 없었다. 근처에는 수십 킬로그램의 폭약이 놓여 있었는데, 도시 한 블록을 날려버릴 정도로 강력한 양이었다.

내 앞에는 버튼 두 개가 붙은 금속 패널이 있고, 옆에는 무전기를 든 남자가 서 있었다. 우리는 통제실에서 숫자를 세는 소리에 귀 기울 이고 있었는데, 내게는 카운트다운이 끝날 때 두 버튼을 동시에 누르 는 임무가 맡겨진 터였다. 기폭장치로 내린 명령은 1초 만에 구덩이 바 닥에 도달하여 축구장 크기만 한 땅을 눈앞에서 증발시켜버릴 예정이 었다.

"버튼을 누르면 충격파가 먼저 느껴질 거예요." 무전기를 든 남자가 말했다. "그다음에는 흙이 공중으로 날아오르고 이어서 폭발음이 들립니다. 좀 괴상한 순서죠."

나는 폭파 버튼을 누르려고 깊은 사막까지 온 게 아니었다. 나를 이곳으로 이끈 건 모종의 수수께끼였다. 몇 달 전 영국의 무역 통계를 훑어보다가 이상한 점을 발견했는데, 금의 흐름이 통계 수치를 왜곡하면서 영국 경제의 큰 그림을 일그러뜨리고 있었다. 자세히 살펴보니 금은 최대 수출 품목으로 자동차와 의약품을 앞지를 정도였다. 영국은 금 광업이 발달하지 않은 나라였기 때문에 이것은 수수께끼였다. 어떻게 지하에 이렇다 할 양의 금이 매장된 것도 아닌 나라가 최대 금 수출국 중 하나가 될 수 있을까.

내 추측은 이러했다. 세계에서 유통되는 실물 금이 중간 과정에서 런던을 거쳐 가는 게 아닐까? 나는 수수께끼를 풀기 위해서 이 귀금속이 지하에서 채굴되어 제련소를 거쳐 금괴가 되어 온 세상을 돌아다니는 과정을 살펴보고자 했다. 그러나 촬영팀을 꾸려서 막상 여정에 나서니 이보다 더 흥미로운 이야기가 있을 것 같다는 생각이 머릿속을 스쳤다. 그것은 인간과 이 세상의 관계에 대하여 아주 많은 것을 설명해줄 이야기였다.

프로듀서가 문제의 광산기업인 바릭골드Barrick Gold를 섭외하고, 촬영팀이 런던에서 금 채굴 현장에 도착하기까지 준비 단계에만 몇 달이 걸렸다. 코르테즈 광산Cortez Mine은 길을 가다가 우연히 들를 수 있는 곳이 아니었다. 비행기를 갈아타고 유타주의 소금평원을 가로질러 서쪽으로 4시간가량 차를 타고 이동했다. 그렇게 해서 바릭골드 관계자들을 만났는데, 이들과 함께 다시 2시간을 더 차를 타고 들어가야 했다. 가끔 대형 트럭이 지나갈 뿐 텅텅 빈 고속도로를 지나 긴 사막 도로를 한참 달려 사람이 살지 않는 메마른 계곡으로 접어드는 비포장 도로를 지났다. 그야말로 카우보이의 고장이었다.

코르테즈 광산은 미국 네바다주 테나보산의 산등성이에 자리 잡고 있다. 이곳은 원래 서부의 쇼쇼니족Shoshone이 살던 성스러운 땅이었다. 채굴 과정은 19세기 채굴업자들의 기술을 그대로 답습한 방식으로 간단한 편이었다. 단지 그 규모가 엄청나게 크다는 점만 달랐다. 땅속의 암반층을 폭파하여 작은 바위로 쪼개고, 갈아서 고운 가루로 만든 다음, 시안화물 용액과 혼합해 금을 추출했다.

이것이 21세기에 천연자원을 개발하는 현장의 현실이었다. 그러니까 엄청난 양의 암석을 작게 쪼개 화학적으로 가공하는 것이다. 그것은 경탄을 자아냈지만, 동시에 심란한 장면이기도 했다. 추출 과정에서 사용한 시안화물과 수은이 주변 생태계로 흘러들어갈 위험이 있었기 때문이다.

바릭골드 같은 채굴기업들은 미국 환경보호청의 규정을 철저히 준수한다고 말하지만, 환경운동가들은 광산에서 오염 물질이 흘러나올 수 있다고 경고한다. 실제로 몇 년 전 환경보호청으로부터 벌금을 부과받기도 했다. 인근의 다른 업체는 시안화물, 납, 수은 등 독성 화학물질의 배출 상태를 제대로 신고하지 않아 벌금 61만 8000달러를 부과받았다. 금이 생산되기까지 여러 단계를 지켜보면서 가장 놀란 점은, 반짝거리는 금속 겨우 몇 조각을 얻기 위해서 오늘날 이처럼 많은 과정을 거쳐야 한다는 것이었다.

그 과정은 규모부터 엄청났다. 구덩이를 내려다봤을 때는 트럭 몇 대가 돌아다니는 모습만 작게 보였지만, 지상으로 올라온 트럭들을 보니 3층 건물보다 높은 대형 트럭이었다. 타이어만 해도 2층 버스 높이였다. 금괴 한 덩이를 만들기 위해서 얼마나 많은 흙을 파헤쳐야 할까? 바릭골드 관계자들에게 물었더니 모르겠다고 대답했다. 그러나 나는 알고 있었다. 단 하루 작업에 이 트럭들이 엠파이어스테이트빌딩 무게의 바윗덩어리들을 운반한다는 사실을. 계산해보니, 골드바 표준 중량인 400트로이온스(약 12.4킬로그램) 하나를 만들려면 5,000톤의 흙을 파내야 했다. 이는 세계 최대 여객기인 A380 10대가 만석일 때의 무게와 비슷하다.

어쩌면 당신은 금이 오늘날 이런 식으로 채굴된다는 것을 이미 알고 있었을지도 모르겠다. 자연에 금덩어리가 묻혀 있다거나 대자연 속 금맥에서 그대로 채금하는 게 아니라는 사실을 말이다. 혹자는 금이 독성 혼합물을 사용한 화학 작용으로 만들어진다는 것, 단순히 땅속에서 캐내는 것이 아니라 산 전체를 폭파하여 얻어낸다는 사실도 알고 있을 것이다. 어쩌면 이런 사실을 전혀 알지 못한 내가 순진한 편이었을지도 모르겠다.

아가리를 턱 벌린 구덩이에서 집채만 한 트럭들이 오가고 광부들이 폭파 현장을 개미처럼 돌아다니는 장면을 내려다보면서 문득 불안감이 엄습했다. 눈앞에서 펼쳐지는 일들이 아니라 내가 가지고 있는 물건 때문이었다. 나는 몇 달 전에 결혼식을 올리면서 가족들 앞에서 사랑의 표시로 아내와 금반지를 주고받았다. 내 옆의 무전기에서 카운트다운이 이어지는 동안 결혼반지를 만지작거리며 생각에 잠겼다. 아마도 이 반지를 만든 금은 내가 지금 보고 있는 것과 똑같은 기술을 사용해 채굴됐을 것이다. 어째서 나는 이 금이 어디에서 왔는지 확인하지 않았던 걸까? 아내의 약혼반지 다이아몬드가 분쟁지역 다이아몬드인지 여부는 그렇게 열심히 확인했으면서 말이다. 그런데도 이 금반지를 만들기 위해 인간과 토지가 어떤 희생을 치렀는지는 왜 확인하지 않았던가.

과거에는 약 0.3톤의 광석만 있으면 결혼반지를 만들 정도의 금을 전통적인 채금 방식으로 얻을 수 있었다. 하지만 오늘날 그 정도의 금을 얻으려면 적게는 4톤에서 많게는 20톤의 광석이 필요하다. 기폭장치 앞에 서 있던 나는, 도살장을 둘러보기 전 푸짐한 육류로 아침 식사를 즐긴 사람이 된 것 같은 기분을 느꼈다.

산 자체의 문제도 있었다. 내가 내려다보고 있는 구덩이는 테나보산 근처의 어딘가가 아니라 테나보산 그 자체였다. 코르테즈 광산은 글자 그대로 산꼭대기의 어깨 부분을 파고들고 있었다. 구덩이의 반대편에는 산을 이루는 색색의 암석층이 켜켜이 쌓여 있는 모습이 눈에 들어왔다. 이곳의 원주민인 쇼쇼니족이 섬겼다는 물의 신을 믿는 건 아니었지만, 땅의 피부를 벗겨내고 지표면 아래를 응시하는 일은 잔인하고 의미심장하다는 생각을 떨칠 수가 없었다.

카운트다운이 계속되던 중에 나는 고개를 돌려 프로듀서를 간절한 눈으로 쳐다봤다. "이걸 대신해줄 수 있어요?" 그녀는 의아하다는 듯이 쳐다보더니 자리를 바꿔주었다. 나는 부끄러움을 느끼며 뒤로 한 걸음 물러났다.

카운트다운이 끝나자 무전기를 든 남자가 버튼을 가리키며 말했다. "코르테즈 언덕, 발파 실행." 프로듀서가 버튼 두 개를 동시에 눌렀다. 약 1초 정도 정적이 흘렀을까. 이윽고 압력파가 들이닥쳤다. 극적인 느낌은 없었고, 공기의 미동처럼 느껴졌다. 지면이 흔들리기에 수십 미터 아래의 구덩이를 내려다보니 땅이 액체 상태로 변해 있었다. 폭파는 광산 바닥을 갈라놓았고 먼지와 연기가 공중으로 날아올랐다. 그제야 우리는 땅이 울리는 소리를 들을 수 있었다. 그 소리는 몇 분 동안 골짜기 일대에 크게 울려 퍼지면서 메아리를 만들었다.

금은 야만적 유물이다

경제학자 존 메이너드 케인스John Maynard Keynes는 금을 가리켜 "야만적 유물"이라고 비판했다. 금이 장신구나 유물 속에서는 아름답게 보이지만 그 외에는 기능적으로 하는 일이 없다는 뜻이다.

하지만 금은 분명 가치를 지니고 있다. 그렇지 않다면 왜 우리가 금괴 몇 덩이를 얻겠다고 산 전체를 폭파하겠는가? 금이 실제로 할 수 있는 일을 잠시 떠올려보자. 금은 전자공학이나 화학 분야에도 도움을 주지만 이건 오늘날 금 수요의 10분의 1도 설명하지 못한다. 그보다는 보석류, 장식물, 경제적 재앙을 우려하는 이들의 위험회피용 자산 등의 쓰임이 더 주요하다. 내가 코르테즈 광산에서 봤던 금은 지금쯤 누군가의 반지에 녹아들어 있을 것이다. 아니면 은행 대여 금고 속의 금괴 형태로 다시 지하에 들어가 있을지도 모른다. 보석상이나 예민한 투자자에게는 헛소리처럼 들릴 수 있겠지만, 우리 주위에서 갑자기 금이 다 사라진다고 해도 세상은 여전히 잘 돌아갈 것이다.[1]

네바다주에서 돌아온 뒤 나는 이런 질문들을 몇 달간 계속 곱씹었다. 있어도 그만 없어도 그만인, 생활에 별 지장 없는 금속을 지하에서 채굴하기 위해 그렇게 수많은 과정을 거쳐야 한다니! 실제로 필요한 물질들을 채굴하려면 얼마나 복잡한 과정을 거쳐야 할까? 그렇다면 우리가 실제로 크게 의존하고 있는 물질은 무엇일까? 이 세상에 없다면 문명을 멈춰 서게 할 정도로 중요한 물리적 요소들은 무엇이며, 어디에서 오는 것일까.

가장 먼저 떠오른 건 강철steel이었다. 각종 기계는 말할 것도 없고, 대부분의 건물과 자동차는 철iron, 탄소carbon, 기타 중요 원소들의 합금인 강철로 만들어진다. 콘크리트가 없다면 현대의 공간을 조성하지 못할 것이다. 구리copper도 필수 물질에 속한다. 우리가 크게 의존하는 전력망을 지탱하는 물질이기 때문이다. 이 세상은 여전히 화석연료를 핵심 에너지원으로 삼고 있으므로 화석연료 또한 필수 물질에 들어갈 것이다. 장차 미래에 더 중요해질 배터리의 핵심 원료인 리튬lithium도 빼놓을 수 없다. 이런 물질들을 채굴하려면 코르테즈 광산에서 봤던 것과 같은 어마어마한 파괴 행위를 거쳐야만 할까?

내가 직장생활의 대부분을 할애한 경제학은 이런 종류의 질문에 대하여 딱히 해줄 말이 없는 듯하다. 경제학의 모범 답안은 이렇다. 상품의 가치는 사람들이 그것에 대하여 기꺼이 지불하려는 의지에 따라 결정된다. 만약 어떤 상품의 공급이 부족해지면 사람들은 소비를 줄이고 대체재가 존재한다면 그것을 찾아 나선다. 그러면 문제는 사라진다. 끝.

그러나 이런 이야기는 현실과 맞지 않는다. 어떤 물질은 여전히 매우 중요하기 때문이다. 오늘날 우리는 점점 물질에서 벗어난 세상에 살고 있다. 앱, 네트워크, 온라인 서비스 등 보이지 않는 품목들이 큰 가치를 인정받는다. 하지만 물질계는 여전히 모든 것의 기저에서 힘을 발휘하고 있다. 눈에 보이지는 않지만, 우리 경제의 대차대조표를 훑어보면 쉽게 알 수 있다.

미국에서 생산하는 5달러 중 4달러가 서비스 부문에서 나오고, 나머지 1달러는 에너지업·광산업·제조업에서 나온다. 그렇지만 소셜네트워크부터 소매업, 금융업에 이르기까지 거의 모든 것이 물질적 하부구조에 의존하고 있지 않은가. 그것들을 가능하게 하고 거기에 에너지를 제공하는 건 물질계이다. X(트위터의 새로운 이름—옮긴이)나 인스타그램이 갑자기 사라진다고 해서 세상이 종말을 맞진 않을 것이다. 그러나 강철이나 천연가스가 갑자기 사라진다면 상당히 심각한 이야기가 된다.

우리는 이러한 사실을 본능적으로 알고 있다. 특히나 전쟁, 물자 부족, 금융위기 같은 국면에서는 매우 분명하게 드러난다. 그러나 국민총생산GDP 같은 통계의 세계에서 돈은 그저 돈일 뿐이다. 인스타그램에 쓰든 먹을거리에 쓰든 똑같은 돈이다. 여기에는 분명한 논리가 존재하지만 내 질문에 정확한 답을 주지는 못한다. 어떤 상품의 가격을 아는 건 좋은 일이지만, 가격은 중요성의 등가물이 아니다.

이 책은 이러한 문제에 답하기 위해 쓰였다. 물질들의 시장가치가 아니라 우리가 얼마나 그 물질들에 의존하는지를 따져보자는 소리다. 내 전문인 경제학을 벗어나 문제에 더 깊이 파고들자 전혀 다른 이야기가 펼쳐졌다. 경이롭기까지 했다. 흔하고, 평범하고, 저렴한 이 물질들이 알면 알수록 마법처럼 느껴졌다.

연필은 어떻게 만들어지는가

모래알처럼 간단한 물질을 살펴보자. 세상에서 산소를 제외하면 모래를 이루는 주요소인 실리콘silicon만큼 흔한 원소가 없다. 무릎을 꿇고 땅 위의 모래 한 알을 살피다 보면 곧 복잡성의 우주로 빠져든다. 이 조잡하고 네모난 모래알은 건축 자재로 쓰인다. 바닷모래는 해저에 잠들어 있다가 퍼올려져 새로운 땅속으로 들어간다. 바람에 무수히 쓸린 사막의 모래도 있다. 현미경으로 사막 모래를 살펴보면, 대리석을 켜켜이 쌓아 올린 것처럼 보인다. 이 모래알의 가장자리는 수천 년에 걸쳐서 부식되어 둥그렇게 변해왔다. 고대의 열대 대양이 남긴 모래는 높은 순도를 자랑하므로 전 세계적으로 활발히 거래된다.

모래와 자갈에다가 시멘트를 섞고서 물을 약간 부으면 콘크리트를 얻을 수 있다. 콘크리트는 글자 그대로 현대 도시를 이루는 기본 재료이다. 모래와 자갈에다가 천연 아스팔트인 역청bitumen을 섞으면 아스팔트 콘크리트, 우리가 흔히 아스팔트로 부르는 재료가 된다. 콘크리트를 쓰지 않은 도로 대부분이 아스팔트로 만들어졌다. 실리콘이 없다면 현대 사회를 지탱하는 컴퓨터 칩도 만들 수 없다.

모래에 적절한 첨가제를 사용해 고온에서 녹이면 유리가 만들어진다. 유리는 재료과학의 커다란 미스터리 중 하나다. 액체도 고체도 아닌 이 물질의 원자 구조를 아직도 완벽하게 이해하지 못하기 때문이다. 자동차 전면 유리는 시작일 뿐이다. 유리를 여러 가닥으로 엮고 수지를 더하면 유리섬유가 된다. 유리섬유를 활용하면 풍력발전 터빈의 블레이드를 만들 수 있고, 순수한 와이어 상태로 정제하면 인터넷을 구축하는 광섬유가 탄생한다. 리튬을 첨가하면 강도와 탄성을 높일 수 있다.

유리에 붕소boron를 첨가하면 붕규산유리borosilicate glass가 된다. 파이렉스Pyrex의 유리 제품을 써본 적이 있는가? 파이렉스는 유리 제조사 코닝Corning이 붕규산유리 제품을 생산하는 브랜드에 붙인 이름이다.

붕규산유리는 안정적이고 투명하고 튼튼하며 급열·급냉에도 깨지지 않는다. 가스레인지의 불꽃부터 우주 공간의 혹한에 이르기까지 전부 견뎌내기에 용도가 매우 다양하나 막상 현대에는 그다지 주목받지 못하고 있는 숨은 영웅이라 할 수 있다. 일반 유리는 강력한 화학물질에 노출되면 자그마한 입자로 분해돼 액체가 되지만, 붕규산유리는 화학적 비활성을 유지한다. 그러므로 시험관, 실험실 비커, 의료용 유리병 등에 꼭 필요한 물질이다. 코로나19를 비롯한 최근의 제약 및 백신의 역사에서 한 가지 공통점이 있다면, 실험·보관·수송에 붕규산유리 용기가 이용된다는 사실이다.

우리는 이렇게 중요한 물질들이 공급 부족에 처하기 전까지는 그다지 신경을 쓰지 않는다. 붕규산유리가 바로 그런 경우였다. 팬데믹 시기에 백신 유통에서 가장 우려되었던 부분은 백신 자체가 아니라 그걸 운반하는 용기의 부족이었다. 이를 계기로 붕규산유리가 갑자기 주목받기 시작했다. 당시에는 광산부터 제련소, 공장에 이르기까지 공급망에서 일하는 수천 명의 노동자가 분발하여 재앙을 피할 수 있었다. 코닝은 주사약을 담는 유리 용기인 바이알vial의 수요가 늘어나자 붕소 대신 알루미늄, 칼슘, 마그네슘으로 완전히 새로운 유형의 유리를 만들기도 했다.

그러나 다른 부문들은 이만큼 운이 좋지 못했다. 팬데믹을 겪으면서 마스크, 멸균 면봉, 진단 시약, 그리고 시멘트, 강철, 목재, 화장지, 산업가스, 화학물질이 부족해졌다. 육류, 겨자, 달걀, 유제품도 충분치 않았다. 반도체로 불리기도 하는 실리콘 칩의 부족으로 전 세계 자동차 회사들은 장비를 내려놓고 공장 문을 닫아야 했다. 컴퓨터와 스마트폰 제조사들은 주문을 제때 소화하지 못했다. 신작 게임기는 출시 1년이 지나도록 물량이 부족한 상태였다가 2년 차에 접어들어서야 공급 부족을 해소했다.

공급망 위기와 관련하여 주목할 점은, 이 문제가 전 세계 정부와 정책 입안자 들을 급습해 놀라게 만들었다는 사실이다. 그들은 반도체가 부족해져서 놀랐고, 다량의 반도체가 필요한 자동차 업계에서 신차를 생산하지 못해서 또 놀랐으며, 그로 인해 중고차 가격이 너무 올라가 신기록을 경신하자 다시 한번 놀랐다.

2021년 말, 영국 정부는 이산화탄소의 부족을 발견하고 놀랐다. 이산화탄소가 없으면 식품 산업은 발포성 음료를 만들거나 보존하지 못하고, 도축 전에 돼지나 닭도 기절시키지 못한다는 사실에 재차 놀랐다. 이 모든 게 체셔와 티스사이드에 있는 비료 공장 두 곳이 갑자기 문을 닫아서 생긴 일이었다. 두 공장은 영국에서 사용하는 이산화탄소 대부분을 공급했는데, 원래 이들의 목적은 이산화탄소가 아니라 암모니아를 생산하는 것이었다. 그런데 천연가스 가격이 상승해버렸다. 뒤에서 자세히 살펴보겠지만, 암모니아는 천연가스로 만들기 때문에 한 물질의 가격이 요동치는 바람에 전혀 무관해 보이던 다른 물질이 갑자기 부족해지는 현상이 일어났다.

이것이 정말로 경악할 일일까? 그 답을 얻기 위해, 경제학자 레너드 리드Leonard Read가 1958년에 쓴 유명한 에세이 〈나, 연필I, Pencil〉을 살펴보자. 〈나, 연필〉은 이렇게 시작한다. "나는 연필이다. 읽고 쓸 줄 아는 모든 소년과 소녀, 어른에게 친숙한 나무 연필이다." 이런 식으로 리드는, 아니 연필은 말을 이어나간다. "그러나 나를 어떻게 만드는지 아는 사람은 지구상에 단 한 명도 없다."[2]

연필에 쓰이는 나무는 미국 서부에서 자라는 삼나무이다. 용광로에서 만든 강철로 삼나무를 베고 작업장에서 마무리한다. 그러고는 다시 잘라서 작은 조각으로 만들어 건조하고, 염색한 뒤 또 말린다. 작은 조각에 홈을 낸 뒤 서로 이어 붙여서 고정한다. 연필의 핵심인 연필심은 스리랑카에서 채광한 흑연에 미시시피주의 흙, 동물성 지방과 황산으로 만든 화합물을 섞어서 만든다. 피마자 씨앗에서 추출한 피마자유로 만든 액체로 연필의 나무와 심을 코팅하고, 수지를 써서 라벨을 붙인다. 연필 끝에는 지구 반대편에서 채광한 구리와 아연으로 만든 놋쇠를 붙인다. 지우개는 인도네시아의 유채씨유, 그리고 염화황부터 황화카드뮴에 이르는 수많은 화학물을 사용하여 만든다.

연필처럼 매우 간단한 물건을 하나 만드는 데도 이렇게 복잡한 과정을 거친다. 각각의 부품을 만드는 제조업자들부터 제조 공정에 에너지를 제공하는 발전소 근무자들까지 "수백만 명의 사람이 나(연필)의 탄생에 참여하지만, 그 누구도 다른 사람을 극히 일부밖에 알지 못한다"라고 리드는 썼다.

여기서 우리는 두 가지 교훈을 얻을 수 있다. 첫 번째, 일상용품이 만들어지는 과정에 대하여 아는 게 별로 없다는 사실이다. 두 번째, 이토록 복잡한 제조 과정을 단 한 사람이 맡거나, 더 나아가 통제한다는 것은 불가능하다는 것이다. 냉전이 한창이던 시대에 집필된 〈나, 연필〉은 특히 두 번째 교훈을 강조한다. 자유시장경제를 옹호하는 경제학자 밀턴 프리드먼Milton Friedman은 이 에세이를 예로 들면서 소련 경제학자들의 주장, 즉 중앙위원회에서 경제 전체를 통제할 수 있다는 생각이 잘못됐다고 반격했다.

그러나 21세기에도 공급망이 갑작스럽게 붕괴하는 모습을 보고 나니, 첫 번째 교훈도 새삼 중요하다는 생각이 들었다. 만약 우리 사회가 일상용품이 어떻게 만들어지는지 좀 더 관심을 가졌다면, 원료의 공급 부족 사태에 그렇게 당황하지 않았을 것이다. 리드의 에세이 덕분에 이제는 수백만 명의 경제학도가 연필 공급망에 대해 잘 알고 있고, 연필 부족 문제를 피할 수 있게 됐다. 그렇다면 스마트폰, 백신, 배터리의 경우는 어떤가? 이산화탄소와 붕규산유리의 공급망은?

원자재를 세련된 상품으로 완성해서 소비자에게 유통하는 사람과 기술의 네트워크는 원자재를 구성하는 기본 물질과 함께 이 책의 주요 관심사이다. 이 책에서 여러분은 서로를 잘 모르는 인적 네트워크가 어떻게 별 볼 일 없어 보이는 비활성 물질을 그토록 경이로운 상품으로 탈바꿈하는지 그 과정을 목격할 것이다. 몇몇 공급망은 반도체를 생산하는 공급망 못지않게 경이로웠다.

반도체 부족 현상이 일어나기 한참 전부터 나는 실리콘 결정 이야기를 들려줄 준비를 해왔다. 채석장에서 시작해서 반도체를 위탁 생산하는 파운드리를 거쳐 조립 공장에서 스마트폰 부품으로 들어가기까지 전 과정을 알아내려고 했다. 그러나 리드의 연필과 마찬가지로, 반도체 공급망에서 일하는 사람 중 그 누구도 전 과정을 속 시원히 설명하지 못했다. 심지어 생산망의 어느 한 단계에서 벌어지는 매우 간단한 과정조차 설명하지 못했다.

반도체 파운드리에서 일하는 사람들은 광식각光蝕刻 공정이나 화학적 마모에 대해서는 잘 알지만, 자신들이 작업 중인 초순수 실리콘 웨이퍼가 실제로 어떻게 만들어지는지는 제대로 알지 못했다. 실리콘 칩은 모래알이 아니라 주먹 크기의 돌 상태로 생애를 시작하는데, 채석장에서 석영암을 캐내는 사람들 중 누구도 그 돌의 최종 목적지를 알지 못했다.

가장 놀라운 점은 이 여정의 엄청난 거리와 드라마였다. 실리콘 결정은 채석장에서 폭파되어 지하에서 튕겨 올라온 후 스마트폰 내부에 안착하기까지 지구를 여러 바퀴 돈다. 섭씨 1,000도 이상 가열하다가 냉각하는데, 무려 세 번이나 이 과정을 반복한다. 무정형의 덩어리는 이제 우주에서 가장 순수한 결정 조직 중 하나로 변형된다. 여기에 육안으로 볼 수 없고 대기 중에 노출되면 사라지는 빛의 형태를 한 레이저를 쏜다. 실리콘 결정을 작은 실리콘 칩으로 만드는 과정은 지금껏 추적했던 것 중 가장 놀라운 여정이었다.

이건 단지 시작에 불과하다. 그 후 나는 채석장에서 몇 개월을 보냈다. 유럽에서 가장 깊은 광산에 가서 아주 무더운 깊이까지 내려가봤다. 소금이 어디서 생겨나는지, 어떻게 생활필수품인 화학물로 변하는지도 살펴봤다. 붉은 암석이 녹아서 용융 금속으로 변했다가 세게 두드려서 강철이 되는 과정도 목격했다. 리튬을 얻을 수 있다는 괴상한 초록색 물웅덩이를 여행하고, 그 물질을 때려서 편 다음에 전기차 배터리로 말아 넣는 과정도 관찰했다. 이렇게 여행을 하면 할수록 다음과 같은 사실을 절절히 깨달았다. 나는 '물질의 세계'와 완전히 다른 세계, 그러니까 '비물질 세계ethereal world'라고 부를 수 있는 곳에서 너무 오래 살았구나.

우리는 물질 세계로부터 얼마나 자유로워졌는가

어쩌면 여러분도 비물질 세계에서 살고 있을지 모른다. 관념의 세계는 사랑스러운 곳이다. 우리는 비물질 세계에서 서비스를 판매하고 관리와 운영을 한다. 앱과 웹사이트를 구축한다. 생각과 조언, 이발, 식품 배달 등을 거래하면서 차변에서 대변으로 돈을 옮긴다. 설령 지구 반대편에서 산을 폭파해 깎아내도 이곳 비물질 세계에서는 별문제가 되지 않는다.

산을 폭파하는 모습을 찍기 위해 네바다주로 날아갔을 때, 나는 시각적 메타포를 찾으면서 물리적인 것을 비물질적인 것으로 바꾸려 했었다. 무역의 흐름같이 관념적인 것의 이해를 돕기 위해 뉴스 리포트를 작성하려고 했기 때문이다. 그러나 구덩이의 가장자리에 서 있는 동안 문득 내 관점이 매우 피상적이라는 생각이 들었다. 그때 나는 한 세계의 가장자리에서 다른 세계, 즉 물질 세계를 정면으로 응시하고 있었다.

물질 세계는 우리의 일상생활을 단단히 뒷받침한다. 이 세계가 없다면 당신 손 위의 아름다운 스마트폰은 작동하지 않고, 전기차는 배터리를 갖지 못할 것이다. 물질 세계는 당신에게 화려한 집을 제공하지는 못하지만, 당신의 집이 계속 버티고 서 있도록 지탱한다. 특별히 신경쓰지 않아도 당신을 따뜻하고 청결하게, 잘 먹고 잘 살게 해준다.

물질 세계에서 당신은 낯선 이름이지만 매우 중요한 회사들, 예를 들면 CATL, 바커Wacker, 코델코Codelco, 사강Shagang, TSMC, ASML을 만날 것이다. 이 이름들은 당신에게 별 의미가 없겠지만, 누구나 다 아는 월마트Walmart, 애플Apple, 테슬라Tesla, 구글Google 같은 비물질 세계의 회사들보다 어쩌면 더 중요할 수도 있다. 현대 경제에 가장 잘 숨어 있는 비밀이 바로 이것이다. 세계적으로 유명한 브랜드들은 그들의 똑똑한 아이디어를 제품으로 만들기 위해 물질 세계의 이름 없는 회사들에 전적으로 의존한다. 물질 세계가 있음으로써 비로소 아이디어가 현실에서 구체화될 수 있는 것이다.

초대형 브랜드들은 왜 실제 작업을 다른 회사들에 의존할까? 솔직히 말해서 광물을 채굴하여 구체적 제품으로 만드는 물질 세계의 일이 어렵고Difficult, 위험하며Dangerous, 지저분한Dirty 3D 작업이기 때문이다. 이 책에서 우리는 인류가 여섯 가지 물질을 얻기 위해 어떤 모험을 감수하는지 살펴볼 것이다. 계곡만큼이나 깊은 구덩이를 파내고, 지상에 있는 금속보다 농도가 더 짙은 금속을 발견하기 위해 해저를 샅샅이 뒤지는 일도 마다하지 않는다.

이렇게 해서 비물질 세계를 지배하는 가장 위험한 신화에 도달했다. 인간이 물질 세계로부터 완전히 벗어나 살아갈 수 있다고 믿는 것이다. 일부 경제학자들은 달러나 파운드당 원자재 소비가 점점 하락하고 있다고 지적한다. 인류 역사 대부분은 생산량과 원자재 소비량(더 나아가서는 에너지 소비량)이 서로 일치했으나 지난 수십 년간 두 선이 서로 엇갈리기 시작했다. 자원의 사용이 정체되는 동안 GDP는 계속 증가한 것이다. 이것이야말로 우리가 "더 적은 자원으로 더 많은 것"을 얻고 있다는 강력한 증거라고 말한다.[3]

이는 명백한 사실처럼 보인다. 특히나 지구의 온도가 상승하고 모두가 좋은 뉴스를 찾아다니는 요즘, 자원을 덜 사용해야 한다는 말은 더욱 그럴듯해 보인다. 그러나 별로 필요하지도 않은 물질을 얻기 위해 성스러운 산을 폭파하는 광경을 본 나는 다소 회의적인 생각이 들었다. 우리는 생각할 필요가 없는 다른 곳으로 이 지저분한 것들을 단순히 아웃소싱하고 있는 건 아닐까? 요컨대, 물질 세계에 말이다.

좀 더 조사해보니 다음과 같은 사실을 알 수 있었다. 미국이나 영국 같은 탈산업국가에서는 원자재 소비량이 확실히 줄었지만, 미국과 영국에 상품을 수출하는 국가들에서는 매우 빠른 속도로 증가하고 있었다. 네바다주의 금광은 그런 물질을 구하는 과정 일부에 불과했다. 여전히 우리는 지하에서 구리, 석유, 철, 코발트, 망간, 리튬을 얻기 위해 엄청난 노력을 기울이고 있다. 모래, 암석, 소금, 돌을 얻기 위해서 땅을 파낸다. 매우 놀라운 속도로 말이다. 이러한 활동은 곁가지이기는커녕 점점 더 중요해지고 있다. 가장 화제가 된 사례는 기후변화 문제로 이어지는데, 여기에 매우 중요한 아이러니가 있다. 단기적·중기적으로 환경 보호라는 목적을 달성하기 위해서 화석연료를 대체할 전기차, 풍력발전 터빈, 태양광 패널을 더 많이 만들어야 하는데 그러려면 상당히 많은 물질에 의존해야 한다. 그래서 이런 결론이 나온다. 앞으로 수십 년간 이전보다 지표면에서 더 많은 물질을 추출해야 한다.

그렇지만 이것은 기나긴 이야기 중 가장 최근에 일어난 일일 뿐이다. 이런 일은 그 전에도 이미 존재했다. 인류 역사 초창기부터 1950년까지 캐낸 물질의 총량보다 더 많은 물질을 우리는 2019년에 채광, 채굴, 폭파를 통해 얻었다. 단 한 해 만에 인류사 대부분의 시기 동안 채굴한 것보다 더 많은 양을 채굴한 셈이다. 광산업 초창기부터 산업혁명, 1~2차 세계대전, 그리고 이후 시간을 합친 것보다 더 많은 물질을 말이다. 비단 2019년 한 해에 그친 단발성 사건이 아니었다. 2012년 이래로 거의 해마다 같은 일이 반복됐다. 원자재를 얻으려는 인간의 욕구는 줄어들기는커녕 계속 늘어나서 2019년에는 2.8퍼센트나 상승했고, 광물업 전 분야, 그러니까 모래, 금속, 석유, 석탄 분야에서 단 하나도 감소하지 않고 계속 상승했다.

아마도 당신에게는 낯선 소식일 테다. 만약 이야기를 들어봤더라도 화석연료라는 프리즘을 통해서였을 것이다. 여전히 채굴 중인 탄화수소에 많은 관심이 쏠리는 이유가 있다. 지난 수십 년간 우리가 지하에서 엄청난 양의 석탄과 석유를 캐냈다는 사실은 모두 잘 알 것이다. 화석연료 사용을 서서히 줄여나가고 있다는 사실도. 그리고 지하에서 화석연료를 채굴하는 속도를 조금씩 늦추고 있다는 사실도 알 것이다.

그래서 광물에 대한 광범위한 욕구 역시 줄어들고 있는 게 아닐까 짐작하기 쉽지만, 사실은 전혀 그렇지 않다. 석유를 비롯한 화석연료는 지하에서 채굴하는 천연자원의 전체 양에서 적은 부분만 차지하기 때문이다. 화석연료 1톤을 기준으로 모래, 돌, 금속, 소금, 기타 화학물 같은 다른 물질들은 6톤을 채굴한다. 비물질 세계의 시민들은 화석연료 소비를 줄이는 대신 다른 물질에 대한 소비를 몇 배나 늘렸던 셈이다. 실상이 이런데도 우리는 그와 정반대의 행동을 하고 있다는 망상에 빠져 있다.

GDP가 보여주지 않는 진실

내 예감은 데이터 그 자체, 혹은 데이터 부족 문제를 향한다. 우리는 GDP를 보고, 달러를 세는 데는 매우 익숙하지만, 지하에서 캐내는 자원의 양에 대해서는 아주 초보적인 지식만 갖추고 있을 뿐이다. 최근 들어 유엔, 영국 통계청 같은 국가 규모의 통계 기관들은 '물질흐름분석Material Flow Analysis'이라 불리는 정보를 취합하기 시작했다. 물질흐름분석은 우리가 지하에서 캐내고, 소비하고, 재활하거나 버리는 물질을 측정하는 데이터이다. 이 데이터는 오로지 캐낸 '물질'만 추적할 뿐, 그 물질들을 얻기 위해 파헤친 수퍼점보제트기 10대 분량의 흙과 바위에는 관심을 두지 않는다. 성스러운 산의 일부였던 이 암석 폐기물은 결코 통계 수치에 잡히지 않을 것이다. 인류가 지구상에 남긴 발자국은 우리 생각보다 크다. 나는 나중에야 알았지만, 금광업이 남긴 발자국은 철, 구리 같은 금속의 발자국에 비하면 아무것도 아니었다. 철과 구리는 우리가 채굴하고 폭파한 모래와 돌에 비하면 또 '새 발의 피'이다.

광물을 얻으려는 욕구는 언제나 인류를 추동하는 강력한 힘이었다. 이런 욕구는 쇼쇼니족의 고대 영토인 테나보산에서 시작하고 끝나지 않는다. 미국에서 중국으로, 다시 아프리카와 유럽으로, 심지어 대서양의 심해까지 계속 이어진다. 그러나 이런 일은 사람들의 시야에서 벗어난 곳에서 일어나고 일반적인 경제 데이터에도 잡히지 않기 때문에, 우리는 그런 일이 없다고 자신을 더욱 잘 속일 수 있다.

모두가 그랬던 것은 아니다. 역사의 오랜 시간 동안 여러 정권이 물질들을 통제하기 위해 힘썼다. 앞으로 살펴보겠지만, 통제권을 둘러싼 분투는 역사에서 시대를 진전시킨 결정적 동력으로 작용했다. 제국 건설, 식민지 개척, 전쟁 등 우리는 그 분투의 유산을 이해하고 조화시키려 아직도 애쓰는 중이다. 베를린 장벽이 붕괴했을 때, 몇몇 경제학자는 글로벌 천연자원의 새로운 시대가 열렸다고 선언했다. 진정으로 글로벌한 무역과 공급망이 가능해졌으므로 이제 자원을 얻기 위한 경쟁은 끝났다는 말이었다. 그 결과, 미국을 포함한 많은 국가가 반세기 동안 쌓아온 주요 광물들의 재고량을 줄이기 시작했다. 무역 장벽이 해소되면서 제조업은 진정한 글로벌 사업이 되었고, 전 세계에 걸쳐 제때에 물품을 배송하는 공급망이 구축됐다.

그러나 오늘날 전 세계 정부는 물질의 통제와 제조 과정 문제가 전보다 더 중요해졌다는 사실을 급격히 깨닫고 있다. 조 바이든Joe Biden 미국 대통령이 취임 후 가장 먼저 취한 조치 중 하나는 '미국의 공급망America's Supply Chains'이라는 행정명령에 서명하고, 미국이 타국에 의존하고 있는 분야를 점검하는 일이었다. 반도체의 경우 실리콘 칩의 제조를, 배터리의 경우 코발트, 니켈, 아연, 그리고 가장 중요한 리튬 등의 광물이었다.

물질 세계를 다루는 이 책은 모래, 소금, 철, 구리, 석유, 리튬 이렇게 여섯 가지 물질에 관해 이야기한다. 지금껏 인류 진보의 역사는 대부분 인간 관점에서 쓰였으므로, 물질에 주인공 자리를 내주는 이런 시도가 다소 기이하게 보일지도 모르겠다. 왜 어떤 나라는 성공하고 어떤 나라는 실패했을까? 왜 산업혁명은 에티오피아가 아니라 영국에서 일어났을까? 통설은 이렇게 답한다. 역사, 우연한 사건, 혁신과 번영을 돕는 적절한 제도라는 세 가지 요소가 잘 조합되어 성공으로 이어졌다는 것이다. 그러나 이게 전부라고 할 수는 없다. 인류의 성공은 DNA나 정치 제도 이상의 것에 빚지고 있기 때문이다. 우리의 운명은 땅에서 캐내 목적에 맞추어 응용한 것들과 밀접한 관계가 있다.

석기시대, 청동기시대, 철기시대 같은 용어들이 저 멀리 잊힌 시대들을 지칭하는 동안, 물리적 도구와 물질에 대한 인간의 의존도는 줄어들기는커녕 오히려 폭발했다. 아직도 땅을 폭파하여 얼마나 많은 모래와 암석을 얻고 있는지를 고려한다면, 우리는 여전히 석기시대에 꽉 붙들려 있다고도 할 수 있다. 철과 구리에 대한 수요는 최근 들어 더 증가했다. 상황이 이럴진대 현대는 철기시대이고, 더 나아가 구리시대, 소금시대, 석유시대, 리튬시대라 해도 과언이 아닐 것이다.

왜 여섯 가지 물질인가

이 책에서 다루는 여섯 가지 물질은 우리 주변의 환경을 구성하는 필수 요소이다. 만약 배터리가 없다면, 당신의 휴대폰은 작동하지 않을 것이다. 만약 콘크리트가 없다면, 당신이 사는 집의 토대가 허물어져 내릴 것이다. 지금껏 이 물질들은 인류의 분투나 혁신 스토리에서 주인공으로 등장한 적이 없었다. 뛰어난 혁신가에 의해 마법처럼 변형된 비활성 물질 정도로만 등장할 뿐이었다.

이제 이 물질들에 빛을 비추고, 그들의 관점에서 인류의 이야기를 할 때가 찾아왔다. 인류는 이 물질들이 없어도 살 수 있겠지만 번영을 누리진 못할 것이다. 6대 광물은 대부분의 영역에서 즉각적인 대체물이 존재하지 않는다. 이들은 인간이 세상을 구축하도록 돕고 있으므로, 고갈된다면 세상은 큰 혼란에 빠질 것이다. 뒤에서 살펴보겠지만, 어떤 문명의 붕괴 혹은 승리는 6대 물질 중 어느 하나가 없거나 있었기 때문에 일어났다.

우리는 이 여섯 가지 물질에 대한 추구가 지정학적 역사를 어떻게 형성했고, 또 미래를 어떻게 형성할지도 살펴볼 것이다. 이 물질들에 대한 무절제한 추구가 환경에 어떤 불편한 결과를 가져오는지도 밝힌다. 혹자에게는 이런 탐구 과정이 당혹스럽게 느껴질지 모르겠다. 우리 모두가 지하에서 캐낸 원자재 수요에 기여하면서 탐욕스러운 추구에 어느 정도 공모하고 있기 때문이다. 그래서 이 문제의 가장 좋은 해결책이 덜 소비하고, 더 많이 재활용하는 것이라고 생각할 수도 있다. 솔직히 그리 나쁜 아이디어는 아니다.

이 책의 후반부를 향해 갈수록, 우리는 무언가 다른 세상을 만나게 된다. 산업혁명 이후, 수요를 충족시키겠다고 땅속 깊숙이 파 들어가거나 산을 폭파하는 일 없이도 자급자족할 수 있는 세상이 찾아왔다. 우리는 글자 그대로의 '탈물질화 세계'에서는 살아갈 수 없을 것이다. 인간은 돌을 집어 들어 도구로 사용한 이래로 지상에서 자원을 개발하면서 발자국을 남겨왔다. 우리에게는 그 발자국을 축소한다는 선택지도 있다. 그렇게 해서 온실가스 배출량을 줄이고 기후변화에 맞설 수 있다. 그런데 여기에는 한 가지 역설이 숨어 있다. 그러한 약속의 땅으로 가려면 지금까지보다 더 많이 땅을 파고 더 많이 폭파해야 한다는 사실이다.

약속의 땅에 들어간 뒤에는 화석연료에 기대지 않아도 되겠지만, 그전까지는 무력하게 화석연료에 의존해야 한다. 이러한 사실은 2022년에 러시아가 우크라이나를 침공하면서 분명해졌다. 우크라이나 침공은 유럽의 에너지 가격을 최고 수준으로 올려놓았고, 엄청난 상승 폭이 경제학자들을 깜짝 놀라게 했다.

비물질 세계에서 에너지, 원자재 같은 지저분한 것들과 완전히 결별했다고 자기기만을 하기는 쉽다. 그러나 낙하산을 타고 물질 세계로 내려가자마자 당신은 곧바로 이런 교훈을 배운다. 경제학에서는 결국 모든 것이 에너지로 환원된다. 전혀 예상도 못한 물질들이 에너지로 환원된다. 비료, 소금, 화학제품, 플라스틱, 음식, 음료 이 모든 게 정도의 차이는 있을지언정 화석연료에서 나왔다.

우크라이나 사태는 재생에너지로의 전환 속도를 가속화했다. 그 전환은 세상을 다시 석탄으로 밀어붙이는 식이어서는 안 되며, 새로운 도전으로 이어질 것이다. 우리가 화석연료나 러시아 같은 산유국에 덜 의존하게 되면, 그 대신 다른 나라의 잘 알려지지 않은 물질에 의존하게 될 수도 있다. 이런 원자재들로 청정에너지를 생산하는 기계를 제작한다. 재생에너지는 화석연료나 핵에너지에 비해 훨씬 에너지 집약적이기 때문에 동일한 양의 에너지를 생산하려면 더 많은 구조물을 세워야 한다. 물질 세계에서는 이런 식으로 일이 돌아간다.

왜 모래, 소금, 철, 구리, 석유, 리튬 여섯 가지 물질뿐일까? 현대 사회에서 필요한 제품과 서비스를 만드는 데 수백 개의 원소, 복합물, 물질이 저마다 중요한 역할을 한다. 붕소는 팬데믹 대비책 어디에도 언급되지 않았지만, 붕소를 충분히 확보하는 것이 코로나19 백신을 생산하고 분배하는 과업의 핵심이었다. 붕소는 화산 활동이 활발하고 건조 기후를 가진 극히 드문 장소에서만 발견된다. 전 세계 붕소의 3분의 1이 튀르키예에 매장되어 있고, 캘리포니아의 사막과 러시아의 극동 지역에도 일부 매장되어 있다.

붕소 원소가 염鹽으로 치환되어 만들어진 물질인 붕산염borate은 용도가 다양하다. 붕산염은 비료의 원료가 되고, 종자 발달과 작물 수확에 도움을 준다. 벌레와 곰팡이의 부패로부터 나무를 보호하고 지키기도 한다. 강철에 붕산염을 더하면 강도가 더 높아진다. 수영장에 뿌리면 물의 산성을 낮추고 조류가 생기는 것을 막아준다.

전자 회로의 핵심 요소이며, 우리 조상들이 개발한 최초의 금속 중 하나인 주석tin은 어떠한가? 비록 최근에야 제련법을 배웠다지만 지구상에 가장 흔한 금속인 알루미늄은? 그리고 백금platinum은 또 어떠한가? 백금의 자매 금속이며, 전기 부품과 촉매 변환기를 만드는 데 매우 중요한 희소 원소들인 팔라듐palladium과 로듐rhodium은? 스테인리스강stainless steel 제조에서 핵심 역할을 하는 크롬chromium은? 코발트는? 정밀 자석에 들어가는 네오디뮴neodymium은 어떠한가?

내가 그은 기준은 다음과 같다. 이 책의 주인공인 여섯 가지 물질이 이 세상에서 유일하게 중요한 물질이라고 할 수는 없다. 그렇지만 이 물질들이 빠진 현대 문명은 상상하기 어렵다. 코발트가 없어도 배터리를 만들 수 있다. 네오디뮴 자석이 없어도 헤드폰과 전기모터를 만들 수 있다. 부피가 더 크고 덜 효율적이겠지만 말이다. 이 책에서 다루는 물질들은 대체하기가 굉장히 어렵다.

알베르트 아인슈타인Albert Einstein은 상대성 이론을 설명해달라는 기자들의 요청에 이렇게 답했다. "그것은 이렇게 설명할 수 있습니다. 이전에는 모두가 우주에서 물질이 사라지면 오로지 시간과 공간만 남으리라고 믿었습니다. 그러나 상대성 이론에 따르면, 시간과 공간도 물질과 함께 사라져버립니다." 물질 세계에 대해서도 같은 말을 할 수 있다. 물질은 문명의 뼈대이다. 그러므로 물질이 사라진다면 우리의 정상적 생활은 붕괴된다.[4]

이 책의 이야기가 모래에서 시작하는 것은 우연이 아니다. 인류가 모래를 활용하여 환경의 많은 부분을 만들어냈기 때문인데, 그 덕분에 물질 세계를 개관할 수 있다. 세상에서 가장 오래된 제품인 유리, 가장 고도화된 제품 중 하나인 반도체가 바로 모래로부터 나왔다. 모래가 물건을 만드는 물질이라면, 소금은 물건을 변형하는 데 필요한 마법의 물질이며 인간의 건강과 영양에 필수 요소이다.

철과 구리에 관한 이야기는 서로 연결되어 있다. 철은 석탄과 얽힌 반면, 구리는 전기의 매개체이다. 철과 구리의 순서로 서술하는 이유는 화석연료에서 전기로 넘어간 현대의 에너지 대전환을 1~2차로 이어서 설명하기 위함이다. 3~4차 에너지 전환은 석유 파트에서 다루는

데, 석유뿐만 아니라 가스 이야기도 등장한다. 지난 세기에 산업혁명을 초래한 물질들을 한참 살펴본 다음에는 새로운 혁명을 약속하는 물질로 책을 마칠 것이다. 새로운 에너지 전환의 핵심은 리튬이다. 리튬은 우리가 화석연료를 벗어나 재생 가능한 자원을 향해 나아가도록 한다.

나는 이 책을 쓰면서 몇 가지 자의적인 결정을 내렸다. 순수주의자들은 석유와 가스를 하나로 묶은 점에 의문을 제기할지도 모르겠다. 소금을 다룬 부분이 오로지 염화나트륨만 다루지 않고 다른 소금들로 곁가지를 친 점에 대해서도 그렇다. 이야기가 진행되면서 석탄, 질소 비료 등 다른 물질들도 깜짝 출연한다.

물질 세계로의 여행은 내 커리어에서 가장 흥미롭고 지적 흥분이 넘치는 경험이었다. 이 여행은 뜻밖의 치료 효과를 가져오기도 했다. 현대 생활의 근원적 요소들을 더 깊숙이 탐구하고 조사하면서 내 주위의 세계와 좀 더 연결된 느낌을 받기 시작했다. 자동차 배터리, 통유리, 스마트폰 제조에 더 가까워졌다고까지 할 수는 없지만, 이 물건들이 이제 미스터리로만 보이지는 않는다.

물건들을 어떻게 만들고 얻는지 전혀 모른 채 평생을 비물질 세계에서만 살아왔던 나는 이제 새로운 눈으로 세상을 바라보기 시작했다. 독자들 역시 이 책을 읽고 영감을 얻어서 우리가 사는 세상을 새로운 눈으로 바라볼 수 있을 것이다. 일상용품에 어떤 마법이 깃들어 있는지, 그리고 단순한 물질들 속에 어떤 경이로움이 숨어 있는지 읽어낼 수 있기를 바란다.

이 책에 나오는 여섯 가지 물질은 그리 희귀하지 않을지도 모른다. 특별히 매력적으로 보이거나 느껴지지 않고, 그 자체로는 대단한 가치를 지니지 않는다. 그러나 세상의 뼈대를 이루는 벽돌과도 같다. 이들은 제국의 번영에 연료를 공급하고, 도시를 짓거나 무너뜨리는 일에 도움을 주었다. 지금까지는 기후를 바꿔왔지만, 시간이 지나면서 앞으로는 기후를 지키는 데 이바지할 것이다. 여섯 가지 물질은 아직 칭송받지 못한 현대 사회의 영웅들이다. 이제 이들의 이야기에 귀를 기울일 때가 왔다.

차례

프롤로그

인류의 과거와 현재, 미래를 넘나드는 물질 세계로의 여행 10

PART 1

모래 **가장 오래된 것에서 탄생한 첨단의 기술**

1장 유리로 바라본 세상: 가장 완벽한 모래알을 찾아서 41

2장 콘크리트의 빛과 그림자: 모래 위에 세워진 세계 83

3장 반도체의 탄생: 현대 사회를 움직이는 가장 놀라운 여정 111

PART 2

소금 **세상을 변화시키는 마법의 물질**

4장 생명의 물질: 소금길에서 시작된 인류의 문명 153

5장 소금의 산업화: 소금이 일으킨 일상의 혁명 175

6장 화약, 전쟁의 도화선: 생명을 죽이고 생명을 구하는 소금 199

— 비하인드 스토리: 소금을 지배하는 자가 세상을 지배한다 217

PART 3

철 **인간 사회를 구성하는 뼈대**

7장 강철 전쟁: 철이 없으면 나라도 없다 237

8장 용광로 속으로: 화석연료와 산업혁명 261

9장 강철로 만들어진 세계: 폭발음 속에 사라지는 것들 285

PART 4

구리 보이지 않는 연결된 세계

10장 구리의 시대: 어둠에서 빛으로, 전력망의 탄생 309

11장 땅속으로 더 깊이: 구리 부족과 천연자원의 고갈 327

12장 새로운 국경: 깊은 바다, 심해 채굴의 현장 355

PART 5

석유 물질 세계의 또 다른 역설

13장 원유의 발견: 지구를 움직이는 에너지 377

14장 현대의 연금술: 정유공장에서 바라보는 미래 399

15장 화석연료의 산물: 플라스틱 세상의 우연한 발견들 421

── 비하인드 스토리: 에너지 대전환이 시작된다 443

PART 6

리튬 미래의 자원

16장 소금사막: 하얀 황금에서 시작된 리튬 산업 455

17장 2차전지의 시대: 기가팩토리에서 새로 쓰는 에너지 연대기 487

18장 변화하는 세계: 자원의 저주에서 미래로 나아가는 길 507

에필로그 물질과 인간의 감춰진 원동력을 찾아서 522

주(註) 543   참고 문헌 562   감사의 말 569   옮긴이 후기 572   찾아보기 576

PART 1

모래

가장 오래된 것에서 탄생한 첨단의 기술

1장

유리로 바라본 세상

가장 완벽한 모래알을 찾아서

이 이야기는 쾅 하는 폭발음으로 시작한다.

폭발을 수반한 굉음이 적어도 두 대륙, 혹은 세 대륙에서 들렸으리라. 물론 그 소리를 들은 사람이 진짜로 있었다는 건 아니다. 호모 사피엔스가 태어나기 훨씬 전 오늘날의 이집트와 리비아 국경 어디쯤에서 2900만 년 전 일어난 일이다.

사하라 사막의 거대한 모래 바다 상공에서 유성 하나가 하늘을 찢어놓으며 폭발했다. 폭발 강도는 대격변 수준이었다. 폭발로 생겨난 불덩이와 굉음은 지중해 반대편의 검치호랑이劍齒虎, sabre-toothed cat와 원숭이를 깜짝 놀라게 했다.

아프리카 유성은 6500만 년 전에 공룡을 멸종시켰다고 추정되는 유성에 비해 덜 알려져 있다. 지금까지 밝혀진 바로는 아프리카 유성 충돌이 광범위한 멸종을 유발하지는 않았다. 아직도 과학자들 사이에서는 이 유성이 공중에서 폭발했는지, 지표면에 충돌했는지 의견이 엇갈리고 있지만 말이다. 지표면 충돌을 주장하는 이들은 증명을 위해 분화구를 조사하고 있다. 이 아프리카 유성은 특별한 존재인데, 한 세기 동안 고고학자와 지질학자 들을 괴롭혀왔던 미스터리를 풀 열쇠이기 때문이다.

투탕카멘Tutankhamen 석관에서 발견된 보물 중에는 태양신 라Ra를 형상화한 목걸이가 있다. 이집트 소년왕의 상징인 황금 가면 못지않게 매력적이고 오묘한 보석들로 가슴을 장식하고 있었다. 이 목걸이는 금, 은, 청금석, 터키석, 홍옥수 등 귀중한 보석과 금속으로 덮여 있고 한 가운데에는 풍뎅이를 조각한 담황색의 반투명 돌이 박혀 있다. 투탕카멘 무덤이 발견된 20세기 초, 목걸이의 다른 보석류는 친숙했으나 이 노란 돌만큼은 아무도 본 적이 없었다. 왜일까? 대체 그 돌은 무엇일까? 어디에서 왔을까? 탐험가들이 사막 깊숙이 들어가서야 비로소 그 답을 찾을 수 있었다.

'거대한 모래 바다'는 독일의 탐험가 게르하르트 롤프스Gerhard Rohlfs가 붙인 이름이다. 1873년 그는 파라오시대에 '죽은 자의 땅'이라고 불렸던 지역의 서쪽을 탐험하고 있었다. 다클라 오아시스를 떠난 뒤 인적이 전혀 없는 곳을 몇 주 동안 160킬로미터가량 이동한 끝에 도저히 통과할 수 없는 장애물을 맞닥뜨렸다.

"사구들, 그리고 그 너머의 모래, 진정으로 모래 바다였다." 그가 남긴 기록이다. 사구를 통과하려 했지만 너무 높아서 불가능했다. 모래 속으로 발이 빠져들어 낙타들도 지나갈 수 없는 지경이었다. 사구를 우회할 궁리도 해보았으나 여의치 않았다. 남북으로 한없이 펼쳐진 사구는 끝이 보이지 않았다. 사구들의 측면으로 행군해봤으나 소용이 없었다. 마침내 롤프스는 행군 방향을 북쪽으로 틀어서 가장 가까운 오아시스 도시인 시와로 향했다. 탐험팀은 다시 돌아오지 못할 상황에 대비하여 간단한 메시지를 써서 병 속에 넣어 땅에 묻고서는 그 위에 돌무덤을 쌓아 올렸다. 그 후 '거대한 모래 바다'를 여행하는 이들은 이 돌무덤 앞을 지날 때면 자신의 메시지를 병 속에 남기는 것이 일종의 관례가 되었다.

귀환길에 오른 롤프스는 하마터면 살아 돌아오지 못할 뻔했다. 아주 비상한 행운의 사건이 일어나지 않았더라면 그는 틀림없이 길 위에서 죽었을 것이다. 이 지역은 수십 년간 비가 내리지 않아 지구상에서 가장 건조한 곳 중 하나였다. 그런데 갑자기 하늘이 열리면서 비가 쏟아진 덕분에 탐험팀은 빗물로 식수를 보충할 수 있었다. 몇 주 뒤 한껏 수척해진 탐험팀이 마침내 안전 지역에 도착했다. 이들의 무시무시한 경험담 때문인지 이후 50여 년간 아무도 그곳을 탐험하려 들지 않았다.

이 일대의 위성 사진을 보면 롤프스가 조우했던 사구들의 정체를 알 수 있다. 북에서 남으로 기다랗게 뻗은 사구들이 평행해 있고, 그 사이사이에 로마식 도로 정도의 폭으로 평평한 통로들이 나 있다. 오랜 세월 동안 바람이 조각한 이 수직 구조물을 '세이프 사구seif dune'라고 부른다. 세이프는 아랍어로 '칼'이라는 뜻이다. 위성 사진 속 일부 사구들은 길이가 무려 160킬로미터에 달하는데, 사구들 사이에서 일종의 균형감이 느껴진다. 하지만 우리가 보고 있는 사진은 이미 낡은 것이다. 바람으로 인해 사구의 모습이 계속 바뀌기 때문이다.

사구들은 계속 움직이면서 길을 막는 모든 것을 집어삼킨다. 그리스 역사가 헤로도토스Herodotos는 '거대한 모래 바다'로 군대를 파견한 어느 페르시아 군주에 대해서 글을 썼다. 그 군대는 사막에 들어간 지 얼마 지나지 않아 모래바람에 휩쓸렸고 이후 아무도 그들의 소식을 듣지 못했다. 이따금 고고학자들이 실종된 군대의 것으로 추정되는 흔적들을 찾아내긴 했지만 말이다.

사구들을 상공에서 바라본다고 해도 그 발치에 서 있을 때의 느낌
은 제대로 느낄 수 없다. 초창기 탐험가들이 이 사구들을 살아 있는
생물로 묘사했던 것은 빈말이 아니었다. 1930년대에 사하라 사막을 탐
험했던 영국인 랠프 배그놀드Ralph Bagnold는 이런 기록을 남겼다. "그것
들은 자란다. 어떤 것들은 (……) 독립적으로 살아갈 수 있고, 여기저기
이동하면서도 형체를 유지하고, 심지어 번식까지 한다."[1]

세이프 사구는 때때로 단층 절벽 위에서 무너져서 초승달 사구를
형성하는데, 이를 바르한barkhan이라고 한다. 세이프 사구가 다른 사구
위로 올라타서 둘이 함께 고래의 등 모양을 이루거나 거대한 바르한을
형성할 때도 있다.

모래알들이 상호작용하는 방식, 사막의 바람, 그 주변 환경은 신비하
고 예측 불가능해 보인다. 모래의 물리학은 믿어지지 않을 만큼 복잡
하기까지 하다. 배그놀드는 사하라 사막을 횡단하며 만난 사구들을 이
해하는 데 평생을 바쳤다. 그래서 사구를 연구하는 이들은 배그놀드의
커다란 그림자를 의식하지 않을 수 없다. 나사NASA가 화성의 사구들
을 연구할 때 가장 먼저 그의 저서들을 참고했을 정도로 매우 영향력
있는 권위자였다. 화성탐사로봇 큐리오시티Curiosity가 2년간 탐사한 화
성 사구의 이름 역시 '배그놀드 사구'였다.

1930년대 초, 배그놀드와 동료 탐험가들은 '거대한 모래 바다'를 최
초로 횡단하는 데 성공했다. 반세기 전에 롤프스가 실패했던 탐험을
완수한 순간이었다. 이들은 세이프 사구들 사이의 비좁은 통로를 자
동차로 지나갔는데, 사구 밑바닥의 푸석푸석한 모래 지역을 통과하기
위해 포드사의 자동차 모델A의 타이어 바람을 모두 빼버리고 운전했

다. 1932년 12월, 세이프 사구의 가장자리를 지나던 중 아일랜드인 탐험대원 패트 클레이턴Pat Clayton이 갑자기 자동차 바퀴 밑에서 쿵 하며 뭔가가 부딪치는 소리를 들었다. 차에서 내린 클레이턴은 소리가 난 곳을 찾다가 그 일대의 사막이 거대한 노란색의 유리판으로 덮여 있다는 사실을 발견했다.

1990년대 후반에 들어서야 과학자들은 투탕카멘의 목걸이 한가운데에 박힌 담황색 돌의 정체를 밝혀낼 수 있었다. 담황색 돌은 클레이턴이 '거대한 모래 바다'로 800여 킬로미터 들어간 지점에서 발견된 노란색 유리에서 나온 것이었다. 이집트 소년왕은 '죽은 자의 땅'에서 가져온 귀중한 돌로 꾸며진 채 신들의 계곡에 묻혔다. 이 돌은 수천 년 동안 지각에서 열과 압력을 받으며 형성되는 다이아몬드, 사파이어 같은 보석류와 동일한 방식으로 만들어진 것이 아니었다. 이 돌은 지구로 추락한 별에 의해 순식간에 탄생했다. 모래를 일종의 유리(리비아사막유리)로 만든 주인공은 바로 2900만 년 전의 유성이었다.

자연에서 발생한 또 다른 유리들도 있다. 선사시대 조상들이 도구의 재료로 사용했던 흑요석obsidian은 마그마가 분출되면서 급격히 식어 굳어진 광물로 화산이 만들어내는 화산 유리의 일종이다. 유리질 조각으로 구성된 텍타이트tektite는 유성이나 혜성이 지표면과 충돌할 때 생성된 것으로 추정되는 반짝이는 암석이다. 섬전암fulgurite은 해변이나 사구에 번개가 내리쳐서 만들어지는데, 속이 비어 있는 튜브형 유리이다. 하지만 이 모든 것과 비교해도 클레이턴이 사막 한가운데서 발견한 노란색 유리는 믿을 수 없을 정도로 완벽한 순도를 자랑한다.

모래알의 주성분은 실리카silica이다. 이산화규소silicon dioxide나 석영으로 알려져 있다. 더 좋은 표현이 있으면 좋겠지만, 유리는 녹인 모래라고 할 수 있다. 그러므로 실리카는 유리의 기본 요소가 된다. 유리는 종류에 따라 실리카 함량이 매우 다른데, 물컵이나 유리창에 들어가는 유리는 통상적으로 약 70퍼센트의 실리카를 포함한다. 흑요석은 65퍼센트, 텍타이트는 80퍼센트이다. 반면에 리비아사막유리의 실리카 함량은 놀랍게도 98퍼센트이다. 리비아사막유리는 자연에서 발생한 유리 중에서 가장 높은 순도를 지니며, 인간이 만들어낸 그 어떤 유리보다 더 순수하다. 적어도 지금은 그렇다.[2]

모래 속에 숨겨진 거대한 수수께끼

이 물질은 부족한 법이 없다. 세이프 사구의 꼭대기에 올라가 거대한 모래 바다를 내려다보면 보이는 광경이라고는 끝없이 펼쳐진 실리콘의 풍경뿐이다. 발밑에 밟히는 모래알 속의 실리콘, 세이프 사구들을 갈라놓는 통로 바다의 실리콘, 지평선 위의 이집트 길프케비르 고원에서 발견되는 고생대 사암sandstone 속의 실리콘 등 어딜 둘러봐도 실리콘 천지이다. 지상의 모든 것에 들러붙는 산소를 제외하고 실리콘, 즉 규소는 지상 어디서든 가장 흔하게 볼 수 있는 원소이다.

이러한 편재성 덕분에 우리는 어딜 가든 다양한 종류의 실리콘을 발견할 수 있다. 그 어떤 물질보다 더 많이 모래를 파내고 운반하고 녹인다. 그런데 경제적 관점에서 바라보면 수수께끼가 하나 남는다. 어떤 형태의 모래가 가장 귀할까? 유럽연합은 가장 순수하고 근본적인 것이 핵심적인 원자재를 만든다고 생각한다.

지구는 모래로 이루어져 있는데도 모래가 부족하다는 얘기가 자주

들려온다. 이 세상의 어떤 곳에는 실리콘 결정들을 지배하기 위해 서로 싸우고 죽이는 모래 마피아도 있다. 밤에 해변이나 강바닥에서 몰래 파낸 모래를 암시장에서 파는 불법 채굴업자도 있다.

어떤 모래는 그 가치 때문에, 어떤 모래는 그 아름다움 때문에, 어떤 모래는 그 결정의 형태 때문에, 어떤 모래는 그 순도 때문에 높은 평가를 받는다. 이탈리아 사르데냐섬에서는 해변의 명물인 흰모래를 가져가는 사람들에게 벌금을 부과한다. 튀르키예 아나톨리아 해안으로부터 약간 떨어진 어느 섬의 클레오파트라 해변에서는 흰모래를 매우 중요하게 여겨서 해변을 떠나기 전에 반드시 발을 씻었어야 한다. 우연이라도 단 한 톨의 모래알이 해변을 벗어나지 못하게 하는 것이다. 아시아 일부 지역에서는 강의 생태계가 위협받는 중이다. 암시장에서 밀무역하는 모래 채굴업자들이 건설용 모래와 골재에 대한 수요를 무한히 충족시키기 위해 과도하게 강을 파내고 있기 때문이다. 자연 속 생명체들이 파괴되고 환경이 위기에 처한 것은 전 세계 어디서든 볼 수 있는 물질에 다들 혈안이 돼 있기 때문이다.

모래가 어디에나 있다고 말하는 것은 핵심을 놓치는 일이다. 매우 다양한 유형의 모래가 저마다 독특한 특징을 갖고 있기 때문이다. 대부분의 모래는 실리카가 주성분이지만, 열대 해변의 흰모래는 바닷조개와 산호의 잔여물로 만들어졌으므로 성분이 확연히 다르다. 카리브해나 하와이의 아주 깨끗한 바다에 가면, 파랑비늘돔의 배설물 안으로 발이 쑥 들어가는 경험을 하게 될 것이다. 파랑비늘돔은 산호를 먹어서 영양분을 취한 다음, 탄산칼슘을 해저에 배설한다. 열대 해변이 희고 따뜻할수록 그곳의 모래는 파랑비늘돔 배설물로 이루어졌을 가능성이 커진다.

모래가 어떤 성분으로 이루어졌는가 하는 물음은 사소한 문제가 아니다. 지질학자들은 우덴-웬트워스 입도분석 기준Udden-Wentworth scale을 사용해 모래를 분류한다. 우덴-웬트워스 기준은 0.0625~2밀리미터 크기인 고체의 느슨한 상태의 결정을 모래로 규정한다. 이 기준을 적용하면 설탕과 소금도 모래가 된다. 이 책에서는 우덴-웬트워스 기준을 무시하고, 주성분이 실리카 70퍼센트인 모래에만 집중한다.

실리카 함량이 중요한 이유는 이 수치가 모래의 용도를 결정하기 때문이다. '거대한 모래 바다'의 모래를 비롯하여 어떤 모래에는 상대적으로 실리카 함량이 풍부하다. 이렇게 하면 리비아사막유리의 순도가 높은 이유도 부분적으로 설명할 수 있다. 그러나 우리가 일상에서 밟고 다니는 모래 대부분은 실리카 함량이 매우 적고 불순물이 너무 많아서 투명한 유리나 실리콘 칩으로 만들 수 없다. 그렇지만 자연에서 모래를 한 움큼 집었을 때 똑같은 모래알은 없다는 점이 모래를 수수께끼로 만든다. 실리콘 또한 화학적 수수께끼를 품고 있다. 금속성 물질이지만 온전한 금속은 아니며, 전도성을 띠지만 일정한 조건에서만 그렇다. 고분자 물질인 플라스틱을 만들 수도 있다. 모래는 부드러운 촉감이지만 각각의 알갱이는 매우 단단하다. 그 놀라운 강도 덕분에 21세기 사회의 물리적 토대를 형성하는 데 활용됐다. 인류가 지금껏 제조 기술을 익혀온 가장 오래된 제품, 그리고 가장 새로운 제품의 기초가 바로 모래에 있다. 태초부터 현대까지 모래가 문명을 지탱해왔다고 할 수 있을 정도다.

알다시피 모래는 가장 오래됐으나 가장 현대적인 물질이다. 인류가 실리콘을 구슬, 컵, 보석으로 변형시키면서 호모 파베르Homo faber, 즉 도구를 만드는 인간의 시대가 열렸다. 그리고 이 물질이 21세기에는 스마트폰과 최신식 무기를 만드는 데 사용되고 있다.

해변과 사막에서 우리는 인류 최초의 주인공을 만난다. 오랫동안 화학자들은 연금술의 비밀을 알아내려고 했다. 납이나 다른 평범한 금속을 어떻게 금으로 바꿀 수 있을까 궁리하면서 말이다. 이 노력은 실패했다. 적어도 통념은 그렇게 말한다. 그러나 잠깐 기다려보라. 오늘날 우리는 일상적으로 실리콘을 문자 그대로 금과 같은 가치를 가진 제품으로 바꾸고 있지 않은가. 금빛 모래로 경이로운 물건들을 만들어내고 있다.

저렴한 비활성 물질로 매우 가치 있는 물건을 만드는 법을 배워온 우리는 그 기술이 높은 평가를 받는다는 사실에 그리 놀라지 않는다. 모래는 종종 무역 전쟁의 원인이 되기도 한다. 중국이 대만과 한국처럼 높은 수준의 반도체를 만들 수 있을까? 이 문제는 오늘날 워싱턴 정가의 뜨거운 관심사 중 하나이다. 중국은 미국보다 더 빨리 양자 컴퓨터를 개발해서 더 큰 성공을 거둘 수 있을 것인가.

최근 몇 년간 베이징은 수많은 경제 분야에서 경쟁자들을 제쳐왔으므로 중국의 반도체 패권도 필연적으로 느껴질 수 있다. 그러나 적어도 이 책을 쓰고 있는 현재 중국은 그 필연의 근처에도 가지 못했다. 전 세계적으로 중국은 철, 건설, 배터리와 스마트폰 제조, 심지어 최근에는 소셜미디어에서까지 주도적 국가로 부상했지만, 반도체 산업에서만큼은 아직 세계 최고가 아니다.

왜일까? 뒤에서 살펴보겠지만, 모래를 실리콘 칩(반도체)으로 바꾸는 과정은 공학 기술의 가장 비범한 위업 중 하나이다. 원자 단위로 측정해야 할 만큼 미세한 트랜지스터를 만들어내는 기술의 상당 부분이 너무나 막연하기 때문에 매우 뛰어난 상상력을 가진 사람들조차 구상이 어려울 정도이다. 한편으로는 이 분야에서 중국이 주도적 지위를 얻는 것을 막고자 서방 지도자들이 온갖 수단을 동원하고 있다는 사실도 고려해야 한다. 서방 지도자들은 21세기 연금술의 도구인 지식 재산이 밖으로 빠져나가는 일을 막겠다고 단단히 결심했다. 이 이야기가 매우 현대적으로 들리겠지만, 모래는 반도체의 시대가 도래하기 훨씬 전부터 기술의 경쟁력을 좌우하는 핵심이었다.

지난 세기 동안 각국 정부는 모래에서 파생한 또 다른 선진 기술의 주도권을 놓고 경쟁했다. 사용자들에게 엄청난 권력을 부여한 이 기술의 정체는 유리 제조법이다. 오늘날 정부가 반도체 산업, 전기자동차 부문을 강화하려고 애쓴다면, 이전 정부들은 유리 무역을 통제하기 위해서 산업 전략부터 속임수까지 온갖 수단을 동원했다. 오늘날의 과학자들에게 특화된 기술이 서구에서 아시아로 유출되는 것을 막아야 할 의무가 있는 것과 마찬가지로, 투명하고 얇고 아름다운 유리 제조법을 최초로 발견한 이탈리아 무라노섬 장인들도 비슷한 의무를 지고 있었다. 그들은 베네치아 석호에 있는 무라노섬으로 거주를 제한당했으며, 섬 밖으로 도망치면 사형에 처하겠다는 위협을 받았다.

영국의 유리 제조업자 조지 레이븐스크로프트George Ravenscroft는 무라노섬에서 장인들을 몰래 빼와서 아름다운 크리스털유리의 제조법을 배웠다. 레이븐스크로프트와 노동자들은 제조의 핵심인 비밀 원료를 외부에 공개하길 거부했다. 당시로서는 상업적으로 의미가 있는 행동이었으나 세월이 흐른 지금 시점에서 보면 무책임한 일이었다. 비밀 원료의 정체는 납이었는데, 크리스털 주전자에 남아 있는 음료에 스며들지도 모르는 유해 금속이었다. 나폴레옹 전쟁 동안 영국은 프랑스 유리의 씨를 말리려 했다. 미국 건국 초기에 영국의 유리 제조업자들은 신대륙으로의 이주를 허가받지 못했다. 이런 식으로 영국 정부는 규제와 과세를 통해 국내 산업을 단단히 보호하려 했다. 아메리카 식민지 개척자들이 차에 부과된 세금에 분노했다는 사실은 잘 알려져 있지만, 영국이 유리에 과세했다는 사실은 모르는 이들이 많다.

그래서 실리콘을 둘러싸고 벌어지는 테크놀로지 전쟁 역시 그다지 새로운 것이 없다. 수 세기 동안 여러 전선, 여러 대륙의 초강대국들 사이에서는 기술 전쟁이 계속돼왔기 때문이다. 전쟁터는 예기치 못한 장소일 때도 있었다. 최전선에서 수백 킬로미터 떨어진 조용한 섬들의 외진 구석도 이 전쟁을 피해 가지 못했다.

유리로 읽는 경제사

인류의 발전과정을 살펴보는 경제사학자들은 유리에 주목한다. 왜 산업혁명은 18세기에서 19세기 사이 유럽이라는 시간과 장소에서 일어났는가. 이 사실을 설명하기 위해 산업혁명에서 정치 제도의 역할, 사회·교육적 관습, 지리적 요인을 논하는 여러 이론이 있다. 한두 가지 결정적 혁신을 내세우는 이론들도 있다. 예를 들면, 증기기관과 용광로가 핵심 역할을 했다는 주장이다. 비슷한 맥락에서 유리도 중요한 역할을 했다고 주장한다면, 그 말을 들은 이들은 아마 멍한 표정을 지을 것이다.

하지만 인간은 유리 덕분에 우주를 들여다볼 수 있었다. 갈릴레오 갈릴레이Galileo Galilei 같은 천문학자는 지구가 태양 주위를 일정한 궤도로 돈다는 사실을 발견할 수 있었다. 유리는 사람들이 더 오래 일할 수 있는 여건을 마련하여 각국의 경제력을 높였다. 렌즈가 발명되기 전까지 시력이 감퇴된 사람들은 조기 은퇴를 해야 했다. 안경에 들어가는 양볼록 렌즈 덕분에 수백만 명이 은퇴를 미루고 더 오래 일할 수 있었다. 인쇄기라는 획기적 기술의 중요성을 부정하는 사람은 없을 것이다. 인쇄기의 도래가 안경 시장의 대규모화와 시기적으로 일치한다는 사실을 간과해서는 안 된다. 글을 아는 상당히 많은 인구가 안경 덕분에 책을 읽을 수 있었고, 이것이 인쇄기의 발명을 촉진했다.

유리 렌즈와 프리즘 덕분에 로버트 훅Robert Hooke, 안토니 판 레이우엔훅Antonie van Leeuwenhoek 같은 과학자들이 현미경을 발명할 수 있었다. 인류는 현미경을 통해 보지 못했던 새로운 세상을 들여다볼 수 있었고, 박테리아의 존재와 세포 생식에 관해 알게 됐다. 유리온실 덕분에 유럽의 원예가들은 기후를 뜻대로 부릴 수 있었다.

유리를 이용한 거울의 출현으로 르네상스 화가들은 세상을 전혀 다른 관점에서 보게 됐다. 그 전까지는 금속 표면을 잘 닦아서 거울 대용으로 썼는데, 빛의 5분의 1도 제대로 반영하지 못했다. 레오나르도 다빈치Leonardo da Vinci 같은 르네상스 초기의 대가들이 남긴 기록을 살펴보면 그들이 거울에 얼마나 만족했는지 알 수 있다. 다빈치는 사물을 그릴 때 유리 거울을 참고 도구로 활용했으며, '화가들의 스승'이라고까지 했다. 고령의 대가들이 그린 작품이 렌즈와 볼록 거울 등 광학 보조 도구의 도움을 받아 탄생할 수 있었다고 주장하는 학파도 있는데, 그 중심에는 화가 데이비드 호크니David Hockney가 있었다.[3]

이탈리아 북부이든 네덜란드이든, 저렴하고 효율적인 거울이 불현듯 나타난 장소에서 르네상스가 발생했다는 게 과연 우연의 일치일까? 유리 제조 기술을 적극적으로 받아들인 나라들에서 계몽사상에 이어 산업혁명이 일어나고, 중국과 중동같이 그 기술을 거부했던 나라들은 다음 몇 세기 동안 경제적으로 쇠퇴한 것이 우연의 일치일까? 몇 년 전 역사가 앨런 맥팔레인Alan Macfarlane과 게리 마틴Gerry Martin이 인류의 지식을 고양한 위대한 실험 20가지를 조사했다. 로버트 보일Robert Boyle과 로버트 훅의 진공 펌프 발명, 아이작 뉴턴Isaac Newton의 빛의 입자설, 마이클 패러데이Michael Faraday의 전자기 연구 등이 목록에 이름을 올렸다. 두 역사가는 20가지 중 16가지가 유리 프리즘, 유리 용기, 유리 장치에 의존했다는 사실을 발견했다.[4]

달리 말해서 유리는 근본적 혁신이었다. 바퀴, 증기기관, 반도체처럼 다목적 기술로 활용될 수 있으니 말이다. 이 마법의 제품은 그 자체로도 중요하지만, 그것이 가능하게 한 것, 이를테면 인류의 상상력에 더 큰 날개를 달고 더욱 과감한 발명을 시도하게 했다는 의미에서도 중요하다. 오늘날에도 유리는 이런 역할을 계속 수행하고 있다. 인터넷은 대개 광섬유를 통해서 전송되는 정보의 망이다. 앞으로 살펴보겠지만, 유리가 없었더라면 최첨단 컴퓨터의 두뇌도 만들어내지 못했을 것이다. 궁극적으로는 녹인 모래에 불과한 물질이 이룩한 업적 치고는 나쁘지 않다.

누가 유리를 발명했을까

최초로 유리를 발명한 사람이 누구인지는 아무도 모른다. 여기에 얽힌 가장 유명하고 오래된 이야기는 로마 제국의 장군이자 지식인이며 79년의 베수비오 화산 폭발 때 사망한 대플리니우스Gaius Plinius Secundus

에게서 나왔다. 플리니우스의 이야기는 이렇다. 수 세기 전에 페니키아 선원들이 어느 강가에 도착했는데, 지금의 이스라엘에 속하는 지역이었다. 고대의 가장 위대한 무역상인이었던 페니키아인들은 이곳에서 나트론natron 덩어리들을 사갔다. 나트륨이 풍부한 나트론 덩어리는 당시에 비누로 쓰이고 있었다. (나트륨의 화학 기호가 Na로 정해진 것은 나트론의 영향이다.) 페니키아인들은 밤이 되어 잠자리에 들기 전 강가에 모닥불을 피우려고 했는데, 솥을 둘 자리가 마땅치 않자 나트론 덩어리 위에다 올려놓았다. 그러고는 불을 붙였는데 나트론 덩어리에 열기가 닿자 놀라운 일이 벌어졌다. 플리니우스는 이렇게 말했다. "거기에 불의 열기가 닿고 해변의 모래가 더해진 순간, 지금껏 본 적이 없는 투명한 액체가 작은 시내를 이루면서 흘러내렸다. 이것이 유리의 기원이다."[5]

이 이야기를 온전히 믿을 수는 없다. 사실 이보다 훨씬 전부터 여러 시대를 거치면서 무수한 환경 속의 수많은 세대가 유리 제조법을 발견하고 또 발견해왔다. 최초로 유리를 발명한 사람을 어떤 이는 시리아인이라고 하고, 어떤 이는 중국인이라고 하며, 또 어떤 이는 이집트인이라고 한다. 어떤 이는 1만 년 전 도자기에 유약을 바르기 시작했던 시기에 최초의 혁신이 일어났다고 한다. 기원전 3000년에서 기원전 2000년대 사이의 어떤 시점에 유리 제조가 시작됐다고 보는 주장도 있다. 사실이 어떻든 간에, 대플리니우스의 이야기는 유리 제조에서 가장 중요한 화학적 교훈을 전한다.

유리를 제조할 때 어려운 점 중 하나는 모래의 주성분인 실리카(이산화규소)가 섭씨 1,700도 이상이라는 매우 높은 온도에서만 녹는다는 것이다. 이 정도면 들판에 난 불이나 원시적 용광로가 내는 열기보다 훨씬 높은 온도이다. 그런데 여기에 융제融劑, flux를 더하면 그보다 훨씬 낮은 온도에서 녹일 수 있다. 실제로 융제를 적절하게 사용하면 실리카의 녹는점이 낮아질 뿐만 아니라 유리의 불순물도 제거되어 완성품의 순도도 높아진다.

대플리니우스의 이야기가 약간 허풍처럼 들리기도 하지만, 세부 사항을 잘 살펴보면 몇 가지는 사실로 보인다. 먼저, 위치가 그러하다. 플리니우스의 이야기에 따르면, 그 일은 베루스강 하구 근처에서 벌어졌는데 지금의 이스라엘 북서부 나아만강Na'aman River 유역이다. 현대에 새롭게 밝혀진 바로는 나아만강이 하이파만로 흘러 나가는 지점에 있는 모래의 결정은 80퍼센트 이상의 실리카 함량을 자랑한다. 나머지 20퍼센트는 조개껍질과 석회석의 파편인데, 여느 해변의 모래에 비해 불순물이 매우 적은 편이다.

그러니까 페니키아인들은 유리를 만들기에 완벽한 모래를 우연히 찾아낸 셈이었다. 나아만강의 모래는 실리카와 석회의 비율도 적당하다. 여기에 나트론을 약간 더하고 충분히 가열하면 소다석회유리soda-lime glass를 만들 수 있다. 나트론의 주성분인 탄산나트륨sodium carbonate은 실리카의 융제 역할을 하고, 약간의 석회는 최종 구조의 강도를 높여준다.

유리의 구조는 다소 혼잡스럽다. 우리 눈에는 투명하고 완벽해 보이지만, 분자 수준에서 보면 원자들이 제멋대로 뛰어노는 볼풀 같다. 이런 혼잡을 지칭하는 용어는 누구에게 물어보느냐에 따라 달라진다. 어떤 과학자는 '비결정 고체amorphous solid'라 하고, 어떤 과학자는 '과냉각 액체supercooled liquid'라고 한다. 이론적으로 유리는 액체이면서 고체이지만, 유리의 실제 작용은 고체와 같다. 통념과는 반대로 유리는 실온에서 액체처럼 작용하지 않는다. 눈에는 보이지 않지만 끈적끈적한 성질을 가지고 있는 유리를 실온에 장시간 놓아두더라도 아무런 변화를 보이지 않는다. 물론 석회를 충분히 더하지 않았다면 '땀' 정도는 흘릴 수 있다. 오래된 스테인드글라스 유리창은 아랫부분이 윗부분보다 약간 더 두툼한데, 오랜 시간에 걸쳐 유리가 조금씩 아래로 흘러내리는 새깅 현상sagging 때문은 아니다. 교회가 섭씨 400도를 견뎌낸 것이 아니라면 유리가 처음부터 그렇게 굳었기 때문에 고르지 않은 형태가 된 것이다. 평평한 유리는 19세기가 되어서야 개발됐고, 평평하고 얇기까지 한 유리는 20세기 중반에야 만들어졌다.

그런데 여기에 역설이 있다. 유리는 인류가 만들어낸 가장 오래된 물질 중 하나이지만, 유리의 고유한 작용에 대하여 과학자들이 아직도 제대로 된 설명을 내놓지 못하고 있다는 점이다. 유리는 분자의 규칙 대부분에 도전하는 듯 보인다. 어느 유리 제조업자가 말했듯이, 유리는 물질이 아니라 상태이며, 명사라기보다 형용사에 더 가깝다. 1977년에 노벨 물리학상을 수상한 필립 앤더슨Philip Anderson은 1995년 《사이언스》에 발표한 논문에서 이렇게 언급했다. "고체 이론solid state theory에서 가장 심오하고 흥미로운 미제는 유리의 성질과 전이에 대한 이론이다." 이 문제는 오늘날까지도 미해결로 남아 있다.[6]

물질 세계의 상당 부분에 대해서도 같은 말을 적용할 수 있다. 인간이라는 종種은 역사적으로 다른 종보다 자연환경을 잘 극복하고 적응해왔지만, 그 안에서 일어나는 일에 대해서는 아는 게 그리 많지 않다. 자연을 태우거나 개조하는 실험을 하면서도 자연에서 무슨 일이 일어나는지에 대한 이해는 매우 얕다. 이와 마찬가지로 우리는 유리의 물리학을 완전히 이해하지 못했고, 콘크리트가 굳을 때 분자 단위에서 무슨 일이 벌어지는지, 석영을 금속규소metallic silicon로 변환할 때 용광로 안에서 무슨 일이 벌어지는지에 대해서 잘 모른다. 그야말로 미스터리가 차고 넘친다고 할 수 있다.

유리 제품은 신비롭게도 모래알에서부터 시작된다. 다들 멋진 유리를 만들어낸 무라노섬의 장인들을 칭송하지만, 그 유리를 만드는 원료를 얻기에 최적의 장소였던 베네치아에 대해서는 별로 언급하지 않는다. 모래는 베네치아 근처 리도섬의 모래언덕과 해안의 다른 부지에서 가져오고, 소다회soda ash는 이집트와 스페인 알리칸테에서 선박으로 들여왔다. 용광로에 필요한 나무는 이탈리아 알프스, 흙은 이탈리아 비첸차, 소금은 크로아티아의 달마티아에서 가져왔다. 장인들은 코고리cogoli라는 이름의 석영자갈을 구워서 갈면 순도가 더 높은 모래를 얻을 수 있다는 사실을 알아냈다. 최상의 석영자갈은 스위스 알프스에서 이탈리아 북부로 흐르는 티치노강의 바닥에서 구할 수 있었다. 석영을 잘 갈아내면 실리카의 순도가 98퍼센트까지 올라갔다. 이 모래가 없었더라면 베네치아의 유리 산업도 존재하지 않았을 것이다. 이 모래는 결코 흔한 모래가 아니기에 자연스럽게 다음 질문으로 이어진다. 오늘날에는 어디서 이런 모래를 얻을 수 있을까? 달리 말하면, 어디서 이렇게 완벽한 모래알을 얻을 수 있을까?[7]

완벽한 모래알을 찾아서

로칼린Lochaline은 스코틀랜드에서 가장 외딴 마을은 아니지만, 글래스고에서 3~4시간 차로 이동한 후 페리를 타고 린네호Loch Linnhe를 건넌 다음에는 다시 차를 타고 계곡과 계곡 사이를 지나는 길고 구불구불한 1차선 도로를 곡예운전하듯 가야 한다. 이런 곳을 여행하려면 상당히 그럴듯한 이유가 필요하다. 내게는 딱 좋은 이유가 있었다. 나는 완벽한 모래알을 찾아 나선 참이었다.

'완벽한 모래알'의 정의는 당신이 무엇을 찾는지에 따라 달라진다. 시멘트나 콘크리트에 들어가는 모래를 찾는 사람은 모래사장이나 비치발리볼 코트에 뿌릴 모래를 찾는 사람과 비교했을 때 모래알의 순도에 대해 다른 개념을 갖고 있을 것이다. 내가 찾는 것은 아주 특별한 모래였는데, 세상에서 실리카 순도가 가장 높은 모래를 찾고자 했다.

실리카 함량이 95퍼센트인 실리카 모래는 용도가 매우 다양하다. 물을 정수하거나 금속을 녹여 붓는 주조 금형을 만들 때 사용한다. 실리카 모래가 없다면 현대 철도 시스템은 멈춰버리거나 아예 멈추지 못할 것이다. 열차 제어 장치에 실리카 모래가 사용되기 때문이다. 무엇보다도 실리카 모래는 유리 제조의 핵심 원료이다. 아주 깨끗하고 투명한 유리를 원한다면 순도가 가장 높은 실리카 모래, 이른바 백사白砂, silver sand를 구해야 한다.

세계에서 가장 유명한 백사는 파리 남쪽 퐁텐블로숲의 백사로 루브르 박물관의 유리 피라미드가 퐁텐블로 모래로 만들어졌다. 벨기에의 몰, 네덜란드의 마스트리흐트, 독일의 리페, 캐나다, 미국, 브라질 등지에도 백사가 존재한다. 백사는 희귀하진 않지만 그렇다고 흔하지도 않다. 아예 없는 나라도 있는데 영국도 한 세기 전에야 로칼린에서 백사가 발견됐다.

억수같이 쏟아지는 비를 뚫고 로칼린으로의 여정이 시작됐다. 로몬드호Loch Lomond를 지나서 글렌코Glen Coe로 들어갈 때까지 장대비가 자동차 유리창을 세차게 때려댔다. 페리 선착장에 도착하자마자 언제

그랬냐는 듯이 비가 그치더니 만물을 따뜻하게 소생시키는 햇살이 비췄다. 페리가 린네호를 가로질러 출발할 무렵 무언가가 눈에 띄었다. 지평선에는 아주 먼 거리까지 긴 균열이 있었고, 그 양쪽에는 산들이 우뚝 서 있었다.

그 균열은 일종의 지질학적 흉터로, 먼 옛날 스코틀랜드를 둘로 갈라놓은 단층선이었다. 북동쪽으로 인버네스까지 뻗어있는 이 빙하 협곡의 이름은 그레이트글렌단층Great Glen Fault이다. 3억 년에서 4억 년 전 사이에 남쪽 땅으로부터 북쪽 땅이 갈라져 나왔는데, 그 땅은 북쪽으로 약 103킬로미터 떨어진 협곡 위로 올라갔다.

이는 지질학자들이 단층의 한쪽에서 나온 암석을 다른 쪽의 암석과 비교해 알게 된 사실이다. 이러한 깨달음은 판 구조론의 발견에 선도적 역할을 했다. 판 구조론은 놀랍도록 참신한 발상이었다. 대륙의 표층부가 서로 맞서면서 부서지고 여기에는 산을, 저기에는 협곡을 솟아오르게 한다. 화산과 지진이 생기고 거기서 마그마가 뿜어져 나와 새로운 암석이 만들어진다. 지구의 역사 대부분은 이런 지각 변동이 핵심이었다. 그러니까 지금껏 지구를 수놓은 것은 생물학적 작용보다는 지질학적 작용이었다는 이야기이다.

지질학 시계 혹은 지질학 해라는 비유를 들어본 적이 있는가? 지금까지의 지구 역사를 1년으로 압축한다고 가정하는 것이다. 지구는 1년 전, 1월 1일 자정에 탄생했다. 당신이 이 책을 읽고 있는 현재는 그로부터 365일이 지난 새해 전야 자정의 마이크로초에 해당한다. 이 달력에 따르면, 단세포 생물은 2월 말에 생겨났다. 현존하는 가장 오래된 암석은 3월 초에 만들어졌다. 로칼린 위쪽의 해안에서 발견된 루이스 편마암Lewisian gneiss은 4월에 만들어진 셈인데, 실제 시간으로는 30억 년 전이었다. 우리가 아는 생명체, 그러니까 곤충이나 파충류는 12월 초에 생겼다. 그레이트글렌단층이 스코틀랜드를 양분한 바로 그 시기였다. 공룡의 시대는 12월 13일에 시작하여 12월 26일에 끝났다. 리비아사막유리를 만들어낸 아프리카 유성은 12월 29일 이른 아침 '거대한 모래 바다'에 충돌했다. 인간 비슷한 동물들이 처음으로 등장한 건 12월 31일 초저녁인 오후 5시 18분이었다. 그렇다면 호모 사피엔스는? 우리가 마침내 이 파티에 뒤늦게 나타난 시각은 새해로 넘어가기 15분쯤 전이었다. 실제 시간으로는 수십만 년 전쯤이다.

세상을 이런 프리즘으로 보는 것을 딥타임deep time이라고 하는데, 꽤 유익한 훈련이다. 특히 우리가 사용하는 물질들에 얽힌 이야기가 그 물질들을 땅에서 꺼내어 공장에서 조합할 때 비로소 시작된다고 믿는 사람들에게는 더더욱 그렇다. 그레이트글렌단층을 통과하여 모번 반도Morvern peninsula로 들어가서 로칼린에 이르는 종반전에 들어섰을 때, 나는 딥타임을 통해 과거로 여행을 떠나는 셈이었다.

전혀 그럴듯하게 들리지 않겠지만, 강풍이 불어대는 황량한 풍경의 언덕과 호수는 과거에 열대 바다의 어귀가 있던 자리였다. 석영 같은 모래가 반짝거리는 하얀 해변이 철썩거리는 파도를 맞이하고, 따뜻한 물속에서 미생물을 먹고 사는 바닷조개와 갑각류가 꼼지락거리고 있었을 테다. 수천만 년 동안 바다는 산을 갈아내고 거르면서 순도가 높은 모래알을 만들어냈다. 그러다가 갑자기 6000만 년 전 엄청난 화산 폭발로 인해 이 낙원의 광경이 사라지고 일대가 용암으로 뒤덮였다.

반도 주변을 유심히 살펴보면 많은 단서가 보인다. 멀섬Isle of Mull은 화산 폭발의 잔해인데, 섬 대부분이 모번 반도를 뒤덮은 현무암으로 이루어져 있다. 반도를 흐르는 몇몇 시냇물은 현무암 표층을 깎아내면서 '악마의 발톱devils' toenails'으로 덮인 하얀 사암을 드러냈다. 현지인들이 악마의 발톱이라 부르는 것의 정체는 바닷조개의 화석인데, 바위에서 곧장 뜯어내서 보면 아닌 게 아니라 주름진 발톱처럼 보인다. 용암 밑에 갇힌 보물은 이것만이 아니다.

화산암의 바로 밑에는 깊고 두터운 백사층이 숨어 있다. 산화철은 거의 없고 실리카 함량이 99퍼센트나 되는 이 모래는 우리가 지금껏 만나본 모래들과 전혀 다르다. 만약 당신이 모래성을 짓고 싶은데 이곳에 왔다면 번지수를 한참 잘못 찾은 것이다. 로칼린 모래는 너무 가늘고 밀가루 같아서 손으로 움켜쥐면 정제당처럼 손가락 사이로 흘러내린다. 현미경으로 로칼린 모래를 관찰하면 일반 모래보다 훨씬 부드럽게 느껴지는 이유를 알 수 있다. 로칼린 모래의 결정은 둥근 구형인데, 수백만 년에 걸친 부식과 압축으로 이런 형태가 됐다. 바로 이 모래로 반짝거리며 아주 투명한 유리를 만든다.

모래 사업에서는 다소 이례적인 경우인데, 로칼린에서는 모래를 채취하는 대신 갱도를 파서 채굴하기 때문에 모번 반도 아래로 깊숙이 파고든다. 겉으로만 보면 로칼린은 모래를 채취하기에 적절하지 않은 곳처럼 느껴진다. 너무 외진 곳이라 채취한 모래를 외부로 실어 나를 방법은 배편밖에 없고, 모래로 제품을 만드는 작업장이나 제조 공장으로부터도 수백 킬로미터 떨어져 있다. 모래는 무거운 데다가 땅속에서 캐내는 다른 물질에 비해 그리 비싼 편이 아니기 때문에, 일반적인 모래 채취장은 모래가 필요한 곳 근처에 자리하고 있다. 그렇지만 로칼린 모래는 여느 모래와 같지 않다.

로칼린 모래를 채굴하려면, 호숫가의 횡갱도橫坑道를 통해 광산으로 들어가야 한다. 횡갱도는 지하로 들어가는 통로 입구로 들어가기 전 방문객 절차를 밟아야 한다. 부츠와 멀리서도 잘 보이는 상의를 입고, 허리에는 비상용 방독면을 매달고, 안전사고에 대비하는 안내를 들은 뒤 필요한 서류를 작성해 제출했다. 광산 입구에 있는 작은 오두막에서 관련 절차를 밟았는데, 이곳은 개발 초창기부터 본부 역할을 했다. 벽에는 1940년대부터 대물림한 낡은 지도가 붙어 있었는데, 사암을 처음 파고 들어간 통로가 표시돼 있었다. 그 옆에는 좀 더 현대적인 지도들이 있었다. 첫 번째 지도는 로칼린 언덕을 조심스럽게 파고 들어간 몇 개의 터널을 보여주었다. 두 번째 지도는 작은 거미줄이 암반 깊이 굴을 파고 들어가 거대한 벌집을 만드는 것 같은 계획을 담고 있었다.

"아무도 계산해보지 않았지만, 아마 320킬로미터 이상일 겁니다." 나를 차에 태워 횡갱도 입구로 데려가던 앨리 너즈Ally Nudds가 말했다. 그는 교대근무조 책임자였는데, 광산 내부를 속속들이 아는 소수의 직원 중 한 명이었다. 이곳은 그가 맡은 터널이었다. 그는 가끔 한 통로를 막고 다른 통로를 열면서 광산 깊은 곳까지 환기가 이루어지도록 하고 있었다.

우리가 탄 차는 한두 번 굽이굽이 내려가다가 옆으로 방향을 틀더니 완전한 어둠 속으로 빨려 들어갔다. 터널들은 지프차의 전조등과 하얀 암벽에서 반사되어 나오는 빛으로 겨우 밝기를 유지하고 있었다. 순수한 모래층을 따라 지하 깊숙이 들어서니 이런 생각이 들었다. 지금 우리는 사라진 고대 해변을 따라 여행하는 중이구나. 수억 년 전에는 해변이었으나 지금은 화석이 돼버린 낙원을 지나고 있으니 말이다. 차는 10분 동안 눈을 뚫고 나아가듯이 비틀거리면서 모래 바닥을 통과했고, 갈림길에 도착해서야 앨리가 시동을 껐다. 어두운 정적과 자동차 엔진에서 나는 디젤 냄새가 잠시 공간을 채웠다. 나는 헤드랜턴의 스위치를 만지작거리며 차 밖으로 나왔다.

"우리가 채굴한 것 중 가장 좋은 모래입니다." 앨리가 말했다. "70피피엠이죠." 모래 속 철 함량이 어느 정도인지도 덧붙였다. 비숙련자의 눈에 이 터널은 여느 광산과 비슷해 보였다. 우리는 잠시 서서 회백색의 벽을 올려다봤다. 터널 속의 깊은 정적은 어둠 속 어딘가에서 똑 똑 똑 떨어지는 물방울 소리에 흔들릴 뿐이었다. 침수 때문에 보트로만 다닐 수 있는 지역을 지나서 미로 같은 터널들을 통과하여 마침내 광산 밖으로 나왔다. 다시 스코틀랜드의 빗속으로 돌아왔을 때 유리 제조업자들이 어째서 철을 그토록 싫어하는지 알 수 있었다. 오두막으로 돌아가자 사무실 관리인 베로니크 월레이븐Veronique Walraven이 두 개의 병을 보여줬다. 한 병에는 그녀가 '나의 모래'라고 한 것이 들어 있었고, 다른 한 병에는 전형적인 유리용 모래, 그러니까 철 함량이 약간 더 높은 모래가 들어 있었다. 한 병은 모래들이 응집한 부분이 초록빛을 띤 반면, 로칼린 모래가 든 병은 거의 완벽한 투명도를 자랑했다.

투명도가 높은 유리는 까다로운 위스키 전문가나 유리창 제조업자에게나 중요할 뿐 다른 사람들에게는 '불필요한 사치품'으로 보일지도 모른다. 하지만 유리의 투명도는 우리 생각보다 훨씬 더 중요하다. 유리의 성분인 모래의 순도가 광학 유리를 만들 때 엄청난 차이를 결정짓기 때문이다. 쌍안경, 잠망경, 총기 조준경에 들어가는 렌즈 같은 광학 유리에 대한 수요가 없었더라면 이 광산은 아예 시작도 못 했을 것이다. 이 이야기는 1차 세계대전으로 거슬러 올라간다. 현대 전쟁사의 매우 놀라운 이야기 속에서 유리가 어떻게 한 페이지를 차지했는지 살펴보자.

1차 세계대전과 쌍안경 전쟁

1915년 늦여름, 연합군이 서부 전선에서 독일을 상대로 지루한 참호전을 벌이고 있었다. 그보다 남쪽인 오스만 제국에서는 영국군과 호주·뉴질랜드 연합군이 다르다넬스 해협을 장악하기 위해 작전을 벌이고 있었으나 난관에 부딪힌 상태였다.

전투가 점점 치열해지던 중 영국은 군수부 소속 요원을 스위스로 비밀리에 파견했다. 요원에게 주어진 임무는 영국군에 절실히 필요한 군수품이었던 쌍안경을 실은 배를 안전하게 지키는 일이었다.

저렴한 쌍안경을 오늘 주문하면 내일 배송되는 시대에 사는 우리에게 군사적 우위가 고작 이런 것으로 결정된다는 사실이 의아하게 느껴질 수도 있다. 하지만 20세기에는 꽤 오랜 기간 동안 이런 평범한 도구들이 군사력의 핵심을 차지했다. 곧 살펴보겠지만, 어떤 면에서는 지금도 위력을 발휘하고 있으니 1915년에는 말할 것도 없었다.

이전의 전쟁은 대부분 아슬아슬한 차이로 승패가 결정됐다. 소총과 대포는 주로 육안으로 목표물을 조준했는데, 이 무기들의 사정거리가 대체로 짧았기 때문이다. 그러나 20세기 초에 이르러 무기가 크게 발달해 포탄이 수십 킬로미터까지 날아갈 수 있게 되자 정밀한 조준경이 필수품으로 떠올랐다. 장거리 사격을 위한 망원 조준경과 강력한 소총을 사용하는 최고의 저격병을 갖추고, 참호나 선상에서 지평선을 정확하게 살펴서 부대에 도움을 줄 수 있는 지휘관이 전투에서 승리할 가능성이 커졌다.

1914년 오스트리아의 프란츠 페르디난트 대공과 그의 아내가 암살되면서 유럽 각국에 연쇄 작용을 일으켰고, 결국 1차 세계대전으로 이어졌다. 당시에 어느 나라가 가장 유리한지는 의문의 여지가 없었다. 당연히 독일이었다. 독일은 수십 년간 쌍안경, 망원경, 잠망경, 거리계, 과학용 렌즈 등 정밀 광학 분야에서 전 세계 공급망을 완전히 틀어쥔 상태였다. 이것은 단순히 학술적·경제적 문제가 아니었다. 소총의 망원 조준경은 독일이 독점했으므로 전쟁 초기에 독일 저격병들은 굉장한 우위에 있었다. 연합군 병사들은 독일 저격수라면 공포에 덜덜 떨 정도였다. 매우 먼 곳에서도 표적을 맞히는 독일군의 놀라운 저격 능력은 물리 법칙마저 초월하는 것처럼 보였다.

이 조준경의 측면에는 자이스Zeiss라는 상표명이 새겨져 있었는데, 장비 안에 들어간 유리는 쇼트Schott라는 회사가 만들었다. 독일의 화학자 오토 쇼트Otto Schott는 유리의 품질을 높이는 데 평생을 헌신한 인물이다. 그는 주기율표의 원소들을 하나씩 첨가해서 효과가 어떤지 살펴보는 식으로 유리의 품질을 개선하려 했다. 주방의 오븐용기나 코로나19 백신 용기를 만드는 데 필요한 붕규산유리를 발명한 이가 바로 쇼트이다. 튀링겐주의 예나Jena에서 함께 일했던 오토 쇼트, 카를 자이스Carl Zeiss, 과학자 에른스트 아베Ernst Abbe는 정밀 유리 제조 분야의 핵심 인물로 손꼽힌다.

1914년 무렵, 영국은 정밀 유리의 60퍼센트를 독일의 자이스 사에 의존하고 있었다. 나머지 30퍼센트는 프랑스에서 수입했고, 겨우 10퍼센트를 웨스트미들랜드주 스메디크에서 챈스Chance 형제가 운영하는 국내 업체로부터 조달했다. 그해 6월, 페르디난트 대공이 암살되기 직전에 영국 과학협회The British Science Guild는 다음과 같이 보고했다.

● 영국은 광학 제조 분야에서 많이 뒤처져 있다. 과학적·산업적 필

수품들도 제대로 공급하지 못할 뿐만 아니라, 현시점에서 외부의 도움이 없으면 현대 전쟁의 필수품인 광학 기구들을 육군과 해군을 위해 충분히 생산할 수 없다.[8]

전쟁이 선포되자 독일 기업들은 즉시 정밀 유리의 공급을 중단했다. 프랑스 또한 자국 군의 물량을 위해 수출을 제한해 영국군은 광학 기구가 매우 부족해졌다. 1914년 9월, 영국 육군을 이끌던 원수 로버츠 경Field Marshal Lord Roberts은 대중에게 집에 있는 쌍안경, 오페라 안경, 망원경을 전선으로 떠나는 부대에 기증해달라는 내용을 담은 간절한 호소문을 발표했다. 국왕과 왕비가 기증한 쌍안경 네 쌍을 필두로 몇 주 사이에 2,000건의 기증이 이어졌다. 하지만 영국군이 필요로 하는 수만, 아니 수십만의 수요에 비하면 턱없이 부족한 물량이었다.

가을을 지나 겨울로 접어들고 다시 봄이 오는 동안 영국 신문들은 전선으로 떠나는 병사들에 대한 애절한 지원 요청을 담은 공고문을 계속 내보냈다. 몇몇 신문은 이를 "유리 기근glass famine"이라고 불렀다. 모래알로 쌓아 올린 이 산업을 어느 한 나라가 독점하면 얼마나 황망한 일이 벌어지는지 알려주는 따끔한 사례였다. 쌍안경을 조립할 수 있는 영국 기업들은 많았지만, 그들 모두가 독일산 유리에 의존하고 있었다.

다시 1915년 영국 군수부가 중립국 스위스로 파견한 비밀 요원의 이야기로 돌아가자. 왜 비밀 요원을 파견했을까? 그에게 아주 비범한 임무가 주어졌기 때문이다. 군수부 공식 역사에 나오는 기록에 따르면, 그의 임무는 적국으로부터 쌍안경을 구매하는 것이었다.

● 1차 조사 결과 우리는 다음과 같은 결론에 도달했다. 광학 기구를 대량으로 공급할 수 있는 나라는 독일이 유일하다. 이 필수품의 공급이 끊기는 사태를 피하고자 1915년 8월에 군수부 대표를 스위스에 파견했고 독일 회사들로부터 구매할 수 있는지 알아보기로 했다.

영국이 적국인 독일에 도움을 요청한 것보다 더 놀라운 일이 그다음에 벌어졌다. 독일이 '예스'라고 대답한 것이다.

군수부 공식 기록은 이렇게 전한다. "스위스 채널을 통해 독일의 답변을 들었다. 독일 전쟁부는 영국 정부의 쌍안경 구매 요청을 승인할 의향이 있다고 한다." 그러면서 우선 3만 2000개의 쌍안경을 즉각 제공하고, 향후 1개월 안에 1만 5000개를 제공하겠다고 구체적 수치까지 제시했다. 영국의 쌍안경 부족을 거의 해결할 수 있는 물량이었다. 그뿐만이 아니었다. 독일은 소총의 망원 조준경 500개를 즉시 제공하고, 한 달 내로 5,000개에서 1만 개를 추가 제공하겠다고 했다. 공식 기록은 침착한 어조로 보고를 이어간다. "그들은 광학 기구 샘플을 얻고 싶다면, 포로로 잡힌 독일군 장교나 포병의 장비를 영국군이 살펴보면 될 일이라고 했다."[9]

굉장히 놀라운 이야기이다. 독일이 진지하게 제안했다는 점은 영국의 공식 기록에 나오는 세부 사항이 뒷받침한다. 왜 독일은 자국 병사들을 죽이는 데 사용될 기술을 영국에 제공하려 했을까? 그 대답은 독일이 받을 반대급부에 있었다. 영국을 비롯한 연합국, 그리고 그 식민지 국가들은 거대한 고무 생산지를 보유하고 있었는데, 전쟁이 발발하자 독일의 고무 수입을 완전히 막아버렸다. 그래서 독일은 자동차의 타이어, 각종 관, 엔진의 팬벨트 등에 들어가는 고무 라텍스를 구하지 못한 채 고무 기근을 앓고 있었다. 독일은 영국에 쌍안경을 제공하는 대신 고무를 요구했다. 공식 보고서에는 이런 말이 나온다. "그에 대한 보상은 독일 국경에 인접한 스위스가 해주기를 바란다."*

그 후 실제로 어떤 일이 벌어졌는지는 아직 논쟁 중이다. 영국 군수부의 공식 기록에 따르면, 그런 불법적 합의를 하긴 했지만 결국 영국은 미국을 비롯한 타국에서 물자를 조달하기로 결정했다. 그러나 무역 데이터는 영국이 몇 년간 독일에서 쌍안경을 공급받았다는 사실이 드러났다. 군사 기술을 연구한 역사가 가이 하트컵Guy Hartcup은 몇 년 전 이 문제를 조사하다가 영국 국립기록보관원에서 3만 2000점의 쌍안경이 1915년 8월에 공급됐다고 보고하는 비망록을 발견했다. 이 문서는 그 후 관련 서류철에서 사라진 것으로 보인다.[10]

고무와 유리, 두 강대국은 한동안 이 물질들을 손에 넣기 위해 전쟁의 통상적 규칙을 위반하기까지 했다. 이러한 사건은 자주 일어나지 않기 때문에 충분한 연구 가치가 있다. 그동안 우리는 쌍안경이든, 반도체든, 기본 금속이든 세계 곳곳에서 손쉽게 구할 수 있다고 여겼다. 그러나 전쟁, 팬데믹, 수에즈운하 사고 등 예기치 못한 대참사가 벌어지면 원활하다고 믿었던 공급망에 대해 다시 생각하게 된다.

놀라운 점은, 이 물품들의 가격이 그 중요성을 제대로 반영하는 경우가 드물다는 것이다. 어떤 강대국의 기록을 살펴보더라도, 그 나라의

---

* 영국이 전 세계 고무 무역을 지배하게 된 것은 본질만 놓고 보면 산업 절도의 역사이다. 19세기 후반까지 가장 성공적인 고무 품종이었던 파라고무나무는 남아메리카에서만 자랐다. 그러나 1876년에 헨리 위컴(Henry Wickham)이 고무나무 씨앗 수만 개를 런던의 큐 왕립식물원으로 밀반입했다. 소수의 씨앗만이 싹을 틔웠는데, 그 묘목들을 영국의 아시아 식민지들로 보냈다. 이듬해 말라야(오늘날의 말레이시아)가 브라질을 추월하여 세계 최대의 고무 생산국이 됐다. 영국의 '고무 절도'는 오늘날까지도 브라질의 분노를 사고 있다. 영국의 고무 절도를 도운 조력자는 유리였다. 묘목이 아시아로 보내질 때 나무와 유리로 만든 일종의 휴대용 온실인 '워디언 케이스(Wardian case)'에 들어 있었기 때문에 죽지 않고 무사히 도착할 수 있었다.

GDP에서 원자재가 차지하는 비율이 너무 미미해서 깜짝 놀라게 된다. 여기에는 분명하고도 강력한 경제 논리가 작동한다. GDP 같은 통계 수치는 따지고 보면 사람들이 어떤 특정한 물품에 대하여 어느 정도 지불할 용의가 있는가를 측정한 것에 불과하다. 그 물품이 금속이든, 광물이든, 식품이든 원자재 100개 중의 99개는 매우 저렴한 편이다. 하지만 가격과 가치는 같지 않다. 그리고 경제학자들이 '공급 충격supply shock'이라고 부르는 전쟁 같은 비상 상황에서 사람들은 1915년의 영국과 독일과 비슷한 경우를 겪게 된다. 상대방을 더 많이 죽이는 데 필요한 물품을 서로 교환하는 것이다. 1916년 북해에서 벌어진 유틀란트 해전에서 영국 해군과 독일 해군이 맞붙었는데, 이때 양국의 해군 장교들은 같은 공장에서 생산한 쌍안경으로 서로의 동정을 살폈다. 어느 영국군 장교는 포탄이 비처럼 쏟아지는 배 위에서 이렇게 말했다. "이거 정말 괴이한 일이로군. 저 멀리 떨어진 곳에서 독일 배의 돛대 위에 올라간 병사가 자이스 쌍안경으로 영국 함대를 정찰하고 있어. 나 또한 자이스 망원경으로 적의 움직임을 정찰하고 있고 말이지."[11]

영국은 왜 유리 경쟁에서 뒤처졌을까

여기에 아이러니가 하나 있다. 이렇게 높은 평가를 받는 휴대용 쌍안경이 독일의 자이스가 아니라 영국의 챈스 형제에게서 탄생하는 평행 우주가 존재할 수도 있었다는 점이다. 19세기까지 영국의 유리 제조업은 품질 면에서 세계적으로 최선두에 서 있었던 반면, 보헤미아산 제품은 평균에 미달하는 실망스러운 품질이었다. 오토 쇼트가 유리 제조법을 혁신하기 훨씬 전에 이미 영국의 목사 겸 정치가인 윌리엄 버넌 하코트William Vernon Harcourt가 그와 비슷한 실험을 하고 있었다. 하코트는 베릴륨beryllium, 카드뮴cadmium, 불소fluorine, 리튬, 마그네슘, 몰리브데넘molybdenum, 니켈, 텅스텐tungsten, 바나듐vanadium 등을 한데 섞어서 어떤 결과가 나오는지 살펴봤다. 어느 단계에서 하코트는 심지어 우라늄uranium을 첨가하여 자외선 속에서 괴이한 초록색으로 빛나는 유리 제품을 만들기까지 했다. 전자기와 전기분해를 발견하여 오늘날 전기의 시대를 열었다고 평가받는 마이클 패러데이는 쇼트가 그 유명한 붕규산유리를 발명하기 수십 년 전에 납붕규산유리lead borosilicate glass를 발명하기도 했다.

광학 산업의 우위가 영국에서 독일로 넘어간 사건, 즉 경제적 초강대국이 기술적 우위를 넘겨준 사건은 물질 세계의 역사를 빈번히 점철해왔다. 18세기 영국은 세계 최대의 유리 생산국이었으나 그 지위는 여러 손을 거쳐 점점 멀어졌다. 이집트에서 시리아로, 다시 시리아에서 로마로, 그리고 로마에서 베네치아의 무라노섬으로 옮겨갔다. 이런 혁신의 기다란 실이 인류 문명의 경계를 갈랐다고 할 수 있다.

오늘날 우리는 유리를 너무나 당연한 제품으로 여겨서 그 구성 성분조차 궁금해하지 않는다. 그러나 이전 세대는 그렇지 않았다. 17세기에 조지 레이븐스크로프트는 납이 함유된 크리스털유리를 만든 뒤 영국 남동부에서 자주 발견되는 석영암 부싯돌quartzite flint의 이름을 따서 플린트유리flint glass라고 불렀다. 정확히 말하면 그가 데려온 무라노섬의 장인들이 만들었겠지만. 그 후 유리의 주성분이 플린트에서 실리카로 바뀌어도 그 이름은 그대로 남았다.

처음에 플린트유리는 식탁에서 사용하는 식기류를 만드는 데 쓰였으나 렌즈 제작자들이 흥미로운 현상을 발견했다. 물이 든 컵에 빨대를 꽂았을 때 벌어지는 현상을 떠올려보자. 물컵을 내려다보면 빨대가 물속에서 휘어져 있는 것처럼 보인다. 왜일까? 그 이유는 빛이 공기나 진공을 통과할 때보다 물을 통과할 때 속도가 더 느려지기 때문이다. 정확히 1.33배 더 오래 걸린다. 이 수치를 굴절률이라고 하는데, 과학 분야에서 굉장히 중요한 숫자이다. 빛이 어떻게 굴절되는지 안다면 그 빛을 인간의 마음대로 굴절시킬 수도 있기 때문이다.

플린트유리는 이따금 크라운유리crown glass라고도 불리는 소다석회 유리보다 굴절률이 높다. 플린트유리 한 면에다 크라운유리 한 면을 결합하면 수정처럼 투명한 렌즈를 얻을 수 있는데, 이 렌즈는 이미지들을 굴절시키지 않고 확대해서 보여준다. 굴절률이 서로 다른 유리를 결합하는 이 원리는 현대 광학의 핵심이다. 광섬유 와이어가 아주 먼 거리까지 빛을 전달하는 비결도, 굴절률이 서로 다른 내부 유리 코어와 외부 유리로 만들어졌기 때문이다. 빛은 광섬유의 가장자리에 도달했을 때 밖으로 빠져나가는 대신 안으로 되먹임된다. 이를 '전반사total internal reflection'라고 하는데, 우리는 이미 이런 현상을 목격한 바 있다. 수영장이나 수족관의 물 밑에서 위쪽을 쳐다보면 마치 거울처럼 보이는 현상이 전반사 때문이다.

영국이 17~18세기에 상업용 유리 생산과 고급 광학 분야에서 선두 주자였음에도 19세기에 뒤처진 이유는 무엇이었을까? 역사를 돌아보면 여기에는 기이한 패턴이 존재한다. 경험 법칙에 따르면, 한 시대의 경제 대국은 유리 제조업의 세계적 중심지였다. 고대 이집트에서 로마 시대를 거쳐서 13세기의 베네치아와 16세기의 네덜란드, 그리고 18세기의 영국과 프랑스가 그러했다. 이런 패턴이 1914년의 독일까지 이어졌다.

독일이 광학 분야의 기술 경쟁에서 영국을 추월한 이야기는 물론 예나에서 실험을 무수히 거듭하면서 현대 광학 산업의 문을 연 오토 쇼트의 노력에 힘입은 바가 크다. 그러나 동시에 그보다 훨씬 세속적인 문제인 조세 정책도 한몫 톡톡히 거들었다. 윌리엄 3세가 통치하던 1696년 영국에는 창문세window tax라는 괴상한 조세 정책이 도입되었다. 소득세가 도입되기 훨씬 전의 일인데, 세수를 늘리려는 목적으로 영국 정부가 도입한 세금이었다. 거주자가 잘살수록 그 집에는 창문이 많을 것이라며 주택의 창문 숫자에 따라 세금을 매기는 정책이었다. 그 결과, 많은 주택이 세금을 줄이기 위해 창문을 벽돌로 막아버렸다. 오늘날까지도 영국에 앞이 막힌 창문들을 가진 집이 많은 이유이다.

유리와 얽힌 세금은 창문세만이 아니었다. 이제는 망각의 뒤안길로 사라졌지만, 유리 제품 자체에도 다양한 세금이 부과됐다. 1745년부터 1845년 사이에 부과된 이 세금들은 창문 유리와 플린트유리 등 원자재에 부과되기 시작해서 나중에는 완제품에도 부과됐다. 유리의 중량이 많이 나갈수록 더 많은 세금이 부과됐고, 그 결과 상당한 부자들만 무거운 플린트유리를 구매하여 온실을 지을 수 있었다.

영국의 유리 산업은 조세 정책에 의해 직격탄을 맞았다. 윌리엄 버넌 하코트 같은 아마추어가 새로운 유리 제조법을 실험하던 시기에 유리 제조 회사들은 사업상의 어려움으로 합병되기 시작했다. 유리세Glass Excise가 폐지된 1845년 무렵 영국의 유리 산업은 이미 치명적 피해를 입은 상태였다. 가장 뛰어난 유리 제조업자였던 챈스 형제는 과학자를 고용하여 새로운 유리 제조법을 연구하기보다는 표준 유리의 품질을 향상하는 일에 집중했다.

영국이 유리 산업에서 주도권을 잃어가고 있다는 주장이 이따금 의회에서 나왔다. 그러나 19세기를 주도하는 경제사상은 '시장을 보호해야 한다'가 아니라 '시장을 개방해야 한다'였다. 1차 세계대전이 끝나고 몇 년 뒤에 어느 정부 문서는 이렇게 전했다. "거의 한 세기 동안 정부는 자유방임주의 학파의 개인주의 원칙 아래에서 번영해왔다. 자유 무역은 70년 이상 번창하고 있다."[12]

한편, 프로이센 왕국에서는 신생 부문인 유리 제조업에 재정을 지원했고 주문량도 보장해줬다. 다소 기이하게 들리겠지만 이러한 19세기 산업 전략은 시인 요한 볼프강 폰 괴테Johann Wolfgang von Goethe가 주도했다. 쇼트, 아베, 자이스는 실험에 필요한 시간과 자금을 국가로부터 충분히 지원받았다. 그들은 다양한 작용과 굴절률을 가진 새로운 유리 제조법을 개발했고 대량생산에도 성공했다. 그렇게 독일은 정밀 광학 분야의 선도국이 됐고, 1914년 1차 세계대전이 터졌을 때는 이미 확고한 지위를 차지하고 있었다.

영국의 유리 기근 사태에 대해 세금과 자유방임주의 경제 정책만을 탓할 수는 없다. 그러나 독일이 유리 제조업에서 선두를 치고 나간 것은 결코 행운의 결과가 아니었다. 독일 정부는 유리뿐만 아니라 화학 및 제약 산업에도 지원을 아끼지 않았다. 기업들은 과거 장인들의 일을 회사의 업무로 받아들였고, 엄정한 과학 기술을 도입했다. 19세기 독일에서는 연구 개발이 본격적 궤도에 오르고 있었다. 물질 세계를 연구 대상으로 진지하게 받아들인 것이다.

놀랍게도 영국은 독일을 재빠르게 따라잡았다. 1915년에 저점을 찍고 은밀한 유리-고무 거래를 끝낸 뒤, 군수부는 유리 제조업에 자금과 노동력을 적극적으로 쏟아부었다. 과학자들이 몇 달간 독일의 유리 제품들을 해체하고 분석한 끝에 종전 무렵에는 영국군은 물론이고 연합군에까지 공급할 수 있을 정도로 유리 제품을 충분히 생산할 수 있었다. 여기서 이런 교훈을 얻을 수 있다. 충분한 노력과 지원이 있으면 한국가의 산업을 활성화하는 일은 얼마든지 가능하다. 그러나 기술 습득은 가능하지만, 아무리 마법을 부린다 해도 제품 생산에 필요한 원료는 만들어낼 수가 없다.

1차 세계대전 동안 영국은 광학 산업의 주원료인 퐁텐블로 모래를 수입할 수 있었다. 그러나 독일의 탄산칼륨은 공급이 완전히 끊겼는데, 탄산칼륨은 수천 년 전 페니키아인들이 사용했던 나트론 덩어리와 비슷하게 유리를 만들 때 융제 역할을 했다. 자원에 굶주린 영국은 임시변통으로 문제를 해결해야 했다. 이를 대체하는 문제에 대하여 공식 문서는 이렇게 전한다.

● 온갖 제안이 쏟아졌다. 백년초 열매, 고사리, 코코넛 껍질 등을 사용하자는 제안부터 소각장에서 나오는 연기와 가루를 사용하자는 제안까지 다양했다. 각 제안을 진지하게 고려하고 검토하면서 필요하면 실제 조사를 수행하기도 했다.

결국 영국은 탄산칼륨을 충분히 긁어모을 수 있었다. 제철 공장의 용광로에서 나오는 가루 같은 기이한 출처도 있었고, 더러는 러시아와 인도로부터의 수입에 의존했다.[13]

2차 세계대전은 전혀 다른 문제였다. 나치의 점령지에는 프랑스 퐁텐블로의 모래 채석장도 포함됐다. 영국의 광학 공장들은 이제 충분한 기술을 갖추고 있었지만, 렌즈를 만들기 위해 녹일 모래가 없으니 아무 소용이 없었다. 이 문제를 해결하기 위해 코란 해협을 건너서 그레이트글렌단층을 지나 모번 반도의 로칼린으로 관리들이 파견됐다. 아주 외진 곳에 있는 이 모래 광산이 영국의 유리 산업을 구제할 수 있을지 알아보기 위해서였다.

　로칼린 석영모래 광산Lochaline Quartz Sand Mine은 1940년 여름에 문을 연 뒤 몇 년간 영국 군수 산업의 핵심지였다. 이곳에서 생산한 모래는 남쪽의 광학 공장들로 선적되고 녹여져 쌍안경, 잠망경, 조준경의 렌즈로 들어갔다. 과학자들이 핵심 광물의 개념을 재정의하기 훨씬 전부터 로칼린은 국가적·군사적으로 중요한 곳이었다. 그때나 지금이나 이런 곳이 있다는 사실을 아는 사람이 그리 많진 않지만 말이다. 런던, 코번트리 등 영국의 여러 지역에 폭탄이 떨어지는 와중에 로칼린의 백사는 영국을 나치로부터 구해내는 데 중요한 역할을 했다.

　2008년의 세계 금융 위기 이후 3년간을 제외하고 로칼린 광산은 계속 운영돼왔다. 로칼린 광산은 대형 사업체라고 보기 어려운 규모다. 호수 옆의 작은 오두막과 터널, 기계 등을 30여 명이 관리하면서 광산에서 모래를 캐내어 체로 거르는 작업을 하고 있다. 물론, 전체 주민이 200여 명인 로칼린 마을에서 직원 30여 명의 로칼린 광산은 가장 큰 일터라 할 수 있다. 오늘날 로칼린 광산은 이탈리아의 미네랄리인더스트리알리Minerali Industriali와 일본 NSG의 합작 투자로 운영되고 있는데, NSG는 몇 년 전 영국의 유명한 유리 제조사 필킹턴Pilkington을 인수한 곳이다.

　광산 밖에서 비를 맞으며 작업 광경을 지켜보고 있노라니 세상에서 가장 완벽한 은회색 모래 줄기가 창고에 계속 쌓이고 있었다. 매주 배편으로 백사들을 실어 나른다. 그중 일부는 매우 투명한 유리병을 만드는 데 쓰여서 병에 담긴 싱글몰트 위스키의 순수한 색깔을 돋보이게 한다.

좀 더 흥미로운 용도도 있다. 로칼린 백사의 일부는 노르웨이로 운반되어 탄화규소silicon carbide를 만드는 데 사용된다. 탄화규소는 전기차 생산의 핵심 소재 중 하나로 급부상하고 있다. 인버터는 직류 전력을 교류 전력으로 변환하는 역할을 하는데, 테슬라의 모델3 같은 전기차는 탄화규소 인버터를 장착하면서 이전 모델보다 주행거리가 길어지고, 충전 속도가 빨라졌으며, 전력 소비량이 줄어들었다. 이 마법의 물질은 지구를 구하는 데 엄청난 역할을 할 것이다.

로칼린 백사의 대부분은 남쪽의 필킹턴 공장으로 보내져 용해되고, 용융주석molten tin 위를 흐르다가 완벽에 가까운 평평하고 얇은 판이 된다. 이것은 상당히 진보한 공정이긴 하지만, 수천 년 전 페니키아인들이 강가에서 발견했던 현상과 근본적으로 다르지 않았다. 이 판을 생산하는 데 핵심인 반응 과정도, 화학 성분도 같은 것이다. 1930년대에 들어서야 더 획기적인 제조법이 등장했다.

인터넷은 유리선을 타고 흐른다

1934년 뉴욕주 북부 코닝의 연구실에서 일하는 미국의 젊은 화학자 제임스 프랭클린 하이드James Franklin Hyde는 여러 화학 성분을 합성하여 유리를 만드는 새로운 제조법을 고안했다. 그는 용접 토치의 화염에 사염화규소silicon tetrachloride를 분사하는 방식을 채택했는데, 사염화규소는 실리카 모래를 염화물 혼합물에 녹여서 만든 액체이다. 이렇게 만든 유리는 제조 방식은 물론이고 화학 성분마저 획기적이었다. 수천 년 만에 유리 제조법에서 근본적인 전환이 이루어진 순간이었다. 하이드는 이 방법으로 리비아사막유리보다 순도가 더 높은 완벽한 석영유리를 만들어냈다. 자연이 '거대한 모래 바다'에 유성을 충돌시켜 만들어낸 것을 이제 실험실에서 만들 수 있게 된 것이다.

용융실리카는 광학 분야에 일대 혁명을 가져올 예정이었지만, 이런 종류의 혁신이 흔히 그렇듯 코닝의 연구자들이 이것으로 무엇을 할 수 있는지 깨닫기까지는 꽤 오랜 시간이 걸렸다. 그들은 이 석영유리를 주방 제품에 활용하여 파이렉스보다 더 튼튼한 냄비를 만들었다. 용융실리카는 고온에도 잘 견디기 때문에 미사일 앞부분인 노즈콘, 우주왕복선과 국제우주정거장ISS의 유리창에도 사용됐다. 그러나 진정한 '유레카'의 순간은 런던 교외 통근권의 외곽에 있는 콘크리트 오피스 단지에서 찾아왔다. 궁극적 의미에서는 디지털 세상이 탄생한 순간이기도 했다.

STLStandard Telecommunication Laboratories은 이제 존재하지 않지만, 에식스주의 할로 외곽에 있는 그 볼품없는 사무실은 한동안 세계에서 가장 중요한 과학 연구의 요람이었다. 상하이 출신의 전기공학자 찰스 가오Charles Kao가 바로 이곳에서 획기적인 발견을 했다.

1870년대에 알렉산더 그레이엄 벨Alexander Graham Bell이 전화기를 발명한 이래로, 정보는 대부분 구리선을 통해 전달됐다. 이는 매우 멋진 해결책이었으나 심각한 문제점을 안고 있었다. 거리가 멀어질수록 전화 신호가 약해져 잘 들리지 않는다는 점이었다. 벨이 설립한 회사인 AT&T와 부속 연구 기관인 벨 연구소Bell Labs의 엔지니어들은 수십 년간 이 문제를 해결하기 위해 애썼다. 더 두껍고 단단한 구리선을 사용하고, 전선과 앰프를 설치하기도 하고, 구리선을 타고 흐르는 신호를 더 강하게 만들기 위해 분유리blown glass로 세심하게 만든 진공관을 써 보기도 했다. 이런 기술들 덕분에 AT&T는 미국 전역에 구리선을 깔 수 있었다. 1950년대 들어서는 대서양을 건너 캐나다 노바스코샤주에 서부터 로칼린 남쪽의 오반까지 구리선을 깔았다. 이 구리선은 19세기 부터 사용했던 느리고 답답한 대서양 횡단 케이블을 대체했다.

그러나 구리선을 통해서는 제한된 속도로 제한된 양의 정보만을 전달할 수 있었다. 그러다가 1960년대 들어 STCStandard Telephones and Cables의 연구 기관인 STL에서 찰스 가오가 장거리 통신을 새롭게 바 꾸는 획기적인 발견에 성공함으로써 오늘날의 광섬유 시대가 열렸다.

광섬유가 이루어낸 혁신이 얼마나 중요한지는 아무리 강조해도 지 나치지 않다. 현대적 통신 수단은 어떤 방식으로든 모두 광섬유를 활 용한다. 현지 네트워크나 전화 네트워크에 무선으로 연결할 수 있는 장치들을 갖고 세계를 돌아다니다 보면 마침내 정보화 시대에 탈물 질화를 이루어냈다고 생각하기 쉽다. 그러나 이는 결코 사실이 아니 다. 영상 통화, 인터넷 검색, 이메일, 클라우드 서버, 스트리밍 박스 세 트 등 이 중 어떤 것도 물리적인 무언가가 존재하지 않는다면 불가능 하다. 당신과 라우터 사이, 혹은 당신의 집과 로컬 교환기 사이 정도의 최종 몇 미터를 제외하면 온라인에서 데이터가 이동하는 대부분이 유 리 가닥의 광선에서 이루어진다.

본질만 놓고 보면, 광섬유는 한 개 혹은 두 개의 기다란 유리선으로 되어 있다. 유리선이 이중으로 된 경우에는 하나의 유리선을 다른 선 이 감싸는 구조를 취한다. 내부의 코어는 정보를 전달하고, 외부의 클 래드는 빛이 산란하거나 굴절하여 바깥으로 빠져나가지 못하게 한다.

광섬유 한 가닥을 만들기 위해서는 두 겹으로 된 튜브를 단조鍛造하는 작업을 수반한다. 커다란 유리통처럼 생긴 프리폼preform을 머리카락만큼 얇은 직경이 될 때까지 높은 온도를 가해 늘인다.

다시 1960년대로 돌아가서 찰스 가오는 충분히 투명한 유리로 만든 광섬유가 먼 거리까지 빛을 보낼 수 있다는 사실을 발견했다. 그전까지 쓰던 전통적 광학 유리에는 문제가 있었는데, 아무리 최고의 품질이라고 해도 빛을 겨우 10미터까지만 전달할 수 있었다. 그래서 가오는 더 투명한 유리를 찾아 나섰고, 1930년대에 제임스 프랭클린 하이드가 개발한 초순도 용융유리에서 마침내 답을 찾았다. 코닝의 석영유리를 사용하면 데이터를 손실 없이 몇 킬로미터나 보낼 수 있다는 계산이 나온 것이다. 아주 작은 광섬유의 대역폭이 구리선보다 훨씬 컸으므로 놀라울 정도로 가느다란 광섬유 가닥이 두꺼운 구리선보다 몇 배나 많은 정보를 전달할 수 있었다.

여타 위대한 과학적 비약들이 그랬듯이 광섬유의 발명은 인간의 지적 능력과 재료과학이 힘을 합쳐서 이룬 성과였다. 이 획기적인 발명에 관한 한 사람들은 찰스 가오 경을 기억할 것이다. 그는 2009년에 노벨 물리학상을 받았고, 2010년에 엘리자베스 2세 여왕에게서 기사 작위를 받았다. STL 연구소가 철거된 뒤에 할로에 조성된 사무 지구는 그의 이름을 따서 가오파크Kaopark라고 지었다.

우리는 유리의 놀라운 자산에 대해서 거의 생각하지 않는다. 유리가 없으면 일상생활에서 전적으로 의존하는 정보 인프라가 작동하지 않는데도 말이다. 대양을 가로지르고 전 세계에 울리는 머리카락 두께의 가느다란 유리 가닥들이 땅속 깊이 보이지 않는 곳에 빽빽이 매설된 덕분에 현대 사회는 지금처럼 돌아가고 있다. 하지만 사람들은 이 사실을 별로 신경 쓰지 않는다. 전기를 송전하는 구리선, 우리를 먹여 살리는 비료, 건물을 든든하게 지탱하는 강철 등에 신경 쓰지 않는 것과 비슷하다. 여기에 핵심이 있다. 이런 물질은 어디에나 있지만 동시에 어디에도 존재하지 않는다. 몇 년 전 미국 대법원의 어느 대법관이 포르노를 이렇게 정의했다. "나는 보면 그게 뭔지 압니다." 이 말을 반대로 적용하면 물질 세계를 정의할 수 있다. 인간 문명에서 가장 중요한 것은 무엇인가? "당신은 보지 못해도 그게 뭔지 압니다."

온 세상의 건물을 짓는 데 사용하는 모래처럼 우리의 눈에 띄지 않는 물질도 없을 것이다. 모래는 현대적 삶의 기초다. 하지만 우리는 그 물질에 그다지 신경 쓰지 않으며, 더 나아가 얼마나 중요한지도 제대로 알지 못한다.

2장

콘크리트의 빛과 그림자

모래 위에 세워진 세계

● 그러나 지금 내가 한 말을 듣고도 실행하지 않는 사람은 모래 위에 집을 짓는 어리석인 사람과 같다.

비가 내려 큰물이 밀려오고 또 바람이 불어 들이치면 그 집은 무너지고 말 것이다.

〈마태복음〉 7장 26~27절

반석 위에 집을 지은 자와 모래 위에 지은 자, 두 사람의 비유는 무시할 수 없는 매우 분명한 교훈을 제시한다. 만약 이 비유를 글자 그대로 믿는다면, 모래알 위에 집을 짓는 건 미친 짓처럼 보인다.

하지만 모래 위에 집을 짓는 일은 그 자체로는 잘못된 구석이 없다. 우리가 현재 그렇게 하고 있기 때문이다. 모래 위에 짓고, 모래로 건설하며, 모래로 벽돌을 만들어 집을 짓는다. 땅을 매립할 때도 모래를 사용한다. 마천루, 주차장, 도로, 그리고 그 토대 등 세상을 이루는 건설물은 대부분 모래로 만들어졌다.

앞에서 인용한 〈마태복음〉의 산상수훈山上垂訓의 일부인 모래 비유는 이 점에 대하여 더 구체적으로 설명할 수 있었을 것이다. 문제는 어리석은 자가 모래 위에 집을 지은 것이 아니라, 엉뚱한 종류의 모래 위에 집을 지었다는 점이었다. 아마도 그는 사막의 모래 위에 집을 지었을 텐데, 사막 모래는 결정의 가장자리가 둥글어서 단단히 결속되지 않는다. 어쩌면 충적토 위에 집을 지었을 수도 있다. 충적토 속의 모래는 건기에는 표면이 고르고 단단하지만, 비가 오거나 강물이 갑자기 범람하면 결속이 매우 느슨하고 불안정해진다.

그러나 단단하지 못한 모래라고 해도 그 위에 집을 지을 수 있다. 모래의 약점을 피해 굴착을 잘해서 기초를 탄탄하게 다지거나, 푸석푸석하고 축축한 모래를 단단하게 만드는 적절한 기술을 사용하면 된다. 세계에서 가장 높은 건물인 두바이의 부르즈 할리파Burj Khalifa를 떠올려 보자. 부르즈 할리파는 글자 그대로 움직이는 사막 모래 위에 세워졌는데, 모래가 건물을 불안정하게 만들기는커녕 더욱 안정적으로 지탱하는 역할을 한다. 무려 지하 47미터까지 내린 길고 둥그런 콘크리트 기둥 192개가 부르즈 할리파의 토대를 이루는데, 모래와 사암 암반의 마찰력을 이용하여 건물을 제자리에 단단히 고정하고 있다.

부르즈 할리파에서 해변을 따라가면 인공섬 팜 주메이라Palm Jumeirah가 있다. 팜 주메이라는 페르시아만의 해저에서 수백만 톤의 모래를 준설하여 만들었다. 모래들을 한곳에 살포한 뒤 고도의 압축 기술로 표면을 평평하고 단단하게 다졌다. 물론 모든 모래가 이렇게 사용될 수 있는 건 아니다. 최고의 압축 기술도 사막 모래를 새로운 땅으로 변모시키지는 못한다. 인공섬들은 완공된 순간부터 자연의 작용에 끊임없이 맞서 싸워야 하는 운명을 부여받는다. 조수 간만의 차가 모래들을 침식하고 다른 곳으로 씻겨 나가게 한다. 두바이 지역 정부는 팜 주메이라 주변에 방파제를 건설했지만 섬은 아주 느린 속도로 서서히 낮아지고 있다.

모래밭을 따라 요동치는 국경선

자국 영토를 늘리려는 아랍에미리트의 노력은 오랫동안 이어져온 대하소설의 최신 에피소드에 불과하다. 네덜란드는 이미 14세기부터 이와 같은 작업을 해왔다. 그러나 최근에 이르러 간척 열기가 유례없이 최고조에 달한 것도 사실이다. 간척을 가장 열성적으로 하는 지역은 아시아이다. 일본은 19세기 이래로 바다를 꾸준히 매립하여 250제곱킬로미터의 신규 토지를 얻었다. 중국은 신구 해안 도시들을 꾸준히 확장하고 있다.

한 국가의 영해는 해안선이 규정하므로, 모래로 쌓은 포좌砲座는 21세기 외교의 새로운 국경선이 되었다. 영해가 크면 클수록 바다에서 어로漁撈, 시추, 채광할 수 있는 범위 역시 넓어진다. 이 문제는 군사적 쟁점으로도 이어진다. 2006년부터 2010년 사이에 중국은 해안 일대에서 연평균 약 700제곱킬로미터의 토지를 간척했다. 최근에 중국이 남중국해 섬들에서 벌인 준설·간척 사업은 엄청난 규모여서 어느 미군 제독은 이를 "모래로 쌓은 만리장성"이라고 표현했다. 중국, 대만, 말레이시아 등 여러 아시아 국가가 자국 영토라고 주장하는 난사 군도는 한때 새들만 사는 암초였다. 오늘날 난사 군도는 콘크리트 활주로와 군사기지가 들어서면서 영토를 늘려가고 있다.[1]

기후변화가 심해지고 해수면이 상승할수록 장벽 건설이나 홍수 방지에 쓰이는 모래를 구하려는 경쟁은 더욱 가속화될 것이다. 21세기 내내 해수면이 상승하면 물밑으로 가라앉으리라고 과학자들이 예측하는 몰디브는 수도 말레 주위에 거대한 장벽을 세우기 위해 엄청난 양의 모래와 바위를 사용하고 있다. 싱가포르는 간척이야말로 기후변화, 해수면 상승, 수자원 고갈에 대비한 최선의 방어책이라고 선언했고, 그리하여 세계 최대 모래 수입국의 자리에 올랐다. 국토는 10년 동안 26제곱킬로미터 이상 늘었다. 더 많은 국민을 수용하고 공원, 병원, 학교 등을 지을 수 있는 공간이 생기면서 모래에 대한 수요는 더 커졌다. 싱가포르의 국토가 늘어나는 동안 이웃 국가들의 국토는 줄어들었다. 싱가포르에 상당한 양의 모래를 수출하는 인도네시아는 최근에 이런 경고를 내놓았다. 모래를 준설하거나 채굴하는 양이 너무 많아서 몇몇 섬이 통째로 사라지는 바람에 해안의 국경선에까지 영향을 미쳤다는 것이다.

모래의 정치학이 얼마나 큰 규모인지는 파악하기가 쉽지 않다. 무엇보다도 관련 수치가 불명확하기 때문이다. 싱가포르는 2000년에서 2020년까지 약 6억 톤의 모래를 수입했다고 발표했다. 그러나 싱가포르에 모래를 수출하는 국가들은 2억 8000만 톤을 수출했다고 했다. 나머지 3억 2000만 톤의 모래에 대해서는 아무도 설명하지 못하고 있다. 누군가가 모래를 파내긴 했지만, 아무도 자신이 했다고 나서지 않는 것이다.[2]

천연자원에서 전략적 광물로

이것은 좀 더 심각한 문제로 이어진다. 사람들은 모래를 거의 무제한으로 존재하는 흔한 물질로 생각한다. 만약 모든 모래가 똑같다면 그럴 수도 있겠지만, 사정이 그렇지 않다는 걸 우리는 이미 알고 있다. 사막 국가 두바이가 벨기에, 네덜란드, 심지어는 영국 같은 나라에서 모래를 수입하는 이유가 무엇이겠는가? 이에 대해 가장 간단한 답은 어떤 모래가 다른 모래보다 더 유용하다는 것이다. 거대한 모래 바다에는 엄청나게 많은 실리카 결정이 있지만, 로칼린이나 퐁텐블로의 모래 순도에는 미치지 못한다.[3)]

여타 광물들과 다르게 모래에 대해서는 연간 준설량에 관한 규정이나 제한, 더 나아가 통계 수치 같은 자료가 없다. 그 결과, 인류가 지표면에서 얼마나 많은 모래를 파내서 다른 곳으로 옮겼는가 하는 간단한 문제가 전혀 간단하지 않게 되었다. 몇 년 전 일부 지질학자들이 그 답을 찾겠다고 관련 자료들을 섭렵했다. 그들은 인류가 해마다 채광하고 채석하고 준설하는 모래, 흙, 암석의 양이 지구의 자연적인 침식 과정(강물이 모래를 갈아서 바다로 내보내는 과정)에서 생기는 양보다 약 24배 더 많다고 추산했다. 달리 말해서 우리 인간이 자연보다 더 큰 지질학적 힘을 발휘한다는 이야기이다. 지질학자들의 자료에 따르면 1955년부터 그래왔다. 2020년에 이르러 철, 콘크리트 등 인간이 만들어내는 생산물의 총 무게는 지구상에 사는 모든 생물들의 무게 총합보다 더 무거워졌다.[4)]

이러한 분석들은 인류세Anthropocene 개념에 통계적 뼈대를 제공하기 때문에 매우 유용하다. 인류세는 인류가 이전 지질시대와는 완전히 다른 새로운 지질시대를 맞이했다는 개념이다. 모래와 암석을 캐내서 이동시킨 과정을 파고들수록 그 엄청난 수치에 숨이 멎을 것 같다. 지난 세기 동안 인류가 땅에서 파낸 물질의 엄청난 양에 대해서 말하려면 아주 드물게 사용하는 단위인 테라톤$_{teratonne}$을 가져와야 할 정도이다. 정확히 6.7테라톤인데, 이를 톤으로 풀어 쓰면 6조 7420억 톤이다. 인류가 만들어낸 모든 사물의 총 무게가 1.1테라톤(1조 1000억 톤)이라는 점을 고려하면, 6.7테라톤이 얼마나 엄청난 수치인지 실감할 수 있을 것이다. 건물, 비행기, 기차, 자동차, 전화 등 인간이 지구상에 만들어낸 모든 물체보다 여섯 배나 더 많은 양의 흙, 모래, 암석을 떠올려보라. 이런 식으로 물질의 채굴량은 해가 갈수록 점점 더 커지고 있다.[5]

그 많은 모래가 어디서 오는가 하는 문제는 절대 사소하지 않다. 모래 대부분은 알갱이 형태로 강에서 바다로 흘러드는데, 바다로 향하는 길에서 인접 생태계에 중요한 역할을 한다. 퇴적물을 운반하여 범람원을 비옥하게 하고, 대수층으로 기능하거나 홍수를 예방하고, 침식으로부터 해안선을 보호한다. 거북이부터 새, 미생물까지 동물들을 위한 안식처를 제공하기도 한다. 만약 모래를 채굴해야 한다면(현대 사회에서 그러지 않는 경우는 상상하기 어렵다), 이 활발한 퇴적물 생태계를 파헤치는 것은 잘못된 일이다. 그 대신에 '화석 퇴적층'을 찾아보라. 화석 퇴적층에는 과거에 흐르던 강이나 해안 생태계의 일부였던 모래가 수억 년이 지난 지금 비활성 상태로 남아 있다.

선진국의 경우 모래를 이동시키고 토지를 매립하는 행위를 엄격하게 규제하고 있기 때문에 화석 퇴적층에서 모래를 채취한다. 그러나 그 외 국가들에서는 생태계 내 모래를 채취하고 있다는 강력한 증거가 있다. 모로코와 사하라 서부 일대의 기다란 해안 지역이 모래를 준설하는 바람에 사라졌다. 여기서 나온 모래는 유럽과 카나리아 제도로 운반되어 관광 명소로 유명한 해변의 모래를 보충하는 데 사용됐다. 유럽의 해변이 실제로는 수입 모래에 크게 의존하고 있다는 사실을 알면 당신은 크게 놀랄지도 모르겠다. 수천 년에 걸쳐서 자연적으로 조성된 폭풍우 방파제가 모래 준설로 다 깎여 나간 셈이다.

아시아의 경우 비약적인 경제 성장을 이루면서 건설용 모래에 대한 수요가 폭발적으로 증가했다. 이로 인해 지역 생태계가 엄청난 피해를 보았는데, 이 현상이 가장 뚜렷하게 나타난 곳이 메콩강 삼각주 지역이다. 메콩강 삼각주 지역은 습윤하고 습지가 많은 비옥한 땅인데, 베트남의 쌀 대부분이 생산되는 곡창 지대이다. 메콩강 삼각주의 토양과 토사는 무분별한 모래 채취와 상류의 댐 건설 때문에 큰 피해를 보았다. 지금과 같은 방식의 산업 활동과 건설 공사는 분지로 흘러드는 강의 흐름을 크게 왜곡시킨다.[6]

때때로 모래는 불법으로 채취된다. 공식 허가를 받은 채취업자들이 정해진 양 이상으로 모래를 파내는 것이다. 모터보트를 타고서 강 하류로 내려가면 강둑의 논에서 일하는 농부들이 보인다. 보트나 바지선을 갖고 나와서 수중에서 모래를 준설하는 사람들도 있다. 그들은 대기 중인 트럭까지 삽, 양동이, 바구니, 수압 펌프 등으로 모래를 운반한다. 연구 자료에 따르면, 공식 통계보다 훨씬 더 많은 양의 모래가 채취되고 있다.[7]

모래를 너무 많이 파낸 나머지 과거에 강둑이 있던 곳에는 이제 깎아지른 절벽이 남아 있을 뿐이다. 해마다 약 5.2제곱킬로미터의 땅이 사라지는데, 삼각주의 여섯 개 인접 지역에서 강물이 범람해 도로와

학교, 병원 등을 삼킬 기세라면서 비상사태를 선언하기도 했다. 어느 연구는 삼각주 전역이 그 일대를 채웠던 퇴적물을 잃은 나머지 서서히 가라앉고 있다고 주장한다. 이는 다시 해안에 영향을 미쳐서 날마다 축구장 1.5개 면적이 바다에 침식되고 있다. 하지만 연구들은 이것이 시작에 불과하다면서 다음과 같은 경고를 내놓았다. "모두가 단합하여 대응하지 않는다면, 메콩강 삼각주 지표면의 절반 이상이 2100년에는 해수면 아래로 가라앉을 가능성이 크다. 나머지 지역에서는 염화 작용과 빈번한 홍수 피해를 겪을 것이다."[8]

베트남 북쪽에서는 중국 정부가 수십 년째 불법 모래 채취자들과 추격전을 벌이고 있다. 양쯔강 일대의 배수 유역은 중국 국토의 5분의 1을 차지하며, 인구의 3분의 1이 살고 있다. 그러나 과도한 모래 채취 때문에 강둑이 무너져 강의 생태계는 말할 것도 없고 그 위로 놓인 다리들마저 안정성을 위협받고 있다. 중국 정부의 다양한 단속 활동은 불법 채취를 근절하지 못했고 수많은 영세 채취업자를 강 상류의 포양호로 축출했을 뿐이다. 포양호의 불법 채취가 어찌나 심한지 호수의 수면이 낮아진 것처럼 보일 정도이다. 어떤 사람들은 포양호가 세상에서 가장 큰 모래 채취장이라고도 말한다.[9]

양쯔강 하류에서 화물선으로 위장한 보트들은 지류에 조용히 잠복하고 있다가 한밤중이나 비 오는 날, 안개 낀 날만 골라서 불법으로 모래를 채취한다. 이들에 대한 단속은 2021년부터 시작되었다. 그해 초, 중국 정부는 불과 두 달 사이에 2만 톤의 모래를 불법 채취하여 판매한 일당 11명을 체포했다고 발표했다.[10]

중앙정부와 지방정부의 단속이 느슨한 인도의 경우 '모래 마피아'가 부패 네트워크를 넓고도 깊게 구축하고 있다. 이 네트워크에는 강바닥이나 해변에서 모래를 실제로 파내는 사람들, 그렇게 채취한 모래를 건설 현장으로 보내는 공급망, 부동산 개발업자, 경찰, 심지어 정치인들까지 포함되어 있다. 모래를 불법 채취하는 과정에서 살인, 납치, 잔인한 구타, 체포 등이 끊이질 않는다. 이 책을 집필하는 두 달 동안에는 인도의 비하르주 나와다 지구에서 단속 중이던 경찰이 돌을 맞았으며, 현지 경찰관 18명이 모래 마피아를 비호하던 것이 발각되어 다른 지구로 전출당했다. 참발 지구에서는 삼림 단속관들이 트랙터로 불법 채굴 중이던 모래 마피아에게 총격을 당했다.[11]

모래는 중요한 비즈니스다. 유엔환경계획에 따르면, '모래 위기'에서 벗어나고 싶다면 모래를 흔해 빠진 천연자원이 아니라 전략적 광물로 여겨야 한다. 그러니까 리튬 같은 배터리 원료 또는 구리 등과 비슷한 수준의 광물 취급을 해야 한다는 것이다. 잠시 한 걸음 물러서서 모래로 무엇을 할 수 있을지 생각해보기 전까지는 그저 평범하게 보일지도 모른다. 그러나 모래가 없다면 건설 환경도 경제 성장도 성립할 수 없다. 모래는 수백만 명의 사람을 결핍과 가난으로부터 구해내어 함께 잘 살도록 돕는 물질이다.[12]

다소 이례적인 선언으로 들리겠지만 모래알들의 최종 목적지를 알면 생각이 달라질 것이다. 새로운 땅을 만들기 위해 멀리까지 운반되는 바닷모래는 세상의 국경을 바꾸어 놓는다. 실리카 모래는 유리로 변신하고, 골재는 잘 녹여서 아스팔트로 만든 다음에 도로 위에 타설된다. 더욱 중요한 역할을 하는 특별한 모래도 있다. 이 모래알들은 수백만 년 전에 암석 표면에서 침식되고 떨어져 나와 해저에 가라앉아서 완전히 새로운 형태의 암석으로 변신했다.

모든 물질 중에서 가장 저평가된 물질

이것은 마법 같은 물질이지만 대체로 사람들 눈에 보이지 않는 곳에 존재한다. 지상으로 머리를 내밀면 조롱이나 무시를 받는다. 프랑스 건축가 조르주 그로모르Georges Gromort는 이렇게 말함으로써 대다수 사람의 의견을 대변했다. "콘크리트? 그건 진흙에 불과하잖아!"[13]

그러나 아무리 비난받고 무시당하고 또 오해되더라도(그건 절대 진흙이 아니다) 모래와 자갈, 시멘트의 혼합물인 콘크리트는 아주 비상한 물질이다. 이 질문을 던지면 가장 좋은 출발점이 될 것 같다. 개발도상국의 빈민가에 사는 수많은 저소득 가구의 사정을 개선하려면 다음 세 가지 중 무엇을 제공해야 할까? 현금 한 다발? 영양제? 시멘트 한 포대?

답이 무엇인지 아마 짐작했겠지만 그래도 계속 설명해보겠다. 가난한 나라의 어린이가 겪는 가장 큰 문제 중 하나는 체내 기생충이다. 어린이들은 기생충 때문에 건강을 해치고 학교에 가지 못한다. 기생충은 주로 사람들의 분변에 기생하는데, 그러다가 누군가의 발바닥에 달라붙어서 집 안으로 들어온다. 만약 집이 흙바닥에 판잣집이라면 기생충은 오랫동안 발견되지 못하고 활개를 치다가 더 많은 아이들이 감염된다.

몇 년 전, 멕시코는 빈민가에 흙바닥을 포장할 수 있도록 시멘트를 제공하기 시작했고 그 결과 기생충 감염률이 78퍼센트나 떨어졌다. 설사에 시달리는 어린이들의 숫자가 절반이나 줄었고, 빈혈로 고생하는 어린이들도 80퍼센트나 감소했다. 온갖 이로운 결과들이 이어졌다. 어린이들은 학교생활에 더 잘 적응했고, 부모들도 전보다 더 행복하고 덜 우울해했다. 이 모든 것이 값싼 시멘트 포대 덕분이었다.[14]

시멘트의 이로움은 여기서 끝나지 않는다. 흙길을 콘크리트 포장도로로 대체했더니 도로 주변에서 일하는 사람들의 임금이 4분의 1 이상 증가했고, 학교에 입학하는 어린이들의 비율도 높아졌다.[15]

우리는 건축의 중요성을 과소평가하곤 한다. 주거는 인간의 가장 기본적 욕구 중 하나이다. 그러나 머리 위에 지붕이 있고 발밑에 단단한 바닥이 있으면 이 사실을 잊기 쉽다. 건축의 세계에서 시멘트만큼이나 엄청난 차이를 만든 물질은 없었다.

벽돌을 쓸 때는 며칠에서 몇 주까지도 걸리던 공사를 소수 인력으로 몇 시간 만에 해치울 수 있다. 그 전까지는 벽돌 형태를 만들어 굽고 모르타르를 섞어 힘들게 쌓아야 했지만, 콘크리트를 사용하면서는 거푸집에 부어넣기만 하면 끝이었다. 몇 세기 전만 해도 거의 모든 건물이 벽돌 혹은 목재로 지어졌지만, 오늘날 건설 현장에서 사용하는 자재의 80퍼센트를 콘크리트가 차지한다. 볼품이 없는 콘크리트가 기술 발전의 역사에서 철과 반도체 같은 번지르르한 물질들에 밀려 무시당하는 경우가 많다.

그러나 콘크리트를 자세히 살펴볼수록 이 물질에 대하여 경외감을 깊이 품게 된다. 유리와 마찬가지로, 콘크리트가 경화될 때 내부에서 어떤 일이 벌어지는지는 아직 완벽히 밝혀지지 않았다. 도시 중심부에 자리 잡은 지루하고 볼품없는 콘크리트 덩어리들은 도시 환경을 이루고 있는 그 어떤 것보다도 더 생생하게 살아 있다. 콘크리트는 아직도 양생 중이며, 그 석조는 여전히 환경과 상호작용하고 있다. 대공황기에 콜로라도강 강가에 대규모 토목 공사로 지어진 후버 댐조차도 오늘날까지 양생 중이다. 한 해 한 해 지날수록 콘크리트 석조의 힘은 조금씩 더 강해지고 있다.

콘크리트와 시멘트, 이 둘은 상호 호환이 가능하지만 엄밀히 말해서 서로 같다고 할 수는 없다. 시멘트는 콘크리트가 서로 단단히 달라붙도록 돕는 접착제 역할을 하는 마법 성분이다. 시멘트 자체는 진흙, 모래, 때때로 산화철 같은 첨가제에다가 석회석 또는 백악chalk을 넣은 뒤 구워서 으깨어 만든 가루이다. 이 가루에 물을 부으면 칼슘과 실리콘이 반응하여 걸쭉한 회색 젤이 만들어지는데, 그 안에서 돌로 된 가느다란 덩굴손이 수백만 개 생겨난다. 이 덩굴손은 칼슘실리콘 하이드레이트calcium silicon hydrate의 결정체인데, 젤 속에서 점점 자라면서 줄기를 뻗어서 일종의 뼈대가 돌 같은 구조물을 만들어낸다. 여기에 골재를 더하면, 덩굴손들이 자갈과 모래에 단단히 들러붙으면서 콘크리트를 만들어낸다. 이렇게 만들어진 콘크리트는 물처럼 부을 수 있는 액체 상태의 돌이다.[16]

콘크리트를 타설하여 양생하는 과정은 하나의 예술이다. 몇 년 전에 한 인부가 지하철 터널 내부의 벽에 콘크리트를 타설한 뒤 마무리하는 모습을 본 적이 있다. 그는 터널 벽 위로 조심스럽게, 흡사 사랑스럽다는 듯이 흙손을 움직이면서 표면을 평평하게 만들었다. 사람들의 눈이 절대 닿지 않을 그 벽을 말이다. 마치 조각가의 작업 현장을 지켜보는 듯했다.

어떤 사람들은 기술적 이점에도 불구하고 콘크리트에는 장소의 감각이 결여되었다고 말한다. 도시의 환경은 건축 기술뿐만 아니라 그 환경을 둘러싼 물질들의 결과물이기도 하다. 옥스퍼드대학교 사각형 안뜰의 벌꿀색 석회석, 브루클린의 갈색 사암, 애버딘의 화강암 등 건물에는 이름 없는 베이지색 벽돌이 아니라 인근의 채석장에서 가져온 돌을 사용하는 경우가 많다. 주변 환경을 이용해서 건물을 만든 셈이다.

이런 사정은 콘크리트도 마찬가지이다. 콘크리트는 원래 모래와 돌의 결정이었으나 시간이 지나면서 일종의 새로운 돌 형태로 접착된 것이다. 따라서 콘크리트 역시 현지의 결정으로 만들어졌다고 할 수 있다. 맨체스터의 콘크리트 덩어리에 손을 대면 피크 지구의 자갈과 바위를 만지는 셈이 된다. 뉴욕의 콘크리트는 롱아일랜드섬 자메이카만의 모래에서 태어났다. 런던의 콘크리트는 더 신비로운 배경을 가지고 있는데, 사용된 모래와 골재가 북해의 얕은 모랫둑인 도거뱅크Dogger Bank에서 나왔기 때문이다. 도거뱅크는 해수면이 지금보다 낮았던 마지막 빙하기에 영국과 유럽 대륙을 연결하는 육교 역할을 했었는데, 바닷속으로 가라앉은 뒤로는 종종 도거랜드Doggerland라고 불린다. 도거랜드의 모래는 네덜란드의 해안을 보강하는 데 쓰였고, 런던의 금융 중심지 카나리 워프Canary Wharf를 조성하는 데도 들어갔다. 길에서 콘크리트 덩어리를 보고서 현대 사회가 낳은 괴물이라고 무시하고픈 마음이 든다면, 잠시 이런 생각을 해보라. 이 콘크리트에 들어간 모래는 바닷속 신비한 세계에서 나온 것일지도 모른다고.

콘크리트의 세계에서 현세는 종종 신비롭고 경이로운 것과 어깨를 나란히 한다. 겉으로 죽은 듯 보이는 암석이 실은 살아 있으며, 고대는 미래를 닮은 무언가의 형태를 띤다. 도거랜드에서 모래를 준설하는 바지선들은 준설 기계를 막는 매머드 화석을 일상적으로 발견한다. 박물관에 전시된 털북숭이 코뿔소의 이빨, 구석기 손도끼는 건설용 모래를 준설하는 과정에서 발굴된 것이다. 콘크리트를 얻으려는 끝없는 욕구, 즉 콘크리트에 들어가는 모래와 돌을 얻기 위한 만족할 줄 모르는 여정에서 인류는 선사시대에 대한 많은 지식을 얻었다.

콘크리트의 역사

물성에 관한 한, 콘크리트는 어떻게 보느냐에 따라 매우 오래된 것일 수도 있고 놀라울 정도로 새로울 수도 있다. 인간은 수천 년간 석회를 구워서 건물을 짓는 데 사용해왔다. 튀르키예에서 발견된 신석기 유적의 바닥과 기둥에 시멘트를 사용한 흔적은 지금으로부터 1만 년 전의 일이다. 시리아 남부와 요르단 북부에 살았던 베두인족은 기원전 6500년경에 이미 콘크리트 비슷한 구조물을 만들었다. 가장 유명한 것은 로마인들이 많은 건축물에 사용했던 콘크리트의 일종이다. 그 콘크리트는 로마 콜로세움의 기초를 구성했다. 무엇보다 놀라운 사실은, 로마 판테온의 거대한 돔이 여전히 세계에서 가장 큰 비강화 콘크리트 돔이라는 것이다.

콘크리트 제조법은 로마 제국 멸망 후 수백 년간 사라진 상태였으나, 로마인 건축가 마르쿠스 비트루비우스 폴리오Marcus Vitruvius Pollio가 집필한 《건축10서De Architectura》의 원고가 15세기에 발견되면서 관심이 되살아났다. 비트루비우스의 책은 프랑스어와 영어로 번역되었고, 콘크리트의 비밀을 발견하려는 과학적 탐구심에 불을 붙였다. 18세기에서 19세기에 걸쳐 발명가와 사업가 들은 로마에 버금가거나 능가하는 새로운 콘크리트 제조법을 만들기 위해 경쟁했다. 오늘날에도 원래의 로마식 제조법을 역공학으로 알아내려고 애쓰는 과학자들이 있는데, 2023년 MIT 연구자들이 새로운 돌파구를 발견했다고 주장하기도 했다.[17]

오늘날 가장 많이 사용하는 시멘트 제조법은 1824년에 조지프 애스프딘Joseph Aspdin이 특허를 낸 방법이다. 애스프딘은 '포틀랜드시멘트'

라는 이름을 붙였는데, 시멘트의 색이 도싯주에서 채석하는 포틀랜드석Portland stone과 비슷하다는 이유에서였다. 그 무렵에는 여러 제조법이 경쟁하고 있었는데, 어딘가 수상쩍었던 애스프딘이 그 경쟁에서 공정하게 승리했는지 아니면 타인의 청사진을 슬쩍해서 자기 것이라고 주장했는지는 확실히 밝혀진 바가 없다.[18]

무언가를 발명하는 일과 그것을 성공적으로 제품화하는 일은 전혀 다른 문제이다. 시멘트의 경우 이 문제는 결국 제조법에 달렸는데, 머핀이나 수플레를 만들 때 계량이 조금만 잘못되어도 실패작이 나오는 것과 마찬가지이다. 초창기의 시멘트 제조법은 너무 제각각이어서 품질이 일관되지 않고 포대마다 달랐다. 유리 종류를 결정지었던 공식처럼, 이번에도 독일인들이 시멘트를 재고 섞고 마무리하는 엄격한 과학적 공정을 밟았다. 그리하여 19세기 말, 독일 시멘트가 영국의 시멘트보다 훨씬 우수한 품질을 자랑하게 되었다.

콘크리트의 역사에서 가장 중요한 인물은 여러 분야에서 혁신을 창출한 토머스 에디슨Thomas Edison이다. 에디슨은 콘크리트의 역사에 흥미로운 주석을 덧붙였다. 그는 콘크리트 가구, 콘크리트 침대, 콘크리트 축음기 등 아예 콘크리트로 집 전체를 지으려 했다. 하지만 오늘날 알려진 것보다 훨씬 더 중요한 그의 기여는 콘크리트의 대량생산을 완성했다는 점이다.

그 이유를 알기 위해서는 현대의 시멘트 공장을 방문할 필요가 있다. 나는 영국 웨스트미들랜드주 럭비의 외곽에 있는 한 공장을 방문했는데, 1865년부터 가동된 시멘트 공장이었다. 시멘트가 영국을 산업국가로 만들었던 빅토리아시대에 이곳의 공장들은 인근의 석회석 채석장에서 나오는 돌을 사용했다. 이 지역의 석회석은 거의 고갈되어 요즘에는 베드퍼드셔의 채석장에서 약 92킬로미터 파이프라인을 이용해 백악을 채굴한다.

공장의 중심에는 시멘트 산업의 핵심인 가마가 있었다. 이 가마는 영국 도자기 산업의 고향인 스토크온트렌트에서 보존하고 있는 도자기 가마처럼 병 모양으로 생긴 벽돌 오븐이 아니었다. 처음에 공장을 둘러봤을 때 가마를 전혀 알아보지 못했는데, 원통형 회전 가마인 로터리킬른rotary kiln은 굴뚝이 아니라 거대한 금속관 형태였기 때문이다. 로터리킬른이 회전하는 광경을 쳐다보고 있노라니 예기치 않은 최면 효과가 느껴졌다. 공장 어디에도 불, 연기, 소음은 없었다. 단지 웡 하고 기계가 돌아가는 소리, 원료를 회전시키기 위해 가끔 공기를 집어넣는 소리만 들릴 뿐이었다. 그러나 비가 내리면 가마 위의 열기 때문에 빗물이 가마 표면에 닿는 순간 증기로 변하는 장면을 볼 수 있었다.

로터리킬른은 하루 24시간 가동해야 한다. 만약 가마의 가동을 장시간 중단하면, 내부의 높은 열기가 가마를 녹여서 못쓰게 만들기 때문이다. 공장장은 시멘트 공장 책임자라면 누구나 이런 공포를 품고 있다고 했다. 그래서 가마는 계속 돌아가고, 재료들은 계속 가마를 통과해 클링커clinker가 된다. 클링커는 검은 덩어리의 일종인데, 이것을 갈아서 '물질의 세계'를 결속시키는 접착제인 시멘트를 만든다.

에디슨은 세계에서 가장 긴 가마를 만듦으로써 획기적인 돌파구를 마련했다. 에디슨의 가마는 전체 길이가 46미터 정도였는데, 이는 현재 럭비 지방에서 돌아가는 가마와 별반 차이가 없다. 그는 독일식 시멘트 제조법에 나름의 개선안을 몇 가지 추가한 다음에 이를 특허 출원했다. 이 제조법은 에디슨의 발명품 중에서도 꽤 높은 수익을 가져다주었다. 세상에 미친 영향을 고려하면, 이것이 에디슨의 가장 중요한 발명품이라고 강하게 주장할 수도 있다. 하지만 이 글을 쓰고 있는 지금, 콘크리트의 인기는 시들시들하므로 에디슨의 위키피디아 페이지에 조차 콘크리트 이야기는 나오지 않는다.[19]

에디슨이 시멘트 산업에 도입한 것은 규모$_{scale}$라는 아주 중요한 개념이었다. 그가 발명한 거대한 로터리킬른을 사용하면, 공장들은 하루에 약 16만 리터의 시멘트를 생산할 수 있었다. 시멘트를 만드는 데 들어간 연료와 바위의 비용을 충당하고도 남을 충분한 물량이었다. 어떤 물질을 대량생산하는 능력은 우리의 상상력을 사로잡지는 못하지만, 물질의 세계를 여행하는 동안 반복적으로 만나게 되는 주제이다. 콘크리트부터 구리, 철, 리튬까지, 수백만 명을 가난에서 구제하여 풍요롭게 해주는 이 물질들을 대량생산하여 널리 보급하는 능력은 매우 중요하다. 시멘트가 세상을 바꿀 수 있었던 건 시멘트 자체의 마법적 성질도 있지만, 값싸고 쉽게 구할 수 있다는 이점 때문에 널리 공급될 수 있었던 영향이 더 크다.

빛과 그림자

콘크리트가 어디에나 있다는 말은 결코 과장이 아니다. 모래, 골재, 시멘트를 혼합하여 콘크리트를 대량생산하기 시작한 때가 겨우 한 세기 전이다. 그런데도 오늘날 지구상에는 1인당 80톤이 넘는 콘크리트가 존재하는데, 이를 전부 합하면 총 650기가톤에 이른다. 지구상에 있는 모든 생물, 이를테면 모든 소, 모든 나무, 모든 인간, 식물, 동물, 박테리아, 단세포 생물을 전부 합한 무게보다도 더 무거운 무게이다. 전 세계

콘크리트의 연간 생산량은 영국 땅을 전부 덮고도 남을 정도다.[20]

이것이 실제로 어떤 의미인지 파악하기 위하여 중국 톈진의 사례를 살펴보자. 톈진은 1500만 명이 사는 거대 도시인데, 해안에서 내륙으로 파고들며 베이징에 인접해 있다. 원래 톈진은 바닷가 염전에서 생산한 소금 무역으로 명성을 얻었지만, 오늘날에는 헤아릴 수 없을 만큼 많은 양의 콘크리트가 도시 전역을 뒤덮은 풍경으로 유명하다. 콘크리트는 과거에 습지나 들판이었던 톈진 땅을 도로와 주차장으로 변모시켰고 그 위에 마천루가 들어섰다.

2014년 톈진은 '세계 고층 빌딩의 수도'라는 찬사를 받았다. 그해에만 신규 고층 빌딩의 6퍼센트가 완공되었는데, 이 빌딩들의 높이를 모두 합하면 무려 1.25킬로미터가 된다. 중국의 시멘트 생산력은 10년마다 두 배씩 증가하면서 비약적으로 성장했다. 코로나19가 한창이던 당시 바이러스의 확산 속도를 보여주던 그래프를 기억하는가? 급격한 바이러스 확산세를 지수곡선으로 표시했는데, 그 자리에 바이러스 대신 모래와 골재 주위로 손을 뻗는 시멘트 덩굴손을 넣어서 생각하면 중국의 성장세를 이해할 수 있을 것이다. 어떤 학자는 2013년까지의 데이터를 근거로 들어 앞으로 50년 이내에 지구 전체 표면이 콘크리트로 덮이리라고 전망했다.[21]

톈진에서 가장 높은 건물은 골딘파이낸스 117이다. 일명 '지팡이'라는 이름으로 더 잘 알려졌는데, 꼭대기가 지팡이 손잡이 모양으로 디자인되었기 때문이다. 이 타워에는 세계에서 가장 높은 전망대, 레스토랑, 수영장 등이 들어설 예정이다. 이처럼 높고 늘씬한 타워를 어떻게 지진이 빈번한 지역에 지을 수 있었을까? 골딘파이낸스 117이 건설되는 동안 이를 가능케 한 절묘한 엔지니어링에 대한 논문들이 여럿 발표되었다. 그 비결은 강화 콘크리트로 된 '메가 컬럼mega culumns'과 강철로 된 '메가 브레이스mega brace', 그리고 무엇보다 구조물을 관통하는 두꺼운 콘크리트 코어로 구성된 복잡한 구조 프레임에 있었다. 그것은 세계에서 가장 선진화된 철과 콘크리트 구조물 중 하나였다. 하지만 이 타워에 관한 가장 흥미로운 점은 아직도 미완성 상태라는 사실이다. 계획했던 완공 시점으로부터 몇 년이나 지나면서 '유령 마천루'라는 오명을 얻었다.

2010년에 한 차례 멈췄던 공사는 2015년, 2018년에 거듭 중단되었다. 그사이에 마천루에 대한 열기가 식어 톈진의 건설 붐이 완전히 사그라들었다. 한때 중국 최고의 경제 성장률을 자랑했으나 이제는 최저 지역 중 하나가 되어버렸다. 톈진의 맨해튼 지구라 할 수 있는 도심의 사무실 건물과 아파트에도 공실이 많다. 2020년 중국 정부는 전국에서 건설 중인 마천루의 숫자와 높이를 제한하는 정책을 발표했다. 이듬해에는 철거 프로그램을 시행하여 유령 마천루 상당수가 철거당했다. 골딘파이낸스 117은 미완성 타워 중에서도 가장 높은 빌딩으로, 도시의 스카이라인을 점점이 수놓은 경고 중 하나가 되어버렸다.

중국은 유령 도시와 유령 마천루가 잔뜩인 데다가 콘크리트 생산량이 더는 기하급수적인 증가율을 보이지 않았지만, 사용량을 보면 눈이 휘둥그래진다. 당신이 이 책의 한 페이지를 읽는 동안 중국에서는 손수레 12만 대 분량의 콘크리트가 타설된다. 2018년부터 2020년까지 3년간 중국이 타설한 콘크리트 양은 미국이 콘크리트를 발명하여 지금까지 타설한 양보다 더 많다. 그러니까 조지프 애스피딘이 특허를 낸 포틀랜드시멘트의 발명 이래로 미국에서 후버 댐 건설, 고속도로 완공, 맨해튼 지구 및 기타 중요한 시설물을 짓는 데 사용한 콘크리트

보다 더 많은 양을 사용했다는 것이다.[22)]

강도, 손쉬운 도포, 저렴함은 콘크리트의 중요한 매력이지만, 동시에 저주가 되기도 한다. 콘크리트는 어디에나 있다. 필수 인프라와 주택, 세계에서 가장 높은 건물과 가장 긴 다리, 프랭크 로이드 라이트Frank Lloyd Wright나 오스카르 니에메예르Oscar Niemeyer의 상징적 건물, 시드니 오페라 하우스, 1960년대의 브루탈리즘 건축물 등 어느 곳에나 콘크리트가 쓰였다. 황량한 주차장과 고층 건물 단지, 흉물스럽고 별 특징도 없는 고가도로, 전 세계의 공장과 사무실 등지에서도 콘크리트가 과용되었다. 그뿐만 아니라 가끔 오사용되기까지 했다.

콘크리트의 또 다른 저주는 제조법이 쉽지만 잘못된 결과를 얻을 가능성 또한 크다는 점이다. 2010년에 지진이 아이티를 덮쳤을 때 피해가 막대했는데, 빌딩 25만 채가 파괴되었고 수십만 명이 사망했다. 대참사의 이유 중 하나는 날림으로 진행된 졸속 건설 때문이었다. 로마 판테온은 무려 2,000년 전에 지어졌는데도 지금까지 끄떡없는 반면, 중국에서 최근에 지어진 콘크리트 주택은 부실시공으로 평균 수명이 20년 정도밖에 되지 않는다. 미국 연방고속도로관리국에 따르면, 미국의 다리들은 10개 중 1개꼴로 구조적 결함을 안고 있으며, 특히 로드아일랜드주와 웨스트버지니아주에서는 5개 중 1개꼴이다. 영국은 그 비율이 더 높아서 고속도로나 A도로의 다리 중 절반 가까이가 결함의 징후를 보인다.[23)]

이것은 콘크리트의 역사에서 강화 콘크리트라는 대혁신이 가져온 결과이기도 하다. 강화 콘크리트는 콘크리트에 철 혹은 강철로 된 봉을 함께 타설하는 방식이다. 강화 콘크리트, 이른바 '철근 콘크리트'는 예전보다 대담한 건물과 교량을 짓게 해주었으나 제조법이 잘못되는 경우 더 큰 재앙으로 이어졌다. 때때로 강철이 부식되어 심각한 결함이 발생하기도 한다. 2021년 마이애미 북부의 서프사이드에서 아파트 단지가 붕괴했을 때 조사단은 금이 간 콘크리트와 부식된 강철 기둥이 주원인이라는 진단을 내렸다. 2018년 이탈리아 제노바에서 모란디 다리가 붕괴했을 때, 그리고 2020년 런던에서 해머스미스 다리를 비상 수리하기 위해 폐쇄했을 때도 원인은 같았다. 콘크리트 부실 시공의 후유증이 이제 막 나타나기 시작했다.

콘크리트의 새로운 미래

부실 시공의 문제는 콘크리트가 환경에 미치는 영향에 비하면 아무것도 아니다. 콘크리트의 또 다른 저주는 지구상에서 가장 많은 탄소를 배출하는 물질 중 하나라는 점이다. 온실가스 배출의 주범으로 항공업과 삼림 파괴가 집중포화를 맞고 있지만, 시멘트 산업은 이 두 가지를 합친 것보다 더 많은 양의 이산화탄소를 배출하고 있다. 시멘트 산업은 전체 탄소 배출량의 무려 7~8퍼센트를 차지한다.

시멘트 산업에서 배출하는 탄소량 중 60퍼센트는 백악이나 석회가 가마에서 시멘트로 바뀌는 과정에서 발생하는 화학반응이고, 나머지 40퍼센트는 가마를 가열하는 데 필요한 에너지가 차지한다. 후자는 화석연료 대신에 다른 연료를 사용하면 되므로 비교적 해결하기 쉬운 문제이다. 럭비의 시멘트 공장은 석탄 대신 쓰레기를 재활용한 연료인 클라이마퓨얼Climafuel로 가마를 가열하고 있다. 미국과 영국 같은 선진국들은 이런 식으로 대체 연료를 사용하고, 가마에서 나오는 분말에 다른 제품들을 첨가함으로써 시멘트의 탄소 배출량을 50퍼센트 이상 줄였다.

하지만 화학반응은 해결이 훨씬 까다로운 문제이다. 인류는 지난 수천 년간 산화칼슘calcium oxide 혹은 생석회quicklime를 얻기 위해 탄산칼슘을 가열해왔다. 이는 시멘트를 생산할 때 가장 핵심이 되는 화학반응이기도 하다. 이 과정에서 인류 최초로 대규모 탄소 배출이 일어났는데, 화석연료 시대보다 수천 년을 앞서 벌어진 일이었다. 그런데도 우리는 아직도 이산화탄소를 배출하지 않고서 탄소를 제거하는 손쉬운 방법을 발견하지 못하고 있다.

몇 가지 해결책이 있다. 최종적으로 얻는 시멘트 강도를 떨어뜨리지 않더라도 다른 분말을 사용하여 클링커를 희석하면 된다. 플라이애시fly ash나 석회석 같은 물질들을 첨가하는 방법도 있다. 이 기술들은 현재 널리 활용되면서 탄소 배출량을 줄이는 데 도움을 주고 있지만, 완전히 없애지는 못한다. 이를 해결하기 위해서 시멘트 산업은 CCSCarbon Capture and Storage(탄소포집저장)에 희망을 걸고 있다. 물질의 세계를 오가다 보면 CCS 이야기를 꼭 듣게 되는데, 이는 굴뚝에서 나오는 이산화탄소를 걸러서 지하 같은 다른 곳에 저장할 수 있는 물질로 바꾸는 기술이다. 그러나 CCS에도 문제점은 있다. 이론적으로는 매우 훌륭하지만, 너무 비싸서 수지를 맞추기가 어렵다. 특히 양은 많고 마진은 박한 시멘트 산업에서는 더욱 그러하다.

규모의 문제가 콘크리트의 탄소 배출 문제를 해결하는 데 기다란 그림자를 드리우고 있다. 화학반응을 완전히 생략하여 탄소 배출을 원천적으로 막아버리는 시멘트 제조법도 있다. 가장 유망한 제조법은 가마에서 나오는 폐기물을 이용하는 방식인데, 그 가마가 탄소를 잔뜩 배출한다는 문제가 있다. 우크라이나와 다른 동유럽 국가들에서 고무적인 또 다른 예를 볼 수 있는데, 1950년대에 재래식 시멘트가 부족해지자 소련 과학자들이 임기응변으로 고안한 방식이다. 하지만 이런 대체 시멘트가 장기적으로 얼마나 버틸지는 아무도 확신할 수 없다.

셰필드대학교에서 알칼리활성시멘트를 연구하는 브랜트 워클리Brant Walkley는 내게 이렇게 말했다. "정확히 설계해서 만들어낸다면 기존의 포클랜드 시멘트와 맞먹거나 능가하는 성과를 낼 겁니다. 이 새로운 자재는 매우 최근에 개발되었죠. 우리는 겨우 30~40년에 불과한 데이터를 보유하고 있습니다. 그러니 200년 이상의 경험치를 가진 포틀랜드시멘트와 비교하면 상대가 되지 않습니다. 이게 큰 문제죠."

그래서 소비에트 시절에 대체 시멘트로 만든 이름 없는 건물들이 갑자기 열띤 연구 대상이 되었다. 대체 시멘트가 얼마나 오래가는지 파악하려는 목적이었다. 러시아 리페츠크의 밋밋한 고층 건물, 핀란드의 콘크리트 타워 같은 건물들이 과학적 관심을 받았다. 2022년 러시아 군대가 우크라이나의 마리우폴 항구를 포격했을 때 포탄 피해를 본 건물 중에는 알칼리활성시멘트로 지은 초창기 건물들도 있었다. 사람들이 목숨을 잃고 우크라이나 주민들이 비참하게 생활하는 가운데 또다른 귀중한 자산이 이렇게 파괴되었다. 인간이 지구 환경에 탄소 피해를 주지 않고도 시멘트를 대량생산할 수 있는지 알아볼 수 있는 가장 좋은 단서들이 파괴된 것이다.

때때로 이런 단서들은 부주의로 위기를 맞는다. 영국 북동부 스키닝그로브의 오래된 제방은 소비에트 건물들보다 훨씬 전에 비슷한 자재로 지어진 구조물이었다. 하지만 몇 년 전 스키닝그로브의 제방을 복구하면서 원래의 오래된 콘크리트를 포틀랜드시멘트로 덮어버리고 말았다.

몇몇 국가들에서 탄소 배출 문제는 시멘트 생산에 필요한 석회석의 부족으로 더 악화되었다. 많은 나라가 지하에 석회석을 풍부하게 매장하고 있음에도 신규 채굴 허가를 내주는 일을 극도로 꺼리고 있다. 그런데 석회석이 빠지면 시멘트의 핵심이라고 할 수 있는 접착제가 사라지는 셈이다. 2021년 스웨덴에서는 갑작스러운 콘크리트 기근 현상으로 많은 건설사가 휘청거렸다. 최고국토환경재판소에서 스웨덴 최대 콘크리트 제조사인 세멘타Cementa에 고틀란드의 석회석 광산에 대한 채굴 허가를 내주지 않았기 때문이다.

보유량이 풍부하지만 둘러싼 상황이 급변할 수 있는 건 석회석뿐만이 아니다. 콘크리트를 생산할 때는 화학반응을 위해서 양질의 용수를 계속 공급하는 것이 매우 중요하다. 시멘트가 산업용수에 얼마나 의존하냐면, 전 세계 산업용수의 10분의 1을 시멘트 산업이 차지할 정도이다. 물의 공급이 원활하다면 산업용수도 충분히 뒷받침되겠지만, 새로이 콘크리트를 타설하는 나라들 상당수가 가뭄과 식수 부족을 겪고 있다는 점을 고려하면 이야기가 달라진다.

그러나 이 문제에 도움을 줄 수 있는 원형 기술이 있고, 관련 산업에 혁명을 가져올 새로운 유형의 콘크리트도 있다. 이 콘크리트들은 대마hemp에 토대를 두고 있는데, 종래의 대안들에 비해 더 단단하고 환경친화적이다. 맨체스터대학교의 그래핀 기술혁신센터에서는 연구원들이 콘크리틴Concretene이라는 포틀랜드시멘트의 새로운 변종을 만들어냈는데, 기존 시멘트보다 더 단단하고 환경친화적이었다. 요즘에는 자가 회복 기능이 있는 콘크리트를 구매할 수 있다. 콘크리트에 물이 스며들어 금이 갈 경우, 콘크리트에 내장된 특별한 종류의 박테리아가 방해석calcite 미네랄을 분비하는 것이다. 자정 기능을 지닌 콘크리트도 있다. 이런 유형의 인공 암석을 만들어내려는 연구 활동이 한창이다.

탄소 배출 없이 콘크리트를 대량생산하려는 목표를 가진 괜찮은 스타트업들이 많지만, 사정이 그리 녹록지 않다. 심지어 포틀랜드시멘트마저도 양생되는 동안 공기 중 이산화탄소를 서서히 빨아들인다. 이는 시멘트를 생산하는 동안 가마 속에서 벌어지는 화학반응이 전도된 형태이다. 문제는 종래의 시멘트들이 생산 과정에서 배출하는 탄소를 17퍼센트 정도만 재흡수한다는 것이다. 이 분야의 유망한 미국 회사 솔리디아Solidia는 시멘트 1,000킬로그램당 이산화탄소를 240킬로그램까지 흡수하는 시멘트를 개발했다.

그러나 솔리디아시멘트에는 두 가지 문제가 있었다. 첫째, 시멘트 생산 과정에서 여전히 탄소를 배출한다는 점이다. 물론 포클랜드 시멘트에 비하면 현저히 적은 양이지만 말이다. 둘째, 이게 더 어려운 문제인데 솔리디아시멘트는 이산화탄소 의존도가 너무 높아 탄소가 가득한 실내에서 양생해야 한다는 점이다. 대체로 콘크리트는 건설 현장에서 거푸집이나 구덩이에 부어넣기 때문에 이것은 심각한 문제이다. 하지만 어딘가에서 획기적인 돌파구가 나올지도 모를 일이다. 현재 콘크리트의 상당 부분이 중국에서 타설된다는 점을 고려하면, 콘크리트 신규 특허 중 50퍼센트 이상이 중국 기업 및 학술 기관에서 출원된다는 사실은 그리 놀랍지 않다.[24]

그래서 희망이 있다. 18~19세기에 과학자, 건설업자, 로비스트가 로마식 콘크리트 제조법을 발견하기 위해 경쟁했던 것처럼, 현재 탄소 배출 없는 콘크리트를 발명하려는 경쟁이 치열하다. 제2의 조지프 애스프딘은 영국이 아니라 중국에서 나올 가능성이 더 크지만 말이다. 아무튼 탄소 배출 문제가 해결된다면 콘크리트는 앞으로도 계속해서 물질 세계의 주력 제품일 것이다. 전기자동차, 풍력발전 터빈, 태양광 패널 등이 아무리 환경친화적이라고 해도 나름의 환경 발자국을 남기듯이 가장 환경친화적인 시멘트 또한 여기서 자유롭지 않다. 환경친화적인 시멘트를 만들 때도 물이 필요하다. 석회석이 필요하다. 무엇보다 모래, 그것도 딱 맞는 모래가 필요하다. 그러자면 대지에서 더 많은 모래를 파내야 하고, 생태계에 또 다른 위험을 안긴다. 이런 식으로 물질 세계의 불가피한 딜레마가 꼬리에 꼬리를 문다.

그렇지만 우리에게는 모래의 역설이 있다. 모래는 인류 최초의 제조품인 유리의 기질에 머물지 않는다. 모래는 세상을 형성하는 기본에 그치지 않고, 건물의 기초를 닦거나 국경을 넓히는 데 사용되는 물질로 끝나지 않는다. 모래가 품은 이야기는 놀라운 규모를 자랑하지만 동시에 매우 작은 이야기이기도 하다. 콘크리트의 근간을 이루는 원자가 컴퓨터 시대를 열어나가고 형성하는 원자이기도 하기 때문이다.

모래의 역설은 오늘날 자연에서 가장 흔한 물질을 가져와서 역사상 가장 중요한 제품을 창조한다는 것이다. 하지만 그렇게 되기까지 여러 단계의 변모를 거쳐야 하는데, 그 과정은 유리나 콘크리트가 겪는 여정보다 더 놀랍다. 이 세상에서 가장 놀라운 여행이라고 할 수 있다.

3장

반도체의 탄생

현대 사회를 움직이는 가장 놀라운 여정

자연에는 놀라운 여정이 존재한다. 유럽뱀장어는 북대서양의 사르가소해까지 길고도 신비로운 여행을 한다. 극에서 극으로 여행하는 극제비갈매기는 평생 동안 250만 킬로미터를 이동한다. 왕연어는 강의 거친 물살을 역류하며 수백 킬로미터를 거슬러 올라간다.

물질 세계로의 여행도 그에 못지않은 경외감을 불러일으키는데, 특히 시간 차원에서 보면 더욱 그렇다. 가령 보잘것없는 모래알인 작은 석영 조각을 생각해보자. 그것들은 수억 년간 혹은 수십억 년간 시간의 흐름을 지켜봤다. 처음에는 암석이었다가 결정이 되었고 다시 암석이 되었다. 암석으로 압축된 채 수억 년간 땅속에 묻혀 있다가 강과 바람의 침식 작용으로 다시 해방된 것이다. 물살을 타고 강의 하류로 내려가서 하구나 해안으로 향했다가, 거기서 다시 조수에 의해 바다로 나아갔다가 압축되어 해저에 틀어박힌다. 빙하에 마모되고, 물길과 폭포를 타고 이동하는 모래알은 그런 식으로 잠들었다가 자연의 힘에 다시 깨어나서 또 한 번 순환을 시작한다.

석영모래quartz sand의 절반 정도가 암석-모래-암석의 과정을 여섯 차레 반복한다. 암석은 오랜 세월에 걸쳐 마모되지만, 모래는 순환하는 과정 동안 원래 모습을 그대로 유지한다. 그것은 물질 세계에서 두 번째로 놀라운 여행이다.

왜 두 번째일까? 모래의 여정은 주목할 만하지만, 또 다른 서사시에 비하면 아무래도 장엄함이 부족하다. 놀라운 점은 땅에서 파낸 암석 상태로 시작해 호주머니 속에서 끝난다는 것인데 변신을 거듭하며 마침내 지구상에서 가장 기술적으로 발전된 제품으로 탈바꿈한다. 지구를 두세 바퀴 도는 이 여행은 단지 대륙과 시간을 넘나드는 데서 그치지 않는다. 화학, 물리학, 나노기술 등 저 먼 세계로 우리를 데려간다. 그 사이의 수많은 과정은 마치 SF소설처럼 믿기 힘들 정도이다. 그러나 오해해서는 안 된다. 이것은 현실 세계에서 날마다, 그것도 대규모로 일어나는 일이다. 이 최장 거리 오디세이의 정체는 바로 실리콘을 반도체로 탈바꿈하는 공급망이다.

반도체는 현대 사회를 움직인다. 컴퓨터와 스마트폰의 두뇌에 해당하는 반도체를 모르는 사람은 없지만, 이것이 얼마나 널리 사용되고 있는지 아는 사람은 생각보다 적다. 반도체는 어디에나 있다. 당신의 스마트폰 속 어플리케이션 프로세서는 개별 기능을 제어하는 십여 가지 반도체 중 하나일 뿐이다. 자동차는 엔터테인먼트 시스템, 내비게이션, 엔진 제어, 창문 작동 등을 통제하는 수백 개의 칩을 갖고 있다. 이름에 '스마트'가 붙지 않는 기기들도 연결 기능은 오래전부터 반도체 네트워크에 의존해왔다. 반도체 칩은 단지 세상의 두뇌 혹은 신경계뿐만 아니라 힘줄, 정맥, 수용체로 점점 더 역할을 늘리고 있다. 거의 모든 경제 활동과 세계 GDP를 이루는 달러는 어떤 식으로든 반도체의 미세한 스위치에 의존하고 있다.

순수 실리콘 회로의 웨이퍼를 보라. 그 반들거리는 금속성 물체가 우리가 익히 아는 실리콘과 같은 물질인지 의아할 것이다. 실리콘이라면 모래, 돌 혹은 콘크리트의 성분 아니던가. 실리콘은 경이로운 물질이다. 유리가 될 수 있는 독특한 성질을 갖고 있고, 콘크리트가 되어 건물을 지탱할 정도로 단단하다. 주기율표의 다른 원소들과 차별화된 전기적 특성을 갖고 있어서 반도체가 될 수 있다.

반도체는 수십 년간 과학자들을 곤란하게 만들었던 이례적인 물질이다. 반도체는 구리처럼 전기를 전도하거나, 유리처럼 전기를 차단하지 않는다. 한동안 이 물질로 무엇을 할 수 있을지 아무도 알지 못했지만 과학자들은 반도체를 일종의 스위치로 쓸 수 있다는 사실을 발견했다. 스위치 역할로 쓰인 첫 번째 경우는 트랜지스터였다. 트랜지스터는 1947년 크리스마스를 며칠 앞두고 월터 브래튼Walter Brattain과 존 바딘John Bardeen이 고안했는데, 이들은 벨 연구소의 윌리엄 쇼클리William Shockley 밑에서 일하는 물리학자들이었다. 최초의 트랜지스터는 오늘날 다시 보면 납땜 실험에 실패한 흉물처럼 생겼다(복제품이 워싱턴 DC 스미스소니언 박물관에 전시되어 있다). 아크릴 수지인 퍼스펙스Perspex 덩어리에 매달린 형태인데, 뒤엉킨 와이어들을 쐐기 모양의 플라스틱 조각에 연결한 뒤 지저분한 검은 금속(게르마늄) 위에 모두 얹었다.

최초의 솔리드 스테이트 스위치solid state switch는 혁명이었다. 각각 0 혹은 1이라는 2진 코드를 물리적으로 구현하는 스위치들을 잘 결합하면 자그마한 실리콘 조각으로 컴퓨터를 만들 수 있었다. 이때 실리콘 조각은 둥그런 웨이퍼에서 잘라냈기에chipped '칩chip'이라고 불리게 되었다. 최초의 혁신은 1959년 페어차일드 반도체Fairchild Semiconductor에서 일하던 로버트 노이스Robert Noyce에 의해 실리콘에 새겨졌다. 스위치 그 자체부터 집적회로까지 비약적 혁신이 일어났으며, 이는 컴퓨터 시대의 물리적 기반을 이루었다.

이 대목에서 '물리적'이라는 말이 특히 중요하다. 때때로 혁신은 단순한 묘안에서 비롯한다. 면직물 직조 혁명을 일으킨 존 케이John Kay의 발명품 플라잉셔틀flying shuttle은 왜 수천 년 전에는 만들어지지 못하고 1733년에 탄생했을까? 역사가 앤턴 하우스Anton Howes는 그에 대해 본질적인 이유는 없다고 말한다. 하지만 종종 아이디어가 실현되려면 수십 년, 혹은 수 세기에 걸친 물질적 진보가 필요하다. 에이다 러브레이스Ada Lovelace와 찰스 배비지Charles Babbage는 트랜지스터의 발명보다 한 세기 전에 컴퓨터라는 아이디어를 떠올렸다. 그러나 레오나르도 다빈치의 헬리콥터 스케치처럼, 컴퓨터라는 아이디어도 물질이 따라잡기까지 물리적 현실이 될 수 없었다. 스위치 역할을 하는 유리 진공관을 가진 컴퓨터들이 1940년대부터 존재했지만, 솔리드 스테이트 스위치는 과학자들의 오랜 염원이었다. 훨씬 효율적이고, 훨씬 믿을 만하고, 훨씬 작고, 스위치를 통과하여 조용히 흐르는 전자들을 제외하고는 움직이는 부품들도 없는 트랜지스터는 현대라는 시대를 탄생시킨 물질적 진보였다. 최신 스마트폰과 기기들, 최신 자동차와 냉장고는 모두 작고 가느다란 실리콘 조각에 의존한다. 이 실리콘 조각은 다양한 물질과 융합하고, 미세한 트랜지스터 세트로 식각触刻되어 있다.[1]

1947년에 나온 최초의 기기는 어린아이의 손바닥만 한 크기였으나 핵심 부품인 트랜지스터 자체는 약 1센티미터였다. 지금은 어떠한가? 1971년 최초의 현대식 컴퓨터 칩인 인텔 4004가 나왔다. 1센티미터의 칩에 약 2,000개의 트랜지스터가 들어가 있었는데, 트랜지스터 하나하나가 적혈구 크기였다. 2020년대 초반, 스마트폰 프로세서에는 1제곱

센티미터보다 더 작은 공간에 약 120억 개의 트랜지스터가 들어갔다.

1960년대 인텔의 공동 창업자인 고든 무어Gordon Moore는 집적회로의 성능이 일정한 속도로 두 배씩 증가하고 있다는 점에 주목했다. 컴퓨터 칩의 이러한 집약적인 발전은 현대의 경이로움 중 하나이다. 트랜지스터의 크기가 작아질수록 성능은 더 좋아진다. 더 빨리, 더 적은 전력으로 켰다 껐다 할 수 있기 때문이다. 트랜지스터 하나하나가 결국은 전기 스위치라는 사실을 잊어서는 안 된다.

컴퓨터 칩은 다양한 용도로 활용된다. 그중 가장 간단한 기능은 자동차 헤드라이트를 켰다 껐다 하는 스위치 역할이다. 우리는 생각보다 더 많이 '파워' 실리콘 칩들에 둘러싸여 생활하고 있다. 헤어드라이어부터 진공청소기, 전화선까지 현대의 전자 제품에는 모두 반도체가 들어간다. 어디에나 있다. 스마트폰 속 반도체는 카메라 센서 기능을 하고 가족사진을 저장하는 등 다양한 쓰임이 있다. 그렇지만 가장 흥미진진한 용도는 각종 기기의 두뇌 역할을 할 때이다. 트랜지스터가 더 많이 들어갈수록 연산이 더 빨라지고 컴퓨터의 성능이 향상된다. 최신 반도체 칩은 이 책에 나오는 마침표 크기에 약 1500만 개의 트랜지스터를 장착하고 있다. 오늘날 스마트폰에 들어가는 트랜지스터들은 적혈구보다 1,000배 더 작고 코로나19 바이러스보다도 작다. 코로나19 바이러스 하나에 트랜지스터 4개가 들어갈 정도인데, 각각의 트랜지스터는 바이러스의 중심에서 내뻗은 막대기 모양의 덩굴손인 스파이크 단백질과 비슷한 크기이다.

현미경으로 봐야 할 크기라고 할 수도 있겠지만 이것만으로는 부족하다. 오늘날의 트랜지스터는 가시광선의 파장보다도 작아서 가장 강력한 현미경을 사용하더라도 눈으로는 볼 수 없다. 트랜지스터는 마이크로미터가 아니라 나노미터 단위로 측정한다. 인텔에 따르면 이제 트랜지스터가 옹스트롬 단위로 측정되는 '옹스트롬 시대'가 얼마 남지 않았다. 1옹스트롬은 0.1나노미터, 즉 0.00000001센티미터이다.

이처럼 굉장한 일에도 사람들이 놀라지 않는 이유는 트랜지스터가 매일 사용하는 제품 내부에 깊숙이 숨어 있어서 눈에 보이지 않기 때문이다. 1970년대에 놀라운 과학적 업적이었던 초음속 여객기 콩코드는 너무 비싸서 매우 부유한 사람들만 이용할 수 있었던 반면, 반도체 칩이라는 제품은 누구나 이용할 수 있으므로 그다지 놀라지 않는지도 모른다. 실리콘밸리가 물질 세계를 별로 의식하지 않는 이유는 오늘날 반도체가 실리콘밸리에서는 만들어지지 않기 때문일 것이다. 실리콘밸리에 남아 있던 마지막 반도체 제조 공장은 문을 닫았고, 반도체 설계 회사들이 몇몇 남긴 했지만 요즘은 앱, 플랫폼, 서비스 같은 '소프트 테크'에 밀리고 있다.

따라서 반도체의 놀라운 여행을 추적하고 싶다면 실리콘밸리가 아닌 다른 곳을 찾아봐야 한다. 당신 손에 최신형 아이폰이 있다고 하자. (여기서는 아이폰을 예로 들었지만, 신형 안드로이드 기기에서도 여정은 동일하다. 이 기기들에 들어가는 반도체는 경쟁사의 제품과 같은 공장에서 만들어진다.) 아이폰의 제조 공정을 한번 살펴보자. 아이폰은 캘리포니아에서 설계되어 중국에서 조립되는데, 이것은 제조 공정을 매우 단순화한 설명이다. 이 소형 컴퓨터는 전 세계 기술의 집합소이다. 디스플레이, 유리 액정, 배터리, 카메라, 가속도계, 모뎀과 트랜스시버, 스토리지와 전력 관리 칩 등이 각각 다른 공장에서 제조되어 중국에서 조립된 뒤 우리에게 배송된다.

아이폰의 제조 공정은 중국이나 캘리포니아에서 진행되지 않는다.

여기서 주목할 점은 아이폰에 들어가는 부품 대다수가 애플에서 자체적으로 제작한 것이 아니라는 사실이다. 사실상 애플은 제조사가 아니라 타인이 만들어낸 기술들을 훌륭하게 재포장하는 회사라 할 수 있다. 애플의 이름을 달고 있는 칩조차도 실제로는 TSMC라는 회사가 만들었다. TSMC 또한 그보다 덜 유명한 ASML이라는 회사에서 만든 기계들의 도움으로 칩을 만들 뿐이다. ASML 기계의 주요 부품 역시 다른 회사들에서 만들었다. 그중 렌즈를 만든 자이스, 유리를 만든 쇼트처럼 유명한 회사가 있는가 하면, 레이저를 만든 독일 회사 트럼프Trumpf처럼 덜 알려진 곳도 있다.

이런 회사들은 반도체 여행의 극히 일부에 지나지 않는다. 실리콘 원자가 스마트폰 안으로 들어가기 전에 거쳐 가는 마지막 몇 단계일 뿐이다. 우리가 따라갈 여정은 조립 공장, 혹은 실리콘 웨이퍼에 트랜지스터를 식각하는 실리콘 파운드리에서 시작하지 않는다. 컴퓨터 칩에 들어가는 실리콘을 땅에서 채취하는 과정부터 시작한다. 이 여정은 먼지 한 톨조차 찾아볼 수 없는 방진 처리된 제조 공장이 아니라 먼지, 연기, 불 속에서 시작된다.

실리콘 칩의 탄생

우리는 지금 스페인의 산티아고데콤포스텔라Santiago de Compostela에서 남쪽으로 약 24킬로미터 떨어진 어느 숲속의 먼지 쌓인 돌길에 서 있다. 갈리시아 지방에 속하는 이곳은 해마다 전 세계에서 25만 명이 넘는 관광객이 찾아오는 순례지로 유명하다. 순례자들은 산티아고 대성

당에 안치된 성 야고보St James의 무덤을 방문하기 위해 이곳을 찾는다.

대성당 인근에는 녹음이 우거진 산들이 있고, 산속에는 중세 수도원과 아름다운 석조 마을이 있다. 이른 아침이면 구름이 계곡 지대에 낮게 깔리는데, 마치 산꼭대기가 구름 위로 떠올라서 공중에 매달린 듯하다. 가장 눈에 띄는 산은 피코 사크로Pico Sacro이다. 조금 떨어져서 바라보면, 저 아래 비옥한 들판에서 피라미드가 불쑥 솟아오른 것 같다.

지역민들이 피코 사크로에 관해 몇 가지 근사한 이야기를 들려준다. 그중 하나는 이런 내용이다. 두 사도가 성 야고보의 시신을 산티아고까지 운구하던 중에 이 지방의 악독한 통치자였던 루파 여왕Queen Lupa에게 수레를 한 대 달라고 부탁했다. 여왕은 피코 사크로에 사는 용에게 두 사도가 잡아먹히기를 바라면서 그들을 산으로 올려 보냈다. 용이 나타난 순간 두 사도는 성호를 그어서 단번에 물리쳤다. 다른 버전의 이야기에 따르면 산꼭대기에 성 야고보의 시신을 모시려 했으나 갑자기 용이 나타나는 바람에 계획을 급히 바꿔야 했다고 한다.

이런 전설들에 비하면 피코 사크로의 탄생에 관한 지질학적 설명은 시시하게 들릴지도 모르겠다. 3억 5000만 년 전, 로라시아Laurasia와 곤드와나Gondwana라는 초대륙이 바로 이곳에서 충돌하여 석영 노두露頭를 하늘로 수백 미터 밀어냈다고 한다. 피코 사크로를 걸어 올라가면 화강암 옆에 있는 백석영 암석들을 볼 수 있다. 계곡 아래쪽을 내려다보면 고속철도를 따라 또 다른 경치가 펼쳐진다. 푸르른 들판과 삼림 사이로 길고도 깊게 갈라진 열곡이 보이는데, 너무 밝게 빛나서 마치 방금까지 눈이 내린 눈밭처럼 보인다. 비포장도로를 따라 내려가서 숲속으로 들어가면 '세라발Serrabal'이라는 표지판이 보인다.

부지 내로 들어가기 전부터 트럭이 오가는 소리, 암석들이 쟁그랑 부딪히는 소리가 멀리서 들려온다. 안으로 들어가니 눈이 부실 정도로 사방이 하얗게 빛나는 거대한 채석장이 보인다. 세라발은 석영 광산이다. 피코 사크로와 이곳에 인접한 언덕들을 하늘을 향해 들어올린 암맥은 세계에서 가장 순수한 석영 매장층이다. 세라발에서 채굴되는 암석은 매우 하얘서 전 세계가 이를 얻으려 애쓴다.

세라발의 석영은 이따금 주방 싱크대 상판으로 사용된다. 곱게 갈아서 정원을 장식하는 데 사용하거나 골프장 벙커의 백사로도 사용된다. 사실 세라발을 찾아온 진짜 이유는 이 산에서 나오는 커다란 석영 덩어리를 보기 위해서였다. 이 하얗고 먼지 쌓인 돌덩어리가 몇 달 혹은 몇 년을 거치면 차세대 반도체가 된다. 그래서 바로 세라발이 우리 반도체 여행의 출발점인 이유이다.

이 광산의 소유주는 스페인 회사 페로글로브Ferroglobe로, 중국을 제외하면 세계 최대의 실리콘메탈silicon metal 제조사이다. '중국 제외'라는 단서를 붙인 이유는 오늘날 기술 혁명의 원료 성분들 대다수가 중국에서 채굴 및 제련되기 때문이다. 이런 실정을 고려하면 미국, 캐나다, 남아프리카에도 석영 광산을 보유한 페로글로브가 아주 드문 예외라고 할 수 있다.

세라발에서 나오는 석영은 흔하진 않지만 굉장히 희귀한 것도 아니다. 노르웨이, 러시아, 중국, 튀르키예, 이집트에도 석영암맥이 있다. 세라발 석영은 눈처럼 희지만, 로칼린이나 퐁텐블로 등의 모래 광산에서 나오는 모래보다 실리카 함량이 약간 낮은 편이다. 물론 실리카 함량이 전부는 아니며, 실리콘메탈을 만들 때 가장 중요한 것은 형태이다. 우덴-웬트워스 기준에 따르면, 여기서는 모래가 아니라 야구공보다 약간 더 큰 돌덩어리를 살펴본다.

세라발에서 돌덩어리들을 캐서 세척한 다음, 트럭에 실어서 북쪽으로 한 시간쯤 달리면 라코루냐 항구 외곽의 공업단지에 도착한다. 이곳의 사봉 공장에는 푸른색 함석지붕을 두른 헛간과 창고가 여러 채 들어서 있다. 작은 만의 반대편에는 화력발전소의 거대한 굴뚝이 솟아 있다. 페로글로브의 가공 공장이 화력발전소 바로 옆에 자리한 것은 우연이 아니며, 석영을 실리콘메탈로 변모시키는 데 엄청난 전력이 소모되기 때문이다.

세라발에서 가져온 암석들이 창고 밖에 뿌려져 회색 콘크리트 바닥에 하얀 돌들이 수북이 쌓인다. 잠시 뒤 이 암석들은 코크스용 석탄(석탄을 구운 형태)과 우드칩(나뭇조각)에 뒤섞인 채 용광로로 들어가서 섭씨 1,800도 이상에서 가열된다. 전류가 흐르는 용광로 안에서 석영과 석탄의 혼합물에 무슨 일이 벌어지는지는 여전히 미스터리로 남아 있다.

유럽 최대의 실리콘 제조사 중 하나인 엘켐Elkem의 이사 호바르드 모에Håvard Moe는 이렇게 말한다. "실리콘을 제조하기 시작한 지 100년이 지났지만, 화학반응 중에 무슨 일이 벌어지는지 여전히 모르는 부분이 있습니다. 너무 복잡한 과정이거든요. 많은 화학 작용이 매우 강력한 전기장 내에서 일어나기 때문에 그 영향을 받습니다. 이를 수학적 모델로 정리하는 건 굉장히 어려운 일이죠."

용광로에서 일어난 화학반응의 결과, 석영암에서 산소를 제거하여 용해된 실리콘이 용광로 바닥에 가라앉고 작은 주둥이를 통해 밑으로 빠져나온다. 석영, 석탄, 우드칩 등의 원료를 6톤 넣을 때마다 1톤의 실리콘메탈이 생긴다. 이러한 과정은 어째서 모래알이 반도체의 원료로 부적절한지 설명해준다. 모래알의 화학 성분에는 문제가 없지만 그저

크기가 잘못일 뿐이다

전 세계에서 오직 소수의 학자만이 이러한 공급망의 복잡한 원리를 알고 있는데, 그중 독일 학자 라이너 하우스Riner Haus는 이렇게 말한다. "이것들은 대형 용광로이고, 그 안에는 부글부글 끓는 이산화탄소 대류가 일어납니다. 만약 모래를 사용하면 필터를 통해 빠져나가기 때문에 용해될 수가 없겠죠. 그러므로 주먹 크기의 석영 덩어리가 필요한 겁니다."

이 단계가 산업용 강철이나 알루미늄 생산과 비슷해 보인다면 일리 있는 생각이다. 금속과 석탄을 용해하는 용광로들은 불길이 타오르며 연기를 뿜어대는 뜨거운 가마솥 같기도 하다. 방열복 없이는 용광로 근처에 갈 수 없는데, 화산학자들이 뜨거운 열기를 내뿜는 분화구에 접근할 때 입는 방열복과 매우 비슷하다.

사실 석영 가공 공정을 묘사하는 용어들은 화산을 떠오르게 한다. 석영 암석에서 실리콘을 얻어내는 과정은 용해smelting, 용광로의 중심은 분화구라고 부르기 때문이다. 석영암이 금속 형태로 용해되는 과정은 영광과 악랄함을 모두 품은 산업혁명을 관찰하는 일과 닮았다. 어느 업계 분석가는 이렇게 말했다. "마치 중세시대 같습니다. 석탄을 집어넣는 사람들이 있습니다. 《반지의 제왕》에 나오는 모리아 광산을 닮았죠."

용광로에서 내뿜는 연기와 열기의 결과는 절대 사소하지 않다. 이 용광로를 돌리는 데 45메가와트의 전력이 필요한데, 소도시 하나에 공급되는 전력량과 맞먹는 규모다. 호바르드 모에는 이런 이야기를 덧붙였다. "이산화탄소를 배출하지 않고 석영암을 대규모 실리콘으로 만드는 일은 불가능합니다." 설사 용광로에 투입하는 전기를 수력발전소에서 끌어온다고 하더라도, 실리콘 용광로는 여전히 세계 탄소 배출량에 영향을 미칠 것이라는 소리다. 하지만 반도체 생산 과정에서 발생하는 탄소 배출에 대해서는 아무도 신경 쓰지 않는다. 아무튼, 우리는 여전히 실리콘 여행의 초입에 서 있다.

사봉 공장의 용광로에서 생산된 실리콘메탈을 용광로 바깥으로 부어서 굳힌 뒤에 이 덩어리를 부수어 알갱이 모양의 금속으로 만든다. 이 단계에서 실리콘의 순도는 98~99퍼센트이다. 순도가 굉장히 높은 것처럼 보이지만, 반도체 또는 태양광 패널이 요구하는 수준에는 한참 못 미친다.

순수보다 더 순수한

실리콘 여행의 다음 목적지는 대부분 이름조차 들어본 적 없는 회사일 것이다. 페로글로브에서 나온 야금冶金 단계의 실리콘 덩어리들은 독일 회사인 바커Wacker로 향한다. 바커는 중국을 제외하면 세계 최대의 폴리실리콘polysilicon 제조사인데, 폴리실리콘은 일반 실리콘보다 더 순수한 실리콘이다.

바커의 주력 공장은 뮌헨에서 동쪽으로 1시간 30분 거리인 부르크하우젠에 있다. 오스트리아 접경지대이기도 한 이 도시에는 세계에서 가장 오래된 성이 있다. 이 멋진 성채는 잘차흐강Salzach의 굽이를 내려다보는 산등성이를 뱀처럼 구불구불한 작은 도로를 따라서 올라가면 나온다. 부르크하우젠은 오스트리아와 독일을 연결하는 소금 교역로의 핵심 지역 중 하나였기 때문에 작지만 부유한 도시였다. '소금 강salt river'이라는 뜻의 잘차흐강을 따라 운반된 소금은 부르크하우젠에서 잠시 하역되었다가 과세 처리를 한 뒤 다른 곳으로 보내졌다. 소금 교역은 이미 오래전에 끝났지만 부르크하우젠은 여전히 독일의 부유한 소도시이며, 함께 교역에 참여했던 다른 지역처럼 이곳 역시 이제는 산업의 허브가 되었다.

이렇게만 말해선 부르크하우젠에 관한 설명이 충분하지 않다. 부르크하우젠의 화학공장은 옆 마을만 한 땅을 부지로 사용하고 있다. 공장 안에는 발전소와 석유 정제 회사, 무수히 많은 굴뚝이 있으며, 화학물질 저장고와 창고가 줄지어 서 있다. 심지어 공장을 대표하여 바바리안리그에서 뛰는 축구 클럽 'SV 바커 부르크하우젠'을 위한 축구장도 따로 있을 정도다. 여기, 그러니까 축구장이 아니라 화학공장이 스페인의 실리콘메탈이 향하는 다음 목적지이다.

이곳에서 지멘스 공정Siemens process이라 불리는 작업을 거치는데, 순수 실리콘메탈을 아주 작은 조각으로 부순 뒤 완전히 새로운 형태를 만드는 공정이다. 실리콘메탈은 가루로 갈리고, 순수 염화수소와 혼합되어 진공 용기 안에서 섭씨 1,150도까지 가열된다. 공정이 끝나면 오래된 주전자 안의 전열선 같은 기다란 가지가 남는데, 이것은 물때가 아니라 초순수 실리콘이다.

이 공정에서는 원자들을 떼어내서 재구성하는 일이 벌어지는데 에너지 집약적인 활동이다. 과학자 바츨라프 스밀Vaclav Smil에 따르면, 초순수 실리콘의 에너지 비용은 시멘트에 비해 3,000배, 철을 강철로 바꾸는 것에 비해 1,000배 더 많이 든다. 온전한 양은 더 적지만, 그래도 까다롭고 고비용에 빈번히 지저분하기까지 한 공정이다. 그 끝에 순도가 매우 높은 실리콘이 나온다. 지구상의 어떤 물질보다도 높은 순도를 자랑하는 이 실리콘이 바로 폴리실리콘이다. 증류된 정도에 따라서 다양한 등급의 실리콘을 얻을 수 있는데, 순도에 숫자 9가 얼마나 많은지에 따라 명칭이 달라진다.[2]

순도 99.999999퍼센트의 실리콘은 숫자 9가 여덟 개 들어가는데, 이는 다결정 태양광발전 등급의 폴리실리콘이다. 9가 아홉 개인 순도 99.9999999퍼센트의 실리콘은 단결정 태양광발전 등급의 폴리실리콘이다. 실제로 어마어마한 폴리실리콘이 태양광 패널로 쓰이는데 대다수가 중국에서 생산된다. 그러나 주목할 점은 중국이 아직도 실리콘 세계의 마지막 관문인 반도체 등급의 폴리실리콘을 생산하지 못한다는 사실이다. 반도체 등급의 폴리실리콘은 순도가 99.999999999퍼센트에 달하는데 순수 실리콘 원자 1000억 개 중 불순물 원자가 딱 하나인 수준이다.

암벽을 폭파하여 바윗덩어리를 얻고, 용광로에서 녹이고, 흔적도 없이 깨부수고, 갈아서 용해하여 용액으로 만들고, 고온에서 증류하고, 산산조각이 난 뒤에도 우리의 실리콘은 아직도 반도체가 될 준비가 덜 되었다. 이제 겨우 여정의 중간 지점을 지났을 뿐이다.

세상에서 가장 순수한 물질

이쯤 되면 이런 질문을 던지고 싶을 수도 있다. 어째서 소수점 이하 숫자에 그토록 신경을 쓰는가? 과연 그럴 만한 가치가 있는가? 한 단계를 건너뛴다고 해서 누가 알아보겠는가? 답은 간단하다. 물론이다! 정말 알아차린다. 순수한 실리콘 매트릭스에 불량 원자가 단 하나라도 들어가면 트랜지스터 내 전류에 이상이 생긴다. 시멘트의 장점은 제조 과정에서 규정을 살짝 벗어나도 큰 지장이 없다는 것인데, 실리콘의 경우는 정반대이다. 실리콘 제조에서는 순도만큼이나 구조도 중요하다. 실리콘의 원자 구조가 완벽할수록 전자들은 그만큼 자유롭고 빠르게 그 안을 돌아다닌다. 결함, 이른바 '결정 입계grain boundary'가 클수록 전류는 방해를 받고 그리하여 반도체는 고장 나버린다. 계란이 뒤죽박죽 놓이지 않고 상자 안에 가지런히 포장된 모습을 상상해보라.

물질 세계에서 물질적 측면이 얼마나 중요한지 상기시키는 또 다른 예가 있다. 트랜지스터를 만들려고 했던 초창기 시도들이 좌절된 이유는 지능이나 상상력이 부족해서가 아니라 믿을 만한 물질이 없었기 때문이다. 1947년 벨 연구소에서 월터 브래튼과 존 바딘이 발명한 최초의 트랜지스터는 실리콘이 아니라 게르마늄으로 만들어졌다. 그러나 게르마늄은 트랜지스터에 적합하지 않은 물질이었다. 최초의 트랜지스터는 고온에서 잘 작동하지 않았는데, 반도체는 금세 뜨거워지므로 이 점은 아주 치명적이었다. 노트북을 무릎 위에 올려놓고 쓰면 얼마나 금세 뜨거워지는지를 고려하면 바로 이해할 수 있을 것이다. 녹는점이 굉장히 높은 실리콘은 이론상 매우 매력적인 물질이었다. 하지만 이 시기는 지멘스 공정이 개발되기 전이었으므로 불순물이 많이 들어간 초기 반도체는 휴지조각이나 다름없었다.*

이렇게 우리는 다시 실리콘 이야기로 돌아간다. 실리콘은 스페인의 석산에서 여정을 시작하였고, 이제 초순수 폴리실리콘으로 모습을 바꿨다. 다음 과제는 순수하지만 제멋대로 위치한 원자들에 완벽한 매트

---

* 게르마늄의 또 다른 문제는 실리콘에 비해 구하기 힘들다는 점이다. 1947년 당시 게르마늄의 전 세계 생산량은 겨우 6킬로그램이었다.

릭스를 제공하는 일이다. 지금부터 폴리실리콘은 지구 반대편으로 향한다. 목적지는 미국 북서부 해안의 오리건주 포틀랜드 외곽의 공장이다. 교외 지역에 자리 잡은 이 공장은 컬럼비아강 맞은편에 회색 건물단지로 이루어져 있다. 그곳에 업계 종사자가 아니면 잘 모르는 물질세계의 거물 중 하나인 '신에츠'라는 이름이 걸려 있다.

신에츠信越는 일본의 세계적인 웨이퍼 제조사이다. 우리는 컬럼비아강의 강둑에서 21세기 미국 실리콘 산업의 진원지를 만난다. 컬럼비아강은 로키산맥부터 시작하여 태평양 방향으로 흐르는 도중에 수력발전 댐을 14개나 거느린 큰 강인데, 우리가 이 강의 강둑에 서게 된 것은 절대 우연이 아니다. 폴리실리콘이 웨이퍼로 탈바꿈하는 상당히 에너지 집약적인 과정 때문이다. 웨이퍼는 반도체 파운드리에 보내지기 전 갖춰져야 하는 순수 결정 조직이다.

이곳의 공기는 신선하지만, 실리콘은 이미 눈에 보이지 않는 미생물과 먼지가 가득한 외부 세계와 작별을 고해야 했다. 이제 실리콘은 굉장히 순수한 상태이기 때문에 매우 조심스럽게 다뤄야 한다. 방진 상태의 초청정 공장에 들어가서 보호 밀봉들 밑에서 안전하게 보관되다가 당신의 집 앞으로 배달된다.

신에츠 엔지니어들은 초크랄스키법Czochralski technique, 이른바 CZ법의 세계 최고의 전문가들이다. 신에츠 미국 지사 SEH의 닐 위버Neil Weaver는 이렇게 말한다. "여기 사람들은 모두 줄여서 CZ라고 부릅니다. CZ의 전체 이름을 쓰려면 저도 철자를 찾아봐야 해요."

물질 세계에는 괴상하고 경이로운 제조 기술이 잔뜩 있는데, 초크랄스키법도 그중 하나이다. 폴리실리콘은 석영을 녹인 도가니로 들어가 섭씨 1,500도에서 가열된다. 이 과정에서 실리콘에 불순물이 들어가지 않도록 도가니도 매우 깨끗해야 한다. 연필 크기의 실리콘 막대기인 시드 크리스털seed crystal을 석영을 녹인 쇳물에 담갔다가 천천히 위로 잡아당기면서 가볍게 회전시킨다. 완벽한 고체 잉곳ingot 혹은 공boule이 쇳물에서 나와 서서히 형태를 잡기 시작한다.[*3]

초크랄스키법을 이해하는 가장 간단한 방법은 솜사탕 장수가 막대기에 솜사탕을 묻혀가며 굴리는 모습을 떠올리는 것이다. 환호성을 지르는 아이들로 우글거리는 공원이 아니라는 점만 다를 뿐이다. 초크랄스키법은 아르곤 가스로 가득한 방 안에서 이루어진다. 잉곳이 천천히 돌면서 서서히 올라오다가 마침내 도가니 위로 완전히 나와서 모습을 드러낸다. 반짝거리며 길고 어두운색의 금속 원통이 몇 밀리미터 두께의 실에 매달린 모습이다. 이렇게 얻은 실리콘 소시지를 검사하기 위해서 엑스선 회절법을 사용하면 굉장히 놀라운 사실을 발견할 수 있다. 실리콘 원자들이 완벽한 결정 상태로 배열된 것이다.

이렇게 완성된 실리콘 잉곳은 2~3미터 높이인데, 탄화규소 실톱으로 잘라서 두께가 1밀리미터도 안 되는 매우 얇은 조각으로 분리한다. 지름이 자그마한 피자 정도인 이 원형 조각들을 화학물질로 깨끗하게

* 초크랄스키법은 당연히 현대에 시작되었을 것 같지만, 1916년 베를린의 어느 공장에서 무명의 폴란드 엔지니어에 의해 고안되었다. 어느 날 얀 초크랄스키(Jan Czochralski)는 온종일 실험한 끝에 책상에 앉아서 보고서를 쓰고 있었다. 이따금 얀은 옆에 있는 잉크통에 펜촉을 넣어 잉크를 보충했다. 그러다가 잠시 방심하여 펜촉을 잉크통 대신 바로 옆에 있는 주석을 녹인 도가니에 집어넣고 말았다. 그 도가니는 실험을 끝내고 서서히 냉각되는 중이었다. 곧바로 실수를 깨닫고 주석 쇳물에서 펜을 빼냈는데 놀랍게도 펜촉이 길고 가느다란 금속 실로 변해 있었다. 그 실을 살펴보던 얀은 굉장한 사실을 발견했다. 글자 그대로 완벽한 금속이었다. 그 후 초크랄스키법은 수십 년간 잊혔다. 얀은 나중에 고국 폴란드로 돌아갔으나 1945년에 나치 부역 혐의로 고소당했는데 아마 무고였을 것이다. 미국 엔지니어들이 최초의 트랜지스터를 실험하던 시기에 얀은 폴란드 경찰에게 쫓기는 신세가 되었다. 1954년 벨 연구소 전 엔지니어였던 고든 틸(Gordon Teal)이 이 공정을 재발견했다. 그는 실리콘 결정을 도가니에서 천천히 빼내서 단결정을 만들었고, 이것을 잘게 썰어서 완벽한 웨이퍼를 얻었다. 실리콘 시대의 시작이었다. 그러나 이 영광이 얀에게 돌아가기에는 너무 늦은 시점이었다. 바로 전해인 1953년 폴란드 경찰의 일망타진 작전 동안 얀이 심장마비로 사망한 것이다. 얀 초크랄스키는 비석도 없이 묘지에 묻혔다.

닦아서 표면을 아주 평평하게 만들면 마침내 완성이다. 지상으로 올라온 석영 덩어리가 실리콘 웨이퍼로 재탄생하는 순간이다. 물론 이것은 초크랄스키법을 굉장히 단순화한 설명이다. 실제로 실리콘은 신에츠 실험실에 몇 달간 머무르는 동안 이 기계에서 저 기계로 왔다 갔다 하면서 당겨지고, 조각나고, 닦이고, 청결하게 유지되면서 각종 테스트를 거친다. 그래도 어쨌든 실리콘 웨이퍼를 얻는 과정에 대해 어느 정도 감을 잡았을 것이다.

지난 70년간 이 과정들은 과학인 동시에 예술이었다. 실리콘밸리 초창기, 대다수의 반도체 제조사가 실리콘 웨이퍼를 직접 만들면서 결정을 사람 손으로 잡아당겼다. 대부분 여성이었던 기계공들은 검은 안경을 쓰고 도가니를 뚫어져라 쳐다보면서 적정 속도로 시드 크리스털을 들어올리고 회전시켰다. 숙련도가 높은 기계공들은 빠르게 명성을 얻었다. 초창기 기술 회사들은 웨이퍼 품질을 높이기 위해서 귀중한 숙련공을 서로 모셔가려고 했다.[4]

물론 이것은 오래전 이야기다. 오늘날 실리콘 칩에 이름이 새겨진 회사들은 실리콘 제조를 직접 담당하지 않는다. 일본의 신에츠, 독일, 싱가포르, 한국 등 몇몇 회사에 맡긴다. 실리콘 칩이 생산되는 동안 외부인의 클린룸 출입은 엄격히 통제된다.

초크랄스키 공정이 진행되는 공간을 잠시 둘러볼 수 있겠느냐고 닐 위버에게 묻자 그가 웃음을 터뜨렸다. "불가능합니다. 우리는 회사 기밀이 외부로 유출될까 봐 극도로 경계하고 있거든요. 전부 극비 사항이고, 무슨 일이 있어도 기밀을 지켜야 합니다."

어쩌면 당연한 반응이었다. 클린룸에서 진행되는 공정은 굉장히 중요한 지식 재산이기 때문이다. 실리콘 잉곳이 회전하고 들어올려지는 방법, 도가니 온도를 유지하는 방법, 결함을 막기 위한 방법 등 모든 것이 회사 기밀이었다. 어떤 회사(혹은 어떤 나라)는 그 기밀을 알아낼 수 있다면 극단적 행위도 마다하지 않을 터였다.

닐이 가장 신경 쓰는 나라가 어딘지는 어렵지 않게 추측할 수 있었다. 지난 20년간 중국은 실리콘 업계의 많은 부분에서 주도적 위치로 부상했다. 오늘날 실리콘 생산량의 90퍼센트가 컴퓨터 칩이 아닌 태양광 패널에 사용된다. 그 생산지는 미국 동부 해안이 아닌 중국인데, 여기에 두 가지 중요한 의미가 있다. 첫째, 유럽의 실리콘은 대체에너지, 즉 수력발전으로 생산되지만 중국의 실리콘은 석영을 폴리실리콘으로 바꾸는 과정에서 필요한 엄청난 에너지를 석탄에 의존한다. 실리콘 생산은 생각보다 지저분한 일인데, 중국에서는 특히 더 그렇다. 둘째, 중국의 실리콘 제조사들, 특히 신장 웨이우얼 자치구에 위치한 기업들은 비인간적 노동 환경에서 제품을 생산한다.

미국은 세계 최대 실리콘 제조사 중 하나인 중국의 허성Hoshine Silicon Industry에서 생산한 실리콘 수입을 금지한 바 있다. 백악관은 허성이 노동자들을 위협한다고 주장했다. 중국 정부와 기업들은 미국이 자국 경제를 보호하고 중국 경제를 질식시키기 위해 수입을 제재한다고 비난했다.

여기에 주목할 점이 있다. 중국은 실리콘메탈과 태양광 폴리실리콘의 글로벌 공급망을 상당 부분 장악한 상태다. 그러나 가장 최고급 실리콘 칩용 웨이퍼는 아직 만들지 못하고 있다. 독일의 바커가 만드는 폴리실리콘은 원소 10억 개당 불순물이 1개 정도인데, 아직 그 수준의 제조는 어려운 것이다. 중국도 열심히 애쓰고 있지만 신에츠의 도가니에서 끄집어내는 완벽한 수준의 웨이퍼는 만들지 못한다. 이런 사정들 때문에 이 성스러운 클린룸에 사람들의 출입이 통제되는 것이다. 산업 스파이를 적극적으로 경계하지 않으면 그 기밀이 도난되어 신장 공장에서 복제될 수도 있다.

중국이 이 부문을 완벽히 지배하지 못하는 또 다른 이유가 있다. 이 문제는 모래, 그중에서도 특정한 유형의 모래와 연관이 있다. 신에츠의 도가니에서 완벽한 실리콘 잉곳을 꺼내어 얇게 썰어 웨이퍼를 만들려면 앞 공정에서 초순수 실리콘을 녹여야 한다. 이때 특정한 유형의 석영암이 필요한데, 그것을 얻을 수 있는 곳은 세상에서 한 군데뿐이다.

이토록 중요한 물질을 전 세계 단 한 곳에서만 공급한다니 처음 접하는 사례일 것이다. 실리콘 웨이퍼를 만드는 도가니에 들어갈 정도로 순도가 높은 석영암을 얻으려면 스프루스파인Spruce Pine을 찾아가야 한다. 스프루스파인은 미국 노스캐롤라이나주 블루리지산맥의 급경사면에 자리 잡은 작은 마을이다. 이곳의 광산은 세계에서 유일한 고순도 석영 공급처인데, 기밀 유지에 극도로 신경 쓰는 벨기에 회사 시벨코Sibelco가 오랫동안 운영해왔다. 시벨코가 보안에 얼마나 철저한지 확인하겠다고 스프루스파인을 오래 돌아다닐 필요조차 없다. 광산은 물론이고, 웨이퍼 용광로에 들어갈 고순도 제품을 만들어내는 공장 시설까지 출입은 엄격히 통제된다.

시벨코의 거래 업체에서 일하는 사람의 말에 따르면, 시벨코 본사에 들어가는 일은 미국 최고의 요새인 육군 기지 포트 녹스에 들어가는 수준과 비슷하다고 한다. 시벨코 본사는 약 7.6미터 높이의 담장과 가시철망으로 둘러싸인 단지인데, 보안 카메라가 설치되어 있고 순찰도 빈번하다. 또 다른 내부자는 이렇게 말한다. "공장 시설을 보수하기 위해 외부 업체에서 출입할 때는 정비할 기계가 있는 곳까지 안내에 따라 두 눈을 가린 채 걷습니다. 마치 뮤지컬 영화 〈윌리 웡카〉의 한 장면 같죠.”

시벨코는 왜 첩보 영화같이 움직일까? 왜 이토록 보안 유지에 신경을 쓸까? 실리콘 전문가인 라이너 하우스는 이렇게 말한다. “당신이 독점 사업을 운영하고 있다면 남들과 이야기할 필요가 없겠죠. 제품을 팔겠다고 마케팅을 할 이유도 없고요. 그래서 남들과 말하지 않으려 하는 겁니다.”

현재 스프루스파인에는 광산이 두 개 있다. 하나는 시벨코의 광산이고, 다른 하나는 그보다 규모가 작은 회사인 쿼츠콥Quartz Corp의 광산이다. 쿼츠콥은 광산에서 캐낸 석영암을 노르웨이로 보내서 가공한다. 겉보기에 특기할 만한 점이 없는 이 암석들은 세라밫의 백석영과 달리 화강암처럼 보이기도 한다. 이 암석들을 세척하고 부수고 갈아서 자기 분리 과정을 거친 뒤 화학물질에 담그면 마침내 특별한 모래가 된다. 실리콘 웨이퍼를 만들 때 실리콘 용해로 쓸 수 있을 정도로 순수한 모래이다. 이만큼의 순도에 근접한 대체 석영층을 찾기 위해 전 세계의 지질학 기록을 샅샅이 훑는 회사들이 5~10개 정도 있다. 중국은 대체 석영층을 찾겠다고 수십 년간 분투했으나 아직 성공하지 못했다. 세라밫의 눈처럼 희고 순수한 백석영을 다른 곳에서도 찾는 게 어렵다면, 스프루스파인만큼 순수한 석영을 찾는 일은 불가능에 가깝다고 할 수 있다.

물질의 세계에서 이처럼 어느 한 곳에만 의존해야 하는 경우는 매우 드물다. 인도와 시베리아에 몇몇 영세 업체가 있긴 하지만, 스프루스파인 광산들의 견밀도堅密度와 품질은 따라오지 못한다. 이 사실은 난처한 질문을 떠올리게 한다. 만약 스프루스파인 광산들에 무슨 일이 생긴다면? 산사태로 광산에서 내려오는 길이 파괴된다면? 아주 곤란한 일이 될 것이다.

이 분야의 베테랑은 이렇게 말한다. "참 무서운 일이죠. 만약 누군가가 농약을 가득 싣고 스프루스파인 광산에 살포한다면 6개월 이내에 전 세계 반도체와 태양광 패널의 생산이 끝장날 겁니다." 고순도 석영 없이는 초크랄스키 도가니도 없다. 단결정 실리콘 웨이퍼도, 컴퓨터 칩도 생산할 수 없다. 그러나 우리는 아마도 새로운 현실에 적응할 것이다. 새로운 공정이나 대체 물질을 발견할 것이다. 물론 그렇게 되기까지 몇 년간 고통스러운 시간을 보내야 할 테지만 말이다. 어쩌면 이런 이유로 고순도 석영 관련자들이 그토록 예민한지도 모르겠다. 이렇게 무서운 상상을 내게 말해준 베테랑 일꾼은 스프루스파인 광산들을 끝장낼 수도 있는 분말 종류까지는 책에 적지 말라고 단단히 주의를 줬다. 아무튼 이 두 광산은 현대 사회가 원활히 굴러가도록 작지만 핵심적인 역할을 오늘도 계속 수행하고 있다.

가장 최첨단의 현장을 찾아서

우리의 실리콘은 갈리시아 지방의 산등성이에서 생애를 시작하여 고체-액체-고체-증기-고체-액체-고체로 여러 차례 변신을 겪었다. 이제 실리콘은 금속 용기에 밀봉된 채 세상의 반대편으로 향한다. 지금 우리는 대만의 옛 수도인 타이난 교외에 와 있다. 도시의 북쪽으로 차를 달려 사무실 단지와 주택가를 지나면 사탕수수밭과 양배추밭이 나온다. 끈적이는 대기 탓인지 아무것도 없는 곳으로 달려가는 느낌도

든다. 하지만 현실은 그렇지 않다. 컴퓨터 업계에서 일하는 사람들에게 이곳은 우주의 중심이다.

들판 앞쪽으로 우뚝 솟은 초소가 보이고, 그 뒤에 은빛으로 반짝거리는 건물들의 단지가 자리 잡고 있다. 정식 명칭은 대만남부과학단지이지만, 이곳에 위치한 회사의 이름으로 더 유명하다. 건물 외관에 TSMC라는 이름이 붉은색으로 쓰여 있다. 이곳은 세계에서 가장 최첨단의 공장 Fab 18이다.

Fab 18이 이 지역에 들어선 것은 전적으로 모리스 창Morris Chang의 공로이다. 그는 1987년에 TSMC를 세운 인물이다. 1949년 중국을 떠나 미국으로 이주한 모리스 창은 실리콘 업계의 출세 사다리를 타고 올라가 마침내 텍사스 인스트루먼트Texas Instruments의 반도체 부문 부사장이 되었다. 하지만 51세 때 CEO 승진에 실패하면서 그의 경력은 막다른 골목에 다다랐는데, 바로 그때 대만 총통이 전화를 걸어 고국에서 반도체 기업을 창업해보지 않겠냐고 제안했다.

당시 컴퓨터 업계는 미국 회사들이 전부 장악한 상태였으므로 대만 총통의 제안은 다소 무모하게 들렸다. 무엇보다 이런 종류의 기술적 경험이 없었고, 기반 시설도 갖추지 못한 상태였다. 하지만 예전에 독일 정부가 예나의 유리 산업을 지원했던 것처럼, 대만 정부는 수년간 TSMC를 꾸준히 지원했다. TSMC가 텍사스 인스트루먼트나 인텔 등의 경쟁사와 확연히 구분되는 점은 사업 모델이었다. 미국 회사들은 자사를 위해 칩을 설계하고 제조했으나 TSMC는 다른 회사들을 위해 칩을 만드는 '파운드리foundry'의 길을 가고자 했다.

물질의 세계를 구현한 회사를 찾고자 한다면 TSMC보다 더 적합한 곳은 없을 것이다. TSMC의 유일한 목표는 애플이나 테슬라, 그리고 엔비디아NVIDIA나 퀄컴Qualcomm처럼 '팹리스fabless' 칩 회사들이 구상한 프로세서를 제작해 주는 것이다. 여기서 팹Fab은 제조 공장fabrication plant의 줄임말이다. TSMC는 컴퓨터 업계 바깥의 사람들에게 생소할 수도 있는 이름이지만, 물리학의 경계를 넓히는 세상에서 가장 가치 있고 중요한 회사 중 하나이다. 이런 우월한 지위는 그저 얻어진 것이 아니다. 2021년부터 3년간 TSMC는 1350억 달러를 투자할 계획인데, 이는 선진국이 같은 기간 지출하는 것보다 더 큰 액수이며 미국의 제럴드 R. 포드급 항공 모함Gerald R. Ford class aircraft carrier 열 척을 살 수 있는 금액이기도 하다.

한 나라에서, 그것도 소수의 현장에 기반한 회사 하나가 어떻게 단기간에 이토록 많은 돈을 투자할 수 있을까? 그 대답은 바로 여기, 대만 남부의 들판 위에 우뚝 선 이 단지에 있다. Fab 18은 매우 비싼 곳이다. Fab 18은 단일 건물이 아니라 건물 여섯 개가 서로 연결된 거대 단지이다. 이 글을 쓰고 있는 지금도 어떤 건물은 한창 짓는 중인데, 건설비만 170억 달러가 든다고 한다. 물가 상승을 고려했을 때, 이는 영국과 프랑스를 잇는 채널 터널Channel Tunnel을 짓느라 들어간 비용보다도 더 많은 금액이다. 앞으로 몇 년 사이에 TSMC 산하의 또 다른 반도체 공장이 건설비 측면에서 Fab 18을 능가할 것이다. 무어의 법칙 Moore's law에 따르면, 2년마다 트랜지스터 크기는 더 작아지고 공장들은 더 비싸진다.[5]

---

* '무어의 법칙'이 현실에서 실현되었는지 혹은 계속 유효할지는 반도체 업계에서 여전히 논쟁 중이다. 이 문제는 '법칙'의 의미를 다양하게 해석할 수 있다는 점 때문에 더욱 복잡하다. 트랜지스터의 물리적 크기에 관해서라면, 트랜지스터는 계속 작아졌으나 축소 속도가 1990년대 이래로 점차 느려졌다. 트랜지스터의 밀도, 즉 일정 면적의 칩에다가 정보를 얼마나 많이 넣을 수 있는지에 관해서라면, 혹자는 트랜지스터 위에 다시 트랜지스터를 쌓는 방식으로 제조업자들이 무어의 법칙을 지켰다고 답할 것이다. 최근에는 프로세서의 속도뿐만이 아니라 전력 소비량 한도도 강조하는 추세다.

Fab 18 건물들은 여러 층으로 된 주차장처럼 생겼다. 그러나 은빛 외장을 벗겨내고 안으로 들어가보면 내부 공간 대부분을 작업장이나 사무실, 주차장이 아니라 엄청난 규모의 여과 및 공조 장치에 내줬다는 사실을 알 수 있다. 이 장치들은 Fab 18의 가장 핵심적 영역을 굉장히 청정하게 유지하도록 고안되었다. 보통의 사무실 건물은 시간당 5~6회 공기를 걸러내고 순환시키는데, Fab 18의 제1급 클린룸은 시간당 600회 환기시킨다. 단지 내에 있는 건물들을 모두 합치면 Fab 18의 클린룸은 축구장 25개 크기에 달한다. 그런데도 웨이퍼에 붓는 유독성 용제를 제외하면 Fab 18의 클린룸은 세상에서 가장 깨끗한 곳이라 할 수 있다. 이제 클린룸 아래로 가보자. '서브팹sub-fab'이라고 불리는 또 다른 층이 있는데 여기서는 웨이퍼를 세척하고 처리하는 데 사용된 화학 혼합물이 철벅거리면서 그 위에서 대기 중인 기계들로 올라간다. 화학물질이 없는 반도체 공장은 본질적으로 쓸모가 없다. 화학물질 없이는 트랜지스터도 존재하지 않는 것이다.

서브팹 아래에는 지구에서 가장 정교한 댐퍼damper가 있다. 그 말은 Fab 18 공장 건물이 대지에서 완전히 떨어져 있다는 뜻이다. 댐퍼는 진동을 줄여주는 구조물인데, 대만은 화산 활동이 활발한 지역이므로 이러한 예방 조치가 반드시 필요하다. 인간이 보통 감지할 수 없을 정도로 미세하더라도 지표면의 움직임은 Fab 18 기계의 작동에 영향을 미친다. 그래서 일반적으로 반도체 제조 공장은 공항이나 고속도로 근처에 짓지 않는다.

기계 설비는 Fab 18에서 가장 비싼 물건이다. 공장 안에는 대부분 흰색이고 미니버스 크기의 독립적인 장치인 기계들이 줄지어 서 있다. 이들 중 어떤 기계는 웨이퍼에 화학물질을 주입하는데 이를 도핑doping이라고 한다. 어떤 기계는 물질의 나노레이어를 증착시키고, 또 다른 기계는 레이저를 사용해서 실리콘에 회로를 식각한다. 1950년대의 반도체 조립은 작업대 위에 일렬로 늘어선 여공들이 핀셋을 들고서 트랜지스터 와이어를 정해진 위치에 놓는 식으로 이루어졌다. 오늘날의 반도체 공장에서는 클린룸에 불순물이 들어가는 것을 차단하기 위해 흰색 방진복을 입은 사람 한두 명 정도만 볼 수 있을 뿐이고 실무 대부분은 로봇이 맡는다. 노동자들 없이도 거의 완벽하게 작동할 정도로 자동화된 상태라서 '불 꺼진 공장'이라고 불린다. 인간이 없는 세계라니 초현실적으로 보이기도 하고 디스토피아 같은 느낌도 든다. 하지만 실리콘 웨이퍼의 관점에서 보자면 인간은 지저분한 손톱, 피부 조각, 오염된 숨결을 통해 불순물을 실어 나르는 운반자이다. 반도체 공장을 망하게 하고 싶다면 엉뚱한 원자 하나를 반입해서 수천 달러어치의 트랜지스터 속에 집어넣기만 하면 된다. 모든 일이 순조롭게 진행된다면, 실리콘 웨이퍼는 표면이 밀봉된 채 발송 준비를 마치는 순간까지 전혀 사람 손을 타지 않는다.[6]

하지만 그 순간은 꽤 길다. 웨이퍼는 FOUP_Front Opening Universal Pod 이라는 이동 상자에 담겨 이 기계 저 기계를 돌아다니면서 몇 달을 보내기 때문이다. 웨이퍼가 만나는 기계 중 가장 중요한 것은 포토 공정 photolithography을 수행하는 기계다. 지난 수십 년간 트랜지스터를 만들 때 손이나 기계가 아니라 빛으로 식각된 실리콘 웨이퍼가 사용되었다. 포토 공정의 원리는 영사기와 비슷한데 작동 순서가 정반대라는 점만 다르다. 영사기는 자그마한 이미지를 받아들여 렌즈를 사용해 영화관 크기의 스크린에다 확대하여 투영한다. 반면에 포토 공정은 트랜지스터와 그 특징이 전부 담긴 실리콘 칩의 대형 청사진에서 시작하는데,

렌즈를 사용하여 이 청사진을 아주아주 작은 차원으로 축소하는 것이다. 컴퓨터 칩 크기의 마이크로 영사기는 레이저의 빛, 표면에 코팅된 화학물질의 도움을 받아 실리콘에 명중한다. 그렇게 자그마한 채널과 홈을 구워서 웨이퍼 위에 효과적으로 회로를 새긴다.

포토 공정에 대한 이해를 돕는 쉬운 비유를 여기에 소개한다. 1950년대에 페어차일드 반도체의 고든 무어와 로버트 노이스는 영화 카메라용 16밀리미터 중고 렌즈를 사서 처음으로 칩을 만들었다. 실리콘 밸리 초창기의 반도체 설계자들은 글자 그대로 초기 설계를 트랜지스터 단위로 칠판 크기의 필름 위에 그린 뒤에 렌즈가 마법을 발휘하도록 내버려두었다. 오늘날의 반도체 설계는 매우 복잡해서 인텔의 컴퓨터 칩 하나를 가지고 이와 동일한 작업을 수행하려면 세계 최고 고층 빌딩인 부르즈 할리파 정도의 높이에 1킬로미터 이상의 너비를 지닌 칠판이 있어야 한다. 초창기 반도체 설계자들이 설계도를 그려 넣었던 칠판 크기의 필름 역할을 하는 것이 포토마스크photomask인데, 이는 모래에서 나온 용융실리카로 만들어진다. 모래 위에 모래, 그 위에 또 모래인 셈이다.[7]

어떻게 겨우 몇 센티미터 크기의 칩에다가 그런 복잡한 세부 사항을 레이저 빔으로 새길 수 있을까? 이 세상에서 가장 비싼 기계를 이용하면 가능하다. 수억 달러가 나가는 TWINSCAN NXE:3600D가 그 주인공으로 한때 필립스Philips 산하에 있던 회사인 네덜란드의 ASML이 만들었다. 이 기계가 하는 일이라곤 상자 주위에 광선을 쏘는 정도인데 왜 이리 고가란 말인가? TWINSCAN NXE:3600D가 쏘는 것은 평범한 광선이 아니고, 상자 역시 평범한 상자가 아니라는 점에 주목해야 한다. TSMC가 만드는 초소형 트랜지스터는 눈으로는 보이지 않는 크기이므로 통상적 파장의 레이저와 렌즈로는 작업을 할 수 없다. 최상의 해상도를 얻으려면 가장 짧은 파장을 가진 광원이 필요한데, 이 경우에는 극자외선extreme ultraviolet, EUV을 의미한다.

극자외선으로 하는 작업은 매우 어렵다. 1950년대에 완벽한 실리콘 웨이퍼를 만드는 일이 불가능하다고 여겨졌던 것처럼, 꽤 최근까지도 ASML의 버스 크기만 한 장치가 해내는 일을 수행할 기계를 만들기는 어렵다고 생각했다. 무엇보다도 가장 어려운 일은 광원을 만드는 것이었다. 극자외선은 레이저 기계로 간단히 만들 수 없다. 극자외선을 얻으려면 일종의 평행 우주에 들어가야 하는데, 현실 세계의 생산 라인이 아니라 아서 C. 클라크Arthur C. Clarke의 SF소설에서 벌어지는 일 같기도 하다.

TWINSCAN NXE:3600D 내부의 진공 챔버vacuum chamber에서 주석이 액체 상태가 될 때까지 녹인다. 용융주석은 이어지는 물살을 타고 챔버로 떨어진다. 마치 폭포수처럼 쏟아지는 중간 길목에서 주석 방울들은 진동 레이저로 두 번 강타당한다. 진동 레이저는 독일 회사 트럼프의 제품인데, 금속을 관통할 정도로 강력한 기계다. 강력한 타격 덕분에 주석이 100만 도까지 가열되면 일종의 플라스마가 형성되면서 극자외선이 터져 나온다. 분자의 타격은 정확히 초당 5만 회씩 일어나는데, 너무 빨라서 주석 방울들의 흐름인지 레이저의 폭발인지 구별되지 않는다. 이 모든 것이 극자외선의 흐름을 생성하기 위해서인데, 아직 진짜 역할은 나오지 않았다. 곧이어 극자외선은 대기 중인 웨이퍼를 향해 달려간다.

사실 극자외선을 광선이라고 부르는 일은 오해를 사기 쉽다. 극자외선은 약간 엑스선 같기도 하고, 일종의 방사선 같기도 하다. 엑스선과 마찬가지로 대부분의 렌즈를 포함하여 단단한 물질에 흡수되는 경향이 있다. 바로 여기서 모래가 다시 깜짝 출연한다. ASML은 웨이퍼에 극자외선을 쏘기 위해 실리콘과 몰리브데넘으로 만든 특별한 거울인 브래그 반사경Bragg reflector을 제작해달라고 자이스에 요청했다.

브래그 반사경을 만드는 법은 업계 비밀로 철저히 지켜지고 있다. 자이스의 설명에 따르면 이 거울은 50킬로그램의 실리콘 덩어리를 갈아서 만들어지는데, 로봇이 이온 빔ion beam을 쏘아서 거울 표면을 광내고 조정한다. 한 ASML 엔지니어는 브래그 반사경에 대해 이렇게 말했다. "아마도 이 세상에서 인간이 만든 것 중에 가장 매끄러운 구조물일 겁니다." 거울을 미국 국토 크기로 확대하더라도 가장 많이 튀어나온 요철의 높이는 0.5밀리미터도 되지 않을 것이다. 다층 거울에 반사된 13.5나노미터 극자외선의 파장을 이용해 웨이퍼에 복잡한 설계 회로를 새긴다. 놀랍도록 완벽한 실리콘 웨이퍼가 기막히게 평평한 유리에 조각되는 이 모든 과정은 그야말로 SF소설에 나올 법한 일이지만, 판타지적 요소는 찾아볼 수 없다. 여기 실리콘 공급망의 중심에는 1차세계대전 동안 영국의 고무를 얻기 위해 독일이 어쩔 수 없이 내주었던 쌍안경용 유리를 제조한 바로 그 회사 자이스가 있다.

반도체 전쟁

현재 ASML은 세상에서 이런 기계를 만들 수 있는 유일한 회사이다. TSMC와 삼성전자는 이 기술을 활용하여 반도체 칩을 대량생산할 수 있는 단 두 곳이다. 반도체 업계를 오랫동안 지배해온 인텔은 지금은 적어도 한 세대 정도 뒤떨어진 것으로 평가받는다. 초창기부터 극자외선 연구에 박차를 가했으나 장비를 개발하여 반도체 칩을 대량 생산하는 데는 어려움을 겪고 있다. 그리고 중국이 있다. 중국의 반도체 제조사인 SMIC는 미국의 제재로 이 기계를 구매하지 못하고 있다.

이론상으로는 미국의 수출 금지 조치가 대만과 한국을 따라잡으려는 중국의 노력에 찬물을 끼얹은 것으로 보인다. 실제로도 반도체 업계의 고위 인사들에 따르면, 이들 사이의 격차는 좁혀지기는커녕 더욱 벌어지고 있다고 한다. 10년 전에 SMIC의 기술은 TSMC에 비하여 10~12년 정도 뒤떨어진 것으로 평가받았다. 중국 정부의 막대한 지원금이 투입되었는데도 그만큼이나 격차가 있었다. 중국의 각 성省은 몇 년 전만 해도 가장 큰 다리, 가장 빠른 고속도로를 건설하기 위해 경쟁했지만 지금은 새로운 반도체 공장을 짓는 데 열심이다. 문제는 이 공장들을 제대로 운영할 기술자가 없다는 것이다.

세계 유수의 반도체 회사에서 일하는 고위 임원은 이렇게 말했다. "만약 내가 내일 당장 회사를 그만둔다면, 중국의 아무 성이나 찾아가서 반도체 공장을 지어줄 테니 100억 달러를 투자해달라고 하겠습니다. 바로 승낙받을 수 있겠죠. 반도체 공장 건설에 대해서 아는 게 있냐고요? 아뇨, 없습니다. 하지만 그렇다고 해서 중국 전역에 퍼져 있는 반도체 사기꾼들을 말리지는 못할 겁니다. 중국은 최고 수준의 클린룸을 짓고 있지만, 막상 그걸 운영하는 법을 아는 사람은 없죠. 새로 지은 반도체 공장 대부분은 미개봉 상자로 가득 찬 대형 건물에 불과합니다. 그들은 지금 자신들이 무엇을 하고 있는지도 잘 모를 거예요."

왜 중국은 실패했는데 대만은 성공했을까? 그 이유를 설명하는 흥미로운 관점이 하나 있다. 대만이 기가 막히게 타이밍을 잘 잡았다는 것이다. 1960~1970년대 대만은 수많은 대졸자를 미국 대학으로 보냈고, 유학생들은 엔지니어링을 전공해서 인텔이나 텍사스 인스트루먼트 같은 회사에 취업했다. 이들은 미국에서 습득한 기술과 지식을 그대로 대만으로 가져왔다.

중국이 1990~2000년대에 개방 정책을 실시하며 대졸자들을 미국에 유학 보낼 무렵 미국의 기술 산업 판도는 크게 바뀌어 있었다. 이때 부상한 곳들은 마이크로소프트Microsoft, 아마존Amazon, 구글 같은 소프트웨어 회사였다. 중국인 유학생들은 중국으로 돌아와 하드웨어 산업을 구축하는 대신 미국에서 배운 것을 바탕으로 인터넷 서비스 회사들을 창업했다. 알리바바Alibaba, 위챗WeChat의 모회사 텐센트Tencent, 틱톡TikTok의 모회사 바이트댄스ByteDance가 대표적이다.

강철 생산, 시멘트, 제조업, 유통업, 심지어 소셜미디어에서까지 중국은 다른 국가들을 따라잡거나 능가했다. 그러나 정작 중요한 반도체 분야에서는 그러지 못했다. 복잡도와 가치가 낮은 저급 실리콘 칩에서는 두각을 드러냈지만, 반도체 설계에서는 아직 선두를 뒤쫓는 처지다. 정부에서 엄청나게 많은 돈과 노력을 쏟아부었지만 여전히 따라잡지 못한 것이다. 대만과 중국을 갈라놓는 것은 해협만이 아니라 기술의 심연이기도 하다. 이 격차가 양쪽의 관계를 더욱 긴장시킨다. 2019년 모리스 창은 이렇게 말했다. "세상이 더는 평화롭지 않기 때문에 TSMC는 전략 지정학적 관점에서 극도의 중요성을 가지고 있습니다."[8]

중국의 반도체 의존 규모는 생각보다 훨씬 크다. 오늘날 중국은 석유를 수입하는 것보다 컴퓨터 칩을 수입하는 데 더 많은 돈을 쓰고 있다. 실리콘 칩의 역사에 관한 책《칩 워Chip War》를 쓴 크리스 밀러Chris Miller에 따르면, 2017년을 기준으로 중국의 반도체 수입 비용은 사우디아라비아가 석유 수출로 번 총수익보다 더 컸다. 전 세계 항공기 산업의 무역 총액보다도 더 컸다. 그는 이렇게 말한다. "국제 무역에서 반도체만큼 핵심 위치를 차지하는 제품은 없습니다."9)

Fab 18 이야기로 돌아가자. 우리의 웨이퍼는 극자외선 기계를 떠났지만 아직 여행은 끝나지 않았다. 첫 번째 공정이 끝난 웨이퍼는 씻어서 건조한 뒤 화학물질을 한 층 더 증착시켜서 공정을 되풀이한다. 이런 식으로 층층이 더해지는 세부 과정을 때로는 극자외선으로, 때로는 다른 레이저로 작업한다. 어떨 때는 버스만큼 큰 기계를 써서 원자 단위에서 세부 사항을 증착시키는데, 이 기계는 캘리포니아주에 있는 회사인 어플라이드 머티어리얼즈Applied Materials 가 만들었다.

이렇게 몇 주, 몇 달이 지나는 동안 우리의 실리콘 웨이퍼는 이 기계 저 기계 옮겨 다니면서 파운드리 안에서 몇 킬로미터를 여행한다. 세계에서 가장 빠른 기술을 창조하는 과정은 놀랍도록 느리고 지난하다. 이 기간에 1만 개 이상의 단계를 밟는다. Fab 18에서의 작업이 끝나면 웨이퍼 위에는 수백 개의 트랜지스터 레이어가 층층이 포개져 있다. 하지만 각각의 웨이퍼는 너무 얇아서 공장에 처음 들어왔을 때와 비슷한 크기로 보인다.

오늘날 반도체 업계에서는 이런 논의가 무성하다. 지속적 진전을 보이던 극소화 작업이 마침내 한계에 부딪혀 무어의 법칙이 더는 통하지 않는다면? 어떤 이들은 곧 실리콘 원자가 한계에 도달할 것이므로 대체 물질을 찾아야 한다고 주장한다. 몇몇은 갈륨비소gallium arsenide 같은 '화합물 반도체compound semiconductor'에 대해 말한다. 또 다른 이들은 최초의 원시적 트랜지스터에 들어갔던 물질인 게르마늄에 미래가 있을지도 모른다고 주장한다. 지난 수십 년간 과학자들이 이런 이야기를 해오는 동안에도 업계의 중심은 실리콘이었다.

트랜지스터들이 급증하면서 평균적인 칩이 반도체 공장을 거쳐 가는 동안 증착되는 화학물질의 수도 증가했다. 오늘날 반도체는 대략 60개의 성분으로 구성되는데, 1990년대에는 15개, 1980년대에는 11개였던 것에 비하면 대폭 늘어났다. 디스플레이와 배터리를 갖춘 전형적인 스마트폰에는 성분이 70개까지도 들어가므로 스마트폰을 가리켜 역사상 가장 선진적인 화학 구현체라 할 수 있다. 하지만 당분간은 결국 실리콘으로 귀결될 것이다. 차세대 컴퓨터인 퀀텀 프로세서quantum processor가 여전히 실리콘 웨이퍼에 의존하기 때문이다. 절대 영도(섭씨 영하 273도) 직전까지 과냉각이 필요한 퀀텀 프로세서는 알루미늄과 니오븀niobium으로 된 회로를 갖출 수도 있지만 아직은 실리콘에 의존하고 있다.[10]

현재 우리가 도달한 기술 수준에서 보면, 아직 몇 세대(10여 년 정도)에 걸친 극소화 단계가 남아 있다. 그 경지에 도달하면 무엇을 할까? 한 가지 선택지는, 땅덩어리가 바닥나자 건물을 위로 쌓아 올리기 시작한 도시들을 따라 하는 것이다. IBM이 내놓을 미래의 칩을 예로 들어보자. IBM은 과거에 컴퓨터를 주로 생산했으나 오늘날에는 반도체 연구에 집중하고 있는데, 이 연구 결과를 인텔 같은 회사들이 채택한다. IBM은 트랜지스터 게이트 길이가 12나노미터인 프로토타입 칩을 만들었으나 칩 제조업자들의 비논리적 명명 관행 때문에 2나노미터로 분류되었다. 이 칩은 손톱만 한 공간에다가 500억 개의 트랜지스터를 집어넣을 수 있다.

이 정도 크기의 트랜지스터들을 유일하게 볼 수 있는 도구인 전자 현미경으로 들여다보면 번이 빠진 트리플 치즈버거처럼 생겼다. 층층이 쌓인 세 겹의 실리콘 조각 사이에는 화학적 도포가 되어 있다. 물론 이것은 평범한 치즈버거가 아니며, 각 실리콘 조각은 DNA 두 가닥 정도의 두께이다. 이렇게 트랜지스터를 층층이 쌓아 올리는 방법의 이점은 높이 쌓아 올릴수록 컴퓨터 칩의 밀도가 더 높아져서 지금보다 더 빠르고 효율적인 트랜지스터를 만들 수 있다는 것이다.

물질 위에 물질을 층층이 얹는 이 방식은 우리의 실리콘 웨이퍼가 여행하는 동안 계속 이어진다. 이제 트랜지스터들은 식각 공정을 거쳐서 잘릴 준비를 하고 1개 혹은 200개의 칩으로 잘게 조각난 채 각각 보호막 안으로 들어간다. 석영 덩어리가 컴퓨터 프로세서로 변신하는 과정에 드디어 끝이 보이는 순간이다.

이제 이 칩은 말레이시아 공장으로 가서 추가 검사를 받는다. 손상되기 쉬운 실리콘 표면이 보호막으로 덮이고, 회로판에 와이어가 추가된다. 손톱 크기만 한 경이로운 제품이 마침내 제조되어 스마트폰 속의 부품이 될 채비를 갖췄다. 이제 제품들은 말레이시아에서 중국의 조립 공장으로 운반된다. 마을 하나에 필적할 정도로 거대한 공장들 대부분은 자회사 폭스콘Foxconn으로 유명한 홍하이정밀鴻海精密 소속이다. 이 공장들은 퀄컴, 텍사스 인스트루먼트 같은 회사에서 설계한 수십 개의 칩을 로직보드에 부착한다.

반도체 업계 종사자 중에서 실리콘 칩이 나아가는 여행의 거리와 복잡도, 연관된 공정 숫자, 부품을 담당한 회사들의 숫자 등에 대해 제대로 아는 사람은 거의 없다. 언론에서는 자주 애플에 대해서, 이따금 폭스콘에 대해서 언급한다. 외부 전문가가 TSMC나 ASML 같은 회사에 대해 글을 쓰는 경우도 아주 간혹 있긴 하다. 그들은 대만과 네덜란드가 반도체 공급망에서 핵심적 역할을 한다고 논평한다. 하지만 모두

빙산의 일각일 뿐이다.

하나의 반도체 칩이 완성되기까지 참여사 수백 개가 관여하는데, 이들의 도움이 없다면 반도체 공급망에서 가장 눈에 띄는 회사들조차 제 기능을 발휘하지 못한다. 예를 들어, 초크랄스키법을 위한 도가니, 그리고 볼을 얇게 자르는 다이아몬드 톱을 만드는 린턴 크리스털Linton Crystal이 없다면 어떨까? 포토레지스트 기술 분야의 선두주자인 JSR이 없다면 어떨까? 각각 웨이퍼 접합과 포토마스크 생산을 맡은 오스트리아 회사들인 EV 그룹과 IMS 나노패브리케이션IMS Nanofabrication이 없다면? 비코Veeco, 도쿄일렉트론Tokyo Electron, 램리서치Lam Research, ASM 퍼시픽ASM Pacific, 어플라이드 머티어리얼즈, 에드워드Edwards 등 반도체 공장에 들어가는 주요 기계를 만들어내는 암호 같은 신비한 이름의 회사들이 없다면? 여기서 한두 곳만 사라져도 컴퓨터나 스마트폰을 만들 수 없다.

이 문제는 더 생각해볼 만하다. 세계를 이끄는 초강대국 미국과 중국이 반도체 공급망의 본국 회귀, 즉 리쇼어링reshoring을 점점 더 소리 높여 외치고 있기 때문이다. 조 바이든은 반도체 산업에 투자를 촉진하는 법안을 입법하면서 반도체 제조사들의 미국 복귀를 꾀하고 있다. 시진핑習近平은 '중국제조 2025Made in China 2025'라는 정책을 수립하여 복잡한 기계부터 반도체까지 제조업 전반에서 중국이 우위를 점하고 자급자족을 달성하겠다고 발표했다. 하지만 우리가 지금까지 살펴본 반도체의 기나긴 여정이 단 하나의 국가 안에서 모두 이루어진다는 게 정말 가능할까? 다른 국가들의 회사나 수입품에 의존하지 않은 채? 상상조차 하기 힘든 일이다.

심지어 중국이 대만을 침략하고, TSMC의 반도체 공장들이 그 공격에서 살아남더라도 이 문제를 해결할 수 없다(혹자들은 TSMC가 건물 기초에 폭약을 설치해 뒀다가 외부 침략을 받으면 자동 폭발한다고 주장한다. 육군이 후퇴하면서 교량들을 파괴해버리는 것처럼 말이다). Fab 18은 세계에서 가장 선진적인 반도체가 만들어지는 곳이지만, 대부분은 대만 이외의 지역, 주로 미국에서 디자인된다. 그 지식 재산권은 영국 케임브리지에 본사를 둔 회사 ARM에 있다.

TSMC의 반도체 공장들은 네덜란드와 일본의 공작 기계, 독일의 화학물질, 전 세계에서 수입한 각종 부품이 없으면 가동되지 못한다. 완벽한 실리콘 웨이퍼를 만들 수 있는 소수의 회사는 미국이나 중국에 본사를 두지 않는다. 웨이퍼가 결정화되는 도가니에 들어갈 규사를 생산하는 국가는 전 세계에 딱 한 군데밖에 없다. 정치가들은 한가하게 리쇼어링을 운운하지만, 그것은 물질의 세계에서 실제로 어떤 일이 벌어지는지 모른다는 반증일 뿐이다.

지금껏 살펴본 반도체의 여행은 21세기 경제의 복잡성이 잘 드러나는 사례로, 딱히 독특한 경우라고는 할 수 없다. 온 세상에 널리 퍼져 있는 반도체처럼 수많은 건물과 들판을 뒤덮은 태양광 패널, 일상생활에서 쓰는 도구나 기계 들도 그와 비슷한 여행을 통해 우리 손에 들어온다. 물론 반도체의 여행은 고되고 경이롭지만 결코 이례적이진 않다. 우리가 사는 세상은 이런 여정으로 서로 연결되어 있다.

더 깊이 파고들수록 이러한 공급망은 서로 얽혀 있다는 것이 분명해진다. 우리는 사슬이 아니라 거미줄처럼 얽혀 있다. 석영을 실리콘메탈로 바꾸어주는 석탄 용광로가 없다면 실리콘도 없다. 실리콘을 용해하여 지멘스 공정을 시작하는 염화수소가 없다면 폴리실리콘도 없다. 아래층의 서브팹에서 클린룸으로 화학물질과 가스를 펌프로 올려보내지 않으면 반도체도 없다. 이토록 많은 화학물질은 도대체 어디서 오는 걸까. 그 대답은 당신의 식탁 위에 있을지도 모른다.

PART 2

소금

세상을 변화시키는 마법의 물질

4장

생명의 물질

소금길에서 시작된 인류의 문명

영국의 볼비, 스티브 셜록Steve Sherlock은 유령들을 보고 있었다.

그는 들판을 가리키며 말했다. "저기에 철기시대 유적지가 있어요."
그러고는 방향을 바꿔 근처 풀밭을 향해 손짓했다. "믿음의 눈으로 보
면 이곳의 식물들이 좀 다르게 보입니다……. 과거 로마식 건축물들이
있던 곳이죠. 고대인들은 여기서 도자기를 빚었고 제트jet(흑옥)로 보
석을 만들었어요. 여기 화석화된 칠레 삼나무들이 있네요. 이건 지질
학적 현상입니다."

우리 둘은 같은 들판을 응시하고 있었지만 한 사람은 듬성듬성한
풀밭, 메마른 땅, 종종 보이는 두더지가 파올린 흙무덤 같은 것을 바라
보았다. 추수철이라 트레일러가 달린 트랙터에 탄 농부가 옆을 지나가
고 있었다. 스티브는 농부에게 시선조차 주지 않고 걸어갔다. 아니, 좀
더 정확하게 말하자면 시간을 거슬러 과거 속으로 걸어 들어갔다.

우리는 절벽과 바다가 맞닿은 잉글랜드 동부 해안의 가장 높은 지
점에서 수백 미터 떨어진 곳에 서 있었다. 이곳에는 움푹 꺼진 지형이
많았다. 명반alum과 철을 채굴하던 광산의 흔적이었다. 여기서 생산된

강철로 뉴캐슬의 타인브리지와 호주 시드니의 하버브리지를 건설했다. 하지만 스티브는 우리가 서 있는 곳, 바로 발밑에 더 관심이 많았다.

그는 1979년부터 이곳을 40년 넘게 오갔다. 1979년은 고고학자로서의 인생을 새롭게 개척한다며 대학을 떠난 해이기도 했다. 그는 이제 영국 고속도로공사를 대신해 전국을 여행하면서, 새로운 도로들이 들어설 지역을 '믿음의 눈'으로 바라본다. 스티브는 A14 도로의 케임브리지와 헌팅던 구간 개선공사에서 매머드의 상아, 로마 황제 라엘리아누스Laelianus 시절에 발행된 아주 희귀한 고대 동전, 영국에서 맥주를 제조한 최초의 증거 등을 발견했다. 최근에는 A428 도로의 블랙캣과 캑스턴 기벳 구간 보수 작업이 벌어지는 현장에서 로마시대와 철기시대의 흔적들을 찾아다니고 있다. 여기 동부 해안의 들판에서도 여전히 시선을 떼지 못한다.

이 일대는 영국 고고학에서 가장 흥미진진한 현장 중 하나이다. 스트리트 하우스Street House는 스티브의 팀이 앵글로-색슨족의 공동묘지를 발견했던 2006년 처음 신문에 대서특필되었다. 묘지에서는 젊은 여성의 시신 한 구를 원형으로 둘러싼 시신들이 발견되었다. '앵글로-색슨 공주'로 불리는 이 여성이 실제로 공주인지 아닌지는 여전히 논쟁의 대상이지만, 높은 신분이었던 점은 분명하다. 물푸레나무에 쇠 장식을 박은 화려한 관에 입관되었을 뿐만 아니라 금 펜던트 세 개가 발견되었기 때문이다.

펜던트 중 하나는 붉은 가닛garnet과 금으로 장식된 물결무늬 조개 모양 보석이었다. 이 시대 유물로는 가장 가치가 높아 서퍽의 서튼후 유적에서 발견된 저명한 유물들과 어깨를 겨루는 발굴품이었다. 이 유물들은 모두 합쳐서 10만 파운드 이상의 가치가 있었다. 그는 말했다.

"그래서 이곳을 돌아다니며 눈에 띄는 곳은 모두 파봅니다. 사람들이 '스티브가 나를 부자로 만들어줄 거야'라고 말하기 때문이죠."

그러나 유물은 발굴 작업의 시작일 뿐이었다. 땅속을 깊게 파고들수록 더 많은 것을 발견했고 더 오랜 시간을 거슬러 올라갔다. 앵글로-색슨 공동묘지(630~670년) 아래에는 로마식 건축물(70~140년)이 있었고, 그 밑에는 철기시대 정착촌(기원전 200~기원후 1년)이, 더 아래쪽에는 신석기시대 유적지(기원전 3800~3700년)가 있었다. 스티브가 시간을 거슬러 올라가는 여행을 할수록 놀라운 발견이 쏟아졌다.

다양한 시대의 유물들이 갖고 있는 공통점은 바로 소금이었다. 사람들은 로마시대와 철기시대, 그리고 신석기시대에 이미 소금을 만든 것으로 보였다. 어째서 소금일까? 왜 이곳에서 만들어졌을까?

인간의 역사와 현재는 소금과 밀접한 관계가 있다. 이는 생물학적 특성 때문인데, 우리 몸이 제대로 작동하려면 해마다 수 킬로그램의 소금(염화나트륨)이 필요하다. 소금은 우리 몸의 신경, 근육, 인대가 원활하게 돌아가도록 해주고 우리 몸에 생체 전류가 흐르도록 돕는다. 전기로 작동하는 기계가 대부분 그렇듯이, 인간의 신체 역시 전기가 불충분하거나 과부하가 걸리면 문제가 발생한다. 냉장고가 발명되기까지 소금은 식량을 보존하는 역할을 해왔다. 소금에는 박테리아를 죽이는 방부 기능이 있어 고기를 소금으로 절이면 부패를 막을 수 있다. 그래서 지상의 소금은 생명의 물질이라고도 한다.

그러나 모래의 경우와 마찬가지로 우리는 이 보잘것없는 물질에 크게 의존하고 있다는 사실을 별로 깊이 생각하지 않는다. 소금을 당연시하는 태도는 뿌리가 깊다. 현대 경제에서 유리가 아주 중요하다는 사실을 아는 사람은 별로 없지만, 반도체의 중요성은 아무도 의심하지 않는다. 반면에 소금은 다들 사소하게 여긴다. 그러나 소금이 생명의 물질이라는 말은 로마시대에도 진실이었고 지금도 여전히 그렇다. 음식뿐만이 아니라 위생과 제약 분야에서도 핵심 물질이다. 당신의 주방 싱크대 아래에서 발견할 수 있는 몇 가지 물품을 생각해보자. 요리용 베이킹소다, 청결을 위한 락스, 심지어 오수를 흘려보내는 배수관까지 모두 소금에서 시작된다. 이 보잘것없는 알갱이가 여전히 화학 산업의 기초를 이루는 것이다. 다소 황당하게 들릴지 모르겠지만, 대만의 첨단 실리콘 파운드리에서 서브팹의 파이프를 타고 클린룸으로 올라오는 가스와 염산도 땅에서 캐내거나 바닷물을 말려서 얻은 소금 결정에서 시작되었다.

이 물질을 무시하면 안 되는 또 다른 이유는 자본주의와 권력을 이해하는 가장 좋은 출발점이기 때문이다. 이어지는 내용에서 정치, 압제, 전쟁 등에 관한 이야기가 계속 나오는 것은 결코 우연이 아니다. 소금은 인간의 생존에 필수 품목이었고 이름 모를 다양한 소금이 우리 삶을 지탱해왔기 때문에 인류의 초창기부터 권력의 도구로 이용되었다. 소금이 물질 세계의 6대 물질 중 하나인 이유는 단지 그 놀라운 속성 때문만은 아니며, 인간을 위해 아주 많은 일을 하기 때문이기도 하다. 이런 이야기가 다소 황당하게 들린다면, 스티브 셜록이 볼비의 절벽 꼭대기에서 무엇을 발굴했는지 잠시 주목해보자.

미싱 링크를 찾아서

최근의 발굴 작업에서 스티브는 이전보다 훨씬 오래된 토기와 불에 그을린 석기를 발견했다. 방사선 연대 측정에 따르면 이 유물들의 생성 연대는 대략 6,000년 전이다. 그을린 돌은 불을 피울 때 주전자를 받치는 도구로 가마가 있었던 것으로 추정된다. 스티브는 염소의 흔적도 찾아냈는데 이곳에서 소금을 만들었다는 강력한 증거였다. 이것만으로도 상당히 흥미로운 발견이다. 유럽 중부에서 신석기시대에 소금을 만들었다는 발견이 있었지만, 이렇게 북부에서 발견된 것은 처음이었다. 발굴물을 정밀 조사해보니 지방도 검출되었다. 사람들이 유제품을 만들었다는 증거였다. 오랫동안 발굴 현장에서 구덩이를 내려다본 탓에 약간 굽은 등으로 들판을 오르내리던 스티브는, 이것이 영국에서 치즈를 만들었다는 가장 오래된 증거라는 사실을 깨달았다(체더치즈 같이 단단한 치즈를 만들려면 다량의 소금이 필요하다).

더 깊이 파고들자 결정적인 진실이 드러났다. 첫 번째 발견 옆에서 두 번째, 세 번째 가마가 연달아 나오면서 점차 이곳이 평범한 정착촌이 아니라는 생각이 들었다. 자급자족 생활을 하는 농부들이 사는 소규모 공동체의 표준적 이미지에는 부합하지 않았다. 이곳은 공장, 즉 생산 라인이었다. 아주 우연하게도 스티브는 이곳이 제조업과 무역의 근원임을 보여주는 최초의 증거들을 발견했다.

석기시대 말, 잉글랜드에 거주하던 사람들은 아직 금속 도구를 사용하지 않았고 이제 겨우 수렵·채집에서 농업 생활로 옮겨가던 중이었다. 그런데도 소금공장이 세워져 운영되고 있었고, 소금과 치즈뿐 아니라 다른 제품들도 만들어냈다. 스톤헨지의 거석들이 세워지기 무려

1,000년 전에 말이다.

잠시 생각해보자. 세계에서 가장 유명한 거석들이 세워지기 한참 전부터 이곳 사람들은 상품을 대량생산하여 거래하고 있었다. 이 정착촌은 농업혁명과 그 뒤에 벌어진 사건을 연결하는 미싱 링크missing link였다. 유럽 대륙, 아마도 프랑스 지역에서 건너와 이곳에서 일했던 사람들은 천연자원을 가공하는 법을 알았고, 그 지식으로 상품을 만들어서 판매하거나 교역했을 것이다. 지식 재산권이나 기술 이전, 말하자면 자본주의의 근원적 시초라 할 수 있다.

역사에는 중대한 전환점이 여럿 있는데 5장에서는 그 순간을 자세히 살펴볼 것이다. 선조들이 가족과 친지를 한데 불러 모아 함께 일하며, 소비하기 위해서가 아니라 팔거나 거래하기 위해 물건을 만들어낸 이 순간 역시 역사의 중요한 분수령이다. 소금이 역사적 전환을 초래한 상품이었다니 좀 생뚱맞게 들릴지도 모른다. 사람들 대부분이 소금을 당연한 것, 값싼 것, 어디에나 있는 것 정도로 여기니 말이다. 하지만 소금이 언제나 이런 대접을 받았던 것은 아니다. 비교적 최근까지도 제염製鹽은 실제로 아주 어려운 일이었다.

만약 당신이 소금 장인을 본 적이 있다면 내 말을 바로 이해했을 것이다. 그들은 지중해의 이비사섬과 마요르카섬에서 페니키아시대부터 소금을 만들어왔다. 밀물 때 수로와 수문을 열어 연못과 웅덩이에 바닷물을 가둔 다음, 햇볕으로 말려 농축된 소금 용액에서 최종적으로 소금 결정을 얻는다. 프랑스에서는 플뢰르 드 셀fleur de sel, 스페인에서는 플로르 데 살flor de sal이라고 부르는 이 결정들은 최상급 소금으로 평가받는다. 주방장들은 고운 입자의 소금을 부라타 치즈와 모차렐라 치즈 요리에 즐겨 뿌린다.*

천일염이 비싼 이유는 소금이 오랫동안 가장 귀한 물질 중 하나였던 까닭과 같다. 소금을 얻는 데 많은 시간과 노력이 필요하기 때문이다. 이 경우에는 바닷물에서 물을 증발시키는 태양에너지와 소금을 채취하는 노동력이 필요하다. 스티브가 발견한 신석기시대 정착촌에 살았던 사람들은 이와 비슷한 천일제염법을 사용했다. 하지만 북부 지방에서는 지중해의 따뜻한 날씨를 기대할 수 없으니, 바닷물을 웅덩이에 가두어 햇볕에 증발시키는 방식이 아니라 도자기 그릇에 바닷물을 넣은 뒤 가마에서 끓여서 증발시켰을 것이다. 도자기 그릇에 바닷물을 계속 넣어서 거듭 가열하다가 마침내 그릇을 깨트려 귀한 백염white Salt 한 덩이를 얻는다.

스티브는 이렇게 설명한다. "이건 일종의 산업 공정이에요. 누군가는 스키닝그로브 해안까지 내려가서 바닷물을 떠오고, 그걸 증발시키죠. 소금물을 언덕 위로 운반하는 사람, 가마에 들어갈 땔감을 모으는 사람, 젖소 떼를 돌보는 사람 등 이곳에는 개척자들의 공동체가 있었습니다."

역사가들은 인류 문명이 해안 지대에서 시작된 이유가 소금을 손쉽게 얻을 수 있었기 때문이라는 이론을 오랫동안 견지해왔다. 볼비의 절벽 꼭대기에 있는 들판에서 스티브는 그 이론을 뒷받침하는 객관적인 증거들을 최초로 발견했다. 이 절벽 지대에서 수천 년 전에 만들어진 소금, 절인 고기, 치즈 등은 그 후 어떻게 되었을까? 그 물품들을 찾

---

* 천일염이 가장 고가의 소금이기는 하지만 가장 순수한 소금은 아니다. 오히려 소금 웅덩이에서 건져낸 소금 덩어리는 염화나트륨과 더불어 칼슘과 마그네슘을 풍부하게 함유한다. 역사의 오랜 시간 동안 순수한 백염은 값비싼 상품이었다. 그러나 기이하게도 현대인은 불순한 소금에 웃돈을 얹어준다. 게랑드의 회색 소금(진흙 때문에 회색), 하와이의 검은색 화산 소금(목탄 때문에 흑색), 히말라야산맥의 핑크솔트(산화철 때문에 분홍색) 등이 이런 경우이다.

아 멀리서 온 사람들에게 팔렸을 것이다.

오늘날 이 들판은 헤더 야생화, 월귤나무, 이탄지泥炭地의 들풀로 뒤덮인 자갈색 풍경의 노스요크무어스국립공원North York Moors National Park과 맞닿아 있다. 소금공장이 돌아가던 초기에는 두꺼운 참나무와 개암나무로 뒤덮여 있었을 것이다. 그 자리에 최초의 농부들이 정착하여 소와 양을 기르기 시작하면서 숲의 나무들은 베이고 들판과 농장이 들어섰다. 들판과 농장은 여러 갈래의 길로 연결되었고, 그 길을 따라 식량, 귀중품, 그리고 소금을 거래하기 위한 여행이 시작되었다.

모든 힘을 염전에 쏟아라

옛 소금길을 따라가다 보면 잉글랜드 전역을 누빌 수 있다. 드로이트위치에서 워릭까지, 그리고 벅스턴에서 셰필드까지, 사람들은 수천 년 동안 크고 작은 길들을 따라 터벅터벅 걸었다. 소금이 생산되는 곳에서 소비되는 곳까지 이 소중한 물질을 날랐던 것이다. 영국인들이 로마식 도로라고 부르는 길도 원래 소금길이었는데, 로마인들이 영국을 정복했을 때 단지 그 길을 포장한 것뿐이었다.

중세 유럽에도 이런 도로가 사방으로 뻗어 있었다. 베네치아에서 트리에스테, 트리에스테에서 빈, 아우크스부르크에서 잘츠부르크Salzburg(소금의 도시라는 뜻), 그리고 뤼네부르크의 염천brine spring과 독일 북부 해안의 뤼벡 항구를 잇는 가장 유명한 도로에 이르기까지 도로들이 두루 연결되어 있었다. 뤼벡에서 배에 선적된 소금은 발트해, 노르웨이, 심지어 대구를 소금에 절여 먹는 셰틀랜드 제도까지 보내졌다.

심지어 미국에서도 들소 떼나 다른 동물 떼가 염천 사이를 이동하며 미리 다져놓은 길을 따라서 상당수의 현대식 도로들이 건설되었다. 이런 장소들을 따라 마을이 생겨났다. 뉴욕주 북부의 시러큐스는 정착민들이 인근 오논다가에서 염천을 발견한 후 미국의 주요 도시 중 하나로 급부상했다.

전 세계적으로도 여전히 우리는 소금길을 따라 걷거나 차를 몰고 있다. 로마에서 포르토 다스콜리까지 이탈리아 전역을 가로지르는 SS4 고속도로는 실제로 고대 로마의 비아 살라리아Via Salaria(소금길이라는 뜻) 위에 건설되었다. SS4 고속도로가 아드리아해에서 끝나는 것은 우연이 아니다. 이곳은 지난 수천 년간 위대한 소금 제조의 허브 중 하나였다. 중세시대 이래로 베네치아 소금은 포강Flume Po 연안의 모데나, 파르마 등지로 운반되어 햄과 치즈를 만드는 데 사용되었다. 파르메산 치즈는 소금물에 20일 동안 담갔다가 1년 동안 숙성시켜서 소금이 중심부까지 서서히 스며들도록 하기 때문에 독특한 맛이 난다. 파르마 햄, 프로슈토, 살라미 등은 모두 육류에 소금을 가미해 만든 제품으로, 주로 제노바와 베네치아산 소금을 사용한다.

베네치아의 발전사가 소금과 긴밀하게 연결되었다니 의외의 이야기로 들릴지 모른다. 베네치아는 아시아와의 향료 무역 같은 이국적 사업으로 이름을 떨친 도시가 아니던가. 그것도 물론 맞는 말이지만, 사실 베네치아는 소금 경제가 움직이는 도시였다. 523년, 한때 서로마 제국의 땅이었던 지역을 동고트족이 다스리던 무렵이었다. 동고트 왕국의 행정관 카시오도루스Cassiodorus가 베네치아 사람들에게 이런 편지를 써서 보냈다.

● 모든 정력을 염전에 쏟도록 하라. 그대들의 번영이 그 밭에 달려 있고, 그대들이 갖지 못한 물건을 사들일 힘이 그 밭에서 나온다. 금이 필요하지 않은 사람은 있을 수 있겠으나 소금이 필요 없다고 하는 사람은 목숨을 부지하지 못하리라.[1]

일찍이 베네치아 사람들은 아드리아해 연안에서 생산되는 소금 대부분을 장악했고, 인근의 경쟁자들과 자주 전쟁을 벌여 소금공장을 빼앗았다. 그러나 이들은 곧 소금을 생산하는 것만이 아니라 교역을 통해 더 큰 돈을 벌 수 있다는 것을 깨달았다. 알제리, 사르데냐, 이비사, 마요르카, 키프로스, 크레타 등 지중해에서 생산된 소금이 베네치아로 운반되었고, 이탈리아 전역과 그 바깥의 시장으로 팔려나갔다. 소금 교역에 손을 대서 큰 부자가 된 상인들은 그 부를 바탕으로 인도와 극동으로 항해를 감행하여 향료 무역을 지배하기 시작했다. 베네치아의 소금청Camera Salis은 공화국 전체 수입에서 7분의 1 이상을 담당하면서 국가 재무를 총괄하는 중추 기관이 되었다.*

여기까지 오니 일정한 패턴이 보인다. 볼비의 절벽 지대에서 소금은 공동체 사람들에게 대량생산에 대한 영감을 주었다. 베네치아 석호에서 소금은 교역 경제의 토대를 제공했다. 소금 덕분에 농부와 어부 들은 인근 지역만이 아니라 저 멀리 바다 너머에서까지 자신들의 상품을 교역할 수 있었다. 그들은 소금을 이용해 날것 상태의 식품에 독특한

---

* 역사가 마크 쿨란스키는 자신의 책 《소금》에서 이렇게 설명한다. "14~16세기 동안 베네치아는 곡물과 향료를 수입하는 주요 항구였다. 베네치아로 들어오는 수입품의 용적 톤수에서 30~50퍼센트를 소금이 차지했다. 모든 소금 거래는 정부의 허가를 받아야 했다. 소금청은 각종 면허를 발급했는데, 상인마다 어느 정도의 소금을 수출할 수 있는지뿐만 아니라 어디에 얼마에 팔지까지 면허로 정했다. 소금청은 베네치아 왕궁 같은 공공건물을 지탱했고, 도시가 물길에 휩쓸리는 것을 막는 복잡한 유압 시스템도 감독했다. 베네치아의 멋지고 장대한 광경, 도시를 장식한 수많은 조각상과 장식물 등이 소금청의 재정에서 나왔다."

맛을 더했을 뿐만 아니라 더 중요하게는 시간을 벌 수 있었다. 절인 고기는 1년 이상 보관할 수 있었다. 우유를 치즈로 만들면 몇 년이 가능했다.

오늘날 우리는 소금 부족 사태를 겪지 않고 있다. 만약 바다에서 염화나트륨을 모두 추출하여 땅 위에 골고루 살포한다면 약 152미터 두께의 소금층을 형성할 수 있다. 지하에 매장된 엄청난 양의 소금은 포함하지 않은 수치인데도 이 정도다. 스티브가 발굴 중인 볼비 들판의 지하 수백 미터에는 소금의 순수 결정질로 이루어진 거대한 판이 존재한다. 우리는 그 존재를 최근에야 발견했다. 이를 알지 못했던 신석기시대 사람들은 절벽을 오르락내리락하면서 바닷물을 실어 날라야 했다.

사람들이 이토록 힘든 작업을 감수했다는 사실은 당시 소금의 가치가 어느 정도였는지를 잘 보여준다. 그들은 소금을 판매할 시장이 있다는 것을 알았기 때문에 이곳에 가마를 걸고 세계 최초의 생산 라인을 세웠다.

고대 세계에서 소금은 부의 상징이었다. 아프리카에서 상인들은 소금을 금과 교환했다. 상품 대금을 치르거나 때로는 노예를 사들일 때 소금은 일종의 통화로 사용되었다. 이건 먼 옛날이야기만은 아니다. 2차 세계대전 시기에 나이지리아가 식량 부족으로 굶어 죽을 위기에 빠지자 북부 마을들에서는 소금을 통화로 사용했다. 그중에서도 영국산 소금이 가장 높은 교환가치를 인정받았다.[2]

고대 로마는 병사들에게 공식적으로 소금을 배급한 최초의 문화권이었다. 병사마다 정량의 소금을 배급받았는데 바로 여기에서 봉급salary이라는 말이 나왔다. 병사들은 현금으로도 봉급을 받았기 때문에 이때의 소금은 돈보다는 건강관리의 의미가 더 짙었다. 누군가를 가리켜 "자기 몫의 소금은 번다earn one's salt" 혹은 "자기 몫의 소금값은 한다 worth one's salt"라고 표현한다면, 고대 로마의 전통을 따르는 것이다. 병사들에게 소금을 배급하는 전통은 꽤 최근까지 이어졌다. 지난 몇 세기 동안 소금은 그 자체로, 혹은 소금에 절인 생선과 육류의 형태로 영국을 비롯한 여러 나라에서 필수 배급품의 위치를 차지했다. 한 나라가 전쟁을 준비할 때 가장 먼저 취한 조치는 소금을 충분히 쌓아두는 것이었다.

전쟁이 일어나면 소금은 무기로 탈바꿈한다. 미국 독립전쟁 시기에 영국군은 미국의 항구들을 봉쇄하고 대서양 연안의 소금공장을 목표로 삼았다. 미국 남북전쟁 동안에 북부군은 남부로 가는 군함에 실린 식량과 소금을 가로챘다. 북부군은 제염소를 찾아 파괴했으며, 남부군이 탈환하더라도 사용할 수 없도록 펌프를 망가트렸다. 그들도 남부군과 싸우면서 굶어 죽어가고 있었으면서 말이다.

소금을 지배하는 자가 세상을 지배한다

소금의 역사를 바라보는 것은 무역과 상업뿐만 아니라 권력과 압제의 기원을 이해하는 일이기도 하다. 통치자가 존재한 이래, 그들은 소금을 이용해 통치하고 통제하고 규제하고 과세하면서 권력을 강화하려 했다. 가장 뚜렷한 증거가 바로 중국이다.

중국 역사에서 중요한 13개의 왕조가 있다. 이들은 무수한 통치자를 배출했는데, 그중 어떤 왕조는 수백 년간 지속되었다. 봉건주의에서 공산주의로 넘어오면서 다양한 정치적 신념이 생겨났지만, 중국의 오랜 역사 속에서 줄기차게 일관성을 유지한 것이 바로 소금 전매권이다. 통치자가 소금 무역을 통제하고 과세해야 한다는 통치 원리의 기원은 한나라가 건국되기도 전인 기원전 7세기까지 거슬러 올라간다. 만리장성 건설 전이고, 로마 제국 건국 전이며, 알렉산드로스 대왕, 플라톤, 아리스토텔레스가 출현하기 전이다. 니콜로 마키아벨리Niccoló Machiavelli가 《군주론》을 쓰기 1,500년 전 중국은 이미 현실정치를 논한 최초의 책 《관자管子》에서 부분적으로 소금 문제를 다루었다.

《관자》는 춘추전국시대의 봉건국가 가운데 하나인 제나라의 군주 환공桓公을 섬긴 재상 관중管仲이 썼다고 전해진다. 관중은 이렇게 말한다. "어른이나 아이에게 인두세人頭稅를 부과하겠다고 하면 백성들은 불평하면서 반대할 것이다. 그러나 소금에 과세하겠다는 정책을 발표하면 통치자가 거둬들이는 수입이 100배나 증가할 뿐 아니라 백성들은 이를 피하지 못한다. 이것이 이른바 재정관리이다."[3]

프랭크 허버트Frank Herbert의 말을 빌리면 이렇게 표현할 수 있겠다. 소금을 지배하는 자가 세상을 지배한다. 고대 중국의 황제들은 관중의 조언을 귀담아들었고 소금 담당 관리를 따로 두었다. 관리들은 증발판 크기부터 일일 생산량, 유통, 소매까지 모든 것을 좌우했다. 국가가 전체 공정을 통제했기 때문에 완제품을 높은 가격에 판매할 수 있었다. 최종 판매가는 생산원가를 훨씬 뛰어넘는 가격이었고 그 결과 엄청난 세수를 가져다주었다. 3세기 무렵, 소금은 국가 수입의 약 90퍼센트를 차지하고 있었다.[4]

인간의 영양과 보건에 매우 중요한 소금은 재정적으로만 요긴한 게 아니었다. 소금은 온갖 심층적인 정치 문제도 끌어냈다. 권력을 어느 정도 가져야 과도한 권력이라고 할 수 있을까? 국가의 역할은 어디까지

이고 시민의 역할은 어디서부터 시작할까? 개인의 자유가 국가 안보보다 우선할 수 있을까? 중앙정부는 어떤 상황에서 민간 기업을 통제할 수 있을까?

이는 매우 현대적인 질문들로 보이지만, 실은 기원전 81년 중국의 궁정에서 뜨겁게 논의되었던 문제들이라고 초기 정치학 명저인《염철론鹽鐵論》에 기록되어 있다. 보수주의자들은 국가의 염철鹽鐵(소금과 무쇠) 생산 독점은 군대와 정부 같은 국가기구를 유지하는 데 필수라고 주장한다. 반면에 공자의 제자들인 개혁주의자들은 중앙정부의 통제를 끝내야 한다고 주장하면서 '왜 국가가 백성들과 경쟁하나?'라는 의문을 제기한다. 2,000년이 지난 지금도 누가 이 논쟁의 최종 승자인지 아무도 흔쾌히 정의하지 못한다. 소금 전매제는 수십 년간 유지되다가 한때 폐지되었지만 곧바로 다시 시행되었다.[5]

연구자들은 현대 중국을 연구할 때 먼저 공산당과 그 영향을 고려한다. 그들은 마오쩌둥毛澤東의 유산을 통해 20세기 전의 정치 구조를 되돌아보지만, 그것보다는 소금 행정을 면밀히 들여다보는 것이 더 나을 수 있다. 중국이 거대한 중앙정부를 세우고 민간 기업을 정부에 종속시키려 했던 이유 중 하나가 바로 소금이다. 중국의 소금 전매제는 21세기까지 계속되었다.

21세기의 소금 독점은 국가 통제나 세수보다는 공공 보건의 목적이 더 컸다. 지난 수년간 중국은 여러 차례 식중독 문제를 겪었고, 농촌 주민들 사이에서 요오드 결핍증이 퍼져서 골머리를 썩었다. 그리하여 가능한 한 많은 사람에게 소량의 요오드iodine(아이오딘)가 함유된 소금을 보급하는 데 집중한 결과 2000년에는 보급률이 90퍼센트에 이르렀다. 2010년 중국 보건 당국은 오지를 제외한 중국 전역에서 요오드 결핍증을 몰아냈다고 발표했다. 2016년 중국 정부는 소금 전매제를 폐지했고, 이로써 2,000년에 걸친 소금 독점이 종식되었다. 하지만 중국의 소금 산업은 여전히 국영기업인 중국염업총공사中国盐业总公司가 지배하고 있으므로 실제로는 독점 상태가 유지되고 있는 셈이다.

독점은 국가의 유일한 수입원이 아니다. 그보다는 직접세가 더 일반적인 방법이고, 실제로 과세 정책 초기부터 일관되게 소금에는 세금이 부과되어 왔다. 중국, 영국, 오스만 제국 등 여러 문명권에서 소금 판매에 과세했지만 프랑스보다 악명 높은 곳은 없었다. 프랑스의 염세인 가벨gabelle은 매우 큰 액수였을 뿐만 아니라 지역에 따라 임의적이기까지 했다. 어떤 지역에서는 눈물이 날 만큼 엄청난 세율인가 하면, 어떤 지역에서는 아예 부과조차 되지 않았기에 전 국민의 미움을 샀다. 가벨은 어떤 의미에서 현대적 과세 제도의 원형이라고 할 수도 있다. 오늘날 일반 가정에 전기와 난방을 공급하기 위해 사용되는 에너지에 부과하는 에너지세와 비슷한 것이다. 프랑스 혁명이 일어났을 때 사람들의 일상생활에 큰 영향을 미치던 가벨이 사태의 핵심에 있었다는 사실은 그리 놀랍지 않다.[6)]

프랑스 혁명에 이르기까지 수년간 세율은 점점 높아졌고 기아와 영양 결핍에 시달리는 가구가 늘고 있었다. 어떻게든 소금 소비를 줄이려고 애쓴 사람들도 가벨을 피할 수가 없었다. 모든 사람이 1년에 7킬로그램의 소금을 사야 한다는 의무가 부과되었기 때문이다. 어떻게 하더라도 과세를 피할 길이 없었다. 밀매가 만연했고, 탈세에 대한 처벌은 점점 더 가혹해졌다. 남녀노소 할 것 없이 감옥이나 갤리선으로 보내졌다. 어떤 사람들은 고문을 당했고, 일부는 공개적 망신을 당했으며, 또 몇몇은 바퀴에 깔려서 죽었다. 가장 잔인한 형벌이었다. 분노가 들

끓는 가운데 세수는 더 늘었다. 루이 14세에 이르자 가벨은 프랑스 공공 재정의 버팀목으로 확고하게 자리 잡았다.[7]

루이 14세의 재무장관 장 바티스트 콜베르Jean Baptiste Colbert는 다음과 같은 말로 유명하다. "과세의 요령은 가능한 한 야유를 적게 받으면서 거위의 깃털을 많이 뽑아내는 데 있다." 그러나 정작 콜베르의 가벨 개혁안은 야유만 잔뜩 받았다. 가벨을 법제화하면서 비공식적 악습들을 법률로 박제해버렸기 때문이다. 따라서 조세를 포탈하려는 사람들의 숫자는 점점 많아졌다. 가벨은 프랑스 혁명의 유일한 원인은 아니지만 앙시앵 레짐ancien régime 시기에 행해진 억압의 상징이 되어버렸고 정치적 발화점으로 작동하며 프랑스 전역에 반란을 촉발했다. 1790년 혁명가들이 왕정을 폐지한 뒤 가벨은 빠르게 사라졌고 소금 밀매나 조세 포탈로 투옥되었던 사람들은 모두 석방되었다. 하지만 이 세금은 1806년 나폴레옹이 집권하면서 부활했다.

프랑스 혁명은 염세가 아닌 다른 세금으로 촉발될 수도 있었을까? 아마도 가능했을 것이다. 하지만 소금에는 뭔가 특별한 것이 있다. 소금에 세금을 부과하는 나라가 프랑스만 있는 것은 아니기 때문이다. 독일의 식물학자 마티아스 야코프 슐라이덴Matthias Jakob Schleiden은 1875년에 펴낸 《소금Das Salz》이라는 책에서 염세와 전제주의 사이에 명백한 연관이 있다고 했다. 인간의 생존에 필수적인 귀중한 물질로 세수를 올리려는 나라는 불공정이 만연한 곳이고 백성들은 엄청난 괴롭힘을 당하기 때문이다. 슐라이덴의 이론이 가장 분명하게 증명된 나라가 인도이다.

인도의 소금 제조 역사는 중국만큼 오래전으로 거슬러 올라가지는 않지만 그래도 꽤 오랫동안 이어져왔다. 인도인들은 수천 년간 해안 지대에서 바닷물을 증발시켜 소금을 만들었다. 아드리아해의 해안 지대나 지중해의 발레아레스 제도에서 염전을 운영한 것과 마찬가지로 천일제염법을 따랐는데 인도를 정복한 영국이 제염 방식을 바꾸어버렸다. 영국은 식민지에 대해 천연자원을 착취하고 자국 물품을 판매하는 매력적인 시장으로 여겼다. 그래서 식민 정부는 벵골에서 인도 소금의 판매를 금지하고 영국 소금만 판매해야 한다고 강제했다. 이렇게 되자 당연히 밀매가 만연했다. 식민 정부는 인도의 소금공장들을 몰수하여 국가 독점 사업으로 만든 뒤 소금을 만들거나 판매하는 일을 불법행위로 못 박았다.

하지만 금지 행위를 단속하기란 매우 어려운 일이었다. 식민 정부는 이에 대해 다소 영국적인 해결책을 고안했는데, 바로 산울타리를 치는 것이었다. 벵골주 전역에 세관 검문소를 설치한 뒤, 주의 경계 부근에 가시가 많은 부채선인장과 인도대추나무, 아카시아를 심어서 산울타리를 빙 둘렀다. 히말라야산맥 기슭부터 오디샤의 소금공장까지 3,870 킬로미터에 달하는 산울타리였다. 식민 정부는 소금 독점을 강화하기 위해 일명 '위대한 울타리the great hedge of India' 주변을 밤낮으로 순찰했다. 하지만 밀매업자들은 끊임없이 빈틈을 찾아내서 밀매를 이어갔고 식민 정부의 순찰은 시시포스의 노력이 될 수밖에 없었다. 역사 저술가 로이 목섬Roy Moxham은 이 사태를 이렇게 논평했다. "그것은 인도인들이 보기에 부당한 영국식 세금을 끊임없이 상기시켰다. 그럼에도 불구하고 그 세금은 계속 강화되었다."[8]

영국은 인도의 소금 생산을 완전히 장악한 다음에야 산울타리 단속을 그만두었다(오늘날 산울타리의 흔적은 아주 희미하게만 남아 있다). 하지만 소금 통제에 대한 분노는 인도인들 사이에서 점점 커졌다. 현지의 소금 생산이 제한되면서 밀물처럼 몰려오는 영국 소금에 의존할 수밖에 없었는데, 식민 정부가 재정적 착취를 더욱 강화하고자 세금까지 부과했다. 영국은 중국식 전매제의 가장 나쁜 점과 프랑스식 가벨의 소비 의무를 종합한 소금 정책을 펼쳤다.

1930년 마하트마 간디Mahatma Gandhi가 영국의 지배에 항거하면서 소금을 꼬집은 것은 충분히 수긍할 만한 일이었다. 영국이 부과한 염세가 가난한 인도인의 사흘 치 임금을 앗아 갔기 때문이다.

간디는 당시 인도 총독이었던 어윈 경Lord Irwin에게 다음과 같이 공손한 어조로 편지를 보냈다.

● 인간의 삶에 필수인 소금에도 아주 무거운 세금이 부과되면서 부담이 큰 인도 농민의 어깨 위에 더 무거운 짐이 지워집니다. 잔인하게도 매우 공평한 과세를 실시한다고 하면서 부담을 주는 겁니다. 소금은 가난한 사람들이 개인으로나 집단으로나 부자들보다 더 많이 소비하는 상품입니다. 이 사실을 고려하면, 염세는 가난한 사람들에게 훨씬 더 부담이 된다는 것을 알 수 있습니다. …… 가난한 사람의 관점에서 볼 때 나는 이 세금이 가장 불공정하다고 생각합니다.[9]

총독은 간디의 문제 제기에 약간 당황했는데, 그건 간디의 동료들도 마찬가지였다. 어떤 사람들은 훨씬 더 심각한 문제인 토지세를 거부해야 한다고 주장했다. 하지만 소금은 특별하고 상징적인 상품이었다. 거의 모든 인도인이 섭취하는 주요 식품일 뿐만 아니라(흥미롭게도 간디는 그보다 몇 년 전에 소금을 영원히 먹지 않겠다고 맹세했다), 영국의 세수에도 매우 중요한 수입원이었기 때문이다.

총독에게 자신의 계획을 통보한 간디는 해안 지대까지 386킬로미터의 행진을 벌였다. 간디가 걸어가는 길 주변으로 수많은 제자, 지지자, 취재진이 모여들었다. 마침내 그는 24일간의 도보 여행 끝에 서부의 해변 마을 단디에 도착해서 바닷물을 한 움큼 자신에게 끼얹었다. 필름 카메라 앞에 선 그는 해변에서 증발되고 남은 소금 결정을 집어 들었다. 인도인들이 가장 분개했던 법률 중 하나가 이렇게 무너졌다.

간디는 다음과 같이 선언했다. "나는 대영제국의 기반을 이렇게 뒤흔들고 있습니다. 권력과 맞서는 정의의 싸움에 온 세상이 동참하기를 바랍니다."

간디의 비폭력 저항운동은 인도 독립으로 가는 길의 중요한 이정표가 되었고 인도 전역에 시민 불복종이라는 연쇄 작용을 촉발했다. 간디는 그 직후에 체포되었으나 돌이키기엔 이미 너무 늦은 때였다. 간디가 후임으로 지목했던 사로지니 나이두Sarojini Naidu가 시위대를 이끌고 구자라트주의 다라사나 소금공장Dharasana Salt Works으로 향했다. 이곳에서 비폭력 시위대가 경찰에게 무자비하게 구타당하면서 수백 명이 다쳤고 두 명이 사망했다. 이러한 유혈 진압은 국제사회에 거센 후폭풍을 몰고 왔다.

간디가 단디 해변에서 소금 결정을 집어 든 순간부터 1949년 인도 독립까지에는 분명히 이어지는 선이 있다. 인도 역사를 잘 모르는 사람에게는 흔하디흔한 소금 결정이 인도 독립의 씨앗이 되었다는 이야기가 다소 황당무계하게 들릴 것이다. 그러나 소금은 사람들이 흔히 생각하는 것보다 훨씬 더 중요한 물질이다. 소금은 경제적 교역의 기반이고 권력의 수단인가 하면 저항의 아이콘이었다. 하지만 이제 모두 과거의 일이 되어버렸다. 그나마 특기할 만한 일은, 소금이 여전히 현대 사회의 중추 역할을 하고 있다는 사실이다.

5장

소금의 산업화

소금이 일으킨 일상의 혁명

영국 워밍햄 체셔 지방 한가운데에 자리 잡은 들판에 영국 소금 산업의 중추가 있다.

한 무리의 양 떼가 평화롭게 풀을 뜯고, 지평선 너머로는 낡은 농가가 보인다. 그러나 좀 더 자세히 살펴보면 다른 풍경이 보인다. 자갈길을 따라 개간지로 들어가니 파이프 여러 개가 지상으로 2미터 정도 비쭉 솟아 있다. 이 파이프들은 자칫 농장 설비로 오해받기 쉽지만 실은 우리의 발밑에서 무슨 일이 벌어지는지 알려주는 귀중한 단서다.

이 풀밭의 지하 200미터 지점에 크고 작은 동굴이 있는데, 여기서 수백만 톤의 소금이 채굴되고 있다. 어떤 동굴은 그 크기가 대성당만 하다. 지하 동굴은 벽, 천장, 바닥이 모두 놀라울 정도로 투명한 분홍빛 갈색이다. 빛을 비추면 살갗처럼 따뜻하게 빛날지도 모르지만 그런 일은 할 수가 없다. 이 동굴들에 발을 들이는 사람이 없기 때문이다. 대체 어떤 종류의 광산이기에 광부가 없을까?

소금을 만드는 방법은 크게 세 가지가 있다. 첫 번째는 바닷물을 증발시켜서 소금을 얻는 방법으로, 수천 년 전 볼비에서 신석기시대 사람들이 활용했다. 두 번째 방법은 땅에서 암염halite을 캐내는 것이다. 세상에서 가장 오래된 암염 광산은 알렉산드로스 대왕 시절까지 거슬러 올라가는 파키스탄의 케우라 소금 광산Khewra Salt Mines이다. 우리는 이미 앞에서 케우라 소금을 만났다. 케우라 소금은 오늘날 히말라야 핑크솔트라는 이름으로 더 잘 알려져 있다. 그러나 케우라 소금 광산은 실제로 히말라야산맥 기슭에서 322킬로미터나 떨어진 지점에 있으므로, 이런 식으로 뻔뻔하게 이름을 붙여서 마케팅하는 것은 런던의 템스강에서 물을 떠다가 요크셔데일스 샘물이라며 판매하는 행위와 비슷하다.

오스트리아 북서부의 할라인 소금 광산Hallein Salt Mine도 암염 광산으로 유명하다. 수천 년 전에 매몰되었던 고대 켈트족 광부의 유해가 발굴되기도 한 아주 오래된 광산인데, 요즘에는 더 이상 암염을 채굴하지 않는다. 그 대신 케이블카를 타고 깊숙이 들어가서 소금 동굴의 지하 호수 위를 작은 배로 건너간다. 폴란드 크라쿠프Kraków의 비엘리치카 소금 광산Wieliczka Salt Mine에서는 소금으로 만든 조각상과 예배당을 볼 수 있다.

소금을 만드는 세 번째 방법은 지하로부터 일종의 소금물을 추출하는 것이다. 일반적인 바닷물의 염도는 3퍼센트 정도인데, 이 소금물의 염도는 무려 30퍼센트다. 일명 '용해채굴법solution mining'으로, 어떤 의미에서는 광부가 직접 들어가서 소금을 채굴하는 방식과 별반 다르지 않다(용해채광법이라고도 한다). 단지 굴착기나 다이너마이트 대신 원격 호스를 사용하여 압축된 물을 퍼올린다는 점만 다를 뿐 여전히 같은 암염층을 채굴한다.

용해채굴법은 오늘날 소금을 얻는 중요한 방법이다. 특히 바닷물을 증발시킬 에너지와 햇볕이 충분하지 않은 지역에서 이 방법을 활발히 사용한다. 미국산 소금 중 상당수는 캔자스주, 루이지애나주, 텍사스주, 뉴욕주의 지하에서 나온다. 세계에서 가장 유명한 소금 회사인 몰튼Morton은 오하이오주의 리트먼과 뉴욕주의 실버스프링스에서 소금을 생산하지만, 몰튼의 용해채굴장들은 눈에 잘 띄지 않는다. 지상에서 볼 수 있는 것이라곤 파이프 몇 개뿐이다. 이것들이 지하로 물과 압축 공기를 집어넣고 다시 소금물을 끌어 올리는 것이다.

나는 마치 지표면에 뿌리를 내린 듯이 체셔의 들판 한가운데에 잠시 서서 수백 미터 지하에서 무슨 일이 벌어지고 있을지 상상했다. 채굴 현장으로 이어지는 구멍들의 규모가 믿기지 않을 정도로 커서였는지 지하의 풍경을 상상하니 약간 아찔하고 현기증이 일었다.

브리티시 솔트British Salt의 조 에번스Joe Evans는 이렇게 말했다. "저는 이 말을 즐겨 합니다. 이 소금 구멍 안에다가 블랙풀 타워Blackpool Tower를 집어넣을 수 있을 거라고요." 우리는 19번 시추공 근처에 서서 새들이 지저귀는 소리를 듣고 있었다. 하지만 보이지 않아도 내 발밑에 있다는 깊고 넓은 동굴을 생각하니 왠지 모를 불안감이 들었다. 조는 저 멀리 떨어진 산울타리를 가리키면서 지하 동굴이 얼마나 길게 뻗어 있는지 보여주었다. '아마도'라는 말이 이곳에서는 상당한 의미가 있다. 광산 운영자들이 지하 동굴의 규모를 점검하기 위해 수중 음파 탐지기, 초음파 장비, 기타 원격 장비를 사용하지만, 지하에서 실제로 어떤 일이 벌어지는지는 아무도 확실히 알지 못하기 때문이다.

"측정하기 좋은 지역만 골랐는데도 실제로 어떤 일이 벌어질지 확실히는 몰라요. 지하에 일종의 눈물방울 형태를 만들려고 하는데 갑자기 이회암marlstone을 만나면 비대칭 형태가 되어버리고 맙니다. 때때로 돌들이 굴러떨어져서 금속 파이프들을 파손하기도 하고요."

달리 말하자면, 채굴 과정은 과학인 동시에 예술의 영역이다. 우리는 파이프들이 있는 곳으로 걸어갔는데, 조가 자그마한 수도꼭지를 틀었더니 거품물이 졸졸 흘러나왔다.

"이게 소금물brine입니다." 그가 물을 맛보면서 말했다. "염도가 거의 32퍼센트죠." 나도 손가락으로 그 물을 찍어서 입에 가져다 댔다. 놀랄 정도로 짜서 입이 순식간에 바짝 말랐다.

이렇게 퍼올린 소금물은 파이프를 타고서 미들위치에 있는 브리티시솔트 공장으로 향한다. 우리도 거대한 정화 탱크로 향하는 파이프를 따라갔는데, 정화 탱크 안에서 소금물이 빙빙 도는 동안 마그네슘과 황산염sulphate이 제거된다. 아주 뜨겁고 거대한 용기 안에서 소금물의 수분을 증발시키면 젖은 모래 같은 소금만 남는다. 이 소금을 다른 가마로 보내면 반짝거리는 순수한 소금 결정이 생겨난다. 나는 소금 결정들이 가마에서 나오자마자 만져보았는데 너무 뜨거워서 놀랐다.

조가 말했다. "이건 최고급 소금으로 워짓스를 만드는 데 사용되죠."

영국에서는 직접적이든 간접적이든 체셔 소금을 소비하지 않고서 단 하루도 살아갈 수가 없다. 워짓스 같은 콘스낵은 시작일 뿐이다. 이 소금 결정을 정제형으로 압축하면 물을 부드럽게 만드는 연수기용 소금이 되고, 좀 더 거친 결정들은 식기세척기용으로 사용된다. 우리에게 가장 익숙한 소금은 업계 용어로 PDV 소금Pure Dried Vacuum Salt이라고 하는데 통칭 식염table salt이다. 만약 당신이 영국 슈퍼마켓에서 산 소금이나 유명 브랜드 소금을 음식에 뿌리고 있다면, 체셔 들판에서 나온 소금 결정에 라벨을 붙인 상품일 가능성이 매우 크다.

대영제국의 자랑이었던 체셔 소금

농장 지하에 있는 암염층의 기원은 2억 년 전 트라이아스기_{Trias era}로 거슬러 올라간다. 트라이아스기 동안 이 일대는 내해로 덮여 있었으나 그 후 땅이 북쪽으로 융기하면서 바다와 분리되었다. 이 일대의 바닷물이 증발하면서 생긴 거대한 소금호수는 서서히 이회암으로 덮였다. 오랜 시간이 지나 오늘날 이 호수는 거대한 암염층으로 남아 있다.

영국의 역사가 계속되는 동안 이곳에 살던 사람들은 암염층의 존재를 알지 못했고 또 알 필요도 없었다. 소금물이 솟아나는 지상의 염천들이 주변에 있었기 때문이다. 미들위치_{Middlewich}, 노스위치_{Northwich}, 낸트위치_{Nantwich}, 레프트위치_{Leftwich}에서 염천 주위로 켈트인과 로마인의 정착촌이 차례로 들어섰다. 시간이 흐르면서 위치_{wich}로 끝나는 이름의 마을은 소금 생산지로 알려졌다.

17세기 들어서 천연 염천들은 인공적 대체물에 자리를 내주고 말았다. 원시적인 드릴과 파이프를 이때부터 쓰기 시작했는데, 오늘날 용해 채굴법의 시초라 할 수 있다. 이번에도 영국은 신기술을 뒤늦게 따라잡은 국가였다. 중국의 제염업자들은 이미 수천 년간 시추 도구를 사용하여 지하에서 소금물을 퍼올리고 있었다.

그러나 이제부터 놀라운 흥망성쇠의 역사가 이어진다. 이 지역 숲은 소금물을 증발시키는 가마에 연료를 대기 위해 마구 벌목되었다. 소금물을 최대한 퍼올리기 위해 증기 양수기도 동원되었다. 소금 원석을 얻겠다고 광산을 파내기도 했다. 영국은 원래 프랑스와 독일에서 소금을 수입했지만 한 세기 남짓 지나자 세계 최대의 소금 수출국이 되었다. 리버풀 항구와 이어지는 머지강을 체셔의 소금공장들과 연결하기 위해 운하도 팠다.

곧 리버풀은 브리스톨과 함께 노예 무역의 주축 항구로 부상했다. 이 수치스러운 삼각 무역은 영국이 아프리카로 상품을 가져가고, 노예를 미국으로 데려가고, 담배와 설탕을 대금으로 받아서 영국으로 가져오는 식이었다. 리버풀 항구는 체셔-리버풀-랭커셔를 잇는 또 다른 삼각 무역의 무대이기도 했다. 랭커셔 탄광에서 나오는 석탄으로는 체셔의 소금공장을 가동했다. 소금을 가득 싣고 리버풀을 떠난 배들은 아일랜드, 로테르담, 발트해 국가들을 향해 떠났고 돌아오는 길에는 철, 목재, 삼, 아마 등을 싣고 왔다. 리버풀의 배들은 프러시아, 네덜란드, 캐나다, 러시아로도 갔다. 온 세상이 체셔 소금, 일명 '리버풀 소금'에 중독되기 시작했다.[1]

영국은 체셔 소금을 인도에 강매하다가 간디의 비폭력 저항운동을 맞닥뜨리며 멈췄다. 다른 식민지들과 영연방 국가들에도 강매했지만, 그들이 독립을 선언하고 자체적으로 소금을 생산하기 시작하면서 판매를 중단했다. 영국산 소금이 세계 시장을 완전히 장악했으므로 한동안은 아무도 다른 소금을 받아들이려 하지 않았다. 오죽했으면 뉴욕주 시러큐스의 오논다가호에서 소금이 발견되었을 때, 생산업체들이 마을 이름을 리틀 아일랜드에서 리버풀로 바꾸었을 정도였다. 그리하여 미국산 소금을 리버풀 소금이라는 이름으로 판매할 수 있었다.

한동안 소금은 영국의 위상을 보여주는 가장 뚜렷한 상징이었다. 1844년 러시아 차르 니콜라이 1세가 영국을 국빈 방문했을 때, 윈저성과 버킹엄 궁전에서 환영 행사를 거친 뒤 체셔의 올드 마스턴 소금 광산Old Marston Salt Mines으로 안내받았다. 차르 일행은 지하 150미터 지점까지 내려갔다. 로열소사이어티The Royal Society가 투명한 분홍빛 갈색 기둥과 벽들이 4,000개의 촛불로 밝혀진 이 벌집 같은 아치형의 소금 동굴에서 니콜라이 1세를 위한 성대한 향연을 베풀었다. 마치 오늘날 대만을 방문한 해외 고위 인사들이 반도체 공장에 들러서 자신의 나라가 크게 의존하는 공급망의 핵심을 목도하는 것과 같은 이치이다. 소금의 힘은 대영제국이 지배력을 과시하기 위해 활용한 경제적 수단이었다.[2]

영국의 소금 산업이 호황을 맞이하면서 체셔 지역의 대기는 소금공장에서 뿜어져 나오는 유해 연기로 뒤덮였다. 설상가상으로 커다란 구멍이 땅에 계속 생겨나면서 지옥 같은 분위기가 더 강해졌다. 이름 끝에 위치가 붙은 마을 근처에서는 도로와 건물이 갑자기 이 커다란 구멍으로 가라앉아 버렸고 그 자리에는 소금물이 차올랐다.

지반 침하의 주원인은 공식 시장에서 활동하는 소금 회사들뿐만 아니라 수백 군데의 비공식 암시장에서 암약하는 채굴업자들까지 체셔로 몰려들었기 때문이었다. 이들은 땅에서 몰래 소금물을 퍼올렸다. 오늘날의 콩고공화국에서 '독립 광부artisan miners'가 광산에 몰래 들어가 코발트를 캐내는 것과 마찬가지로, 19세기 체셔에서는 수천 명이 자신의 구멍을 뚫어 소금물을 퍼올리고자 한 것이다.

소금물을 몰래 퍼올리는 '해적질'과 '암시장'이 체셔 일대를 떠받치는 암염층에 거대한 틈을 만들었고 결국 지반 침하로 이어졌다. 설상가상으로 초창기 소금 광산의 일부 동굴에는 천장을 떠받치는 기둥들이 너무 적어 추가 붕괴가 일어났다. 이런 사고를 당하고도 사람들은 놀라운 회복력을 보여주었다. 1850년 톤젠드 암스Townshend Arms라는 술집(현지인들은 '마녀와 악마The Witch and Devil'라는 이름으로 불렀다)이 가라앉기 시작하자 주인은 1층을 포기하고 계단 위 2층에서 장사를 이

어갔다. 이 술집은 1915년 마침내 완전히 땅속으로 가라앉아버렸다.[3]

새로운 가옥들은 건물의 토대가 갑자기 유실되더라도 얼마간은 버틸 수 있도록 중세시대처럼 나무로 지어졌다. 지반이 무너지기 시작하면 건물을 들어서 다른 곳으로 옮길 수 있게 잭 포인트jack point도 몇 군데 두었다. 새로 지은 다리들은 이동이 가능한 부교 형태였다. 땅이 물보다 덜 안정적이었기 때문이다.

그러나 체셔의 소금 호황은 비참한 종말을 맞이했다. 물품의 공급이 과도해지면 종종 그렇듯이, 소금 생산량이 늘자 가격이 기하급수적으로 폭락해버린 것이다. 1888년 체셔의 소금 생산업자들은 대폭락을 막겠다며 함께 모여서 소금 조합Salt Union을 결성했다. 소금 가격과 생산량을 담합하는 단체였다. 《이코노미스트》는 소금 조합에 이렇게 일침을 가했다.

● 물론 우리는 소금 생산업체의 소유주들이 단결할 권리를 부정하지 않는다. 그러나 그들은 잘못된 해결책을 사용하고 있다. 소금 매매를 둘러싼 무분별한 경쟁의 자연적 치유는 가장 취약한 생산업체부터 서서히 도태되는 것이다. 우리가 보기에 그 외의 해결책은 반드시 실패한다. 그러나 소금 조합의 생각이 다르다면 어디 한번 실험해보라고 말하고 싶다.[4]

소금 조합의 실험은 성공을 거두지 못했다. 이후 몇 년간 소금 생산량이 크게 감소했다. 소금 산업은 붕괴했고 공장들은 통폐합을 반복하다가 문을 닫았다. 옛 암염 광산 대부분은 홍수로 사라져버렸다. 검은 연기를 뿜어내던 굴뚝들은 없어졌고, 개방식 가마가 있던 작업장이 유일하게 남아서 박물관의 일부가 되었다. 무분별하게 땅속을 파헤쳐 지하에 공동을 만들어낸 '해적질' 업체들과 다르게, 브리디시 솔트는 지반 침하를 막기 위해 매우 조심스럽게 지하 동굴을 조성했다. 그래서 브리티시 솔트의 작업장은 눈에 잘 띄지 않으므로 신경을 써서 오랫동안 찾아야 겨우 보인다.

그 많은 소금은 어디에 쓰일까

오늘날 산업의 지형을 살펴보면 소금 산업이 완전히 사라졌다는 인상을 받을지도 모른다. 하지만 속아서는 안 된다. 현재 체셔는 19세기 후반의 전성기보다 훨씬 더 많은 소금을 생산하고 있다. 연간 200만 톤에서 400만 톤 사이를 오가는 규모의 생산량이다. 차이점이라면 요즘은 생산 현장에서 부산을 떠는 사람이 없고, 기이한 콘크리트 덩어리와 파이프만 보인다는 사실이다.

그 많은 소금은 어디에 쓰일까? 감자칩에 뿌리는 소금은 시작에 불과하다. 이 책에서 염화나트륨을 6대 물질로 부르는 이유는, 소금이 오늘날 화학 산업과 제약 산업의 기반을 이루고 있기 때문이다. 체셔의 지하 광산에서 퍼올린 소금물 중 일부만이 식염으로 사용되고, 나머지는 파이프를 타고 공장들로 운반되어 우리의 생존을 돕는 제품들로 변신한다.

클로르알칼리 공정chlor-alkali process에 대해 들어본 적이 있는가? 처음 듣더라도 걱정할 필요는 없다. 공정을 수행하는 사람들조차 이에 대해 잘 이야기하지 않기 때문이다. 물질 세계에 종사하는 사람들 대부분이 그렇듯이 화학 산업 종사자들 역시 보안을 중요하게 생각한다. 그들 중 한 사람이 이렇게 말했다. "이 업계에서 가장 먼저 배우는 교훈은 절대 언론과 이야기하지 말라는 겁니다. 언론을 상대해야만 하는 경우라면, 긴급 상황이나 재난이 발생한 거겠죠." 그래서 보통 사람들은 클로르알칼리 공정에 대하여 거의 들어본 적이 없다. 하지만 이건 부끄러운 일이다. 클로르알칼리 공정은 현시대가 성취한 가장 중요한 산업적 성과 중 하나이기 때문이다.

클로르알칼리 공정은 이런 식으로 작동한다. 먼저, 체셔의 들판에서 퍼올린 소금물이 파이프를 타고 런콘 공장으로 운반된다. 이 공장은 과거에 ICI_Imperial Chemical Industries 산하에 있었으나 지금은 종합화학기업 이네오스_Ineos의 자회사인 이노빈_Inovyn 소속이다. 소금물은 맨체스터 선박 운하의 제방에서 강력한 전류가 흐르며 수백 개의 전해셀_electrolysis cell로 가득한 런콘의 방까지 파이프를 타고 간다. 이런 작업이 필요로 하는 전력 규모는 어마어마한데, 전해셀로 가득한 이 방 하나가 리버풀보다 더 많은 전력을 소비한다. 또한, 거대한 자기장을 발생시키므로 심장박동기를 단 사람은 근처에 접근해서는 안 된다.

전자기력의 특이한 점은 인체에 감지되지 않는다는 것이다. 나는 런콘 공장의 먼지 가득한 방 한가운데에 서서 영국에서 가장 강력한 자기장에 노출되어 있었지만…… 아무것도 느끼지 못했다. 바로 내 옆, 저기 아크릴 스크린 너머에서 전류가 소금물을 원자 단위로 분해하고 있었다. 낮게 웅웅거리며 액체가 철벅거리는 소리가 들렸고, 한쪽 전극에서는 염소 가스와 소금물이 뒤섞인 노란색 혼합물이, 다른 전극에서는 수소 가스와 수산화나트륨_sodium hydroxide(가성소다)이 나왔다. 전부 평범해 보이지만 현대 사회에서 매우 중요한 화학물질이다.

수산화나트륨은 사람들이 평소에는 신경 쓰지 않는 물질이지만, 갑자기 사라진다면 인류 문명이 멈출 것이다. 수산화나트륨은 종이와 알루미늄 생산을 비롯해 무수한 산업 공정에 활용되고 있으며, 특히 비누와 세정제를 만들 때 반드시 필요하다.

반면에 염소는 인간의 생명을 살리지만, 위협하기도 하는 화학물질이다. 염소 가스는 인류가 발견한 최악의 화학 무기로 1915년 독일군이 벨기에 이프레에서 악의적으로 사용했다. 최근에는 2014년 시리아에서도 살포되었다. 염소는 폴리염화비닐Polyvinyl chloride, 이하 PVC의 핵심 성분인데, 이 유해한 플라스틱을 인류는 지난 세기동안 너무 많이 생산해왔다. 이에 대해 PVC를 쓰면 클로르알칼리 공정에서 발생하는 과도한 염소를 손쉽게 흡수할 수 있기 때문이라는 설이 있다. 한편으로는 우리가 마시는 물을 정화하는 데 쓰이기도 하며, 다양한 의약품을 만들어내는 화학적 기초이기도 하다. 리브리엄 같은 진정제, 발륨 같은 항우울제, 포도상구균을 죽이는 반코마이신 같은 항생제, 클로로퀸 같은 말라리아 특효약이 모두 염소에 기반한다.

클로르알칼리 공정의 과실 덕분에 우리는 깨끗한 식수와 청결한 생활을 누릴 수 있다. 19세기 말에서 20세기 초 사이에 비누와 세정제는 값비싼 사치품에서 대량생산품으로 전환되었는데, 이것이 얼마나 굉장한 혁명이었는지 자칫하면 간과하기 쉽다. 지난 200년 동안 값싼 비누와 위생 제품의 보급은 그 어떤 혁신보다 우리의 기대 수명을 늘려주었다. 그리고 이러한 변화의 중심에 소금이 있다.

소금은 오늘날에도 핵심 물질이다. 사람들에게 자국의 주요 기반 시설이 무엇이냐고 묻는다면 대부분 원자력발전소나 군사기지를 거론할 것이다. 런콘 공장의 전해셀로 가득한 방을 언급하는 사람은 거의 없겠지만, 사실은 원자력발전소나 군사기지 못지않게 중요한 곳이다. 바로 이곳에서 영국 수돗물 정수에 사용되는 염소의 약 98퍼센트가 생산되기 때문이다. 차아염소산염hypochlorite(표백제와 정수 시설에 들어가는 화합물)을 만들기 위해 염소와 수산화나트륨이 혼합되는 탱크를 쳐다보고 있을 때 어느 작업자가 나지막한 목소리로 이렇게 말했다. "만약 이 공장이 예기치 않게 멈춘다면 앞으로 일주일 내에 영국은 식수를 배급받게 될 겁니다." 하지만 물질 세계의 중심인 이런 장소의 존재를 알고 있는 사람은 별로 없다. 그리고 이곳에서 근무하는 사람들은 그게 오히려 더 좋다고 생각한다.

클로르알칼리 공정은 시작일 뿐이다. 문명의 여명기부터 유리를 만들 때 융제로 사용했던 소다회를 살펴보자. 이 놀라운 알칼리 물질을 용광로에 넣으면 실리카 모래의 녹는점이 낮아진다. 기름이나 지방과 섞으면 비누를 만들 수 있고, 종이를 만들 때도 핵심적인 역할을 한다. 소다회의 신세를 지지 않고서는 일상생활을 해나갈 수 없을 정도다.

하지만 소다회는 채취와 정제가 어려워서 산업혁명 전까지 희귀한 물질이었다. 나트론을 구하거나 켈프, 함초 등의 해조류를 태워서 대용품으로 사용했지만 순도가 아주 낮았다. 게다가 산업화가 진전되면서 소다회가 더 많이 필요해졌는데, 일일이 대용품을 구하는 과정이 너무 비효율적이고 시간도 오래 걸렸다. 18세기에 이르러 소금으로 소다회를 만들 수 있다는 사실을 모두가 이론적으로는 알게 되었지만, 그 구체적 방법이 문제였다. 1783년 루이 16세가 그 답을 알아내는 이에게 상을 내리겠다고 했다.

마침내 이 난제를 해결한 사람이 나타났다. 니콜라 르블랑Nicolas Leblanc이라는 프랑스 의사였다. 그는 2단계에 걸친 방법을 고안했다. 먼저, 소금과 황산을 반응시키면서 석탄과 석회석으로 구웠다. 이렇게 얻은 흑회black ash를 물속에 담그면 완성이었다. 1791년 르블랑은 이 2단계 공정을 수행하는 공장을 세웠으나 공을 인정받지 못했다. 그의 발견이 프랑스 혁명과 시기적으로 겹치는 바람에 국왕이 외국으로 도망쳐 버렸기 때문이다. 공장은 혁명가들에게 몰수당해서 신속히 공매 처분되었고, 그가 특허를 내려 했던 소다회 제조법은 공적 재산으로 공개되었다. 1806년 르블랑은 자살했다.

막대한 양의 소금과 석탄을 삼키고서 엄청나게 큰 굴뚝으로 하늘을 향해 해로운 검은 연기를 뿜어내는 르블랑 공장들은 근대 화학 산업의 출발점이었다. 이는 결코 보기 좋은 풍경은 아니었지만 몇 가지 측면에서 세상을 바꾸어 놓긴 했다. 마침내 산업화에 필요한 만큼 소다회의 대량생산이 가능해진 것이다. 순도 높은 소다회 덕분에 오토 쇼트 같은 과학자들이 요구하는 수준의 정밀한 유리를 제작할 수 있게 되었다. 벨기에의 에르네스트 솔베이Ernest Solvay가 처음으로 고안한 솔베이 공정Solvay process은 르블랑 이야기에 비해 덜 흥미롭고 또 덜 비극적이지만, 소금(이 경우 소금물)을 알칼리로 전환하는 더 깨끗한 방법을 제시했다. 오늘날에도 솔베이 공정을 통해 소금을 소다회로 변환하고 있는데, 이렇게 만들어진 소다회가 전 세계의 산업 현장에서 사용된다.

소금물을 퍼내는 장소에서 그리 멀리 떨어지지 않은 체셔 마을 노스위치에 가면, 소금 디아스포라의 또 다른 현장을 목격할 수 있다. 한때 ICI가 운영했던 공장을 현재는 인도 회사 타타 케미컬Tata Chemicals이 운영하고 있는데, 타타 케미컬은 브리티시 솔트의 모회사이기도 하다. 과거에 간디에게 비폭력 저항운동의 원인을 제공했던 체셔 소금이 현재는 인도 회사에 의해 생산되다니, 물질 세계 바깥의 사람들은 잘 알지 못하는 아이러니이다.

오늘날 노스위치 현장은 이상할 정도로 매우 조용하다. 커다란 공장에서 기계들이 웅웅거리면서 돌아가는데, 어떤 기계는 1930년대의 것처럼 보인다. 이 거대한 기계들로부터 소다회와 중탄산나트륨sodium bicarbonate이 생산된다. 중탄산나트륨은 의학적 용도로 신장 투석에 사용된다. 노스위치를 방문하는 사람들은 이 알칼리 공장에 별로 신경 쓰지 않는다. 관광객들은 공장 바로 옆에 있는 빅토리아시대의 유명한 유물 '앤더턴 보트 리프트Anderton Boat Lift'를 보려고 몰려든다. 15미터 높이의 엘리베이터인 앤더턴 보트 리프트의 사진을 찍을 때 배경에 공장이 나오지 않게 하려고 무척 애를 쓰면서 말이다. 과거에 소금업자들이 수출용 물품을 실어 나르는 데 사용했던 위버강에는 이제 관광객들이 탄 거룻배만 오고 갈 뿐이다. 이 거룻배들은 소금을 인간의 생명을 구하는 물질로 탈바꿈하는 알칼리 공장에 대해서는 별로 신경 쓰지 않는다.

'소금'과 '건강'은 로마인들에게 같은 말로 통했다. 그래서 건강의 여신에게도 살루스Salus라는 이름을 붙였다. 소금과 건강 사이의 상호 관계는 지금도 여전하다. 현대의 바이오테크 산업과 화학 산업은 수천 년 전 신석기인들이 볼비 절벽 지대에서 생산했던 그 물질에 아직도 의존하고 있다. 소금은 현대의 산업 지형에서도 변함없이 중요한 위치를 지키고 있다. 지도 위에서 세계의 제약회사와 화학회사를 한번 살펴보자. 그러면 이들이 아직도 고대의 소금길을 따라가고 있다는 사실이 눈에 들어온다. 영국의 경우, 화학회사와 제약회사는 여전히 소금 생산지 부근에 자리 잡고 있다. 어떤 회사들은 체셔의 암염층 위에 위치하고, 또 다른 회사들은 과거에 소금을 추출했던 지역인 티스사이드에 위치한다. 미국의 대형 화학회사인 다우Dow가 괜히 미시간주에 본사를 둔 것이 아니다. 다우의 본사는 디트로이트 지하에 위치한 깊은 암염층의 바로 위에 있다. 화학제품과 의약품을 싣고서 이곳을 오가는 트럭들은 실제로도 우리 조상들이 밟았던 오래된 소금길을 오가는 셈이다.

화학혁명은 어쩌면 산업혁명에서 가장 간과되어 온 측면이 아닐까. 화학제품의 발달은 강철의 대량생산보다 우리 생활을 더 많이 바꾸어 놓았다. 화학혁명은 더 많은 목숨을 구했고, 식수를 정화했으며, 주택을 청결하게 했고, 박테리아와 세균의 위협으로부터 보호해주었다. 세균이 왜 위험한지 그 본질을 제대로 깨닫기도 전에 말이다. 우리는 제철 산업과 증기 산업의 개척자들은 높이 평가하면서도 니콜라 르블랑이나 에르네스트 솔베이 같은 초창기 화학공업의 거인들은 쉽게 잊는다. 제철과 광산업을 기리는 박물관은 많이 있지만 화학적 유산들은 대부분 하얗게 지워졌다.

예를 들어, 글래스고는 한때 세계에서 가장 큰 화학제품 생산지였다. 소금과 석탄을 대량으로 투입하여 제품을 생산하는 르블랑식 공장들이 도시 전역에 들어서 있었다. 포트 던다스와 세인트 롤록스에는 세계에서 가장 높은 굴뚝도 있었다. 그러나 당대의 기억은 오늘날 도시의 풍경에서 완전히 지워져버렸다. 한때 거대한 굴뚝들이 들어섰던 자리에 지금 남아 있는 것이라고는 콘크리트 보도, 고속도로의 고가도로, 그리고 아찔하게 높이 솟아오른 고층 건물 단지뿐이다. 지저분한 지하차도 옆에 화학공장이 있던 자리라고 적혀 있던 명판도 지금은 사라지고 없다.

글래스고의 영광이 역사에서 사라진 데는 나름의 이유가 있다. 화학혁명의 업적에는 아주 지저분하고 수치스러운 이야기가 따라붙기 때문이다. 글래스고의 높은 굴뚝들은 르블랑 공정에서 나오는 유독성 유황 가스를 성층권 높이 뿜어댔다. 클로르알칼리 공정 초창기에는 수은을 사용해 유독성 폐기물이 나왔는데, 이를 호수와 하천에 방류하는 바람에 근처 야생동물들을 위협하는 결과를 낳았다.

전 세계적으로 이런 폐해를 피해 간 소금 채굴 현장은 거의 없다. 수십 년 동안 화학회사들은 뉴욕주 시러큐스 근처의 오논다가호에 폐수은을 방류하여 호수의 상당 부분을 오염시켰다. 체셔는 물에 잠긴 오래된 싱크홀들로 얼룩져 있는데, 현지에서는 이것을 플래시flash라고 부른다. 지역 화학회사들은 싱크홀이 마치 폐수 처리장이라도 되는 양 여기에 소다회, 석회 등 유독성 폐기물을 투기했다. 염소는 인류에게 많은 혜택을 가져다주었지만 화학 무기로 사용된다는 부작용을 간과할 수 없다. 물질 세계의 다른 곳에서 그랬던 것처럼 기술 발전의 이면에는 이런 어두운 측면이 있다.

하지만 회복의 기미를 보이는 곳들도 있다. 오논다가호는 오랜 노력 끝에 마침내 깨끗하게 정화되었다. 오늘날의 화학공장들은 과거에 비하여 환경에 해악을 덜 끼친다. 대다수 선진국에서 수은 전기분해를 금지했고, 클로르알칼리 공정에서 나오는 폐기물 취급을 받던 수소는 친환경 연료로 재활용할 수 있게 되었다.

오늘날 체셔의 하늘은 맑지는 않지만 깨끗한 편이다. 전성기를 맞았던 빅토리아시대에 매연으로 대기가 가득 차 숨이 막히던 것과는 다른 풍경이다. 지난 수십 년간 이 일대는 삼림이 울창해지고 야생동물들도 많아졌다. 한때 화학 폐기물로 뒤덮였던 플래시들은 낯설고도 야생적인 풍경으로 대체되었다. 활기를 잃고 오염되어 있던 땅에서 아름다운 꽃들이 피어나기 시작했다.

이제 이곳은 과학적 관심을 불러일으키는 독특한 현장이 되었다. 노이만 플래시 부근에는 야생 조류와 섭금류가 둘러싼 염수鹽水에서 해안 식물들이 자란다. 애슈턴 플래시 부근에는 진귀한 딩지스키퍼 나비dingy skipper butterfly와 식스벨티드클리어윙 나방six-belted clearwing moth이 날아다닌다. 자연은 인간이 망가뜨린 풍경을 회복하기 위해 잠시도 쉬지 않고 있다.

바닷물에서 하수도까지, 암염의 여정

지표면 아래에서 용해채굴법으로 채굴 중인 이 거대한 구멍 내부를 가장 가까이에서 볼 수 있는 방법은 소금 광산을 직접 방문하는 것이다. 미들위치의 브리티시 솔트 바로 옆에 있는 윈스퍼드 광산Winsford mine은 체셔에 마지막으로 남은 지하 소금 광산이다. 니콜라이 1세가 이 일대를 방문했던 1844년에 문을 연 윈스퍼드 광산은 이제 영국에서 가장 오래된 광산이 되었다. 현재 윈스퍼드 광산은 미국의 컴퍼스 미네랄Compass Minerals이 소유하고 있고, 일반인들에게는 개방되지 않는다. 나는 여러 차례 설득을 거쳐 커머셜 매니저인 크리스 헤이우드Chris Heywood에게서 출입 허가를 받아낼 수 있었다.

우리는 차를 타고 넓은 터널을 내려갔다. 터널 너비는 중앙 분리대가 있는 고속도로만큼 넓었고, 천장은 교회만큼이나 높았다. 윈스퍼드 광산에서는 일찍이 로칼린 광산에서 맡아보았던 냄새가 났다. 사방이 막힌 공간에 갇혀 있는 디젤 증기 냄새였다. 공기 중에 떠 있는 미세한 소금 결정이 피부에 달라붙었고 내 입술과 입안을 메마르게 했다. 그리 불쾌한 느낌은 아니었다. 입안이 약간 얼얼했고 두 눈이 살짝 따끔한 감각이었다. 요즘 스파에 가면 몸을 정화해주는 효과가 있다는 소금방이 있다. 크리스는 이렇게 말했다. "스파에서는 공기 중에 소금 한 티스푼 정도만 사용할 겁니다. 이곳과는 아주 다르죠."

우리는 미로 같은 터널 속으로 더 깊이 들어갔다. 지도 위에서 보면 윈스퍼드 광산은 로칼린의 모래 광산과 그리 다르지 않다. 두 광산 모두 '주방식柱房法, room and pillar 채굴법'을 사용하는데, 소금 기둥 혹은 모래 기둥을 정위치에 두어 각방의 천장을 떠받치는 채굴법이다. 단지 윈스퍼드 광산의 터널은 규모가 엄청나게 큰 반면, 로칼린 광산의 지하 터널은 커다란 두더지가 암석층을 파고 들어간 것처럼 아주 유기적이라는 점만 다르다. 윈스퍼드 광산의 벽과 천장은 아찔할 정도로 수직을 이루고 있는데, 컴퓨터 게임 마인크래프트와 비슷한 분위기이다. 차를 몰고 가는 동안 아주 오래되어 보이는 밴과 기계들이 소금 먼지를 뒤집어쓴 채 방치된 골목이 보였다.

크리스가 설명했다. "저기는 낡은 장비들을 버리는 곳이에요. 한번 내려가면 다시는 올라오지 못합니다. 길을 잃어버린다면 우리도 저렇게 되는 거죠." 그가 차를 세우면서 말했다. "천장을 잠깐 보여드릴게요."

우리는 차에서 내렸고 크리스가 안전모의 헤드랜턴으로 천장을 비추었다. 언뜻 보니 표면은 별반 특이하지 않았다. 기계로 잘려나간 듯한 작은 돌출부를 제외하고는 완전히 평평했다. 하지만 헤드랜턴이 비추는 곳을 계속 따라가니 하얀 광맥이 가로지르는 아름다운 분홍빛 갈색 대리석 무늬가 보였다. 문득 이 무늬를 전에 어디선가 보았다는

　　　　　　　　　　　　　　　| PART 2 소금 |

생각이 머릿속을 스쳤다.

천일염을 어떻게 만드는지 알아보기 위해 지중해의 발레아레스 제도를 방문했을 때, 염전으로 조류를 끌고 와 바닷물이 햇빛에 증발하게 하면 염수의 가장자리 얕은 곳에 육각형 결정이 맺히는 걸 보았다. 분홍빛 물로 가득 찬 흰색 소금 웅덩이가 있었다. 윈스퍼드 광산의 천장을 올려다보니 같은 형태의 화석이 보였다. 지상에서 보았던 돌의 표면에 있던 무늬를 지하에서도 만난 것이다. 2억 년 전, 지금의 체셔 일대를 가로지르던 바닷물이 모여서 염전이 만들어지던 때의 흔적이 마치 천장에 투영된 것 같았다. 그것은 매우 신비롭고 아주 아름다웠다.

크리스가 나를 흔들어 백일몽에서 깨웠다. "자, 어서 심연으로 들어갑시다."

몇 년 전, 컴퍼스미네랄은 소금을 더 많이 캐내려면 광산을 더 깊이 파고 들어가야 한다는 사실을 깨달았고 이제 지하 400미터 깊이에서 작업한다. 우리는 어둠 속으로 더 깊이 내려갔다. 마침내 바닥에 도착하여 모퉁이를 돌자 광산 본진이었다. 탄화텅스텐tungsten carbide 이빨을 가진 거대한 오렌지색 괴물처럼 생긴 대규모 연속 채굴 장비가 암석층을 파고 들어가는 중이었다. 장비가 어찌나 정밀한지 소금을 갉아내고 지나간 자리에는 반듯한 정사각형의 흔적이 남았다. 마인크래프트 게임에 들어와 있다고 치면, 장비 운전자는 크리스의 말을 빌려 "특수 제작된 플레이스테이션 컨트롤러"로 200톤 괴물을 제 마음대로 조종하고 있는 셈이었다. 운전자가 조이스틱을 엄지손가락으로 살짝 밀자, 채굴 장비가 암벽 앞으로 나아가 소금 덩어리를 물어서 컨베이어벨트 위에 올려놓았다. 컨베이어벨트는 소금 덩어리를 갱도 쪽으로 운반해갔다.

크리스는 바닥에 떨어진 소금 덩어리를 집어서 내게 내밀었다. 덩어리 가운데는 분홍색이고 가장자리는 갈색이었다. 내가 안전모의 헤드 랜턴으로 소금 덩어리를 비추니 가공 전의 보석 원석처럼 반짝거렸다.

"히말라야 핑크솔트 같은데요." 내가 감탄했다.

크리스가 웃음을 터트렸다. "체셔의 갈색 소금과 더 비슷하죠."

이 갈색 소금(염화나트륨) 대부분은 작은 알갱이로 분쇄되어 영국 전역으로 보내진 다음 몇 달간 도로의 얼음이나 눈을 녹이는 잔모래처럼 뿌려진다. 제빙·제설 작업은 그리 세련되어 보이지 않지만 생각보다 훨씬 복잡한 일이다. 도로 유형에 따라 크기가 서로 다른 소금(10밀리미터와 6밀리미터)이 사용된다. 기상 조건과 적설 상태에 따라 소금을 살포하는 비율도 매우 정밀하게 정해져 있다.

크리스는 이렇게 설명했다. "도로를 안전하게 지켜주는 건 소금이 아니라 소금물이에요. 그래서 소금이 녹으면 즉각적인 제빙 효과를 얻을 수 있습니다. 만약 교통량이 많은 도로라면 소금 결정이 더 빨리 부서지기 때문에 상황을 살피면서 제때 보충해줘야 해요."

영국은 사나운 눈보라가 자주 발생하는 편이 아니기 때문에 평소에는 도로 상황을 신경 쓰지 않는다. 그러다 10년에 한 번 심각한 눈보라가 들이닥치면 제설용 소금이 모자라는 비상 상태가 되곤 한다. 10여 년 전 엄청난 눈보라 사태가 발생했을 때, 정부는 비상 지시를 발동하여 도로용 소금 배급제를 실시했고 윈스퍼드 같은 소금 광산에 피해 지역으로 소금을 보내라고 지시했다. 영국 정부는 향후 소금 부족 사태에 대비해 50만 톤의 소금을 외국에서 수입했다. 이것은 영국이 '최후의 비상용 소금'으로 보관하고 있는 비축분이다. 처음에 크리스가 이 표현을 썼을 때 농담이라고 생각했는데 그는 아주 진지했다. 지금도 그 비상용 소금은 다음 눈보라 사태를 기다리며 영국의 부두에서 대기 중이다.

광산 갱도로 다시 차를 몰고 들어가면서 특별 보관 공간으로 쓰이는 오래된 통로와 방들을 지나갔다. 요즘에는 귀중한 예술품들과 보관 기한이 지난 정부 기록물을 소금 광산의 빈 공간에 보관한다. 복잡한 미로 같은 광산의 다른 부분에는 유독성 폐기물을 안전하게 보관하는 공간도 있다. 세상의 가장 중요한 지식을 석판에 새겨서 고대 켈트족 광부들의 유해와 함께 오스트리아의 할라인 소금 광산에 보존하는 계획도 현재 진행 중이다.

2022년 러시아가 우크라이나를 침공하자 유럽에서 비상용 가스를 저장한 장소도 이와 비슷한 소금 동굴들이었다. 일종의 에너지 뱅크로 삼아서 비상용 가스를 저장해 두었다가 시베리아에서 가스 공급이 끊길 경우 유럽 국가들이 겨울을 나기 위한 에너지로 사용하는 것이다. 미국 에너지부는 '전략 비축유'를 텍사스주와 루이지애나주 지하의 오래된 소금 동굴에 원유를 보관한다. 이러한 장소들은 새로운 미래에 대비하기 위해 마련된 것이다. 자연에서 포집한 이산화탄소를 저장하고 대기 중 온실가스를 지하에 집적하는 공간도 있다. 태양에너지와 풍력에너지, 수소 같은 친환경 연료들을 보관하는 장소도 있다. 세계의 화학 산업이 문자 그대로 암염 위에 세워진 것처럼, 내일의 친환경에너지 산업도 소금 매장층 주위로 집결할 것이다. 우리는 이만큼이나 소금을 믿는다.

내가 윈스퍼드 광산을 방문했을 때 바깥 기온은 아직 영하로 떨어지지 않았는데도 이미 더 많은 암염을 보내달라는 요청이 쇄도하고 있었다. 체셔익 같색 소금은 트럭에 실려 영국 전역으로 수송되어 현지 저장고에 쌓여 있다가, 다음 한파 때 빙판길이 생기면 즉시 도로에 살포될 것이다. 한때 고대 바다의 일부였던 것이 소금 알갱이로 변신해 도로의 얼음을 녹인 다음 하수도로 흘러들어 지질학적 여정을 계속한다. 암염이 자신의 여정을 이어가는 동안 지구 반대편에서는 전혀 다른 종류의 소금이 지상에서 추출된다. 이 소금은 의약품이나 도로 살포용이 아닌 완전히 다른 화학물질로 탈바꿈한다. 한때 매우 귀중한 물질로 평가받았기 때문에 역사상 가장 파급 효과가 큰, 전쟁을 일으킨 소금이다.

6장

화약, 전쟁의 도화선

생명을 죽이고 생명을 구하는 소금

칠레 아타카마의 황량한 언덕 그늘에 자리 잡고 있는 안토파가스타 Antofagasta의 오래된 기차역은 그토록 어색해 보일 수 없었다. 안토파가스타 기차역은 마천루, 쇼핑몰과 어깨를 나란히 하면서 한편으로는 판자촌의 알록달록한 판잣집들을 내려다보고 있었다. 식민지 시대에 지어진 영국식 역사는 산뜻한 초록색이었고, 중앙부의 웅장한 나무 계단이 여러 동으로 나뉜 건물을 연결했다. 안토파가스타역은 남아메리카 태평양 연안에 위치한 항구도시에 예상치 못한 즐거운 광경을 선물했다.

플랫폼 옆에는 안락한 특별 설비를 갖춘 풀먼사 Pullman의 객차가 딸린 구식 기차가 서 있었다. 무쇠 저울, 회사 이니셜이 새겨진 나무 짐수레, 빛바랜 기차 노선도 등 앞으로 발을 내디딜 때마다 철도의 역사를 보여주는 유물들을 만날 수 있었다. 역사 마당에 서 있으니 빅토리아시대의 영국으로부터 100여 년이나 떨어져 있고, 지금의 영국과도 거리상으로 1만 킬로미터 넘게 떨어져 있다는 사실을 잊게 된다. 그러나 계속 이곳에 머문다면, 항구로 가는 길에 역사 마당을 지나는 현대식 디젤 기관차의 경적에 깜짝 놀랄지도 모른다.

이곳에 위치한 FCAB_{Ferrocarril de Antofagasta a Bolivia}(안토파가스타&볼리비아 철도) 본사는 철도 시스템에서 꽤 많은 역할을 맡고 있다. 오늘날 FCAB 노선은 더 이상 승객들을 운송하지 않으며, 기차들이 마을을 통과하더라도 아무도 신경 쓰지 않는다. 그러나 이 노선은 작지만 나름의 역할을 해왔다. 기관차 한 대가 몇 시간마다 산에서 싣고 내려오는 원자재(주로 구리)는 지역 항구를 통하여 전 세계로 운반된다.

FCAB 노선은 한때 세계에서 가장 지대가 높은 곳을 운행했다. 해발 수천 미터 지점까지 올라가서 메마른 사막을 통과하고, 플라밍고들이 노니는 혹한의 소금호수들을 지나 안데스산맥으로 들어가는 노선이었다. 이 노선은 초기 증기기관차의 놀라운 기술적 위업을 대표한다. 오늘날에는 이보다 더 높은 지대에서 운행되는 노선도 있지만, 전쟁을 촉발한 철도는 아마 드물 것이다. 세계지도를 영구적으로 바꾸어 놓은 철도가 얼마나 될까?[1)]

FCAB는 매우 특별한 철도이다. 본격적인 이야기를 하기 전에 먼저 이 철도를 부설한 목적부터 알아보자. FCAB는 사막에서 나오는 특별한 화물을 항구까지 수송하기 위해서 부설되었다. 그 화물은 소금의 일종인 질산칼륨_{saltpetre}(초석)인데, 두 가지 의미에서 폭발적이었다. 질산칼륨을 뿌리면 식물이 건강하고 빠르게 자란다. 그러나 더 중요한 점은, 전쟁의 승리를 결정 지은 화약_{fire drug}의 핵심 성분이 바로 질산칼륨이라는 사실이다.

친차 제도에서 벌어진 새똥 쟁탈전

이 물질을 처음 발견한 사람들은 중국인이었다. 그들은 바위와 벽돌에서 톡 쏘는 맛의 하얀 소금을 채취하여 불을 붙였고 엄청난 폭발력을 목격했다. 이 하얀 소금이 바로 질산칼륨이다. 중국인들은 이 소금을 '불의 약', 즉 화약火藥이라고 불렀다. 서양에서는 '돌의 소금'이라는 뜻의 라틴어 솔트피터saltpetre로 알려졌는데, 질산칼륨이 오래된 지하실이나 지하 보관실의 돌벽에 들러붙은 경우가 많았기 때문이다. 질산칼륨에 약간의 유황sulphur과 목탄 가루를 섞으면 화약이 된다.

질산칼륨의 문제점은 발견이 대단히 어려운 물질이라는 것이다. 수백 년 동안 질산칼륨의 주요 원천은 부패한 유기물, 특히 썩은 고기와 소변이었다. 한동안 군사 지도자들은 똥 더미, 오랫동안 버려져 있던 변소에 지나친 관심을 보였다. 중세 왕국들은 사람들을 파견하여 부패한 흙덩이를 찾아다녔다. 그런 흙을 발견하면 맛을 본 다음에, 냄새 나는 땅을 파내서 흙을 끓이고 거르고 증발시켜서 귀중한 질산칼륨 가루를 얻었다.

만약 당신이 지금 좋아하지 않는 일을 하고 있다면 그래도 내 직업이 분변 수집가dung collectors(영국에서는 피터먼petermen이라고 불렸다)는 아니니 얼마나 다행이냐고 자신을 위로할 수도 있다. 피터먼은 넌더리나는 삶을 살면서 아무에게도 환영받지 못하는 신세를 견뎌야 했기 때문이다. 피터먼이 찾아낸 유망한 땅이라면 누군가가 그 위에서 사업을 하고 있더라도 파낼 수 있는 자격을 갖고 있었지만 아무도 그들을 좋아하지 않았다. 하지만 그들은 그저 왕명을 따를 뿐이었다. 1626년 영국의 찰스 1세가 백성들에게 본인과 가축들의 소변을 왕실에 제출하라는 명을 내렸다. 이 혼합물을 숙성시키는 질산칼륨 '농장'에서 나온 것이든 혹은 완제품 그 자체든, 일단 들판에 뿌리고 나면 농촌 지역은 영구적으로 분뇨 냄새에 시달려야 했다.

그러나 이런 농장들에서조차 질산칼륨은 자그맣고 하얀 결정의 형태로 아주 느리게 생성되었다. 농장에 아무리 많은 거름이 추가되더라도 극소량의 소금만을 생산할 수 있었다. 그러다가 인도의 갠지스강 진흙에서 풍부한 퇴적물을 발견하면서 인도 점령에 탄력이 붙었다. 그로부터 수십 년 뒤 질산칼륨은 영국 동인도회사의 가장 중요한 거래품 중 하나가 되었다.

19세기 중반, 미국과 유럽은 이 모든 것을 뿌리째 뒤흔드는 페루 해안가 섬들의 소식을 들었다. 친차 제도Chincha Islands는 원래 부비새, 가마우지, 펭귄 등 주로 새들이 사는 바위섬이었다. 수천 년에 걸친 새들의 배설물이 바위에 쌓여서 그 두께가 30미터를 넘을 지경이었다. 새들의 배설물은 인산염phosphate과 질소 화합물nitrogen compound을 풍부하게 함유한 세상에서 가장 훌륭한 천연비료였다.

물론 새들의 배설물은 전문적인 관점에서 봤을 때 중국의 지하실이나 갠지스강의 진흙에서 발견된 질산칼륨과는 다르지만, 질소를 함유한다는 공통점이 있었다. 질소는 식물의 성장에 필요한 핵심 요소로, 식물들이 광합성할 수 있도록 엽록소를 만드는 일을 돕는다. 탄소, 수소, 산소와 함께 단백질을 만드는 아미노산의 핵심 원소이기도 하다. 이를테면, 세포라는 집을 이루는 블록 중 하나라고 할 수 있다.

인간이 호흡하는 공기의 약 78퍼센트가 질소이지만, 그 가스를 우리가 실제로 사용하는 형태의 질소로 바꾸는 것은 간단한 문제가 아니다. 이를 화학적으로 설명하면 다음과 같다. 공기 중의 질소는 원자 두 개가 아주 단단하게 결속된 형태로 존재한다. 두 원자를 분리해서 우리가 사용할 수 있는 다른 질소 화합물을 형성하는 과정을 고정fixing이라고 하는데, 이 과정에는 엄청난 양의 열과 에너지가 필요하다. 이 사실은 대부분의 폭발물에서 질소 고정이 핵심 요소인 이유를 설명해준다. 대기 중의 질소를 분리하는 데 많은 에너지가 필요한 것처럼, 질소를 다시 조립할 때 많은 에너지가 발생하는 것이다.

오랫동안 인류가 대기로부터 질소를 고정하는 방법은 번개가 치거나 특정 식물 속의 박테리아가 그 일을 대신하도록 기다리는 것뿐이었다. 그런데 질산칼륨이 질소 고정의 지름길을 마련했다. 친차 제도의 새똥 덩어리가 쌓여서 화석처럼 굳어진 구아노guano만큼은 아니지만, 거름과 퇴비 또한 질소를 풍부하게 함유하여 도움이 되었다. 잉카족은 냄새나는 흙에 후아누huanu라는 이름을 붙이고는 이를 모은 다음 갈아서 가루로 만들어 밭에 뿌렸다. 구아노가 어떤 기적을 행했는지 알아차린 뒤로 친차 제도를 성스러운 섬으로 지정했고 새를 죽이는 행위를 중범죄로 다스렸다. 스페인 정복자들이 남아메리카에 도착하여 페루 지역을 폐허로 만들던 때, 구아노는 스페인 사람들의 안중에 없었다. 잉카족이 구아노를 금보다 더 소중히 여기고 있었는데도 이를 무시해버렸다.

그러나 친차 제도 소식을 들은 영국인과 미국인은 이 마법의 물질이 사라지기 전에 자기들이 손에 넣겠다면서 채비를 서둘렀다. 페루 정부는 섬들을 국유화하고 구아노를 채취하여 선적하는 면허를 발급했다. 수많은 배가 섬들로 모여들었고 노동자들은 열악한 조건에서 냄새나는 흙을 채취하기 위해 열을 올렸다. 돈이 계속 흘러들어 왔고 한동안 페루는 세계에서 가장 부유한 나라가 될 것 같았다. 그러나 이 골드러시는 시작과 마찬가지로 갑작스레 끝나버렸다. 최초의 배들이 도착한 지 20년도 채 지나지 않은 1850년대 후반에 광부들은 쓸모없는 돌들에 곡괭이질을 하고 있었다. 친차 제도의 구아노가 바닥을 드러낸 것이다.

이것은 굉장히 실망스러운 일이었지만, 페루 사람들은 본토에 비밀 병기를 보유하고 있었다. 페루가 지배하는 아타카마 사막 북부에는 현지인들이 칼리치caliche라고 부르는 독특한 소금 지층으로 덮인 지역이 있었다. 칼리치는 케추아족 언어로 소금이라는 뜻을 가진 단어 카치cachi에서 유래했다. 칼리치가 처음에 발견된 계기는 오래전 페니키아인들이 해변에서 유리를 만드는 방법을 찾아낸 이야기와 매우 비슷하다.

유럽인들이 남아메리카에 도착하기 훨씬 전인 14세기, 한 무리의 사람들이 안데스산맥 기슭을 출발하여 태평양 쪽으로 여행을 떠났다. 그들은 아타카마 사막을 지나던 중에 하룻밤 묵어가기 위해 캠프를 설치했다. 모닥불을 피우자 바닥에 있던 바위에 불꽃이 튀며 불이 붙었다. 일행은 그 기이한 불에 놀라서는 사악한 귀신들을 만났다며 혼비백산하며 달아났다. 곧 '악마의 돌'에 대한 소문이 널리 퍼졌다. 사람들은 이 돌들이 엄청난 폭발력을 가졌을 뿐만 아니라 땅에 버려두면 주변을 특히 비옥하게 만든다는 사실을 깨달았다.

이런 현상은 칼리치의 화학 성분 때문이었다. 칼리치 내에는 다량의 염화나트륨(식염)뿐만 아니라 질산염nitrate, 요오드산염iodate, 황산염, 염화물과 같은 모든 종류의 염류가 들어 있었다. 어떻게 이런 돌이 지구상에서 거의 유일하게 페루에서만 발견되었는지는 아직까지 미스터리로 남아 있다. 이에 대한 한 가지 이론은, 칼리치가 밤에서 아침 사이에 사막 전역에서 생기는 괴이한 안개 '카만차카camanchaca'의 결과라는 설명이다. 이 소금들이 안데스산맥에서 씻겨 내려왔다는 설, 혹은 고대 바다에서 퇴적되었다는 설도 있다.[2]

칼리치는 전통적인 질산칼륨과는 약간 다르다. 질산칼륨이 아닌 질산나트륨sodium nitrate이기 때문이다. 그러나 친차 제도가 흥망성쇠를 겪고 얼마 지나지 않은 19세기, 화학자들은 질산나트륨을 이용하여 중국식 화약의 변종을 더 폭발적으로 만드는 데 성공했다. 그로부터 질산나트륨은 질산, 니트로글리세린nitroglycerine, 다이너마이트로 탈바꿈할 수 있었다. 그리고 이런 고성능 폭약 덕분에 알프레드 노벨Alfred Nobel은 세계 최고의 부호 대열에 합류할 수 있었다. 친차 제도의 구아노 무역이 종식되고 수십 년간 남아메리카의 질산염은 세상에서 가장 중요한 원료 중 하나가 되었다.*

남아메리카를 뒤흔든 질산칼륨 전쟁

다시 안토파가스타 이야기로 돌아가자. 안토파가스타에서 처음으로 기차를 운행했던 곳은 안토파가스타 질산염 철도회사Antofagasta Nitrate and Railway Company였다. 1870년대에 영국의 자금으로 설립된 회사로, 칼리치의 채굴과 정제, 수송을 담당했다. 크림 전쟁, 프로이센-프랑스 전쟁, 보어 전쟁 등 유럽 국가들이 계속 전쟁을 벌이자 폭약 수요도 점점 커졌다. 수백만 명의 유럽인이 농촌에서 도시로 이주하면서 토지의

---

* 소금의 기술적 정의는 모래의 기술적 정의만큼이나 포괄적이다. 모래가 일정한 크기를 가진 느슨한 결정이라면, 소금은 산이 염기와 반응할 때 생성되는 화합물인데, 이런 화합물은 엄청나게 많다. 오늘날 소금은 곧 염화나트륨을 가리키지만, 인류 역사 내내 소금이라고 하면 톡 쏘는 맛 혹은 짠맛이 나는 하얀 결정으로 인식되었다.

생산력을 높여 더 많은 곡식을 생산해야 한다는 압박도 덩달아 커졌다. 총과 식량, 이 두 가지가 질산염에 대한 수요를 폭발시켰다.

안토파가스타 질산염 철도회사가 발족할 무렵, 안토파가스타는 볼리비아에 속했다. 실제로 안토파가스타는 볼리비아에서 가장 중요한 항구 중 하나였다. 칼리치 매장지는 대부분 페루와 볼리비아 영토에 있었지만, 칼리치 개발의 주역은 칠레 이민자들이었다. 이들이 칼리치를 발견하고 채굴 작업을 담당했으며, 자금을 댄 영국 및 독일의 자본가들과 연결고리를 형성했다. 만약 1870년대 중반의 안토파가스타 거리를 걸었다면, 아마도 칠레 이민자들만 보였을 것이다. 페루와 볼리비아 사람들은 아타카마 사막에 별로 신경 쓰지 않았다. 돈이 굴러들어오기 전까지는 말이다.

1874년 볼리비아는 광물 개발에 세금을 부과하지 않겠다는 조약에 서명했다. 그러나 수익의 규모가 조금씩 명확해지면서 긴장이 고조되었다. 4년 뒤, 볼리비아가 안토파가스타에서 수출하는 질산염에 100파운드당 10센트의 소급 적용된 세금을 부과하자 갈등이 폭발했다. 안토파가스타 질산염 철도회사의 관리자 조지 힉스George Hicks는 콘윌주 출신으로 구레나룻을 길게 기르고 매우 다혈질인 사람이었는데, 볼리비아의 세금 부과를 거부했다. 결국 볼리비아 정부는 철도회사의 재산을 몰수하고 힉스를 체포하라는 명령을 내렸다. 힉스는 해안 근처에 정박 중이던 칠레 전함으로 피신했고, 몇 주 뒤 칠레 군대가 안토파가스타에 상륙해 신속하게 이 항구 도시를 점령했다. 남미 국가들 사이에서 안토파가스타의 국경 문제는 늘 논란거리였지만, 지도와 권리에 대해 종종 토로하던 불평이 세계에서 가장 귀중한 천연자원 중 하나의 존재 때문에 폭발하고 말았다. 이렇게 해서 칠레와 페루-볼리비아 동맹 사이에 5년 전쟁이 시작되었다.

전쟁은 대부분 바다에서 벌어졌다. 칠레가 곧 볼리비아를 정복했고, 그 뒤 페루와 칠레의 함선들이 서로 포탄을 뿜어댔다. 이 전쟁에는 '태평양 전쟁War of the Pacific'이라는 이름이 붙었는데, '10센트 전쟁Ten Cents War' 혹은 '질산칼륨 전쟁Saltpetre War(초석 전쟁)'이라고 부르는 사람도 있다. 칠레의 젊은 장교 아르투로 프라트Arturo Prat가 자신의 몸을 내던지며 페루의 강력한 함선인 우아스카르호lago Huáscar를 상대로 용감한 공격에 나섰던 전투가 가장 유명하다. 프라트는 국민 영웅으로 떠올랐고, 칠레 전역에서 그의 이름을 기념했다.[3]

이 전투에서는 페루가 승리했지만, 결국 페루-볼리비아 동맹은 전쟁에서는 졌다. 그것도 완패였다. 질산칼륨 전쟁은 결국 칠레의 대승으로 끝났다. 1881년 1월, 칠레 군대는 리마를 점령했으며, 1884년 휴전 조약을 맺고 북쪽의 드넓은 땅을 차지했다. 안토파가스타, 볼리비아의 모든 해안, 페루의 광대한 칼리치 지역 등이 모두 칠레의 손에 들어갔다. 칠레는 아타카마의 질산염뿐만 아니라 구리와 리튬의 세계 최대 매장지를 보유하게 되었다. 이 전쟁으로 칠레는 자원 강국의 자리에 올랐지만 볼리비아는 모든 해안을 빼앗기고 말았다.

이후 칠레의 질산염은 온 세상의 식량과 무기 생산을 지원해왔다. 1차 세계대전 때 참호 위로 쏟아져 내린 연합국 포탄들은 모두 칠레의 질산염으로 만들어졌다. 질산염을 수출하여 번 돈으로 칠레 정부는 도로, 철도, 전기 시설과 배관 등을 건설했고 유럽 선진국들이 향유하던 선진적인 군대와 20세기의 자랑거리들을 갖출 수 있었다. 이 하얀 소금 덕분에 칠레는 남아메리카에서 가장 부유한 나라가 되었다.

이제 질산염 열풍은 거의 잊혔지만, 20세기 초창기에 질산염이 얼마나 중요했는지는 아무리 강조해도 지나치지 않는다. 한동안 질산염은 오늘날 차세대 핵심 물질로 대접받는 리튬만큼이나 높은 평가를 받았다. 칼리치의 유망한 미래에 매혹된 사람 중에는 미국의 유명한 재벌 총수인 대니얼 구겐하임Daniel Guggenheim도 있었다. 지금은 구겐하임 가문이 예술품 수집과 자선 활동으로 명성이 높지만, 과거에는 세계 최고의 광산 재벌로서 구리와 여러 물질의 생산을 관장하며 이름을 떨쳤다. 대니얼 구겐하임은 질산염 사업에 너무 몰두한 나머지, 그때까지 회사의 주력이던 추키카마타 구리 광산Chuquicamata을 매각하고 칠레 칼리치에 투자했다(이에 관해서는 11장을 참고하라). 대니얼이 아들 해리에게 말했다. "질산염은 탐욕의 꿈을 넘어 우리를 부자로 만들어줄 거야!" 해리는 아버지만큼 확신하진 않았다. 어쨌든 구겐하임 가문은 구리에서 질산염으로 돌아섰고, 아타카마에 있는 앵글로-칠레 광산과 정제 공장에 수백만 달러를 투자했다.

오늘날 안토파가스타의 마리아엘레나 지역을 방문하면 구겐하임 가문이 주력으로 삼았던 정제 공장의 잔해를 볼 수 있다. 이곳은 세상의 중심에서 아주 멀리 떨어진 기이한 전초기지였는데, 영국 국기 유니언 잭을 닮은 거리 구획이 영국과의 관계를 떠올리게 한다. 정제 공장은 2010년에 폐쇄되었지만, 녹이 슨 거대한 공장의 잔해는 마치 낡은 제강소처럼 마을 위에 우뚝 솟아 있다.[4]

공장의 거대한 규모는 칼리치를 가공하여 전 세계에서 돈을 긁어오는 질산염으로 탈바꿈하는 데 얼마나 큰 노력이 필요한지를 짐작게 한다. 그 과정은 다음과 같다. 먼저, 돌을 분쇄하고 또 분쇄하여 작은 알갱이로 만든다. 그러고 나서 이 알갱이들을 커다란 물탱크에 집어넣고 뜨거운 물로 며칠간 가열한다. 그런 다음 물탱크에 든 용액을 꺼내서 냉장고 온도에서 식힌다. 이를 거르고 정제하는 고된 과정을 거쳐서 불순물들, 즉 일반 소금, 마그네슘염magnesium salt, 기타 불필요한 물질들을 제거하여 공장 옆에 쌓아둔다. 이렇게 정제된 질산염은 철도를 통해 태평양 연안으로 보내진다.

하지만 질산염 열풍이 어느 정도였는지 보여주는 더 확실한 증거는 안토파가스타 밖에 있다. 한 세기 전에 칼리치를 찾아서 불도저로 지표면을 파낼 때 나온 흙더미들이 끝없이 길게 늘어서 있다. 위성 지도에서 마리아엘레나를 검색해서 확대하면 아타카마 사막을 가로지르며 언덕을 따라 뻗은 기다란 평행선을 볼 수가 있다. 그것은 마치 '거대한 모래 바다'를 수놓은 세이프 사구들의 축소판 같지만, 자연스럽게 조성된 게 아니다. 이 선들은 전 세계에 식량을 제공하기 위해 특정 소금에 의존해야 했던 시대가 남긴 상흔이다.

식량 공급의 수학과 마찬가지로 친차 제도에서 벌어진 일 또한 잊을 수 없다. 20세기에 접어들면서 과학자들은 칠레에서 공급하는 질산염만으로는 세계의 수요를 충족시키지 못하리라고 경고했다. 인구가 폭발적으로 증가하면서 그 전망은 더욱 분명해졌다. 부유한 화학자였던 윌리엄 크룩스William Crookes는 질산염을 얻는 다른 방법(대기 중에서 얻는 방법이 가장 이상적이었다)을 고안하지 못하면 1930년경 세계가 기아에 직면하리라고 경고했다. 문제는 번개를 모방해 질산염을 얻으려면 엄청난 열역학적 노력이 필요했기에 아무도 그 방법을 알아내지 못하고 있었다는 점이다.

1차 세계대전에 소금이 미친 영향

질산염 문제는 영국인도 미국인도 칠레인도 아닌 독일인이 해결했다. 돌이켜 보면 그리 놀랍지 않은 일이다. 독일은 칠레의 질산염을 세계에서 가장 많이 수입하는 나라로 토양을 비옥하게 하고 폭발물을 제조하기 위해 화약에 전적으로 의존하고 있었다. 그래서 1차 세계대전이 벌어졌을 때 그 어느 나라보다 더 위태로운 상황을 마주했다. 독일과 영국 함선의 첫 교전이 유럽의 바다가 아니라 칠레의 태평양 연안에서 벌어졌다는 사실은 많은 점을 시사한다. 이들은 질산염을 운송하는 해상 통로를 서로 장악하겠다고 맞붙었다. 일련의 전투 끝에 독일은 1차 세계대전 내내 칠레 칼리치와 단절된 상태로 싸워야 했다. 폭발물을 만들 자원이 막힌 상태에서 군사적 참패와 기아로 갑자기 취약해진 독일 정부는 필사적으로 해결책을 찾았다.

야심만만하지만 문제가 많았던 유대인 화학자 프리츠 하버Fritz Haber가 도움의 손길을 내밀었다. 그는 오랫동안 해결되지 못한 질산염의 난제를 풀기 위해 몇 년을 노력했다. 처음에는 자연을 모방하여 번개의 방식을 흉내 내려 했으나, 마침내 고열과 압력을 조합해 대기 중 질소를 분리하여 수소 가스와 결합하는 데 성공했다. 1909년 하버는 사람들 앞에서 질소 분리 작업을 실증했고, 화학공학자 카를 보슈Carl Bosch와 협업하면서 실험실에서의 연구를 산업화했다. 1913년 무렵, 보슈가 일하던 화학회사 바스프BASF는 비료와 폭약을 만들 수 있는 물질인 암모니아(질소와 수소의 화합물)를 오파우 공장에서 제조하기 시작했다.[5]

이렇게 하버-보슈 공정Haber-Bosch process이 정립되었다. 이는 과학과 산업 분야에서 매우 중요한 발견으로, 수십억 인구에게 식량을 제공하는 길을 마련했다. 20세기에 인류가 성취한 커다란 업적 중 하나는 그 전까지 만연했던 기아와 기근을 퇴치했다는 점이다. 전 세계에서 영양실조에 걸린 사람들의 비율은 1950년에는 65퍼센트였으나 2010년에는 10퍼센트 이하로 떨어졌다. 값싼 비료가 광범위하게 보급되어 농작물 생산량이 크게 증가한 덕분이었다. 이렇게 만들어진 질소가 얼마나 많이 퍼졌는지, 현재 우리 몸을 채운 질소의 절반가량이 하버-보슈 공정에 의해 대기 중에서 고정된 질소로 추산된다. 이런 화학적 발견이 없었더라면 우리는 상당히 많은 땅을 농업용지로 사용해야 했을 것이다. 또한 거름을 얻기 위해 그 땅을 엄청난 양의 가축 분뇨로 뒤덮어야 했을 것이다. 그렇게 하더라도 전 세계 인구의 절반 정도만 부양할 수 있었을 테지만 말이다. 하지만 합성 질산염을 개발한 초기에는 주로 독일군에서 사용할 포탄을 제조하는 데 활용되었다.[6)]

만약 하버-보슈 공정이 개발되지 않았더라면, 1차 세계대전은 훨씬 빨리 끝났을지도 모른다. 프랑스와 영국을 비롯한 연합국은 칠레 질산염으로 만든 포탄을 독일에 퍼부었고, 독일을 비롯한 동맹국은 합성 질산염으로 만든 포탄으로 응수했다. 참호, 탱크, 대포, 몇 달간 거의 이동이 없는 전선으로 상징되는 이 새로운 유형의 전쟁은 부분적으로는 과학, 산업, 폭발력을 가진 소금으로 만든 무기가 빚어낸 결과였다. 프리츠 하버의 오명은 염소 가스의 개발로 더욱 더럽혀졌다. 그는 이프레의 두 번째 전투에서 가스 살포를 직접 감독했고 그 결과 수천 명에 달하는 병사들이 끔찍한 죽음을 맞이했다.

하버-보슈 공정은 칠레의 질산염 산업에 치명타를 날렸다. 대니얼 구겐하임의 도박은 처참한 역효과를 냈다. 대기 중에서 질산염을 얻게 되자 생산량에 한도가 사라졌다. 그 후 칠레의 질산염 전초기지들은 대부분 폐쇄되었다. 과거에 광부, 감독, 기술자, 인부 등으로 북적거렸던 마을은 이제 한산해졌다. 아타카마 사막을 자동차로 가로지르다 보면 종종 이런 마을을 지나게 된다. 마치 무법천지 서부 영화의 세트장처럼 보인다. 따가운 햇볕 아래에 먼지가 자욱하고 바람이 휘몰아친다. 건물 지붕은 대체로 뜯겨나갔고 사람들이 목재를 떼갔으나 건물의 뼈대는 그대로다. 1996년에 질산염 공장이 폐쇄된 발디비아 마을은 아이들이 뛰놀던 광장에 알록달록한 벤치와 그네가 그대로 남아 있지만, 집들은 텅 비었고 사막에서 날아온 모래가 바닥을 뒤덮고 있다. 예전에 이곳에 살았던 사람들은 벽들에 이런 낙서를 남겨 놓았다. "롤로, 이르마, 노나, 훌리오, 알베르토. 여기서 루크식 비야로보스 가족이 살았다." 마을에서 들리는 소리라고는 평원에서 불어오는 칼바람 소리와 옛 우체국 건물의 삐걱거리는 소리뿐이다.

이런 모습을 보면 칼리치 산업이 사장되어버렸다는 인상을 받겠지만 사실 그렇지는 않다. 칠레에는 여전히 아타카마 사막의 돌로 질산칼륨을 생산하는 몇몇 회사가 남아 있다. 화학회사 SQM Sociedad Química y Minera de Chile(칠레 화학 광물 회사로 현지에서는 소키미치Soquimich 라고 부른다—옮긴이)이 대표적인데, SQM의 탄생은 칠레 질산염 산업의 쇠퇴와 궤를 같이한다. 1960년대 들어 질산염 광산이 합성 질산염 회사에 밀려 줄줄이 도산하자, 칠레 정부가 개입해 마지막으로 남은 칼리치 회사 두 곳을 국영화했다. 이러한 조치의 배경에는 경제적 이유와 더불어 지정학적 이유가 있었다. 칠레 정부는 아타카마 사막이 방치된다면 볼리비아와 페루가 과거 질산칼륨 전쟁 때 잃었던 영토를 되찾으려 할 것을 우려했다. 결국 1971년 살바도르 아옌데Salvador Allende 정부가 칼리치 산업뿐만 아니라 구리 산업까지 국유화했다. 그러다가 몇 년 뒤에 아우구스토 피노체트Augusto Pinochet의 독재 정부가 SQM을 훌리오 폰체 레루Julio Ponce Lerou에게 매각하면서 민영화되었다. 갑자기 민영화라니 이례적인 조치라는 생각이 들다가도, 폰체 레루가 피노체트의 사위라는 사실을 알면 수긍하게 된다. 민영화의 흑막은 지금도 칠레에서 여전히 논쟁 중이다. 오늘날 SQM은 칠레에서 매우 중요한 회사로 자리매김했고, 폰체 레루는 칠레에서 손꼽히는 부자가 되었기 때문이다.

칼리치에서 얻을 수 있는 것이 질산염만은 아니다. SQM은 요오드 채굴 작업도 병행하고 있다. 요오드는 건강에 매우 중요한 물질로, 부족할 경우 발육이 부진하고 질병에 취약하게 된다. 그만큼 중요한 성분이기 때문에 대다수 나라에서 식염에 요오드를 첨가하도록 하는 법률을 제정했다. 칠레는 인간의 생존과 직결되는 요오드의 세계 최대 생산국 중 한 곳이다.

이제 대부분의 질소는 칠레의 토양이 아니라 하버-보슈 공정에서 생산된다. 오늘날 비료 생산량을 제한하는 유일한 사항은 그 대가로 얼마나 많은 에너지를 투입할 것인가이다. 이는 칠레 아타카마 사막의 바위 대신 대기에서 고정 질소를 풍부하게 공급받으면서 의도치 않게 생긴 결과였다. 지난 반세기 동안 질소 비료는 거의 무제한으로 사용되었기 때문이다.

들판에 질소를 뿌리고 나면 그 절반 정도는 농작물이 아닌 공기와 물 속으로 흘러든다. 땅속으로 스며들었다가 개천과 강으로 흘러들고, 물속에서 수중 생물을 질식시키는 거대한 조류 번식을 일으킨다. 프리츠 하버의 발견으로부터 한 세기가 흐른 지금, 세상은 무제한에 가까운 질산염 공급이 불러온 부작용을 잘 알게 되었다. 농경지가 혹사당해 토질이 나빠졌고, 필수 영양분도 잃고 말았다. 식품과학자들은 많은 국가에서 수확량이 점차 줄어들 것이라고 경고한다. 세계 영양 위기의 해결책이 이제는 토양 위기를 초래하는 것처럼 보인다. 그러던 중 영국 북부의 해안에서 일하던 광부들이 이 사태에 도움이 될 만한 무언가를 발견했다. 그것은 이전까지 많은 양이 발견된 적 없는 마법의 물질이었다. 이미 짐작했겠지만, 이 특별한 물질은 또 다른 소금이다.

소금을 지배하는 자가 세상을 지배한다

노스요크셔주의 볼비, 우리의 소금 이야기는 다시 출발점으로 돌아간다. 볼비는 스티브 셜록이 30년 동안 문명과 소금의 흔적을 찾아서 파헤친 현장 바로 아래에 있다. 스티브와 함께 볼비의 절벽 일대를 돌아다니기 시작한 지 몇 달 뒤, 나는 땅 밑의 셰일층 아래에서 철광석ironstone, 사암sandstone, 이암mudstone, 미사암siltstone, 경석고anhydrite, 백운암dolomite을 발견할 수 있었다. 쥐라기의 지층과 트라이아스기의 지층 상부, 페름기 암석의 지층 아래 쌓인 소금층을 바라보았다.

볼비의 소금층은 약 2억 2000만 년 전 체셔 밑에 있던 바다보다 훨씬 오래된 고대의 바다 제흐슈타인해Zechstein Sea의 산물이다. 이 일대는 영국 북부에서 시작해 북해를 지나 독일과 폴란드의 평원까지 뻗어 있던 제흐슈타인해의 넓고도 얕은 해역의 일부였다. 현대 지리학의 관점에서 생각하면 자칫 오해할 수도 있는데, 당시 볼비는 적도의 바로 북쪽에 있었다. 오늘날 바람이 많이 불고 풀로 뒤덮인 절벽 꼭대기는 사막이었을 것이다. 아타카마 사막이나 사하라의 '거대한 모래 바다'처럼 말이다.

대략 2억 7000만 년 전에서 2억 5000만 년 전 사이에 초대륙 판게
아Pangaea가 서로 분리되기 시작했다. 판이 이동하자 사막으로 바닷물
이 홍수처럼 밀려들었는데, 이런 범람이 한두 번이 아니라 무려 다섯
차례나 있었다. 밀려왔던 바닷물이 다시 밀려 나갈 때마다 수분이 증
발한 자리에 소금이 층층이 쌓였다. 만약 이 과정을 상상하기 어렵다
면, 앞으로 지중해에서도 비슷한 일이 벌어질 수 있다는 점을 생각해
보자. 이것은 내가 지질학의 삭막한 세계에서 드물게 건져 올린 재미있
는 이야기인데, 이 과정이 아주 느리게 진행되는 지질학적 시간이 아니
라 부분적으로는 실시간으로 진행되었기 때문이다.

500만 년 전에서 600만 년 전 사이에 지중해는 대서양과 단절되었
다. 유성이 '거대한 모래 바다'와 충돌한 지 한참 지난 시점이었고, 호
모 사피엔스가 등장하기 훨씬 전의 일이었다. 그 뒤 수십만 년에 걸쳐
서 볼비 지역은 거의 완전히 메말랐고 마치 사해를 거대하게 확대한
듯한 모습이 되었다. 마침내 지브롤터 해협이 다시 열렸고, 대서양의
바닷물이 놀라운 광경을 연출하면서 갑자기 엄청난 해일과 함께 이 건
조 지대로 몰려왔다.

오늘날 이런 현상을 직접 목격할 수는 없지만, 그 유산은 어느 정도
느끼거나 맛볼 수 있다. 지중해의 물이 얼마나 짠지만 봐도 알 수 있다.
보통의 바다는 염도가 35퍼밀에 불과하나 지중해의 염도는 38퍼밀에
달한다. 지질학자들은 유라시아가 아프리카와 계속 충돌하면서 앞으
로 수백만 년 안에 지브롤터 해협이 다시, 그것도 영구적으로 닫히리
라 예상한다. 지중해는 건조 지대로 변해 바다로 존재하지 못하게 될
것이고, 그 결과 고대의 제흐슈타인해와 마찬가지로 지중해 자리에는
소금층이 남을 것이다.[1]

앞에서 살펴봤듯이 소금이 저절로 만들어지는 경우는 거의 없다. 염화나트륨이 하나 이상의 화합물을 동반하지 않는 경우는 드물다. 제흐슈타인해의 바닷물 역시 많은 소금을 포함했다. 오늘날 땅속을 깊게 파고 들어가면 지저분한 암염, 흰색 결정, 주황색의 반투명 돌 등 암염의 무지개 밑에서 다양한 소금을 만나게 된다. 우윳빛이 도는 분홍색 광로석carnallite, 엡솜염Epsom salt을 만들 때 사용되는 황산고토석kieserite, 겔 형태로 만들어서 관절염이나 류머티스열을 치료하는 데 사용하는 염화마그네슘 소금인 비쇼파이트bischofite 같은 소금들이 이 안에 있다. 눈에 띄게 반짝거리는 심홍색 결정층도 있다. 이것은 칼리암염sylvite으로, 탄산칼륨 비료를 만드는 주원료인 염화칼륨이다.

질산칼륨이 농작물의 성장을 돕는 유일한 물질은 아니다. 비료의 성분 중 가장 중요한 요소는 질소이지만, 인과 칼륨도 빼놓을 수 없다. 셋의 머리글자를 따서 NPK라고 부르며, 이를 가리켜 비료의 3요소라고 한다. 이렇게 만든 비료를 온 세상의 들판에 뿌려서 80억 인구를 먹여 살릴 농작물의 성장을 돕는다.

인은 주로 인광석phosphate rock을 채굴해서 얻는다. 인광석은 미국 플로리다주와 아이다호주, 중국, 모로코에 주로 매장되어 있으며, 특히 모로코의 매장량은 전 세계 4분의 3을 차지할 정도이다. 모로코의 인광석은 사하라 서부의 분쟁 지역에 대부분 매장되어 있는데, 카나리아 제도의 해변을 보충하는 데 사용되는 모래와 함께 이 일대의 가장 중요한 수출품이다.

칼륨potassium이라는 이름은 잿물potash에서 유래했다. 볼비의 절벽 지대에서 지하자원을 발견하기 전까지 사람들이 사용하던 방법에서 비롯한 이름이다. 농부들은 나무를 태워 얻은 재를 모아서 가마에 넣고 끓인 뒤 그것을 거르고 증발시켜서 하얗고 짭짤한 물질을 얻었다. 스코틀랜드 고원지대나 섬에서는 해초 켈프를 태워서 탄산칼륨을 얻었다. 이것은 매우 고된 과정으로, 솔베이 공정이 발명되기 전까지 소다회를 힘들게 얻던 과정과 비슷했다.

1930년대, 지질학자들이 유전을 찾겠다고 볼비 일대에 시추공을 뚫기 시작했다. 이때까지만 해도 영국이 전 세계에서 가장 순수한 칼륨염potash salt 광맥 위에 자리 잡고 있다는 사실을 아무도 몰랐다. 독일은 제흐슈타인 분지의 얕은 지층에서 칼리암염을 채굴하면서 유럽 내 생산을 통제했다. 당시 영국에는 이런 물질이 전혀 없었기 때문에 대영제국시대 내내 인도, 캐나다, 심지어 팔레스타인의 사해까지 세계를 돌아다니며 탄산칼륨을 찾아 헤맸다. 그러나 1차 세계대전으로 독일에서 공급을 끊자, 영국은 켈프를 태운 재나 용광로 더스트 등 대체품으로 임기응변해야 했다. 그러다가 북해 덕분에 영국의 석유 독립이 가능해졌다. '클리블랜드 탄산칼륨 광산Cleveland Potash mine'이 볼비에 문을 열면서 영국은 하룻밤 사이에 탄산칼륨 수입국에서 세계적 생산국으로 변모했다.

탄산칼륨 사업은 모호하고 불투명한 사업이다. 석유 카르텔인 석유수출국기국 OPEC이 있는 것과 마찬가지로 탄산칼륨 카르텔이 있는데, 이들은 빅토리아시대의 체셔 소금업자들처럼 흑자를 유지하기 위해 생산량과 가격을 통제하려 한다. 2022년 러시아가 우크라이나를 침공하자 전 세계에서 갑자기 비료 부족 현상이 일어났다. 러시아와 그 동맹국 벨라루스가 전 세계 탄산칼륨 생산량의 4분의 1을 차지하기 때문이다. 러시아와 벨라루스에서도 칼리암염은 땅속에 묻혀버린 옛 바다의 소금층에서 발견된다. 벨라루스의 프리퍄트 분지와 러시아의 솔리캄스크 분지가 대표적인 경우다.

아직도 우리는 광산을 떠나지 못했다

지난 수십 년 동안 클리블랜드 탄산칼륨 광산의 광부들은 수백만 톤의 칼리암염을 캐냈다. 그들은 칼리암염을 더 많이 얻기 위해 갱도에서 뻗어나간 광맥을 따라 더 깊이 들어갔다. 노스요크셔 황무지의 보랏빛 야생화 헤더 아래로 수 킬로미터를, 북해의 넘실거리는 물결 아래로 수 킬로미터를 더 파고들었다. 그러나 해가 가면서 심홍색 소금 광맥들이 점점 자취를 감추어갔다. 마침내 광산업자들은 대부분의 광산에서 탄산칼륨이 고갈되었다는 암울한 결론에 다다랐다.

물론 지하 깊은 곳에 아무것도 남아 있지 않다는 뜻은 아니었다. 칼리암염을 찾아서 깊숙이 터널을 파며 내려간 곳에 암염층이 있었다. 하나의 소금이 다른 소금으로 이끈 것이다. 암염이 볼비의 맞은편 지역인 윈스퍼드 광산에서는 생산량을 늘려주었지만, 그것만으로는 이처럼 깊고 넓은 광산을 유지하는 비용을 충당할 수 없었다.

그러다가 누군가가 아이디어를 내놓았다. 제흐슈타인해를 좀 더 깊게 파고들면 어떨까? 볼비 조사팀은 1930년대 첫 번째 조사에서 오래된 암석 중심부를 끄집어냈다. 칼리암염 지층 바로 밑에는 이전까지 대량으로 발견된 적이 없는 어떤 물질의 층이 있었다. 그 물질의 정체는 폴리할라이트polyhalite였다. 폴리할라이트는 황, 마그네슘, 칼슘을 함유한 단단한 돌로 이루어진 결정인데, 그 이름은 글자 그대로 '많은 소금'이라는 뜻이다. 이제 문제는 하나였다. 과연 폴리할라이트를 채굴할 수 있을까?

볼비 조사팀은 광산을 존속시킬 근거를 찾으면서 폴리할라이트의 성분인 황, 마그네슘, 칼슘에 대해 면밀히 살펴보았다. 모두 토양을 비옥하게 만드는 성분이었다. 그렇다면 폴리할라이트를 땅에다 뿌려보면 어떨까? 폴리할라이트를 태운 재를 가공하고, 칼슘을 빼내서 석고보드를 만들며 몇 년간 실험을 거듭한 끝에 훨씬 간단한 사용법을 발견했다. 폴리할라이트는 덩어리를 갈아서 비료처럼 땅에 뿌리기만 해도 뛰어난 효과를 발휘했다. 곡식, 콩류, 노지 채소, 풀이 더 빨리 자랐고 수확 후에는 더 많은 미네랄을 함유하게 되었다. 또한 작물의 비료 침출량을 줄이고 질소를 더 효율적으로 사용하게 되어 농부들이 더 적은 양으로 밭에 비료를 줄 수 있고, 폐기물이 줄어들어 토양 손상을 줄일 수도 있다. 또한 폴리할라이트는 대부분의 비료처럼 인위적으로 가공하지 않고, 단순히 땅에서 파내어 분쇄해서 판매하기 때문에 유기농 인증을 받을 수도 있었다. 다른 비료(특히 질소 비료)는 제조 시 막대한 에너지가 사용되지만, 그에 비하여 폴리할라이트는 매우 적은 탄소 발자국을 남긴다.

그러나 문제는 아무도 이것을 시도해본 적이 없다는 사실이었다. 폴리할라이트를 취급하는 시장이 존재하지 않았기 때문이다. 탄산칼륨, 석탄, 구리 등 땅에서 파낸 물질 대부분은 수출용이었다. 광물을 정제해서 시장에 내놓으면 거기서 광부의 일은 끝이다. 폴리할라이트는 완전히 새로운 물질은 아니었지만, 그 가치를 알아보고 개발한 사람이 아무도 없었다. 종종 다른 곳에서도 발견되었지만 대개 소량이었다. 예를 들어, 히말라야 핑크솔트의 주성분을 논할 때도 폴리할라이트는 탄산나트륨 뒤에 오는 두 번째 성분이다. 아무도 폴리할라이트를 다뤄

보지 않았기 때문에 관련 공학을 제대로 이해하는 이도 없었다. 예를 들어, 폴리할라이트는 매우 단단하다. "콘크리트 채굴과 다를 바 없어요." 볼비의 어느 기술자가 이렇게 말했다. 기계 앞에 붙은 드릴은 탄산칼륨을 채굴할 때보다 더 빨리 닳았다. 기계들은 바위와 부딪혀 녹초가 되었다. 절대 단순한 작업이 아니었다.

게다가 폴리할라이트는 제흐슈타인해의 밑바닥에 자리 잡고 있으므로 평소보다 더 깊이 채굴해야 한다. 2023년 기준으로 볼비 광산이 유럽에서 가장 깊은 광산이라는 사실은 폴리할라이트 채굴 작업의 어려움을 잘 보여준다(원래는 핀란드의 구리 광산이 더 깊은 광산이었으나 2021년에 문을 닫았다).

볼비 광산에서 가장 깊은 지점은 지하 1.5킬로미터쯤인데, 세계에서 가장 깊은 광산인 남아프리카공화국 음포넹 금광Mponeng Gold Mine이 지하 4킬로미터까지 파고든다는 사실과 비교하면 아무것도 아니다. 음포넹 금광 정도의 깊이에서 암석 온도는 섭씨 66도에 달한다. 볼비 광산의 암석은 섭씨 39도에 불과하지만, 이건 단지 시작일 뿐이다. 다른 것들, 주로 기계와 인간이 온도를 더 높인다. 음포넹 금광에서는 주위 온도를 낮추기 위해 지하로 쇄빙 얼음을 보내지만, 볼비 광산에서는 공기를 움직이는 것이 선풍기밖에 없다.

그 결과 이 광산은 매우 덥다. 지하로 들어가기 전에 내가 작성했던 의료 설문지에는 당뇨병, 협심증, 폐소공포증이 있냐는 통상적인 질문 밑에 이런 질문이 있었다. "당신은 고온에서 땀이 잘 나지 않는 편입니까?" 나는 '아니오'에 체크했다. 아니나 다를까, 우리가 암벽에 도착했을 무렵 나는 땀에 흠뻑 젖어 있었고 다른 사람들도 마찬가지였다.

당시 지상의 기온은 영하에 가까웠고 다음 날 겨울 폭풍이 닥쳐온다는 기상예보도 있었다. 하지만 광산 지하의 온도는 섭씨 40도를 훨씬 넘었고, 광부들은 전원 오렌지색 반바지에 티셔츠를 입고 있었다. 한 광부가 말했다. "이렇게 입고 있으면 머리를 맑게 하는 데 도움이 돼요." 여기 지하에서 광부들은 11시간 30분 단위로 교대했다. 광산 본진에 다다르자 나는 굴착 작업 중인 기계를 알아볼 수 있었다. 이 기계는 체셔에서 보았던 것과 약간 달랐고, 먹잇감을 덮치기 직전에 웅크리고 있는 공룡처럼 보였다. 작업자는 컨트롤러를 움직여서 기계를 암벽에서 약간 떨어지게 했다. 기계가 뒤로 물러선 뒤, 우리는 그 밑으로 들어가 거대한 턱을 살펴보았다.

"나는 이 부분을 분노의 끝이라고 불러요." 한 광부가 회전 중인 원통의 이빨을 가리키며 말했다. "이것들은 분당 약 180미터를 회전합니다. 살과 뼈요? 여기에 걸리면 다진 고기가 될 거예요. 솔직히 말해서, 이 기계가 작동하는 동안 당신이 방해된다면, 거기에 있던 흔적조차 남지 않고 사라지게 할 수 있습니다."

나는 드릴 날 하나를 건네받았다. 그것은 무겁고 매우 뜨거웠는데, 방금까지 암벽을 뚫느라 생긴 마찰열 때문이리라 잠시 추측했다. 그러다가 곧 주위 온도가 더웠기 때문이라는 사실을 깨달았다. 어느 광부의 말처럼, 여기는 그래도 광산 내 다른 곳보다 시원한 편이었다. 몇 년 전까지 채굴 작업을 했던 남쪽 끝은 평균 온도가 섭씨 50도로 여기보다 더 더웠다고 한다.

광부들 중 한 명이 말했다. "광산 남쪽은 정말 끔찍했어요. 그 앞에 가면 강력한 선풍기 바람이 불어서 잠깐 시원합니다. 그러다가 30초가 지나가면 온몸이 뜨거워지면서 선풍기가 오히려 공기를 빼앗는다는 사실을 깨닫게 되죠."

어쩌면 당신은 이런 작업 환경에서 일하는 사람들이 영국에 아직도 있다는 사실을 알지 못했을 것이다. 나도 그랬다. 중국 광산이나 남아프리카공화국의 음포넹 금광이 매우 위험하다는 이야기는 들은 적이 있었다. 특히 음포넹 광산은 들어갔다가 나오는 과정이 너무 힘들어서 몇몇 광부들이 그 지하 깊은 곳에서 불법으로 계속 머무르다가 피부가 회색이 되고 몰골이 유령처럼 되었다고 한다. 그에 비하면 볼비 광산의 작업 환경은 사치스럽다고 할 수 있을 정도이다. 예전에 볼비 주변에 있었던 탄광이나 철광석 광산은 작업 환경이 더욱 열악했다. 광부들은 종종 생매장을 당하거나 폭발 사고로 죽었다. 진폐증으로 젊은 나이에 세상을 떠난 이들도 있다. 그렇지만 아직도 우리는 광산을 떠나지 못하고 암석을 갈아내고 있다. 우리에게 연료를 공급하고 사람들을 먹여 살릴 광물을 찾아서 말이다.

세상에서 가장 특별한 실험실

볼비 광산의 터널은 체셔의 시원하고 넓은 동굴과 전혀 달랐다. 천장이 훨씬 낮았는데, 머리 위 수천 톤의 돌과 흙에 짓눌린 광부들은 거의 주저앉은 상태로 기다시피 천천히 걸어갔다. 천장에는 철근이 있었지만, 불안하게도 천장을 실제로 고정하는 것은 강철과 소금 사이에 젠가 게임처럼 얼기설기 쌓여 있는 나무 기둥들이었다.

"소금은 플라스틱과 비슷해요. 시간이 지나면 소금은 흘러갈 겁니다. 바라건대, 오랜 시간에 걸쳐서 말이죠." 가이드를 담당한 스티브 쇼Steve Shaw가 말했다. 나무 기둥들을 불안한 눈으로 쳐다보는 나를 안심시키려고 그런 말을 한 것이다. 그러나 세월이 흐르면서 이 터널이 찌그러져 승강기, 자동차, 온갖 장비를 모두 삼켜버리고 아무것도 남지 않으리라는 이야기는 소화하는 데 좀 시간이 걸렸다. 그도 그럴 것이 지하 1,000미터 깊이에 내려와 있었으니 말이다.

현재 60대의 나이인 스티브는 1970년대부터 이곳에서 일했다. 당시 볼비 광산은 영국 화학 산업의 기반을 장악했던 ICI가 소유하고 있었다. 그는 약간 찡그린 얼굴에 하얀 턱수염을 기르고 있어서 광부라기보다는 어부처럼 보였다. 실제로 그의 아버지와 할아버지는 이곳 해안가에서 게와 새우를 잡던 어부였다. 스티브 또한 해안가에서 일했지만 그의 일터는 해상이 아니라 한참 지하로 들어간 해저에 있었다. 이 광산의 터널은 북해 아래 수 킬로미터에 이르는 소금 광맥을 따라 볼비의 갱도에서 덩굴손처럼 사방으로 뻗어나가기 때문이다.

광산 본진으로 향하는 나의 여정은 1초에 7미터씩 내려가는 지하 승강기를 무려 7분 동안 타고 내려가면서 시작되었다. 갱도 밑바닥에 도착해서는 낡은 트럭을 타고서 움직였는데 한참 동안 움직이지 않는 것처럼 보였다. 트럭 엔진은 쿨럭거리면서 그르렁거리는 소리를 멈추지 않았다. 이 지하 광산은 어디를 가든 소금 가루가 빽빽이 들어차 있었다. 윈스퍼드의 공기에 달라붙어 있던 안개의 고약한 변종이었으나 그보다 더 회색이고 지저분했다.

승강기에는 우리 일행과 광부들 외에 학생 단체 관람객이 있었는데, 나보다 이곳에 더 어울리지 않는 사람들 같았다. 학생들은 세상에서 가장 특별한 과학의 중심지 중 한 곳을 견학하고 있었다. 볼비 광산의 오래된 폐터널에는 이곳에서만 가능한 실험을 하기 위해 전 세계 과학자들이 찾아오는 실험실이 있다. 어떤 실험실에서는 다음과 같은 주제의 연구를 한다. 만약 지구의 깊은 땅속 소금층에서 생명이 살 수 있다면, 화성의 표면 아래에서도 같은 일이 가능하지 않을까? 소금 속에서 외계 생명체의 첫 단서들을 발견할 수 있을지도 모를 일이다. 다른 실험실에서는 암흑 물질을 찾아내는 실험을 했다. 지표면에서는 방사선과 우주선의 방해 때문에 할 수 없는 실험이었다.

"암흑 물질은……." 스티브가 아득한 눈빛으로 말했다. "그건 뭔가 다른 문제죠. 그들은 아직 암흑 물질을 발견하지 못했어요."

우리는 터널들을 따라 현재 작업 중인 암벽 쪽으로 다가갔다. 점점 더 깊고 무더워졌다. 천장에는 전화선과 전깃줄, 낮은 파이프들이 걸려 있었고 지진을 감지하는 센서들도 달려 있었다. 이 센서는 지표면의 미세한 움직임을 포착할 수 있는데, 지구 반대편의 지진도 감지할 정도로 민감하다고 한다. 우리는 잿빛 소금 가루가 가득한 특색 없는 통로를 지나, 요란하게 돌아가는 환풍기, 산소가 광산에서 빠져나가지 못하게 막는 에어로크를 통과했다. 주위는 온통 어둠뿐이었고 안전한 피난처를 알려주는 어두컴컴한 초록 불빛이 이따금 보였다. 이 피난처는 낙반 사고나 가스 누출 같은 비상사태가 발생하면 피난할 수 있는 에어타이트룸으로 되어 있었다.

광산의 가장 상부에 도착했을 때 나는 암벽 바로 뒤에 가스 포켓이 있을 수 있다는 경고를 들었다. 가스 포켓은 수억 년 전 지하에 갇혀서 압축된 유기물의 잔해인데, 이따금 느닷없이 아주 강력한 폭발을 일으켜 사람들의 머리 위로 수백 톤의 돌과 중장비가 굴러떨어진다고 했다. 몇 년 전, 이곳에서 작업하던 광부 한 명이 가스 포켓 폭발 사고로 목숨을 잃었다.

스티브가 바닥에서 회색빛 돌덩어리를 집어서 내게 건넸다. 폴리할라이트였다. 처음에는 좀 실망스러웠다. 고대 바다의 조각이 여느 돌과 다를 바 없어 보였기 때문이다. 그러다가 스티브가 안전모의 헤드랜턴을 돌에 비추니 갑자기 표면이 변하면서 속이 살짝 비치기 시작했다. 이런 반투명 암석을 과연 광석이라고 부를 수 있을지 고민이 되었다. 일반적인 광석은 가공 과정을 필요로 하기 때문이다. 금을 채굴할 때 금광석의 99.99퍼센트 이상이 폐기되는 것에 반해, 폴리할라이트는 암석 1톤이 곧 제품 1톤이 된다. 여기에 견줄 수 있는 유일한 광물은 물론 소금뿐이다.

누가 바닷가재들을 죽였는가

우리는 암벽에서 지상으로 돌아오는 긴 여정을 시작했다. 트럭이 폴리할라이트층에서 암염층으로 올라오자 열기가 서서히 줄었다. 다시 승강기를 탔을 때는 땀이 완전히 말라 있었다. 그렇게 지표면에 도달했더니 기온이 영하에 가까웠다. 때는 12월 초, 겨울 폭풍 바라가 영국 북부를 강타하고 있었다. 갑자기 기이하다는 생각이 들었다. 이 순간에도 광부들은 대부분의 사람들이 이름을 들어본 적조차 없는 돌을 캐내기 위해 사막보다 더 무더운 북해의 지하 깊숙한 곳에서 땀을 흘리고 있었다.

시간이 흐르면 아마 이 풍경도 바뀔 것이다. 볼비 광산이 탄산칼륨 광산에서 폴리할라이트 광산으로 바뀐 뒤, 이곳에서 나온 암석들은 작은 알갱이들로 분쇄되어 전 세계로 팔려나간다. 볼비의 폴리할라이트는 이제 중국, 브라질, 미국, 그리고 유럽 전역의 땅에 뿌려진다. 오늘날 폴리할라이트 암석은 윔블던 테니스코트를 비옥하게 만드는 데 사용된다. 이 무명의 광물은 농업 분야에서 가장 흥미로운 새 광물로 떠오르는 중이고, 이를 찾아서 일종의 골드러시가 재현되고 있다. 한때 볼비에서 ICI와 함께 탄산칼륨을 채굴했던 광산회사 앵글로아메리칸 Anglo-American은 그 근처의 다른 곳에 폴리할라이트 채굴권을 가진 회사 시리우스Sirius를 인수해 대담한 계획을 세웠다.

앵글로아메리칸의 새로운 광산은 국립공원 한가운데에 있다. 게다가 광산 설립 시 대규모 가공 시설과 함께 완성품을 인근 항구로 운송할 물류까지 세워야 하므로, 횟비 근처의 광산 갱도부터 티스사이드 부두까지 37킬로미터에 달하는 지하 터널을 굴착하는 중이다. 암석 덩어리들은 광산에서 채굴된 다음 이 터널로 운반되어 가공을 마치고 선적될 것이다. 이 터널이 완공되면 영국과 프랑스를 잇는 채널 터널에 이어 영국에서 두 번째로 긴 터널이 된다. 이 광산의 기대 수명은 100년이다. 일단 완공되면 이곳은 볼비보다 더 깊은 지하 광산이 될 것이고, 이곳에서 생산되는 제흐슈타인 폴리할라이트는 영국의 가장 큰 수출 광물 중 하나로 자리매김할 것이다.

앵글로아메리칸이 거대한 갱도를 세우는 현장에 가 보면 지표면에는 그다지 눈에 띄는 것이 없다. 하지만 이 점이 되레 중요하다. 이곳에는 우드스미스 광산Woodsmith Mine이라는 이름이 붙을 예정인데, 역사상 가장 조심스럽고 환경친화적인 광산이 되리라 기대받고 있다. 현장에서 초창기부터 일해 온 얼스터 주민 모리스 랭킨Maurice Rankin은 이곳에서 가장 깊숙한 지하로 나를 데려갔으나 아직 공사 중이라 그런지 그리 깊지는 않았다. 우리는 지하 100미터 지점에서 머리 위의 구름을 올려다보았다. 이어서 바다로 향하는 터널길을 따라가면서 야생화로 뒤덮인 황무지를 차로 가로질렀다. 그러는 사이에 우리는, 그리고 이 터널은 아주 오랜 전통을 답습하고 있었다. 이 길은 고대인들이 석탄과 철광석, 소금을 운반하는 데 사용한 경로였다.

모리스와 나는 티스사이드 부두에 도착하여 윗비의 새 광산으로 내려가는 터널 입구 근처에 섰다. 앵글로아메리칸이 폴리할라이트를 가공하여 선적할 윌턴 부지는 과거에 ICI의 주요 화학공장들이 있던 자리였다. 한때 이곳은 영국 화학 산업의 심장부였다. 지하에서 공장으로 끌어올린 소금물은 소금으로 가공되거나 화학 산업의 공급망에 투입되었다. 빌링엄의 티스강 맞은편에는 ICI의 하버-보슈 공장이 있었다. ICI는 이 공장에서 암모니아를 가공하여 전시에는 폭약을, 평화 시에는 비료를 만들었다. 이 공장은 올더스 헉슬리Aldous Huxley의 소설 《멋진 신세계》 속 디스토피아에 영감을 주었을 정도로 웅장한 위용을 자랑했다. 해안가에는 오랫동안 레드카 제철소Redcar Steelworks가 자리 잡고 있었는데, 몇 년 전에 문을 닫은 뒤 영국 탄소 포집의 중심지로 재개발되는 중이다. 이곳에 새로 공장을 세우는 회사들도 있다. 어떤 회사는 탄자니아에서 희토류를 채굴해 이곳에서 가공할 계획이다. 리튬 정제 공장을 세우려는 회사도 있다. 왜 여기일까? 오랫동안 이 지역에 화학 산업의 전통이 이어져 내려왔기 때문이다. 소금의 유산은 아직도 위력을 발휘한다.

물질 세계의 특징 중 하나는 어디서도 사람들의 모습이 잘 보이지 않는다는 점이다. 영국의 정제 공장이든, 실리콘 웨이퍼를 반도체 칩으로 가공하는 대만의 불 꺼진 반도체 공장이든 모두 마찬가지다. 이곳의 노동자 대부분은 높은 통제탑에서 스크린을 응시한다. 그 때문에 지상에서 어떤 현장이 가동 중이고 어떤 현장이 폐쇄되었는지 구분하기가 꽤 어려웠다. 우리는 차를 몰고 가면서 낡은 가스 저장 탱크와 오염으로 폐기된 공장 터를 지나쳤는데, 지하에 매장된 유독성 폐기물을 건드릴까 봐 건물을 지을 수 없는 곳들이었다. 앵글로아메리칸의 계획이 전부 실현된다면 티스사이드 부두는 곧 폴리할라이트 수출선들로 북적거릴 것이다. 영국이 전 세계를 먹여 살리기 시작하는 것이다.

"참 재밌는 일이죠." 모리스가 말했다. "여기는 산업 현장입니다. 그런데도 올 때마다 사슴과 온갖 야생동물을 만나요." 그의 말을 증명이라도 하듯이 커다란 산토끼가 도로를 가로질러 지나갔다. 우리는 차에서 내렸고 나는 토끼의 사진을 찍었다. 토끼는 석탄 더미, 그리고 북해에서 가스를 가져오는 파이프 앞의 풀밭에서 햇볕을 쬐고 있었다. 길 건너편에는 옛 화학공장들이 티스강으로 오수를 흘려보내던 수로가 있었다.

모리스가 말했다. "한때 영국에서 가장 오염된 강이었다고 합니다." 커다란 파이프 배출구에서 물이 흘러나왔다. 깨끗한 물처럼 보였지만, 거품이 인 폐수가 급류를 일으키며 바다로 흘러가는 중이라고 상상하기란 그리 어렵지 않았다.

우리가 방문했을 무렵 이곳에서는 새로운 비극이 벌어지고 있었다. 해안을 따라 남쪽으로 48킬로미터에 달하는 구간에서 해양 생물의 대규모 폐사 사건이 발생한 것이다. 휫비와 볼비 해변에 묵시록의 장면이 재현되었다. 수천 마리의 게와 바닷가재가 죽어가고 있었다. 정부 측 과학자들이 내놓은 최초 보고서에는 녹조 현상이 해양 서식지를 덮치는 바람에 바다생물들이 질식사했다고 쓰여 있었다. 하지만 환경운동가들의 생각은 달랐다. 리튬과 폴리할라이트를 수출할 자유항 건설을 앞두고 강바닥을 지나치게 준설한 탓이라는 것이다. 일부 과학자는 피리딘pyridine 같은 물질을 오염원으로 지목했다. 티스사이드 공장들의 파이프에서 콸콸 흘러나온 오염 물질들이 조수와 함께 흘러갔다는 주장이었다.

주 정부가 이 지역을 가장 낙후한 오염 지대로 만들었던 악마들을 지역 경제를 활성화한다는 명목으로 다시 깨운 것일까? 아니면 이 참사는 그저 우연의 일치일까? 이런 논쟁은 대규모 공장 건설을 둘러싸고 으레 환경운동가들이 목소리를 높이는 식의 반대를 위한 반대일까? 나는 모리스와 함께 해안가에 서서 바다로 쏟아져 흘러드는 그 물을 응시했다. 갑자기 물개 한 마리가 물 밖으로 고개를 내밀더니 우리를 빤히 쳐다보았다. 사진을 찍으려 하자 물개는 어느새 사라져버렸다.

물질 세계를 깊숙이 파고들수록 그 반향은 점점 더 커진다. 이 책을 읽는 동안에도 여러분과 그리 멀지 않은 곳에 있는 클로르알칼리 공장에서 웅웅 소리를 내며 기계들이 돌아가고, 소금물을 화학 혼합물로 탈바꿈시키고 있다. 여기에 가성소다caustic soda가 있다. 목재를 펄프로 만드는 데 필요한 부식성 화학물질인 가성소다가 없다면 종이도 없다. 여기에 염화수소가 있다. 염화수소가 없으면 태양광 패널도, 실리콘 칩도 없다(염화수소가 지멘스 공정에서 맡는 역할을 기억하라). 여기에 염소가 있다. 염소는 우리가 사용하는 물을 정화한다.

인간의 주요한 특징이 한 물질을 다른 물질로 바꾸려는 의지라고 한다면, 이때 소금은 가장 중요한 도구 중 하나이다. 전기분해 공장 근처에는 소금물을 소다회로 바꾸는 또 다른 공장이 있는데, 소다회는 모래를 녹여서 유리를 만드는 융제로 사용된다. 어떤 곳에서는 치즈 장인들이 소금물에 치즈를 담가서 단단하고 짭짤하게 만든다. 현대의 요리사들은 바닷물을 증발시켜서 얻은 가루를 음식에 뿌리는데, 이는 수천 년 전에 볼비 절벽 지대에서 살던 사람들과 같은 사용법이다.

이런 말을 종종 들어봤을 것이다. 자라지 않는다면 캐라! 그렇지만 소금은 자라는 것을 돕기 위해 캐는 물질이다. 농작물에 필요한 비료를 제공하고, 약품을 제조하기 위한 원료로 사용된다. 물론 오늘날에는 다양한 화학물질이 존재한다. 앞으로 살펴보겠지만, 최근의 화학 산업은 석유와 가스로부터 증류하고 정제하여 얻은 것에 지배당한다. 그럼에도 우리가 계속해서 소금길을 걷는 데는 이유가 있다. 많은 화학공장과 제약 공장이 여전히 암염층 위에 자리 잡은 것도 그럴 만한 이유가 있다. 고대 중국의 《염철론》이 여전히 유효한 데도 이유가 있다. 역사의 대부분의 시간 동안 소금을 지배한 자가 곧 세상을 지배했기 때문이다.

PART 3

철

인간 사회를 구성하는 뼈대

7장

강철 전쟁

철이 없으면 나라도 없다

2022년 2월 24일 우크라이나 마리우폴, 아조우스탈 제철소Azovstal Iron and Steel Works의 총지배인 엔베르 츠키티슈빌리Enver Tskitishvili는 되도록 피하고 싶던 지시를 내려야만 했다.

바로 그날 새벽, 러시아 포병대가 도시에 폭격을 가하기 시작했다. 전쟁에서 가장 필사적이 되는 공성전이 될 공격이 시작되고 있었다. 다음 날 러시아군은 인근 해안에 상륙하고 동쪽에서는 탱크와 보병이 밀고 들어오는 등 더욱 거센 공격을 퍼부었다. 그 후 몇 주간 수만 명의 사상자가 나오고 도시 전체가 파괴되었는데, 그러는 와중에 아조우스탈 제철소는 우크라이나 저항군의 중심지가 되었다. 하지만 이 모든 일이 벌어지기 전, 츠키티슈빌리에게는 반드시 해내야 할 긴급하고도 내키지 않는 일이 있었다.[1]

츠키티슈빌리는 조지아 출신으로, 부드러운 말투를 사용하는 중년 신사이다. 두꺼운 뿔테 안경을 쓰고 백발을 짧게 깎은 이 신사는 승진을 거듭하면서 점점 더 큰 공장을 관리하다가 마침내 지금의 자리에 올랐다. 아조우스탈 제철소는 전설적인 명성을 가진 곳인데, 2차 세계대전 당시의 일로 그 이름이 더 유명해졌다.

당시 우크라이나는 세계에서 손꼽을 정도로 빠르게 성장 중인 제철 강국이었는데, 아돌프 히틀러Adolf Hitler가 이 사실을 놓칠 리 없었다. 1941년 히틀러가 침공했을 때, 그는 특히 우크라이나의 풍부한 천연자원에 눈독 들였다. 우크라이나 동부에는 철과 석탄이 풍부하게 매장되어 있을 뿐만 아니라 대규모 망간 매장지인 니코폴도 있었다. 망간은 강력한 강합금steel alloy을 만드는 핵심 재료였다.

독일군은 우크라이나 영토로 밀고 들어간 뒤, 우크라이나 침공이 실은 꽤 쉬운 일이었다는 사실을 깨달았다. 하지만 문제는 그다음이었다. 나치 돌격대가 마리우폴에 접근하니, 지역 주민들이 아조우스탈 제철소를 무용지물로 만들기 위해 해체 중인 모습이 보였다. 나치가 제철소를 다시 가동하려고 하자 노동자들이 은밀하게 사보타주를 벌였다. 시설에 불을 지르는가 하면 '우연'을 가장한 폭발 사고를 일으켜 용광로를 못 쓰게 만들어 생산을 방해했다.

나치의 점령은 너무나 큰 시련이었다. 1943년 독일군은 마리우폴에서 철수하면서 아조우스탈 제철소를 복구할 수 없도록 완전히 해체해 버렸다. 한때 콘크리트 저장고와 창고가 위풍당당하게 서 있던 자리에는 앙상한 뼈대만 남았다. 그러나 그로부터 1년도 채 되지 않아 용광로는 다시 가동되었다. 1945년 무렵에는 전쟁 전의 생산량에 근접했다. 아조우스탈 제철소는 이런 곳이었고, 마리우폴 시민들은 이런 사람들이었다.

소비에트 시대와 탈냉전 시대를 거치면서 마리우폴, 그리고 두 개의 제철소(북부의 일리치와 남부의 아조우스탈)는 물질 세계에서 중요한 공급원이 되었다.

세상 모든 것이 강철로 만들어지진 않지만, 세상의 거의 모든 것이 강철로 제작한 기계로 만들어진다. 부유한 선진국에서는 이런 생각을 좀처럼 하지 않는다. 철강업은 지저분하고 에너지 집약적인 산업이기 때문에 선진국에서는 제철소를 폐쇄하고 국내 생산을 줄이는 추세이며, 탄소 배출이 덜 문제시되는 나라에서 완제품을 수입한다. 그들은 방열복을 입은 노동자들이 뜨거운 쇳물을 용광로에 집어넣는 사진을 보면서 철강업은 이제 과거의 일이라고들 말한다.

그러나 우리가 철과 강철(철과 탄소의 합금)을 얼마나 많이 사용하고 있는지 살펴보면 얼마나 말도 안 되는 생각인지 금방 알 수 있다. 철과 강철은 세상의 거의 모든 금속을 구성하는 물질이므로 '궁극적인 금속'이라 할 수 있다. 금속의 본질을 잠시 생각해보자. 콘크리트와 돌은 금이 가거나 부서지기 쉬운 반면, 금속의 원자 구조는 신축성과 단단함을 동시에 지니고 있다. 철과 강철을 주조하고 망치질하여 다양한 형태로 가공할 수 있는데, 무엇보다도 중요한 것은 도구로 만들 수 있다는 점이다.

만약 인간이라는 존재가 서로 협력하고 도구를 사용하는 능력으로 정의된다면, 철과 강철은 우리를 인간답게 만들어주는 핵심이다. 모래가 세상을 직조하는 실이고, 소금이 세상을 변형하는 마법의 재료라면, 철은 우리가 무언가를 할 수 있게끔 만든다. 장소를 이동하는 일, 건물을 짓는 일, 상품을 만드는 일, (이건 문제지만) 서로를 죽이는 일을 가능하게 한다. 철과 강철은 이 모든 일을 아우르는 공통 맥락 속에 있다.

철은 인류가 최초로 제련한 금속이 아니다(이에 대해서는 뒤에서 더 자세히 다룬다). 그러나 오늘날 철은 인간이 생산하거나 사용하는 금속 중 약 95퍼센트를 차지하는 전형적인 금속이다. 실제로 우리 삶에 매우 핵심적인 물질이므로 GDP처럼 생활 수준을 측정하는 좋은 척도이기도 하다.[2]

만약 당신이 선진국에 살고 있다면, 평생 동안 약 15톤의 강철을 소비하게 될 것이다. 강철은 콘크리트로 감싸이거나 플라스틱 아래에 숨어서 종종 우리의 시야를 벗어난다. 이 수치는 도시화 정도, 화력발전 또는 수력발전 의존도에 따라 국가마다 달라진다. 인구 밀도가 높은 주거 지역은 제곱미터당 더 많은 강철을 소비하는 경향이 있다. 그리고 댐을 만드는 강화 콘크리트에도 강철이 많이 사용된다. 우리에게 필요한 자동차, 주택, 병원과 학교, 사무실에서 쓰는 클립과 군인의 무기에도 강철이 사용된다.[3]

철은 우리 사회의 뼈대이다. 다리와 건물을 짓고, 강화 콘크리트를 만들고, 자동차를 생산하고, 데이터센터를 건설한다. 인류는 이미 수천 년 전에 철로 도구와 장비를 만들었는데 그건 오늘날에도 마찬가지다. 고속철도가 다니는 철길, 실리콘 칩에 패턴을 식각하는 첨단기계의 프레임도 철로 만들어진다. 철만큼 강도, 내구성, 가용성을 모두 갖춘 유용한 금속은 없다.

먼저 철의 가용성에 대해 살펴보자. 물질의 세계에서는 물질 자체의 탁월한 성질만으로는 충분치 않으며, 생산과 보급까지 확실해야 한다. 이 책을 여기까지 읽은 독자라면 이 점을 잘 알고 있을 것이다. 이 물질들은 우리 일상 곳곳에 닿아 있으므로 매우 중요하다.

실제로 철은 어디에나 존재한다. 심지어 우리 몸을 흐르는 적혈구 속에도 있다. 지구의 핵을 구성하는 주요 원소이고, 지각을 구성하는 두 번째로 많은 원소이다(알루미늄이 지각의 8퍼센트, 철이 5퍼센트이다).

해마다 지표면을 파고 폭파해서 퍼올리는 물질들의 순위를 살펴보자. 모래와 자갈이 430억 톤, 석유와 가스가 81억 톤, 석탄이 77억 톤, 철 광석이 31억 톤이다. 다른 물질과 마찬가지로, 철에 대한 욕구는 줄어들 기미를 보이지 않는다. 팬데믹 사태로 2020년에는 잠깐 하락했었으나 2021년 전 세계 철광석 생산량은 사상 최고치를 기록했다.[4]

철과 강철은 어떻게 다를까

대부분의 철은 강철steel로 가공된다. 강철이라는 이름이 붙긴 했지만, 본질적으로는 단순히 철의 여러 종류 중 하나일 뿐이다. 철의 종류를 판가름하는 단서는 탄소 함량이다. 철이라는 스펙트럼의 한 극단에는 주철cast iron 혹은 선철pig iron이 있다. 선철의 영문명 '피그 아이언'은 쇳물을 거푸집에 붓는 모양이 어미의 젖을 먹고 있는 새끼 돼지들을 닮아서 붙은 이름이다. 선철은 탄소 함량이 약 3~4퍼센트로, 부서지기 쉬운 금속이다. 철 스펙트럼의 반대쪽 극단에는 연철wrought iron이 있다. 연철은 망치로 두드려서 펼 수 있을 정도로 부드러운 성질을 갖고 있으며, 극소량의 탄소를 함유한 매우 순수한 금속이다. 선철과 연철의 중간에는 강철이 있다. 강철은 일반적으로 2퍼센트 미만의 탄소 함량을 보인다. 아조우스탈 제철소에서 생산하기도 했던 연강mild steel은 대부분 탄소 함량이 1퍼센트 미만이다.

이제 우리는 재료과학의 경이로움 덕분에 탄소 함량의 미세한 차이가 어떻게 그토록 커다란 차이를 만들어내는지 잘 안다. 강철의 경우, 탄소 원자들이 철 원자들 사이에 가지런히 자리 잡아서 단단하고도 요지부동인 격자를 만든다. 탄소가 너무 많으면 격자 구조가 불완전해서 금속이 쉽게 부서진다. 주철이 그런 경우다. 반대로 탄소가 너무 적으면 큰 저항 없이도 철 원자들이 서로 미끄러질 수 있다. 연철의 경우 그렇다. 일반적인 상식과 다르게, 철은 '거의' 순수해야지 '완전히' 순수해서는 안 된다.

하지만 비교적 최근까지도 이 원리를 이해하는 사람이 아무도 없었다. 장인들이 세대를 거쳐 기술을 전수하면서 때로는 자신만의 노하우를 추가하기도 했지만, 철공의 역사가 시행착오로 가득한 데는 이런 이유가 있다. 볼품없는 주철을 두드려서 강력한 강철검을 만들 줄 아는 훌륭한 장인은 어느 왕국에서나 귀중한 대우를 받았다. 지금의 우리는 철을 두드리면 탄소를 제거할 수 있다는 사실을 알고 있지만 말이다. 실제로 훌륭한 장인이 있고 없고는 때로 전쟁에서 승리와 패배를 결정지을 정도로 영향력이 컸다. 고대 히타이트족은 금속 세공으로 명성이 자자했고, 일본 교토의 일본도 장인과 시리아 다마스쿠스의 무기 장인도 유명했다. 특히 다마스쿠스 검은 매우 미세한 강철 결정을 갖고 있어서 오늘날까지도 이 검의 복제법을 알아내지 못했다.*[5]

19세기 중반 헨리 베서머Henry Bessemer는 전로轉爐, converter를 이용해 강철을 대량생산하는 제강법을 고안했는데, 용해된 철에 공기를 불어넣어서 탄소 등 불순물을 제거하는 방법이었다(그의 이름을 따 베서머 제강법이라고 한다—옮긴이). 이 방법을 사용한 좋은 예가 파리의 에펠탑

---

* 예부터 전해지던 철과 강철의 제작법 중에는 아주 괴이한 내용도 있었다. 11세기 문헌에 나오는 철을 담금질하는 법(강도를 높이는 법)은 이러하다. "세 살짜리 흑염소 한 마리를 구해서 사흘간 실내에 가두어 놓고 먹을 것을 주지 마라. 나흘째 되는 날, 고사리 말고는 아무것도 주지 마라. (…) 바닥에 구멍이 뚫린 통 안에 흑염소를 가두고 그 밑에 튼튼한 용기를 받쳐서 소변을 모아라. 이런 식으로 2~3일 밤 동안 소변을 충분히 채취하고 통을 정리한 뒤, 그 소변에 당신의 도구를 담금질하라. 철제 도구들은 그냥 물보다 붉은 머리를 가진 어린 소년의 소변에 담금질하면 더 단단해진다."

과 스코틀랜드의 포스교다. 둘 다 1889년에 완공되면서 당시 기준으로 에펠탑은 세계에서 가장 높은 구조물로, 포스교는 세계에서 가장 긴 캔틸레버cantilever 구조를 사용한 다리로 신기록을 세웠다. 다른 공통점도 있다. 두 구조물 모두 부식을 막기 위해 주기적으로 철제 프레임을 페인트칠해주어야 했다.

차이점도 있다. 포스교는 강철을 사용했지만, 에펠탑은 연철로 만들어졌다. 베서머 강철이 나온 지 이미 수십 년이 지났는데도 건축가 귀스타브 에펠Gustave Eiffel은 강철을 믿지 못했다. 그 결과 에펠탑은 강철로 만들었을 때보다 더 짧은 기간 동안 훨씬 많은 철을 사용해야 했다. 에펠탑은 현재도 높은 편에 속하지만 강철을 사용했다면 지금보다 더 높이 올릴 수 있었다. 실제로 포스교의 주요 구조물 안에는 에펠탑 여섯 개가 너끈히 들어갈 정도다.[*]

그 후 점차 순철pure iron이 강철에 자리를 내주게 되었다. 강철로 만든 철도는 일반 철로 만든 것보다 더 오래갔다. 강철로 만든 철근 덕분에 엔지니어들은 더 넓은 간격의 다리를 만들 수 있었다.

이것들은 일견 사소한 진보처럼 보이지만, 혁명적 결과를 몰고 왔다. 그 결과를 명확하게 확인하고 싶다면, 가장 평범한 도구 중 하나인 쟁기를 살펴보라. 인류 문명사는 대부분 식량 이야기와 이어진다. 인구를 증가시킬 능력, 일하고 번영을 누릴 능력, 단조롭거나 고된 육체노동으로부터 스스로를 해방할 능력은 농사일을 하지 않고도 자신을 먹여

---

[*] 흥미롭게도, 연철을 사용하겠다는 에펠의 결정에는 비용을 넘어서는 이점이 하나 있었다. 일반적으로 연철은 강철보다 훨씬 느리게 녹슬기 때문에 에펠탑이 포스교보다 부식에 강했다. 그런데도 이 글을 쓰고 있는 현재 프랑스 언론들은 에펠탑의 철제 빔 부식에 대하여 우려의 목소리를 내고 있다. 사실 이것은 연철 때문이라기보다는 수년간 페인트칠을 부실하게 해온 결과로 추측된다.

살릴 수 있는 능력에 달렸다. 노동 시간당 더 많은 식량을 생산할수록 밭에서 일해야 하는 사람은 더 적어지고 다른 일을 추구할 수 있는 사람은 더 많아진다. 이른바 '현대식 생활'이라는 것도 대부분 여러 해에 걸친 농업의 점진적 진보에 의존한다. 그중 일부는 재배 기술의 향상으로 설명된다. 앞에서 살펴본 비료 개발도 여기에 일조했다. 또한, 빼놓을 수 없는 것이 도구의 개량이다.

그중에서도 쟁기만큼 중요한 도구가 없다. 좋은 쟁기는 씨를 뿌릴 땅을 준비하고, 겉흙을 부수고, 잡초를 뿌리째 뽑고, 괜찮은 못자리를 제공하도록 돕는다. 쟁기에 볏을 장착한 변화가 특히 중요하다. 쟁기의 술바닥에 끼운 넓적한 삽 모양의 쇳조각이 보습이고, 보습 뒤쪽에 비스듬하게 덧댄 쇳조각이 볏이다. 보습이 흙을 잘게 갈면 볏이 그 흙을 한쪽으로 뒤집는다. 역사의 상당 시간 농부들은 나무 막대기로 쟁기질했다. 그러다가 마침내 나무 끝에 금속을 붙였고, 19세기 초에 이르러서는 볏을 단 주철 쟁기가 목제 쟁기의 자리를 대체했다. 이것은 획기적인 변화였다. 철이 나무보다 훨씬 단단하므로 1헥타르(약 3,000평)의 땅을 쟁기질하는 데 걸리는 시간이 20시간에서 15시간으로 줄었다.

그러나 강철 쟁기는 한 걸음 더 나아가 주철 쟁기가 갈 수 없었던 바위땅을 뚫고 들어갔다. 유지 관리도 덜 필요했다. 강철 쟁기를 최초로 대량생산한 존 디어John Deere의 이름은 이후 농기구 사업 어디서나 볼 수 있게 되었다. 존 디어는 강철 쟁기가 자동으로 벼려지는 제품이라고 마케팅했다. 그의 비결은 쟁기의 한쪽 날을 더 매끈하게 만들고 그 주변에 단단한 강철판을 층층이 덧댄 것이다. 이렇게 하면 땅을 갈다가 돌과 부딪히더라도 주철 쟁기처럼 부서지는 것이 아니라 충격을 흡수할 수 있었다. 그 결과는 즉각적이었다. 1헥타르의 땅을 쟁기질하는

데 걸리는 시간이 단 3시간으로 확 줄었다.

비슷한 시기에 써레, 강철 파종기, 수확기, 탈곡기 같은 농기구의 혁신도 있었다. 석탄과 석유로 작동하는 기계에 의한 기하급수적 효과가 도래하기 전의 일이다. 하지만 그 전에도 이렇게 강철로 만든 농기구들은 일정량의 식량을 수확하는 데 걸리는 시간을 극적으로 단축했다.

1800년 뉴잉글랜드의 평범한 농가에서 주로 목제 농기구를 사용해서 1킬로그램의 곡물을 생산하는 데 7분 조금 넘는 노동력이 소요되었다. 1850년에는 주철 농기구로 같은 일을 하는 데 3분도 걸리지 않았다. 1900년에 이르러 강철 농기구를 사용하자 킬로그램당 30초도 필요하지 않았다.[6]

농업은 그 시작일 뿐이다. 모든 분야에서 이런 발전이 일어나는 모습을 상상한다면, 강철이 얼마나 중요한지 보일 것이다. 강철로 만들 수 있는 것뿐만 아니라 강철이 만들 수 있게 해준 것 또한 우리에게 유용했다. 유리, 증기 터빈, 컴퓨터 칩 같은 범용 기술과 마찬가지다. 이 싸고 강하고 믿음직한 금속은 빠른 속도로 세계 곳곳에 자리 잡았다.

녹슨 강철, 재활용 강철, 고철을 모두 포함하면 약 320억 톤의 강철이 전 세계에 분포되어 있다. 이것은 꽤 많은 양이다. 만약 이 전부를 사용해 건물의 철골에 들어가는 무거운 아이빔I-beam을 만든다면 지구를 33회나 감쌀 수 있으며, 지구와 태양 사이에 고속철도 선로를 7개나 부설할 수 있다. 지구의 모든 사람에게 나누어주면, 1인당 약 4톤의 강철을 소비할 수 있다. 선진국에서 이미 1인당 15톤의 강철을 소비하고 있다는 사실을 고려하면, 여기서 또 다른 중요한 사실을 발견할 수 있다. 전 세계적으로 철의 재고가 매우 불평등하게 분배되어 있다는 점이다.

선진국의 1인당 소비량과는 대조적으로 오늘날 중국의 1인당 평균 강철 소비량은 약 7톤에 불과하며, 사하라 이남 아프리카에서는 1인당 1톤 미만의 강철을 소비한다. 한 나라의 GDP에 관해 이야기하는 것도 좋지만, 그 나라 국민들의 생명을 구하는 병원을 짓거나 이동을 위해 교량과 철도를 건설하고, 안전한 집을 짓는 데 필요한 철을 국가가 충분히 보유했는지 묻는 것도 유용한 질문이 될 수 있다. 진실을 말하자면, 전 세계 대부분의 지역이 그렇지 못하다. 인류는 이 책에서 말하는 6대 물질을 개발하여 놀라운 성공을 거뒀지만, 그 이익을 균등하게 분배하지 않았다. 우리는 국가 간 소득 격차에 대해서 빈번하게 언급하지만 실리콘 불평등, 비료 불평등, 구리 불평등, 그리고 강철 불평등에 대해서는 어떤가.[7]

이러한 사실은 우리에게 또 다른 문제를 안겨준다. 강철 생산 과정에서 전 세계 온실가스의 약 7~8퍼센트가 배출된다. 만약 모든 사람이 선진국처럼 1인당 15톤의 강철을 소비하기를 바란다면, 이 합금의 전 세계 재고를 1200억 톤으로 늘려야 한다. 이것은 인류의 역사가 시작된 이래 강철을 생산해 온 양의 거의 네 배에 해당하는 수치다. 하지만 온실가스 배출 없이 강철을 생산하는 방법은 여전히 실험 단계이고 비용도 많이 들기 때문에 딜레마에 빠지게 된다. 탈탄소와 개발, 이두 가지 목표가 서로 충돌하는 것이다. 국가가 더 부유해지고 번영할수록, 서양의 발전 과정에서 콘크리트를 쏟아붓고 강철로 만들어온 것들을 부정해야 할까?

강철이 곧 국력이다

이 물질은 중요하다. 강철은 여느 물질과 같지 않다. 인류가 수천 년 간 발전하고 더 부유해지기 위해 사용해 온 기초 자원이기 때문이다. 일부 통치자에게 강철은 무기를 만들고 방위를 구축한다는 의미다. 그러나 때로는 공장, 기계, 터빈을 만든다는 의미가 된다. 이것들은 전기를 생산하고, 하버-보슈 공정 같은 고압의 화학반응을 실행하고, 사회를 돌아가게 하는 도로, 공항, 철도를 건설하며 모든 것을 가능하게 한다. 2018년 도널드 트럼프Donald Trump는 미국과 미국 노동자들을 보호하기 위하여 수입 강철에 관세를 부과하겠다고 트위터에 발표했다. 그는 평소처럼 대문자로 글을 써서 그 뜻을 강조했다. "IF YOU DON'T HAVE STEEL, YOU DON'T HAVE A COUNTRY!(강철이 없다면, 국가가 없다!)"

경제학자들은 이런 논쟁에 시간을 쓰지 않는다. 만약 한 국가가 다른 국가에서 무언가를 더 저렴하게 살 수 있다면, 그렇게 하는 것이 더 합리적이기 때문이다. 그 논리를 반박하기는 어렵다. 하지만 강철이 특별 대우를 받아야 한다고 생각한 정치인은 트럼프만이 아니었다. 공화당이든 민주당이든 거의 모든 미국 대통령이 특별 제재를 통해 철강업을 보호해왔다. 1950년대 후반, 마오쩌둥은 철강업에 과도하게 집착하여 생산 증가라는 명목으로 중국을 파국으로 몰고 갔다.

마오쩌둥은 중국의 산업적 기량을 자랑할 때 종종 강철 생산에 관해 늘어놓았다. 중국은 3년 안에 영국의 강철 생산을 추월할 것이다! 10년 안에 미국을 추월할 것이다! 중국의 제강소들은 이 목표를 달성할 수 있도록 전력을 다하라는 지시를 받았다. 그러나 상황이 어려워지자 지역마다 작은 용광로를 설치하여 농민이 고철로 강철을 직접 생산하는 '토법고로土法高爐' 정책을 시행했다. 취사용 냄비와 솥, 농사용 도구와 쟁기, 물을 나르는 수레와 양동이 등 모든 고철이 용광로 속으로 사라졌다. 집들을 허물어서 나온 나무와 짚은 연료로 사용해 없앴다. 숲을 마구잡이로 베어낸 결과 수십 년간 홍수가 이어졌고, 수백만 명의 농민들이 논밭을 떠나 용광로를 돌봐야 했다.[8]

마오쩌둥이 '대약진 운동'이라고 부른 이 정책 덕분에 확실히 중국의 철 생산량이 증가했다. 하지만 마오쩌둥이나 그의 조언자들은 철과 강철의 차이를 이해하지 못했고, 토법고로에서 생산한 철은 강철이 아니라 부서지기 쉬운 품질이 형편없는 것이라는 사실에 경악했다. 여기에 막대한 비용을 쏟아부은 일은 비극적 결과를 불러왔다. 그 후 몇 년간 중국은 역사상 최악의 기근을 겪어야 했으며, 1958년부터 1962년까지 수천만 명이 기근과 과로로 사망했다. 최종 사망자 수는 논쟁의 여지가 있지만, 아무리 보수적으로 잡아도 1700만 명에서 3000만 명에 달하는 것으로 추정된다. 굶주림을 참지 못하고 인육을 먹은 사람도 있었다.[9]

독재자이든 민주적 지도자이든 모두가 강철에 집착한다. 강철이 모든 물질 중에서 가장 기본이 되는 것이기 때문일 수도 있고, 거의 모든 제조 공정에 강철이 들어가기 때문일 수도 있다. 혹은 타국의 강철로 자국의 무기를 만드는 걸 선호하는 지도자는 아무도 없기 때문일 수도 있다.

바로 이 세 번째 이유가 우크라이나 철강업의 기원이다. 19세기 중반, 크림 전쟁에서 러시아가 오스만 제국에 치욕적 패배를 당하고 니콜라이 1세가 사망한 직후, 새로운 차르 알렉산드르 2세가 서구를 따라잡기 위해 야심 찬 개혁에 착수했다. 당시 러시아 제국의 일부였던 우크라이나 도네츠강 유역은 철강업 단지를 만들기에 최적의 장소였다. 도네츠강 유역의 돈바스에는 석탄과 철광석이 풍부했지만, 제철소 건설에 필요한 인력이 당시 러시아에는 없었다. 몇 번의 실패 끝에 결국 외부에 도움을 청하기로 했다.[10]

그러던 중 웨일스 남부 출신의 턱수염을 기른 사업가 존 제임스 휴스John James Hughes가 나타났다. 휴스의 아버지는 웨일스 머서티드빌의 제철소에서 수석 엔지니어로 일했고, 그 영향으로 휴스 역시 런던의 밀월 제철소Millwall Iron Works에서 일했다. 영국에서 가장 큰 철강업체 중 하나인 밀월 제철소는 영국 해군 함선의 피복용 강철을 공급하는 곳이었다. 1870년, 그는 아조우해를 거쳐 북쪽으로 올라가 돈바스에 도착했다. 휴스는 그로부터 2년 만에 제철소를 세워서 가동을 시작했다. 수십 년 뒤, 이 용광로 단지는 러시아 제국에서 가장 큰 제철소가 되어 있었다. 제철소 인근에 세운 정착촌은 그의 이름을 따서 유조프카Yuzovka: Hughes-ovka라고 명명되었는데, 오늘날 우크라이나 산업의 심장부 도네츠크Donetsk가 되었다.

이것은 한 국가가 산업 기반을 구축하기 위해 해외에서 지식과 장비를 수입해 온 최초의 사례도 아니고 최후의 사례도 아니다. 사람들은 이런 일을 계속해왔다. 조지 레이븐스크로프트가 베네치아에서 영국으로 유리 장인들을 몰래 데려오지 않았다면 투명한 크리스털유리 제조법을 결코 알아내지 못했을 것이다. 19세기 후반, 스코틀랜드 출신의 기업가 앤드루 카네기Andrew Carnegie가 베서머 전로를 미국에 들여온 덕분에 철강업에서 지배적 입지를 굳힐 수 있었다.

2000년대 초반, 어느 중국 기업이 독일 도르트문트에 있는 티센크루프ThyssenKrupp의 제강소를 매입한 뒤 공장 시설을 하나하나 분해하여 양쯔강 하류의 부지로 실어 날라서 사람들의 눈살을 찌푸리게 했다. 하지만 중국은 인류가 철을 만드는 법을 처음 발견한 이래로 러시아와 미국을 비롯한 대부분의 국가들이 해왔던 일을 따라 한 것뿐이다. 그것은 바로 기술을 수입해 와서는 그 위에 제국을 건설하는 일이었다.[11]

실제로 이렇게 해서 사강그룹沙钢集团의 본거지인 상하이 북부에 다시 세운 공장은 세계 최대의 제철소로 우뚝 올라섰다. 사강 제철소의 용광로 13기는 업계의 패자 티센크루프보다 두 배나 많은 철을 생산한다(미국의 제철소들도 많아 봤자 용광로 4기를 보유하고 있다는 점을 고려하면, 사강 제철소의 규모를 짐작할 수 있다). 중국이 지난 10년간 생산한 철은 미국이 20세기 초부터 현재까지 생산한 철의 총량보다 더 많다. 중국은 물질 세계의 다른 분야에서 그랬던 것처럼, 철강업에서도 역시 정점에 오르면서 거의 전적인 지배력을 가졌다. 사강 제철소가 들어선 지역은 철의 도시로 세계 어느 곳의 제철소와도 비교가 안 되는 규모의 생산 시설을 갖췄다.[12]

중국이 부상하기 전까지 최대 제철소는 러시아의 마그니토고르스크 제철소Magnitogorsk Iron and Steel Works였다. 용광로 8기를 보유한 이 거대한 제철소 단지는 1932년에 이오시프 스탈린Iosif Stalin의 구상으로 건설되었다. 스탈린은 우랄산맥 동쪽의 몹시 춥고 바람이 강한 평야에 완전히 새로운 산업 도시를 건설하라고 명령했다. 이 지역에서 철광석 매장량이 상당한 산을 발견했기 때문이다. 매장된 철광석이 어찌나 많은지 새들이 산 위를 날지 않았고, 나침반도 작동하지 않았다. 마그니토고르스크는 이 '자석산'을 따라 계획된 사회주의식 대도시였는데,

그 건설 기술은 다른 제철소나 스탈린의 유명한 트랙터 공장처럼 해외에서 들여와야 했다. 도시의 건축물과 거리는 러시아인이 아니라 독일인 건축가가 설계했다. 마그니토고르스크 제철소는 그때까지 세계 최대 규모였던 인디애나주 게리에 있는 US스틸US Steel 공장을 모델로 했고, 건설도 미국 엔지니어들이 맡았다.[13]

그러나 이곳에는 철광석 매장량은 풍부했지만 너무 오지에 있다는 문제점이 있었다. 가장 가까운 항구가 수천 킬로미터나 떨어져 있었을 뿐만 아니라 가장 가까운 탄전coalfield에서도 거의 2,000킬로미터나 떨어져 있었다. 그러나 스탈린은 그 어떤 침략군도 제철소까지 도달할 수 없다고 생각해 장점으로 여겼다. 몇 년 뒤, 차기 대형 제철소의 부지를 선정할 때 소비에트 관리들은 우크라이나 동부에 마음이 끌렸다. 철, 석탄, 물 조합이 완벽하게 어우러져 있을 뿐만 아니라 흑해와도 가까운 곳이었다. 그들은 마그니토고르스크 제철소 단지의 설계도를 가져와서 새로이 아조우스탈 제철소를 지었다.

아조우스탈 제철소는 점점 소비에트의 전설이 되었다. 히틀러의 침공을 이겨낸 뒤, 수십 년간 소련 경제에서 핵심 역할을 맡았기 때문이다. 소련과 유럽 대부분의 철도망은 아조우스탈에서 생산한 강철 선로를 사용했다. 다른 나라들이 특정 상품에 집중하여 소규모 제철소를 건설할 때 아조우스탈의 규모는 점점 커져갔다.

1990년대에 이르자 석탄과 강철이 지배하던 우크라이나 동부가 소련 산업의 상당 부분을 책임지게 되었다. 그러다가 베를린 장벽이 무너지고 공산주의가 종말을 고하자, 이곳은 모두가 탐내는 먹잇감이 되고 말았다. 우크라이나가 독립한 지 얼마 지나지 않아서 과두 재벌인 올리가르히가 출현했는데, 그중 리나트 아흐메토우Rinat Akhmetov가 가장 유명하다. 그는 아조우스탈과 일리치를 비롯하여 수많은 제철소를 사들였다. 물론 제철소들이 사유화되었다고 해서 그렇게 많은 것이 달라지진 않았다. 제철소들은 계속해서 엄청난 양의 강철을 생산했다.

제강소는 그 특성상 대규모일 수밖에 없다. 제강소에서 생산하는 압연강rolled steel 중 일부 제품은 그 길이가 1킬로미터에 달한다. 게다가 용광로에서 소비하는 철광석과 석탄의 양이 어마어마하므로 밖에다 거대한 언덕 크기의 더미를 쌓아둬야 한다. 아조우스탈에서 철을 제련하는 데 드는 석탄의 양을 생각해보면, 마리우폴이 이 일대에서 가장 오염이 심한 지역이 되는 건 예견된 일이었다. 마그니토고르스크처럼 도시 전체가 빈번히 매캐한 스모그로 뒤덮였고 다른 지역에 비해 암과 호흡기 질환의 발병률도 높았다.

아조우스탈의 대규모 시설은 예기치 못한 부산물 또한 대량으로 생산했다. 6기의 용광로는 광석 제련 후에 남는 찌꺼기인 슬래그slag를 너무 많이 배출했다. 슬래그는 실리카와 칼슘이 풍부하게 함유된 용융 폐기물이었기에 마리우폴 주변 지역에서는 시멘트의 일종으로 널리 사용되었다. 바로 이 독특한 시멘트가 탄소 배출 없이 콘크리트를 생산하는 방법에 관한 단서를 쥐고 있다.

아조우스탈의 거대한 강철 전로는 베서머가 발명한 전로의 후예인데, 철 혼합물에 공기 대신 순수한 산소를 불어 넣는다는 점이 다르다. 아조우스탈의 전로는 대량의 산소를 소비하는데, 수많은 회사가 그 공정 중에 발생하는 폐가스를 이용하기 위해 마리우폴로 몰려들었다. 이렇게 하여 우크라이나는 아주 우연히도 전 세계 최대의 네온neon 생산국이 되었다. 이 비활성 기체는 발광형 표지판뿐만 아니라 반도체 제조에도 사용된다.

마리우폴은 철의 도시였다. 철강업이 발달한 다른 도시들처럼 이곳 사람들 역시 마리우폴 강철로 만든 상징적 구조물들, 예를 들면 풍력발전소, 유람선, 송유관, 발전소 등에 대해 이야기하기를 좋아했다. 런던의 최고층 빌딩 더 샤드, 맨해튼의 허드슨 야드, 키이우의 올림픽 경기장, 제노바의 산조르조 다리(2018년 모란디 다리가 붕괴되고 지어졌다) 모두가 마리우폴 강철로 만들어졌다. 그리고 지금, 러시아군이 마리우폴의 지척에 와 있었다. 츠키티슈빌리는 80년 전 나치의 침략 때 그의 전임자들이 했던 일을 하려고 생각하고 있었다. 공장을 폐쇄해야만 했다.

아조우스탈 최후의 날

제철소 폐쇄는 말처럼 쉬운 일이 아니다. 철광석을 금속으로 탈바꿈하는 용광로를 비롯하여 핵심 공정 대부분은 제철소가 탄생하는 순간부터 은퇴하는 순간까지 영구적으로 가동되도록 설계되어 있다. 가끔 정비 주기가 돌아오더라도 정비 자체는 고작 몇 시간으로 끝날 뿐이다. 이처럼 서로 긴밀히 연결된 공장단지는 쉽사리 해체할 수 없다.

그러나 주변에 포탄이 떨어지는 상황에서는 다른 선택지가 없었다. 제철소에서 일어나는 폭발보다 더 치명적인 산업재해는 없다. 미사일이 용광로를 관통하여 용융 상태의 금속 수천 톤이 쏟아지는 장면을 상상해보라. 아조우스탈의 어느 노동자는 이렇게 말했다. "그런 일이 일어나면 히로시마의 축소판이 될 겁니다."

그리하여 츠키티슈빌리는 언뜻 사보타주 매뉴얼처럼 보이기도 하는 폐쇄 절차를 밟기 시작했다. 먼저 석탄을 건류乾溜하는 코크스로coke oven를 멈추었고 그 안을 액상 유리로 채워서 위험한 가스가 밖으로 빠져나가는 것을 막았다. 용광로들을 천천히 냉각시켰고, 쇳물의 아랫부분은 용광로 바닥의 슬래그로 굳혔다. 러시아군이 마리우폴에 침투한 순간 직원 대부분은 제철소에서 철수했다.

몇 주 동안 마리우폴은 러시아의 맹포격을 받았다. 아파트 단지, 병원은 물론이고 민간인들이 대피해 있던 극장마저 포격을 당했다. 거리에는 시체들이 널려 있었다. 항구 주변을 찍은 드론 영상은 수많은 아파트 단지가 앙상하게 뼈대만 남은 모습을 보여주었다. 포격이 시작되자 시민 대부분이 마리우폴을 떠났다. 그러나 몇몇 가족은 아조우스탈 제철소로 도피했고, 기계 아래의 깊숙한 곳에 있는 대피소로 안전하게 몸을 숨겼다.

러시아군은 몇 주 만에 마리우폴을 점령했지만, 아조우스탈 문제는 만만치가 않았다. 츠키티슈빌리는 몰랐지만 3,000명 정도의 우크라이나 전사들이 아조우스탈의 피난처로 숨어들었다. 그들 중 일부는 극우 사상으로 논란이 많은 아조우 연대Azov Regiment 소속이었다.

그 후 이어진 공방전은 전 세계 언론에 대대적으로 보도되었다. 스타링크 위성 인터넷을 몰래 들여온 덕분에 아조우스탈에서도 몇 주간 소셜미디어와 텔레비전 인터뷰를 통해 시시각각 소식을 전할 수 있었다. 폐용광로 아래 은신한 군인과 민간인 들이 제철소에서 보내오는 뉴스를 수백만 명의 사람이 기다렸다. 이 거대한 공장 위로 폭탄이 쏟아지는 모습이 보도되었는데, 영화 〈매드 맥스〉의 한 장면을 연상시키는 광경이었다.

포위가 계속되면서 식량이 바닥났다. 성인들은 하루에 한 끼 소량의 식사만을 배급받았고, 식수도 바닥을 보이기 시작했다. 어느 순간,

너무 목이 말랐던 몇몇 사람이 팬데믹 동안 설치되었던 알코올 손소독제를 마시기 시작했다. 마치 스탈린그라드 공방전의 재현 같았다. 2차 세계대전 당시 소련군이 이 지역에서 독일군에 포위되어 끔찍한 기근에 시달렸던 적이 있었다. 이번에는 러시아가 방어하는 쪽이 아니라 공격하는 쪽에 섰다는 점만 달랐다.[14]

결국 80일간의 잔혹한 전투와 폭격 끝에 터널과 방어 진지 안에서 붙잡힌 민간인들은 아조우스탈을 떠날 수 있었다. 그들은 버스에 태워진 채 단지 밖을 나가 현재는 러시아 영토가 되어버린 지역으로 옮겨졌다. 아조우 연대 소속 병사들은 항복하여 포로로 붙잡혔다. 이들 대부분은 몇 달 뒤 포로 교환으로 석방되었다. 400구의 시신이 우크라이나 정부에 인도되어 매장되었지만, 일부 사망자들은 여전히 공장 잔해 속에 묻혀 있는 것으로 추정된다.

전 세계 철강업계는 아조우스탈의 종말과 충격을 빠르게 흡수했다. 아조우스탈은 대형 제철소이긴 했지만, 세계 최대 규모는 아니었다. 한국과 중국에는 더 큰 용광로가 있고, 러시아에서는 여전히 마그니토고르스크 제철소에서 수백만 톤의 강철을 제련한다. 하지만 예기치 못한 일도 있었다. 아조우스탈을 비롯한 우크라이나 제철소들이 전 세계 네온의 절반을 공급하고 있던 것이다. 츠키티슈빌리의 폐쇄 조치 뒤, 전 세계에서는 네온 부족이 발생했다.

네온 부족 현상은 반도체 생산에도 영향을 미쳤다. 네온은 파운드리의 서브팹에서 클린룸으로 올려보내는 주요 가스 중 하나이기 때문이다. 네온이 없으면 포토 공정 기계의 레이저 파장을 조절하기가 어려워진다. 그래서 아조우스탈에서 벌어진 일들은 우크라이나와 철강 산업을 훨씬 넘어서는 경제적 파급 효과를 일으켰다. 곧 대만, 한국, 심지어 웨일스 남부에서까지 반도체 제조사들이 세계적인 네온 부족 사태를 우려하여 가스를 비축하기 시작했다. 물질의 세계는 이런 식으로 돌아간다. 잘 알려지지 않은 물질이었더라도 막상 부족해지면 지구 반대편의 전혀 무관해 보이던 또 다른 공급망에서는 필수였다는 사실이 밝혀진다.

러시아는 일단 공장단지를 점령하고 나서는 아조우스탈이 너무 많이 파괴되어 복구가 어렵다고 발표했다. 아조우스탈을 차라리 해체해서 그 자리에 공원을 만들자는 이야기도 나왔다. 그러나 츠키티슈빌리는 용광로, 산소 변환기, 코크스로를 폐쇄한 뒤 공개한 짧은 영상에서 이것이 아조우스탈의 끝은 아니라고 힘주어 말했다. 과거에도 이런 일을 겪은 역사가 있으며, 나치 점령의 잿더미에서 유럽 최고의 제철소로 올라섰다고 했다.

그는 이런 말도 덧붙였다. "우리는 마리우폴로 돌아와 공장을 다시 짓고 아조우스탈을 부활시킬 겁니다. 아조우스탈은 다시 가동할 것이고, 예전처럼 우크라이나에 영광을 안겨주겠죠. 왜냐하면 마리우폴이 우크라이나이고, 아조우스탈이 우크라이나이기 때문입니다. 과거에도 그렇고, 현재도 그러하며, 앞으로도 그렇게 될 겁니다. 우크라이나 만세!"

폐허가 된 아조우스탈을 조사하면서 이곳에 대해 더 깊이 알고 싶다는 마음이 들었다. 이 사건은 강철의 종말을 예고하는 신호인가? 우리는 정말로 그렇게 많은 강철이 필요한가? 겉보기에 우크라이나 전쟁은 다른 전쟁들과 많이 달랐다. 마치 드론과 소셜미디어로 싸우는 듯 보이니 말이다. 1945년에 미군이 오키나와를 침략했을 때 일본인들이 '철의 폭풍'이라고 부를 정도로 포탄이 쏟아지던 것과는 다른 형태의 전쟁인 것 같다.

그렇지만 착각해서는 안 된다. 21세기 전쟁에서도 여전히 총, 포탄, 장갑 등 강철로 싸운다. 이 특별한 물질을 당연시하는 풍조 때문에 그동안 별로 신경을 쓰지 않았을 뿐이다. 혹여 강철 부족 사태가 일어나더라도 당황하지 않게 되었다. 자국에 용광로가 없더라도 중국에서 냉연강판cold rolled steel을 들여올 수 있기 때문이다.

그러나 철은 소금이나 유리와 마찬가지로 세상의 기반을 형성하는 물질이다. 고대에도, 산업화 시대에도 그랬다. 강철은 과거의 기술처럼 보일지도 모르지만, 현재에도 여전히 중요하며 강철 없이는 미래를 건설할 수 없다. 그런데도 오늘날 강철의 생산을 보고 있노라면 시간을 거슬러 올라가 중세로 돌아가는 느낌이 들기도 한다.

8장

용광로 속으로

화석연료와 산업혁명

우리는 웨일스 포트탤벗 제철소의 제4고로를 향해 걸어가고 있었다. 제4고로는 굴뚝과 비계飛階로 이루어졌고 검게 그을린 탑처럼 생겼다. 고로 쪽을 흘끗 보니 어뢰torpedo가 막 적재되는 중이었다.

마치 잠수함처럼 생긴 이 어뢰의 정체는 운반차이다. 생김새가 어뢰를 닮았다고 해서 토페도카torpedo car라는 이름이 붙었는데, 쇳물을 담아서 용광로에서 제강소까지 약 1킬로미터 거리를 오간다. 선명한 황적색 쇳물이 철로 위의 플랫폼으로부터 빛나는 어뢰의 입속으로 흘러내리고 있었다.

"꼭 용암 같군요!" 문득 떠오른 생각을 큰 소리로 말했다.

"용암이기는 합니다." 가이드가 말했다. 이건 강철의 낭만적 면모이자 경이로움이었다. 우리는 강철을 만드는 과정에서 암석을 녹이는데, 이것이 바로 인간이 만드는 용암인 셈이다. 강철을 만들기 시작하고 수천 년의 시간이 흐른 오늘날에도, 극도로 정제된 공정을 갖춘 최고의 시설에서도 이 금속의 생산에는 여전히 원시적인 점이 있다. 우리는 불과 대장간의 신 헤파이스토스Hephaestus와 함께 신화 속 화산에 들어와 있었다. 사방에서 불꽃이 튀고, 표면에는 먼지와 그을음이 덕지덕지 붙어 있었다. 때때로 유황 가스 때문에 공기 중에 악취가 너무 심해서 숨을 쉬기 어려웠고, 쉭 그리고 철커덕하는 소리가 곳곳에서 들려왔다.

이러한 감각적 자극들은 용광로에서 쇳물을 빼내는 순간 최고조에 달한다. 용광로의 하단에 점토로 막아놓은 구멍을 뚫으면 쇳물이 밖으로 흘러나오기 시작한다. 그전까지 나는 이런 일에 사람이 필요하지 않다고 생각했었다. 그러나 최근에 폐쇄된 아조우스탈을 비롯하여, 미국의 수많은 제강소, 여기 포트텔벗까지 대부분의 용광로에서 이 공정은 수작업으로 이루어진다.

용광로 옆에 섰더니 방열복 차림의 노동자가 리모컨을 눌렀다. 그러자 대형 크레인이 용광로의 구멍 쪽으로 180도 회전했다. 맨 앞의 드릴이 점토를 뚫기 시작했고, 갑자기 용광로 바닥의 저장실로부터 열기가 뿜어져 나왔다. 그렇지만 몇 분 뒤 뭔가 이상이 생긴 게 분명했다.

누군가 이렇게 말했다. "아, 드릴이 젖은 점토에 막혔네요."

망치질과 드릴질을 잔뜩 하고 나니 갑자기 크레인이 검은 연기에 휩싸였고 지옥이 찾아왔다. 곳곳에서 그야말로 불꽃놀이가 벌어졌다. 마치 회전 불꽃처럼, 노란 불꽃 분수가 용광로의 측면에서 뿜어져 나왔다. 잠시 뒤 번쩍이던 불빛과 연기가 잠잠해지자 마침내 쇳물이 모습을 드러냈다. 용광로에서 나온 뜨거운 쇳물이 수로를 타고 콸콸 흐르면서 대기 중이던 토페도카로 들어갔다.

평소보다 좀 더 극적인 과정을 거치긴 했지만 최종 결과는 마찬가지였다. 약 4~5퍼센트의 탄소를 함유한 용융된 선철이 흘러나왔다. 이것은 앞으로 이어질 여러 차례의 변모 중 최초의 것이었다. 조금 전에 철은 원광석 형태로 용광로에 들어갔었다. 용광로에 들어가는 원광석은 알갱이 혹은 덩어리 상태인데, 융제 역할을 하는 코크스와 돌로마이트 덩어리를 함께 넣는다. 유리를 만들 때 융제가 그랬던 것처럼, 이들이 녹는점을 낮추어 불순물을 제거한다. 원료들은 용광로의 상단부에 층층이 쌓여 있다가 거대한 자동화 장치에 의해 한 번에 한 층씩 비워진다. 내가 공장을 방문했을 때는 스웨덴산 철과 호주산 석탄, 중국산 석탄이 있었다. 석탄들은 여기 웨일스의 용광로에서 코크스로 구워졌다.

용광로 온도가 섭씨 1,400도까지 올라가는 동안, 혼합된 원료들은 용광로 밑으로 가라앉으면서 가열되고 용해된다. 우리는 용광로의 그림자 속으로 발걸음을 내디뎠다. 용광로의 외부, 그리고 내벽의 내화벽돌을 넘어서 철은 최고 온도까지 가열되는 중이었다. 용광로 밖은 몹시 더웠고 매우 시끄러웠다. 용광로가 굉음을 내지르고 있었다. 어느 노동자가 자그마한 눈구멍을 열더니 눈앞을 가리는 필터를 주면서 어디를 봐야 할지 설명했다. 구멍을 들여다보니, 용광로 내부에서 중심부를 향해 발사되는 하얗고 뜨거운 분출물이 보였다. 가스일까?

"저건 석탄이에요! 석탄 알갱이들이죠." 그가 소리쳤다.

잘게 부서진 석탄 가루가 용광로 바닥으로 흘러내리는 동안에 송풍구라 불리는 금속 파이프들이 용광로 안으로 뜨거운 공기를 쏟아냈다. 그 광경을 보면서 석탄을 빼놓고는 철과 강철에 대해 논할 수 없다는 생각이 들었다. 용융된 선철 1톤을 얻으려면 1톤 이상의 철광석과 1톤 미만의 석탄이 필요하다. 석탄 대부분은 용광로 상단에서 투입되지만, 일부는 용광로 측면에서 알갱이 형태로 투입된다.[*]

---

[*] 선철 1톤을 얻기 위한 대표적인 배합 비율은 철광석 1.4톤과 석탄 0.8톤이다.

석탄을 투입하는 목적은 단지 용광로를 가열하는 것뿐만 아니라 용광로 내부에서 벌어지는 매우 중요한 화학반응을 촉진하기 위해서이다. 철광석은 산화철을 풍부하게 함유한 암석으로, 본질만 놓고 보면 알갱이 형태의 녹rust이라고 할 수 있다. 철광석을 금속으로 탈바꿈하려면 산소와 철을 분리해야 한다. 이 거대한 용광로가 여기 있는 궁극적인 이유가 바로 이것이다. 철광석에서 분리된 산소와 석탄에서 나온 탄소가 결합할 수 있는 환경을 마련해주기 위해서이다. 엄밀히 말하면, 이 용광로의 최종 산출물은 용광로 측면에서 뿜어져 나오는 철광석 혹은 나중에 배출되는 슬래그가 아니라 이산화탄소이며, 그 양이 엄청나다.[1]

왜 영국에서 가장 먼저 산업혁명이 일어났을까

철은 화석연료의 산물이다. 철을 얻기 위해서 해마다 전 세계 수천 개의 용광로에 10억 톤 이상의 석탄이 투입된다. 10억 톤은 전 세계 모든 인구의 체중을 합친 것보다 더 무거운 무게이다. 이렇게 얻은 철은 그 자체로 많은 탄소를 함유하고 있지는 않다. 철의 생산 과정에서 엄청난 양의 이산화탄소가 발생하는데, 전 세계 이산화탄소 배출 총량의 약 7~8퍼센트에 해당한다. 그 어떤 온실가스의 원천도 이렇게까지 소수의 몇몇 지역에 집중된 예는 없다.[2]

용광로가 두 개뿐인 포트탤벗 제철소는 오늘날 중국의 제철소들에 비하면 하찮게 보일 정도지만 영국에서는 단일 규모로 최대의 제철소이자 최대 탄소 배출 산업체이기도 하다. 그런데 여기에 아이러니가 있다. 이 책의 곳곳에서 반복적으로 목격하는 역설적 패턴이기도 한데, 제철 작업에 석탄을 사용하기 시작한 것은 환경 문제를 해결하기 위해서였다는 사실이다.

철의 이야기는 최초의 용광로가 생기기 훨씬 전에 이미 시작되었다. 투탕카멘 무덤에서 멋진 유리풍뎅이가 발견되었을 때 그 옆에는 단검이 놓여 있었다. 온통 보석으로 휘감긴 화려한 황금 손잡이가 달려 있는 단검이었다. 그러나 화려한 귀금속보다 더 귀중한 것은 칼날이었다. 단검의 철제 칼날은 3,000년 세월이 무색하게 전혀 녹슬지 않았다. 이 칼날을 만든 금속은 원래 유성의 일부였다. 철, 니켈, 코발트의 천연 합금이 우주에서 벼려지고 하늘에서 떨어진 결과물이었다. 투탕카멘 목걸이의 노란색 유리풍뎅이와 마찬가지로, 이 금속도 사하라 사막의 사구에서 발견되었을 것이다.[3]

고대 히타이트족은 지금의 튀르키예와 시리아 지역을 점령하고 있었다. 기원전 1400년경 히타이트족은 철을 제련하여 강철 무기를 만드는 법을 알아낸 것으로 보인다. 이 기술이 아시아와 유럽으로 널리 퍼진 결과, 인류학자들이 말하는 이른바 '철기시대'가 시작되었다. 중국인들이 최초의 용광로를 개발한 것은 기원전 5세기였고, 중세시대에 이르러서야 그 기술이 유럽에 전파되었다. 영국 서식스에 선철을 생산하는 용광로가 만들어진 것은 1500년경이었고, 얼마 지나지 않아 웨일스 남부에도 용광로가 들어섰다.

이 용광로들에는 공통점이 하나 있었다. 바로 목탄을 연료로 사용했다는 점이다. 목탄은 나무를 공기 중에 노출하지 않고 구워서 만든 거의 순수한 형태의 탄소 덩어리이다. 매우 뜨겁고 청결한 열을 뿜어내기 때문에 제철 작업뿐만 아니라 제련 작업이나 맥주 양조, 직물 염색에도 이상적인 재료였다. 그러나 목탄에 대한 수요가 증가하면서 숲에도 엄청난 압박이 가해졌다. 나무는 집을 지을 때도 필요했고, 특히 영국에서는 해군 함선과 돛대를 만드는 중요한 재료였다. 1559년 우스터 부근의 목재용 나무가 우려할 수준으로 줄었다는 보고가 올라오자 세번강 23킬로미터 이내에서 철 생산을 위한 벌목을 금지하는 법률이 만들어졌다. 기업가들은 환경 대참사가 임박했다는 두려움을 안고 다른 곳을 찾아 나섰다. 그리하여 제철 작업뿐만 아니라 현대사에서 아주 획기적인 전환이 일어났다. 잉글랜드와 웨일스의 기업가들이 나무 대신 화석연료를 사용하기 시작한 것이다.[*][4]

이 이야기는 산업혁명으로 이어진다. 산업혁명이 어째서 유럽의 다른 나라나 아시아, 아메리카 대륙이 아니라 영국에서 시작되었는지는 오늘날까지도 연구 주제로 남아 있다. 인구 통계, 지리, 정치적·제도적 배경, 노동 시장의 특성, 이전부터 꾸준히 축적된 혁신, 제조업자들이 더 저렴하고 풍부한 연료를 열성적으로 찾아다니게 만든 건축 환경의 압력 등이 원인으로 제시된다. 영국은 매우 특이한 지질학적 이점을 가진 나라였다. 풍부한 철과 석회석부터 주석, 아연, 구리, 규사처럼 덜 유명한 금속까지, 이렇게 작은 나라에서 이토록 다양한 광물이 풍성하게 발견되는 것은 경이로운 일이다. 게다가 스코틀랜드 중부, 잉글랜드 북동부, 요크셔, 미들랜드, 켄트, 글로스터, 웨일스 남부의 골짜기에는 무한에 가까워 보이는 석탄(대부분이 양질의 무연탄이었다)이 풍부하게

---

[*] 정말로 목재용 나무가 부족했는가 하는 문제는 아직도 논쟁 중이다. 경제학자들은 목재용 나무가 부족했다는 지표가 데이터에 뚜렷하게 나타난다고 말한다. 그러나 임업을 연구하는 역사가들, 그중에서도 가장 유명한 올리버 래컴(Oliver Rackham)은 다른 의견을 제시했다. 그의 주장에 따르면, 나무를 연료로 사용하거나 농경지가 더 많았던 유럽 중부에서 확실히 목재용 나무가 부족하긴 했다. 그러나 나무를 베고 그 자리를 재생시키는 고대 관습을 따른 잉글랜드나 웨일스에서는 목재용 나무가 심각하게 부족진 않았다. 제철소에 가장 헌신적인 숲들, 예를 들면 딘 숲(Dean forest)은 계속해서 목재를 안정적으로 공급했다.

매장되어 있었다.

16세기 이후부터 목재 공급에 대한 걱정이 커지면서 초창기 기업가들이 실험을 시작했다. 양조업자, 염색업자, 벽돌공, 도공 등은 16세기에서 17세기로 넘어가는 사이에 석탄을 사용하기 시작했다. 여기에도 문제가 없는 건 아니었다. 목탄같이 순수한 고탄소 연료는 깨끗하게 연소하지만, 석탄은 지저분하고 냄새가 났다. 석탄을 사용했더니 벽돌들은 검게 물들었고, 맥주에서는 해로운 악취가 풍겼다.

그러나 시간이 흐르자 새로운 현실에 적응하기 시작했다. 몇몇 양조장에서는 이런 사실도 알아냈다. 나무를 태워서 목탄을 만드는 것처럼, 석탄을 미리 구워놓으면 지저분한 오염 물질을 덜 함유한 더 순수한 형태의 석탄인 코크스를 얻을 수 있었다. 코크스와 석탄은 곳곳에서 빠르게 받아들여졌다. 유리 제조에 필수가 되었고, 영국 북동부와 체셔의 소금업자들까지 널리 사용했다. 뉴캐슬과 선덜랜드에서 채굴된 석탄은 런던으로 운반되어 양조장에 공급되었다. 석탄선collier은 타인사이드의 유리 산업을 위한 규사, 그리고 독특한 화물을 싣고 북부로 귀환했다.

그 당시 빠르게 성장한 사업 중 하나가 명반 생산이었다. 명반은 옷이 빠르게 염색되도록 돕는 화학물질로 명반석은 볼비 근처 요크셔 북부의 절벽 지대에 많았다. 이 귀중한 암석을 정제하려면 소변에 넣고 끓여야 했다. 현지에서 그만큼의 소변을 구할 수 없었으므로 결과적으로 복잡한 공급망이 생겼다. 영국의 전설적 탐험가 제임스 쿡James Cook이 소변을 운반하는 이 뱃길을 다니며 선원으로 잔뼈가 굵어졌다는 설도 있다. 뉴캐슬에서 출발한 석탄선은 런던의 공중화장실에서 모아 온 악취 나는 소변을 싣고서 북부로 돌아갔다. 놀림을 당한다는 생각이 들 정도로 황당한 이 이야기 때문에 '오줌을 가지고 가다take the piss'라는 말이 '놀리다'라는 뜻을 갖게 되었다.[5]

냄새 나는 혼합물을 끓이기 위해서 명반 생산업자들은 석탄에 불을 붙였다. 이후 몇 세기에 걸쳐 석탄은 서서히 영국에서 가장 중요한 연료가 되었다. 철은 이 파티에 비교적 늦게 참가한 편이다. 이렇게 저렴하고 풍부한 연료로 철을 만들 수 있다는 사실을 아무도 몰라서가 아니라 그 과정이 매우 까다로웠기 때문이다. 석탄을 대체하려고 시도할 때마다 철이 유황 때문에 엉망이 되어서 아무 쓸모가 없었다.

미들랜드 출신의 사업가 에이브러햄 다비Abraham Darby가 마침내 해결책을 찾아냈다. 그는 양조장에서 일했던 경험이 있었기에 코크스를 사용할 때의 이점을 잘 알고 있었다. 1709년 다비는 여러 번의 실패 끝에 목탄 대신 코크스로 용광로에 동력을 제공한 최초의 인물이 되었다. 그 후 헨리 코트Henry Cort가 다비의 공장에서 나온 선철을 목탄 없이도 더 순수한 연철로 바꾸는 방법을 고안하면서, 철과 나무의 연결 고리가 완전히 끊어졌다.

석탄은 나무보다 에너지 밀도가 훨씬 높은 연료였으므로, 용광로에서 석탄을 사용할 수 있게 되자 영국의 제철 산업은 비약적으로 발전했다. 이는 또 다른 혁신을 촉발했다. 석탄과 철을 더 많이 사용할수록 더 많이 채굴해야 했고 더 깊이 땅속을 파고 들어가야 했다. 그러려면 탄광의 갱에서 물을 더 많이 퍼내야 했는데, 이것이 증기기관의 발명을 촉진했다. 처음에는 토머스 세이버리Thomas Savery와 토머스 뉴커먼Thomas Newcomen이 만든 원시적 기계를 사용해 물을 퍼냈으나 이후 제임스 와트James Watt가 더 정교한 증기기관을 만들어냈다. 이를 기점으로 석탄은 단순히 화학물질, 유리, 철을 만드는 데 쓰이는 것만이 아니라 움직이는 바퀴에도 연료를 공급하기 시작했다. 증기기관은 광산에서 물을 퍼내는 것만큼이나 쉽게 기관차를 달릴 수 있게 만들었다.

석탄과 철은 산업혁명의 탄생을 도왔다. 석탄은 기계에 연료를 제공했고, 철은 기계를 만드는 원료가 되었다. 이 둘은 오늘날과 마찬가지로 과거에도 서로 긴밀히 얽혀 있었다. 예를 들어, 제임스 와트의 증기엔진은 존 윌킨슨John Wilkinson을 만나면서 비로소 빛을 보았다. 철에 미쳤던 윌킨슨은 철제 책상에서 일하고, 철교를 발주했으며, 철로 배를 만들었다. 심지어는 자신이 죽으면 철로 만든 관에 넣어달라는 유언을 남길 정도였다. 와트는 철이 기계 내부의 엄청난 압력을 견딜 수 있는 유일한 물질이라는 사실을 알았지만, 윌킨슨의 도움을 받아 완벽에 가까운 철 실린더와 피스톤을 만들고 나서야 비로소 엔진을 제대로 작동시킬 수 있었다.[6]

이것은 단순한 산업혁명이 아니었다. 물질 혁명이었고, 무엇보다도 에너지 혁명이었다. 인류가 나무와 목탄에서 화석에너지로 이동하는 최초의 위대한 에너지 전환이었다. 19세기 초가 되자 영국의 산업 전반이 석탄에서 동력을 얻었다. 이것은 매우 특이한 사건이다. 1800년 시점에 영국이 사용한 에너지의 95퍼센트가 석탄에서 나왔는데, 같은 시기 프랑스는 에너지의 90퍼센트 이상을 나무를 태워 얻고 있었다. 이제 영국은 땅에서 얼마나 많은 나무가 자랄 수 있는가 하는 유기적 한계에 얽매이지 않았다. 그리고 이 무렵, 이전까지 프랑스와 비슷한 수준이었던 영국의 1인당 국민소득이 폭등하기 시작했다. 19세기 초 영국은 프랑스보다 80퍼센트 더 부유했다.[7]

이러한 에너지 전환이 얼마나 중요한 사건인지 설명하는 가장 간단한 방법은 다음과 같은 질문을 던져보는 것이다. 만약 용광로에 석탄과 코크스 대신 나무와 목탄을 투입하는 과거의 방식으로 돌아간다면 우리의 생활은 어떻게 될까? 브라질 같은 일부 국가에서는 여전히 코크스 대신 목탄을 많이 사용하기 때문에 이론적으로는 가능한 이야기일 것이다. 그러나 실제 수치를 갖고 이를 따져보면 불가능에 가깝다는 걸 알게 된다. 영국에서 소비하는 30메가톤의 철을 만드는 데 필요한 코크스를 전부 목탄으로 대체한다면, 영국 땅의 절반을 목탄 생산에 사용해야 한다. 그런 일을 전 세계 규모에서 벌인다면 아마존 우림의 절반을 벌목해야 할 것이다. 이런 사고 실험은 우울하게 느껴질 수도 있지만, 왜 여전히 우리가 포트탤벗의 용광로에다가 에너지 밀도가 높은 석탄을 그렇게 많이 퍼붓는지 그 이유를 잘 설명해준다.[8]

세상은 지루한 도약으로 발전한다

이제 토페도카는 300톤의 선철로 가득찼다. 우리는 토페도카가 덜 커덩거리면서 제강소를 향해 가는 길을 따라갔다. 이곳도 아조우스탈처럼 광대한 부지를 자랑한다. 코크스로, 소결燒結 공장, 용광로, 강철전로, 압연 공장 등 각각의 구역이 거대한 광역 도시 안의 개별 자치구 같아 보인다. 전체 공장의 면적은 13제곱킬로미터로, 포트탤벗 마을보다 두 배나 큰 규모이다. 부지 안에는 유럽에서 가장 큰 프라이빗 비치도 있는데, 그 뒤에 사탄처럼 우뚝 솟은 공장들만 아니라면 매력적이었을 사구와 모래 해변이 방치되어 있었다.

다음 목적지는 산소 전로였다. 다소 따분한 이름이긴 하지만, 이곳에서는 굉장한 공정이 진행된다. 바로 철이 강철로 변모하는 것이다.

용광로에서 나온 쇳물은 거대한 국자 모양의 레이들ladle로 들어가서 남아 있는 유황 성분을 제거한다. 액체 금속을 담은 이 거대한 검은색 용기는 매우 튼튼해 보이는 크레인에 실려서 산소 전로 쪽으로 옮겨졌다. 문득 영화 〈터미네이터 2〉의 마지막 장면이 떠올랐다. 아널드 슈워제네거Arnold Schwarzenegger가 오더라도 이토록 뜨거운 금속을 만나면 살아남지 못하리라는 생각이 들었다. 빨갛게 달아오른 액체가 60톤의 고철과 함께 배 모양의 도가니인 전로에 부어졌다. 고철 더미에는 통조림 캔부터 자동차 부품에 이르기까지 다양했다. '새로운' 강철이 실제로는 부분적인 재활용의 결과물이라는 사실은 이 분야의 잘 이해되지 않는 역설 중 하나이다. 외부에서 보기에 매우 더럽고 낭비가 심한데, 사실은 그 어디보다 재활용률이 높다니 말이다.

용광로와 비교해보면, 제강 공정은 훨씬 간단하고 놀랍도록 빠르다. 금속 랜스lance가 전로 안으로 내려와서는 용암 속에다가 순산소를 초음속으로 분사한다. 20분 남짓의 불꽃놀이가 끝난 뒤, 들어갈 때는 탄소 함량 4퍼센트의 선철이었던 것이 0.4퍼센트의 용강molten steel이 되어 나온다. 이 모든 작업이 얼마나 신속한지 경이로울 지경이다. 수백 톤의 선철이 순식간에 강철이 되는 것이다. 베서머가 전로를 발명하기 전에는 몇 주나 걸리던 작업이었지만 이제는 몇 분 안에 끝낼 수 있게 되었다. 베서머 전로의 후손을 눈앞에서 보고 나니 그 발명이 얼마나 대단한지 실감했다. 베서머의 발명은 영국을 넘어 전 세계의 삶을 극적으로 바꾸어 놓았다. 전로 덕분에 강철을 구하기 쉬워졌고 그만큼 값도 저렴해졌다.

강철이 저렴해지면서 쟁기, 엔진, 건물 골조, 서로를 연결하는 못 등 어디에나 두루 사용되었다. 여기서 우리는 콘크리트 때와 같은 교훈을 만난다. 무엇이 강철을 물질 세계의 주축으로 만들었는가? 그 이유는 강철의 기능이 뛰어날 뿐만 아니라 동시에 가격이 저렴하기 때문이다. 1810년 당대의 미국인은 오늘날 컴퓨터에 사용하는 비율의 국민소득을 쇠못에 사용했다. 그러나 오늘날 강철로 만든 못은 거의 무료에 가까우며, 쇠못보다 품질도 훨씬 우수하다. 그 덕분에 우리는 컴퓨터에 더 많은 돈을 쓸 수 있다.[9]

이것은 퍽 지루하고 특별한 것 없는 이야기처럼 들릴 수도 있다. 그러나 사실 현대 사회는 이런 지루한 도약을 바탕으로 세워졌다. 강철은 놀라운 물질적 진보였지만, 인간의 삶에 들어오고 나서야 비로소 그 가치를 인정받았다. 물질적 진보 그 자체가 아니라 대량생산 기술 같은 따분한 것, 표준 설정 같은 더 지루한 것에 의존해서 삶 속으로 파고든 것이다. 1917년에 나무를 베기 위해 도끼 한 자루를 사려고 했다면, 미국에서만 99만 4840개의 다양한 외날 도끼가 있었다. 별로 주목받진 못했지만 20세기의 가장 중요한 진보 중 하나는 허버트 후버 Herbert Hoover 대통령 시절에 미국 정부가 도입한 제품 표준이다. 이 표준에 따라서, 나사와 볼트는 무작위가 아니라 일정한 크기에 맞춰 규격별로 생산하게 되었다. 강철은 세상을 바꾸었다. 어디서나 강철을 구해서 작업에 쓸 수 있었기 때문이다. 지금 내 앞에 있는 거대한 가마솥 덕분에 값도 저렴했다.[10]

새롭게 주조된 강철은 여전히 붉은색으로 뜨거웠고 몇 분 전에 봤던 용암과 다를 바 없어 보였다. 그러고는 다른 용기에 담겨 새로운 여정을 시작했다. 이곳은 복잡한 작업이 시작되는 지점이기도 하다. 평범한 강철이 저마다 독특한 특성과 전문성을 가진 수백 가지 합금으로 변하는 순간이다.

약 1.7퍼센트의 망간을 첨가하면 단단한 연성강ductile steel이 되는데, 철로를 만드는 최적의 재료이다. 실리콘을 첨가하면 전기 강판electrical steel이 되는데, 모터나 변압기에서 구리와 함께 사용한다. 녹슬지 않는 스테인리스강stainless steel은 크로뮴chromium 12퍼센트를 함유하는데, 강도를 높이기 위해 니켈을 첨가할 때도 있다. 항공기 착륙 장치에는 몰리브데넘, 실리콘, 바나듐을 첨가하여 만든 강하고 연성이 크고 단단한 합금을 사용한다. 오늘날에는 수백 가지 강합금이 존재하지만 그 시작은 모두 같다. 부글부글 끓는 뜨거운 금속 가마솥에 특별한 성분을 약간씩 넣는 것이다.

철광석은 비교적 구하기 쉬운 편이지만, 이런 특별한 첨가물 중 일부는 그렇지 않다. 희토류 원소인 니오븀은 제트 엔진, 핵심 파이프라인, 초전도 자석, 교량과 마천루의 골조에 사용할 강철을 강화하는데, 브라질의 한 광산에서 전 세계 니오븀 생산량의 70퍼센트를 책임진다. 2차 세계대전 당시, 독일과 영국은 중립국 튀르키예로부터 지원을 받기 위해 서로 경쟁했다. 나치가 무기와 기계에 사용했던 크롬의 거의 전량을 튀르키예에서 구매했기 때문이기도 하다. 내가 포트탤벗을 방문했던 시기는 러시아가 우크라이나를 침공한 직후였는데, 다들 망간 공급이 제대로 이루어질지 걱정하고 있었다. 상당량의 망간을 우크라이나 중부에서 수입하고 있었기 때문이다.

부글부글 끓는 가마솥에 합금용 첨가물을 집어넣는 것은 앞으로 우리가 살펴볼 이야기의 일부에 지나지 않는다. 사실 진짜 마법은 아직 나오지 않았다. 현수교를 지탱하는 케이블처럼 매우 강하고 탄력성이 있는 종류의 강철을 얻고 싶다면, 강철의 원자 구조를 부수고 비틀어서 모양을 만들어야 한다. 옛날의 철공들은 강하고 단단한 칼날을 만들기 위해 칼에 망치질을 했다. 오늘날의 제철업자들도 거의 같은 일을 하기 위해 거대한 기계들을 사용한다.

다음으로 우리는 합금용 첨가물이 들어간 용강이 턴디시tundish라고 불리는 거대한 수조에 부어진 다음, 바닥의 구멍으로 흘러가는 것을 보았다. 여기서 강철은 급속하게 냉각되어 방금까지 액체였던 것이 갑자기 고체로 변모했다. 물론 고체라고 해서 우리가 흔히 생각하는 고체 상태는 아니었다. 김이 모락모락 나고 시뻘겋게 달아 있는 상태의 강철이었다. 구부릴 수도 있지만 무겁고 단단했다.

컨베이어벨트 위에 올라탄 강철은 덜커덩 소리를 내면서 다음 공정으로 향했다. 압연 공장에 도착한 강철은 거대한 금속 롤러를 통과했는데, 단 몇 분 사이에 강철 슬래브가 1~200밀리미터 정도로 압축되었다. 들어갈 때는 9미터 길이였던 슬래브가 1킬로미터 길이의 얇은 강판이 되어 나왔다. 우리는 통로에 서서, 오래된 전기 쿡탑처럼 붉게 빛나는 강판들이 코일 모양으로 돌돌 말려서 컨베이어벨트를 타고 아래쪽에서 대기 중인 로봇에 전달되는 것을 보았다. 로봇은 코일 위에 특별한 코드를 써넣었다. 강철의 종류, 최종 고객의 정보를 기록한 코드였다. 코일 하나가 우리 아래로 지나가는 순간, 마치 나는 뜨거운 프라이팬 위에 매달린 듯한 느낌이 들었다.

한때 암석이었던 것이 이제 금속이 되었다. 나는 방대한 창고에 서서, 몇 시간 만에 생산된 수백 개의 거대한 코일을 바라보고 있었다. 코일들은 어딘가로 운반되어 새로운 삶을 시작하기를 기다리는 중이었다. 누군가의 주머니 안에서 땡그랑거리는 동전으로, 세탁기의 프레임으로, 자동차의 새시 혹은 차체로서의 삶을.

침몰선 잔해를 훔치는 사람들

자동차 산업, 특히 어느 자동차 제조업자를 빼놓고는 강철에 관해 제대로 이야기했다고 할 수 없다. 그 주인공은 바로 헨리 포드Henry Ford 이다. 20세기 초 자동차의 대량생산을 선도한 그의 이야기는 곧 강철의 역사이기도 하다. 포드 공장의 기계들, 조립 라인에서 사용한 도구들, 자동차 그 자체가 모두 강철로 만들어졌다. 포드는 강철의 야금술에 집착한 인물이었다. 그 유명한 자동차 '모델T'에 사용할 합금을 고르기 위해 몇 달에 걸쳐 조사를 벌였고 마침내 바나듐강vanadium steel을 최종 낙점했다. 마케팅을 하면서도 가볍고 강력한 합금인 바나듐강을 썼다는 점을 특히 강조했다.

당시 포드사의 광고는 이랬다. "최고급에 최고가인 바나듐강만을 사용해서 자동차를 만들었습니다. 차축, 샤프트, 연접봉, 스프링, 기어, 브래킷 등 모두가 바나듐강입니다."[11]

이 가볍고 강력한 합금이 없었더라면 모델T는 만들어지지 못했을 것이다. 포드와 그의 동료들은 제철업자들을 설득하여 오하이오주에 제철소를 세우도록 해 필요한 대량의 바나듐강을 무사히 확보할 수 있었다. 바나듐강에 힘입어 모델T는 경쟁자들을 따돌리고 멀찍이 앞서나갔다. 모델T는 다른 차들보다 가볍고 운전도 쉽고 중량 대비 출력도 좋은 편이었다. 다른 차들이 종래의 무거운 강철로 만들어진 탓이었다.[12]

포드는 시대를 앞서간 선구자였다. 오늘날에도 자동차 새시를 만들 때 다른 합금들과 함께 바나듐강을 여전히 사용하고 있으니 말이다. 포드의 바나듐강에 필적할 만한 현대의 기술로는 자동차 회사들이 초

고장력강Advanced High-Strength Steel, 이하 AHSS이라고 부르는 것이 있다. AHSS는 고강도에 저중량 기준을 충족하는 합금으로, 망간, 실리콘, 알루미늄, 그리고 때에 따라서는 바나듐을 첨가해서 만든다.[13]

오늘날의 자동차는 수십 년 전의 자동차보다 훨씬 무거운 편이다. 그 이유는 강철 때문이 아니라 자동차에 추가된 기능 때문이다. 최근 몇 년간 새시와 차체의 무게는 계속 줄어들었지만, 자동차 제조사들은 더 가벼운 차를 만들기 위해 더 가벼운 금속을 사용하기보다는 차를 더 크게 만들고 더 많은 기능을 추가하여 오히려 더 무겁게 만드는 중이다. 이것이 바로 경제학에서 말하는 '제번스의 역설Jevons's paradox'이다. 19세기의 경제학자 윌리엄 스탠리 제번스William Stanley Jevons는 엔진과 기계를 아무리 효율적으로 만들더라도 우리는 전과 같거나 더 많은 석탄을 소비하기 위해 새로운 핑계를 찾는다고 주장했다.

어쨌든 간에 차체 무게를 줄이려는 경쟁(그것이 다른 부품으로 갈아 끼우는 의미일 뿐이라도)은 제철업에 활기를 불어넣었다. 제철업자들은 알루미늄 산업의 경쟁자들보다 훨씬 더 가벼운 합금을 생산하기 위해 물리학과의 싸움에 뛰어들었다.

포트탤벗 공장의 제품관리 및 개발책임자 로라 베이커Laura Baker는 이렇게 말했다. "우리 공장은 나사NASA보다 더 많은 기술을 갖고 있어요. 분당 1,000미터 속도로 공장을 가동하고요. 이 속도로 공장을 돌리면서도 강철의 두께가 0.05밀리미터 이내가 되도록 통제한답니다. 우리는 전보다 강철을 더 얇게 만들 수 있죠. 이것은 나노 기술의 한 형태입니다."

용광로에서 흘러나오는 용암을 보고 있노라면, 기초적인 제강 작업은 암흑기보다 별반 나아진 게 없는 듯하다. 그러나 오늘날 대부분의 제강 공장에서 생산하는 '평범한' 강철은 불과 몇십 년 전에 생산된 동급의 강철에 비해 훨씬 뛰어난 품질을 자랑한다. 강철의 강도, 전기적 성능, 부식을 견디는 내식성耐蝕性은 50년 전보다 10배 이상 향상되었다.[14]

강철의 품질과 관련하여 가장 유명한 사례는 아마도 1912년의 타이태닉호 침몰 사고일 것이다. 타이태닉호는 당시에 가장 강력하고 단단한 강철로 건조되었다. 그러나 최근에 타이태닉호의 선체를 분석한 결과, 지금이라면 절대 검사를 통과하지 못할 등급의 강철로 만들어졌다는 사실이 밝혀졌다. 타이태닉호에 사용된 강철은 유황 함량이 높았고, 망간 함량은 낮았으며, 낮은 온도에서 부서지기 쉬운 편이었다. 선체의 강철을 제자리에 고정하는 못 대부분이 강철이 아니라 저렴한 연철로 만들어진 탓에 파손에 더 취약한 상태였다. 만약 이 배가 현대의 강철로 건조되었더라면 빙산과의 충돌에서 살아남을 확률이 더 높았을 수도 있다.[15]

강철의 낮은 품질 때문에 고통받은 배는 타이태닉호가 마지막이 아니었다. 2차 세계대전 당시, 연합국 사이에서 물자를 나르기 위해 수송선들을 서둘러서 건조했는데 이를 리버티선Liberty Ship이라고 불렀다. 상당수의 리버티선이 실온에서는 완벽하지만 추운 날씨에는 쉽게 부서지는 강합금으로 건조되었다. 그래서 일부 리버티선은 차가운 바다를 항해하다가 재앙에 가까운 피해를 보았다. 몇몇 리버티선은 느닷없이 반동강이 나버리기도 했다.

오늘날 선박 등급의 강철은 회복력이 훨씬 강하고, 수천 가지 등급 중에서도 상위 등급에 속한다. 이 등급에는 잘 구부러지는 강철, 뻑뻑한 강철, 나무 몸통보다 두꺼운 강철, 주방 포일보다 얇은 강철, 장갑을 두른 스웨덴 강철, 착륙 기어를 만드는 셰필드 강철, 진공 주형 강철, 3D 프린터용 분말 강철 등이 있다.

그러나 이런 강철들을 만드는 일이 늘 쉽지만은 않다. 최근까지만 해도 중국산 강철 대부분은 품질이 상당히 형편없었다. 중국산 강철로 만든 철근 콘크리트는 종종 부식을 일으켰고 교량이나 고속도로의 구조적 결함으로 이어졌다. 2015년 당시 중국 총리였던 리커창李克强이 세계경제포럼에 참석했다가 볼펜 하나를 집어 들고는 망연자실했다.

그는 이런 질문을 던졌다. "어째서 중국은 이렇게 부드럽게 잘 써지는 펜 하나를 만들지 못하는가?"

대답은 강철에 있다. 중국이 경이로운 양의 강철을 생산하고 전 세계 펜의 80퍼센트를 만들고 있음에도, 그 펜의 주요 기술인 자그마한 강철 볼 베어링과 소켓을 생산하는 능력을 갖추지 못했기 때문이다. 중국산 펜촉은 종종 거칠고 긁는 듯한 소리가 났다. 며칠 못 가서 잉크가 떨어지거나 고장이 나기도 했다. 제조사들은 고급 펜촉이 필요할 때 일본, 독일, 스위스에서 강철 부품을 수입해왔다.[16]

리커창 총리의 발언 뒤, 중국 철강업계가 이런 정밀 부품을 만들지 못한다는 사실은 국가적 망신이 되었다. 펜 제조사들과 강철 제조사들은 텔레비전에서 줄소환되었고 해명을 요구받았다. 결국 2년 뒤, 국영 철강회사 중 한 곳에서 고급 펜촉을 만드는 데 성공했다고 발표했다. 중국 국영방송에서는 이 성과를 국가적 경사라고 찬양하기 바빴다.[17]

강철은 실리콘과 별반 다르지 않다. 불, 그리고 탄소 구름 속에서 벼려진 또 다른 물질이 여기 있다. 이 물질의 이야기는 중세 용광로와 쇳물에 관한 내용으로 끝나지 않는다. 인류가 조심스럽고 능숙하게 물질을 다루는 능력, 신중함에 관한 이야기이기도 하다. 실제로 21세기의 수많은 강철 변종 중에는 결정 구조가 너무 완벽해서 컴퓨터 칩을 만드는 실리콘 덩어리를 닮은 것도 있다.

그중에서도 가장 이름이 덜 알려진 강철은 아마도 저배경 강철low-background steel일 것이다. 저배경 강철은 핵에너지의 한 종류인 방사성 동위원소에 전혀 오염되지 않은 금속이다. 방사능 측정 장비인 가이거 계수기나 의료 기기처럼 민감한 장비를 생산하는 데 필수 재료이기도 하다. 오늘날 저배경 강철을 생산하는 것은 본질적으로 불가능한 일이다. 최초의 원자폭탄이 터진 이후로, 지구의 대기는 코발트 60 같은 동위 원소의 핵 오염 물질을 극소량이지만 계속 포함하고 있다. 그 양이 너무 적어서 눈에 띄는 위험은 거의 없고 서서히 줄어들고는 있지만 강철의 세계에서는 문제가 된다. 강철을 만들 때 쇳물에 분사하는 산소는 공기 중에서 얻기 때문에 방사성 동위원소가 여기에 스며드는 것을 완전히 막을 길이 없다.

그러므로 저배경 강철을 얻을 수 있는 유일한 방법은 1945년 핵실험 전에 이미 존재했던 금속들을 찾는 것이다. 그래서 오래전에 침몰한 전함이 인기가 많다. 1차 세계대전 당시, 스코틀랜드 북부의 스캐파플로에서 침몰한 독일 함선들의 잔해에서 나온 강철 일부는 의료 장비로 다시 태어나기도 했다. 남중국해에서는 오래된 전함에서 금속을 훔쳐서 파는 도둑질이 성행하고 있다.[18]

호주 전함 HMAS 퍼스호는 인도네시아 자바섬 북서단의 반텐만에서 1942년에 침몰했는데, 최근 들어 선체 60퍼센트를 도둑질당했다. 말레이시아 앞바다에서 침몰한 HMS 리펄스호와 HMS 프린스오브웨일스호, 보르네오섬 근처에서 침몰한 일본 화물선도 똑같은 일을 당했다. 수십 년간 선원들의 무덤 겸 추모비로서 바닷속에 잠들어 있던 배들이 금속과 광물 때문에 훼손당하다니 참으로 안타까운 일이다. 그러나 물질 세계에서는 이런 일이 계속된다.

포트탤벗 제철소를 나온 뒤, 언덕 위에서 공장 부지를 내려다보다가 제철소 저편의 항구에서 벌크선 한 척이 부두에 철광석을 내리는 것을 발견했다. 진한 적갈색 돌무더기가 점점 커지며 작은 산을 이루는 광경을 지켜보면서 저 많은 돌이 어디서 왔을까 문득 궁금해졌다. 저 돌들은 곧 용암 속에 녹아서 강철이 될 터였다.

포트탤벗 같은 제철소의 수는 점점 줄어들고 있다. 땅속 물질을 금속으로 탈바꿈하는 원시적 작업을 수행하는 용광로를 갖춘 제철소는 현재 전 세계에 겨우 500곳 정도가 남았다. 한때 영국은 그 어느 나라보다 강철을 많이 생산했다. 현대식 용광로와 강철 제조가 시작된 곳이 바로 영국이었다. 오늘날 중국은 영국이 산업혁명 이래로 생산한 강철의 총량보다 더 많은 양을 2년 단위로 생산해낸다.

내가 웨일스의 언덕에 앉아서 코크스로와 용광로에서 뿜어내는 연기와 증기를 바라보고 있던 그 순간, 멀리 런던에서는 치솟는 에너지 가격으로 신음하는 이 제철소를 정부가 구제할 필요가 있는가 하는 대화가 오가고 있었다. 포트탤벗의 운명이 위태로운 상황이었다. 그러나 지난 수십 년 동안 이런 논의가 몇 번이나 반복되었지만, 사람들은 이곳에서 1000여 년간 철을 생산해왔다. 이 제철소에서 100년 넘게 강철을 만들어왔으며, 세상이 기억할 수 없을 정도로 여러 번 국가의 지원을 받았다.

하지만 포트탤벗 제철소에서 목격했던 첨단 제조 기술과 나노 기술에도 불구하고, 이곳이 과거의 유물이라는 결론을 피할 수는 없었다.

아니, 여긴 과거의 유물 그 자체였다. 철강업, 그리고 그 기본 원료인 철광석 무역이 헨리 베서머 시대 이래로 가장 큰 변화를 맞이하려는 순간이었기 때문이다.

9장

강철로 만들어진 세계

폭발음 속에 사라지는 것들

지구상에 호주 필바라 같은 곳이 또 있을까? 기온은 섭씨 45도를 넘는 게 일상이고, 도로 표지판은 가장 가까운 주유소가 수백 킬로미터 떨어져 있다고 경고한다. 유칼립투스와 여러 관목으로 뒤덮인 이 뜨거운 땅은 형형색색의 만화경 같은 모습이다. 협곡 아래에는 바위 무화과와 네온핑크색 솜털이 달린 양꼬리풀이 자라고 있다. 짙은 붉은색의 병솔나무, 대가 크고 보라색 꽃을 피우는 애슈버턴콩도 있지만, 무엇보다 한눈에 봐도 분명한 필바라 토양이 바로 여기에 있다.

계곡도 산도 붉은 바위 천지이고 곳곳에서 붉은 먼지가 날린다. 호주인들이 와일드 웨스트Wild West라고 부르는 길고 곧은 도로를 주행하다 보면 붉은 먼지가 부츠와 옷, 차창에 달라붙는다. 필바라 토양이 '녹'처럼 보이는 이유는, 실제로 그 흙이 녹이기 때문이다. 대부분의 토양은 철분을 함유하고 있으나 필바라처럼 거대한 땅 전역에 철분이 농축되어 있는 곳은 찾아보기 힘들다.

필바라의 바위를 자르면 굉장히 놀라운 단면이 드러난다. 마치 원주민들의 공예품처럼 보이기에 지질학적 태피스트리라 불러도 손색이 없을 정도다. 철, 처트chert, 셰일, 실트암, 돌로마이트dolomite로 이루어진 연속적인 층이 시간의 흐름을 따라 꿈틀거린다. 지질학에서 이보다 매력적인 장면은 좀처럼 만나기 힘든데, 이 단층은 지구 역사에서 가장 빠른 시기인 선캄브리아기에 있었던 해양 활동의 흔적이다.

이런 종류의 철광석이 피처럼 붉다는 사실은 결코 우연이 아니다. 피를 뜻하는 그리스어 하이마haima에서 이름을 따온 적철석hematite은 우리 정맥 속에 흐르는 피처럼 산화 상태의 철 원자를 함유한다. 러시아의 자석산에서 발견되는 검은 자철석magnetite, 화성 표면뿐만 아니라 지구 곳곳에서도 발견되는 갈색 갈철석limonite 등 다른 종류의 철광석도 있긴 하다. 하지만 그 어떤 철광석도 적철석처럼 매혹적이지 않다.[1]

이곳에서 사람들은 선사시대 이래로 돌을 쪼개서 도끼와 여타 도구를 만들어왔다. 돌을 사용해서 곡식을 갈았고 동물을 사냥했으며 때로는 동굴 벽에 그림을 새겼다. 4만 년 전, 이곳의 수렵채집인들은 하루에 평균 43킬로미터를 이동하면서 먹잇감을 뒤쫓았다. 겨울에는 천연 동굴 안에서 불을 피워 쉬다가 이동했다. 이곳에서 고고학자들은 돌과 뼈를 가공한 새로운 흔적을 발견했는데, 그 연대는 수만 년 전까지 올라간다. 스톤헨지나 기자의 피라미드군 같은 고대 유적보다 훨씬 더 오래된 것이다.

그러나 오늘날 돌을 쪼개거나 파내는 행위의 성격은 완전히 다르다. 호주 뉴먼 외곽의 웨일백산을 보자. 이 산은 현대 광산의 위대한 아이콘 중 하나이다. 웨일백산 자체는 오래전에 사라졌고 길이 6킬로미터, 너비 3킬로미터의 구멍이 그 자리를 지키고 있다. 대지의 표면은 커다란 채굴기에 의해 파헤쳐지고 덩어리로 분쇄된 뒤 1.6킬로미터 길이의 거대한 열차로 운반된다. 이렇게 해서 중국이나 일본으로 선적된 철광석들은 상하이의 마천루, 도쿄에서 오사카를 연결하는 고속철도의 선로가 되었다. 다른 곳도 마찬가지지만, 21세기 아시아는 필바라 지역의 철로 건설되었다고 할 수 있다.

호주는 세계 최대의 철광석 매장량과 생산량을 자랑한다. 매년 경쟁국인 브라질보다 두 배 이상, 중국보다 세 배 이상 많은 양을 채굴한다. 여기에는 절대 작지 않은 의미가 있다. 1990년대 이래로 베이징의 주요 전략 목표 중 하나가 세계 최고의 철광석 산업국이 되는 것이었기 때문이다. 그러나 철강 생산, 콘크리트, 플라스틱, 기계 조립 등 거의 모든 분야에서 수십억 위안과 수십억 노동 시간을 들여 성과를 냈지만, 이 분야에서만은 예외였다. 전 세계 국가가 거래 가능한 상품 대부분을 중국에 전적으로 의존하고 있으나 철광석만은 어쩔 수 없었다. 중국도 철광석만큼은 호주에 상당 부분 의존한다. 결국 아무리 노력해도 지리적 상황에서는 벗어날 수 없는 것이다. 중국의 철광석 매장량은 필바라에 대적하지 못한다.

폭발음 속에 사라진 것들

지질학자들은 필바라에 상당히 많은 철광석이 매장되어 있으리라고 오래전부터 추측했다. 1890년 호주의 지질학자 해리 페이지 우드워드 Harry Page Woodward는 이런 의견을 냈다. "그 위치만 찾아낸다면 전 세계에 공급할 충분한 철광석을 발견할 수 있을 것이다." 1952년 11월, 그 이야기는 현실이 되었다. 랭 행콕 Lang Hancock이 아내 호프와 함께 퍼스로 돌아가는 길을 찾던 중에 벌어진 일이었다.[2]

《뉴요커》에 따르면, 행콕은 '인물'이었다. 목이 굵고, 화를 잘 내며, 우익 성향을 딱히 숨기지도 않았다. 그는 한 인터뷰에서, 원주민에게 최선은 물에 약을 타 불임으로 만들어 그 집단을 말살하는 것이라고 주장하기도 했다. 그는 집안에서 물려받은 유산과 몇 년 전 석면 광산을 처분한 수익으로 상당한 재산을 소유하고 있었다. 열성적인 조종사였던 행콕은 쌍발엔진 비행기로 해머즐리산맥을 넘어오던 중 폭풍우를 만났다.[3)]

해머즐리산맥은 뉴먼 북서쪽에서 시작하여 포테스큐강을 향해 약 480킬로미터를 뻗어 있다. 거친 강물이 조각해 놓은 산등성이, 고원, 협곡 등 온통 바위투성이인 곳이다. 노련한 조종사 행콕은 전방의 먹구름을 보고서 고도를 낮추고는 협곡 사이를 요리조리 통과하기 시작했다. 그러던 중 엄청난 광경을 목격했다.

"단단한 철벽처럼 보였어요. 녹이 슨 듯한 색을 보고 있자니 마치 자기가 산화철이라고 소리 지르는 것 같았죠." 훗날 호주 방송에 나와서 행콕이 한 말이다.[4)]

그러나 행콕의 전기 작가들은 그의 이야기를 의심한다. 그날 해머즐리산맥에 비가 내렸다는 기록을 어디서도 찾을 수 없기 때문이다. 아무튼 행콕은 맑은 날에 다시 산맥을 찾아가서 그곳을 자세히 살펴보았다.

암석에 철분이 얼마나 들어 있는지 확인하는 가장 간단한 방법은 조각을 내서 손에 쥐어보는 것이다. 철광석은 무겁다. 그것도 대부분의 암석보다 현저히 무겁다. 해머즐리산맥은 무거운 적철석으로 이루어졌는데, 전 세계에 공급하기에 충분한 양의 철광석이다. 행콕이 이곳을 발견했을 당시 호주 사람들 사이에서는 두 세대면 고갈될 양이라는 게 지배적 견해였고 철광석 수출 금지령까지 내려졌다. 하지만 1960년에 수출 금지령이 해제된 뒤, 행콕은 런던의 광산기업인 리오틴토Rio Tinto를 설득하여 해머즐리산맥에서 채굴 작업에 착수하도록 했다. 리오틴토는 이곳에서 생산되는 철광석 1톤당 2.5퍼센트의 로열티를 행콕에게 지불하기로 약속했다. 2.5퍼센트라는 수치가 적어 보일 수도 있지만, 철광석 채굴량이 어마어마하다 보니 로열티 규모도 상당했다. 리오틴토는 처음에는 일본으로, 그다음 중국으로 철광석을 수출하기 시작했고, 그 결과 행콕은 호주 최고 부자 중 한 사람이 되었다. 랭 행콕이 1992년에 사망하자 그의 회사와 로열티 수익은 딸 지나 라인하트Gina Rinehart가 상속받았다. 지나 라인하트는 계모와 치열한 법정 다툼 끝에 상속권을 획득했는데, 그녀는 계모가 아버지를 죽이려는 음모를 꾸몄다고 비난했다.[5]

반세기가 지난 지금, 리오틴토는 웨일백산에서 채굴 중인 BHP빌리턴BHP Billiton과 더불어 해머즐리산맥에서 철광석을 채굴하는 선두 기업 자리를 고수하고 있다. 폭발물로 땅을 폭파한 다음에 흙을 파헤치는 그들의 채광 기술은, 19세기 미국 미네소타주 북동부의 메사비산맥에서 앤드루 카네기의 기계들이 시작했던 방식을 이어받은 직계 후손이라 할 수 있다. 슈피리어호와 평행선을 그리는 거대한 철강 벨트는 미국 철강업의 원천이었고, 그 덕분에 미국의 자동차 산업과 최초의 마천루들이 생겨날 수 있었다. 그들은 메사비산맥에서 거대한 굴착기를 사용하여 땅을 개간했고, 인류와 대지의 관계에 새로운 장을 열었다. 이로써 더는 채굴이 곡괭이와 굴을 의미하지 않게 되었다. 이곳에서 채굴은 전체 풍경을 벗겨낸 다음에 그것을 운반하여 강철로 가공하는 일을 의미했다. 오늘날 산맥의 철밭은 카네기 제국의 정점 위에 세워진 US스틸이 운영하고 있지만, 한때 엄청난 양의 철광석을 자랑하던 이 일대는 대부분 매장량이 고갈된 상태이다. 이제 사람들은 저렴한 철을 빠르게 얻고자 할 때 필바라로 향한다.

랭 행콕의 확고한 신념 중 하나는 원하는 곳에서 채굴할 수 있어야 한다는 것이었다. 설사 그곳이 호주에 최초의 이민자들이 도착하기 수만 년 전부터 살았던 부족들의 성지라고 해도 개의치 않았다. 1970년대까지 호주 채굴기업들은 수백 제곱킬로미터의 땅을 밀어버리고 조상 대대로 살아온 사람들을 쫓아냈다. 미국 네바다주의 쇼쇼니족을 생각해도 그렇고, 이것은 대부분의 문화권에서 용납될 수 없는 행위였다. 땅과 긴밀히 연결된 드리밍Dreaming이라는 철학을 갖고 있던 호주 원주민에게 이것은 더더욱 파괴적 행위였다. 각 부족에는 조상신들이 어떻게 이 붉은 산의 터와 지형을 창조했는지에 관한 전설이 전해진다. 그러므로 땅을 훼손하는 일은, 코란이나 성경보다 수만 년 앞선 드리밍을 훼손하는 행위가 된다. 호주 원주민만큼 오랜 문화와 역사를 보유한 사람들이 또 있을까? 원주민들은 자신들의 역사가 필바라 철광석에 새겨져 있다고 믿는다.

성지를 무분별하게 파괴하는 행위는 1972년에 '원주민 유산법'이 통과되면서 종식되리라 여겨졌다. 원주민 유산법에 따르면, 리오틴토와 다른 광산기업들은 원주민을 이 땅의 전통적 소유자로 인정해야 한다. 그래서 광산기업들은 채굴에 대하여 원주민과 협의해야 했고, 중요한 문화적·역사적 가치를 지닌 것은 그 무엇도 파괴해선 안 되었다. 그러나 종종 일이 아주 잘못된 방향으로 흘러갈 때가 있는데 다음의 경우가 그랬다. 이제 이야기의 무대는 브록만 4광산Brockman4으로 옮겨간다.

　이름에서 알 수 있듯이, 브록만 4광산은 브록만 광산(사실은 브록만 2광산)에서 파생된 광산이다. 브록만 광산은 랭 행콕이 해머즐리산맥에서 가장 먼저 개발한 주력 광산이었다. 이곳에서 나오는 철광석은 품질이 우수했고, 적철석 광맥이 광활한 산과 계곡에 걸쳐 있었으므로 전도유망한 광산으로 여겨졌다. 그래서 2013년 리오틴토는 광산의 규모를 더 키워서 필바라에서 두 번째로 큰 광산을 만들기로 하고 승인 절차를 밟았다.

　광산의 확장 범위에는 주칸 협곡이 들어갔다. 주칸 협곡은 필바라의 지류 중 하나로 평소에는 무척 건조한 곳이다. 우기가 시작되면 펄리쿠티 개울로 물이 흘러가는데, 이곳에서 살던 사람들은 물길에서 이름을 따서 푸투쿤티쿠라마Puutu Kunti Kurrama라는 부족명을 지었다. 매우 오랜 세월 동안, 푸투쿤티쿠라마 부족은 개울과 계곡을 걸으며 약초를 캤고 때로는 근처 동굴에 몸을 숨겼다. 주칸 협곡에는 이런 동굴이 두 개 있었다. 뱀의 머리 모양을 한 바위 사이에 락풀rock pool도 있었는데, 푸투쿤티쿠라마 부족에 전해지는 드리밍에 따르면 아주 오래전에 물뱀이 이곳을 지나가면서 바위 사이에 물웅덩이가 생겼다고 한다.

　이곳이 얼마나 특별한지는 리오틴토가 파견한 고고학자들에게 확인되었다. 철광석 조각으로 만든 도구들, 수만 년 전의 유물들이 발견된 주칸 협곡 동굴들은 고고학적으로 높은 가치를 갖고 있었다. 고고학자들은 가능한 한 이곳이 보존되어야 한다고 보고했다. 리오틴토는 고고학적 유적지를 우회하는 세 가지 대안을 검토했다. 하지만 그 대안들을 실현하려면 약 1억 3500만 달러의 가치를 지닌 810만 톤의 철광석을 포기해야 했다. 결국 2013년 말, 리오틴토는 동굴들을 '건드리는'

행위에 대한 정부 허가를 신청했고, 두 달 뒤 허가가 떨어졌다. 리오틴 토가 해야 하는 일이라곤 동굴을 건드린 지 60일 이내에 원주민 유적지에 미친 영향만 다시 보고하는 것뿐이었다.[6] 서류 수속은 끝났고, 시곗바늘은 계속 움직이고 있었다.

그러나 고고학자들이 더 깊이 파고 들어가자 더 많은 보물이 발견되었다. 그중에는 최초의 발굴물들보다 더 오래된 유물들도 있었는데, 연대가 4만 년 이상이었다. 숫돌, 돌의자, 캥거루 뼈를 깎아서 만든 창, 사람의 머리카락을 꼬아서 만든 벨트가 나왔다. 벨트의 머리카락에 남아 있던 유전자는 푸투쿤티쿠라마 부족의 것과 일치했다. 전문가들은 이 동굴들이 매우 중요할 뿐만 아니라 '호주에서 가장 의미 있는 고고학 유적지 중 하나'라는 결론을 내렸다. 사람들은 마지막 빙하기 동안, 그리고 그 후에도 이 동굴들로 피신했고, 드물지만 현대에도 그런 방문은 계속되고 있었다. 다시 말해서 이곳은 고대와 오늘날의 주민들을 이어주는 끊어지지 않는 끈이자 매우 심오한 다양성을 지닌 살아있는 역사였다.

그런데 하필 이 동굴들의 천장, 그러니까 고대 원주민들의 피난처 지붕에 있는 철광석이 바로 리오틴토가 찾던 것이었다. 고고학자들이 보고서를 제출한 뒤에도 리오틴토는 동굴의 고고학적 중요성이 '낮거나 중간 정도'라고 계속 폄훼했다. 그들은 정부 허가가 떨어진 순간부터 동굴들을 파괴할 계획을 세우고 있었다. 고고학자들에게 조사를 시킨 목적도 동굴 보존이 아니라 채굴기와 발파공이 도착하기 전에 보물들을 치우기 위해서였다. 결국 유물들은 광산 부지의 선적용 컨테이너로 옮겨졌다.

채굴은 느리고도 반복적인 공정이다. 한 구역을 폭파해서 파내고 정리한 뒤 다음 구역으로 옮겨 가서 같은 작업을 반복한다. 위성 사진을 보면, 브록만 광산이 동굴들 방향으로 서서히 확장 중인 모습을 확인할 수 있다. 2010년 9월, 브록만 광산은 주칸 협곡에서 4.4킬로미터 떨어져 있었다. 그러나 2015년 무렵에는 고작 300미터 이내에 있었다. 2019년 11월에는 120미터 거리였다. 한때 계곡에 그늘을 드리웠던 산은 이미 정수리가 벗겨졌다.

푸투쿤티쿠라마 부족은 광산 확장에 따라 금전적으로는 이득을 봤다. 동굴 지역에서 나오는 철광석만으로도 310만 달러의 보상금을 받았을 것이다. 그토록 귀중한 계곡과 동굴들을 리오틴토가 파괴할 가능성은 희박해 보였다. 회사의 모호한 계획이 그런 인상을 더욱 강화했다. 그러나 2019년 말, 채굴기가 계곡 입구까지 다가왔고 고고학자 헤더 빌스Heather Builth가 원주민 공동체 구성원들과 함께 이곳을 한 번 더 조사했다. 그녀는 광산 운영책임자인 브래드 웨브Brad Webb를 만나서는 주칸 협곡 방향을 가리키면서 앞으로의 계획을 물었다.

그녀는 이렇게 회상했다. "웨브는 내게 광산을 주칸 협곡까지 확장할 계획은 없다고 했어요. 동굴들을 보호하기 위해 발파에 따른 진동 효과도 추적하고 있다고 했죠." 웨브는 그 순간을 다르게 기억했다. 그녀가 정확히 어디를 가리키는지 알 수 없었고, 자신이 확실하게 대답한 것도 아니라고 했다. 헤더 빌스는 동굴들을 구했다고 생각하며 떠났고, 리오틴토는 특별히 그녀의 말을 반박하려 하지 않았다. 사실 리오틴토는 몇 달 안에 동굴을 파괴할 예정이었다.

방사성 탄소 연대 측정에 따르면 주칸 2동굴은 4만 6000년 전에 만들어진 곳으로, 필바라에서 가장 오래된 동굴이었다. 하지만 이제 동굴의 남은 절반은 발굴을 기다릴 시간이 없었다. 이곳에 더 많은 보물이 묻혔다면? 부족 원로들이 점점 크게 목소리를 내면서 이 유적지의 문화적 중요성도 더 강조되었다. 주칸 협곡은 사람들에게 피난처일 뿐만 아니라 조상들의 영혼이 쉬어가는 곳이기도 했다.

2020년 초, 이 정보를 전달받았을 때 리오틴토는 막 개발 준비 작업을 시작한 참이었다. 4월, 동굴들 위쪽으로 11미터의 구멍이 뚫렸다. 5월 초, 바위를 산산조각 낼 중간 속도의 충격파를 만들기 위해 질산 암모늄ammonium nitrate 폭약으로 구멍을 채웠다. 일단 폭약을 설치하고 나면 폭탄 처리만큼이나 제거가 어려우므로, 구멍이 채워진 순간부터 돌이킬 수 없는 일이 된다. 동굴들이 보존되리라고 낙관적으로 생각하고 있던 푸투쿤티쿠라마 부족 대표들에게 5월 15일에 발파 작업이 있을 예정이라는 통보가 도착한 건 이미 폭약 설치가 완료된 시점이었다.[7]

원주민들과 부족 대표들이 발파를 막으려고 애쓰던 며칠 동안 공포와 혼란의 시간이 이어졌다. 그들은 리오틴토에, 정부에, 변호사들에게 호소했다. 그러나 리오틴토는 너무 늦었다고 답할 뿐이었다. 폭약은 이미 설치가 끝났다. 폭약 제조사는 설치로부터 14일 이내에 발파해야 한다고 권고했다. 리오틴토는 발파를 며칠 미루기는 했지만 결국 2020년 5월 24일 발파 버튼을 눌렀다.

주칸 1동굴은 산산조각이 난 바위와 자갈 더미로 뒤덮였지만, 지붕과 동굴 벽의 윤곽은 살아남은 듯했다. 그러나 주칸 2동굴은 그렇지 못했다. 4만 6000년 전에 사람이 살았던 흔적이 있고, 발굴을 기다리는 보물들이 많이 남아 있을 것으로 추정되던 주칸 2동굴은 완전히 파괴되었다. 지붕, 벽, 입구가 사라져 버렸다.

그 뒤에 일어난 소동은 광업 역사상 가장 큰 기업 위기를 촉발했다. 호주 의회의 조사 결과, 리오틴토가 폭약을 제거하는 것은 불가능하다고 원주민들에게 말했음에도 불구하고 실제로는 폭약 일부를 회수한 것으로 드러났다. 원래 계획대로였더라면 신성한 뱀 모양의 물웅덩이도 파괴되었을 터인데, 리오틴토가 법적으로 파괴할 권리를 갖지 못한 지역이었다. 동굴 위쪽의 폭약을 제거하려는 노력은 전혀 하지 않았다. 또한, 리오틴토는 협곡을 보호할 세 가지 대안을 검토했었다는 사실도 밝히지 않았다. 그래서 사람들은 다른 대안이 없는 줄 알고 있었다.

리오틴토는 이 사태를 사과했지만, 이후 몇 달 동안 내부 비리가 드러나면서 고위 간부들이 줄사퇴를 시작했다. 최고 경영자와 경영진 두 명이 사임했다(물론 그들은 퇴직금을 두둑이 받았다). 회장도 곧 뒤따라 사임했다. 리오틴토는 외부 감사단에게 내부 조사를 맡겼고, 그 결과 인종차별, 성차별, 괴롭힘, 성폭력이 만연해 있었다는 사실이 밝혀졌다.

푸투쿤티쿠라마 부족민들은 나중에 의회 조사단에 제출한 보고서에서 이렇게 말했다. "큰 충격을 받았어요. 조상들의 영혼이 안식처를 잃었다는 생각에 공포, 불안, 무력감을 느낍니다." 고령의 어느 푸투쿤티쿠라마 여성에 대해서는 이렇게 말했다.

● 그녀는 90대 후반으로 상당히 허약한 상태였다. 그녀는 주칸의 마지막 딸이었고, 자신의 아버지 이름을 따서 협곡과 동굴에 이름을 붙였다. 그녀의 아버지는 많은 이에게 존경을 받는 선조였다.
아무도 그녀에게 협곡과 동굴이 소실되었다고 이야기해주지 않았다. 그녀가 충격으로 세상을 떠날까 봐 다들 두려워했기 때문이다. 모두 그녀가 그 사실을 절대 알지 못하기를 바랐다.

다행스러운 일도 있었다. 락풀은 대부분 그대로 남아 있었다. 몇 달 뒤 락풀 안에서 비단뱀 한 마리가 발견되었는데, 원주민들에 따르면, 영성과 신성함이 계속 이어진다는 증거였다. 두 동굴에서 나온 유물들은 선적용 컨테이너에 보관 중이었지만, 필바라의 다른 곳에서 벌어진 일을 보건대 아무도 유물들이 안전하다고 생각하지 않았다. 1990년대 마란두 광산에서 동굴을 폭파할 때 그곳에서 발견된 유물들 역시 보관했지만, 나중에 다윈시의 쓰레기 매립지에 버려졌다는 사실이 밝혀졌다.

화약 폭발은 21세기 필바라의 심장 박동이다. 필바라에서 한동안 머물다 보면 멀리서 쿵 쿵 쿵 하고 들려오는 폭발음에 곧 익숙해진다. 이것은 지구상에서 가장 오래되고 아름다운 철광석 지층을 폭파하여 돌덩어리로 파쇄하는 소리이다. 리오틴토에서만 매년 100만 개의 구멍을 발파하는데, 30초당 구멍 하나를 발파하는 셈이다. 물론 실제로는 몇백 개의 구멍을 한꺼번에 발파하지만 말이다. 매년 100~200곳의 귀중한 고고학적·문화적 유적지가 정부의 승인 아래 파괴된다는 추정도 있다. 아무튼 이곳은 철광석 매장량만큼이나 문화와 역사도 풍부한 땅이다.

철, 금, 우라늄, 구리, 리튬 같은 광물이 많이 매장된 곳 치고 그 땅에 사는 사람들의 권리와 기억을 침해하지 않은 경우는 거의 없다. 주칸 동굴들의 파괴와 관련하여 가장 마음에 걸리는 점은 우리 모두가 어떤 식으로든 여기에 얽힌 공모자라는 사실이다. 호주산 값싼 철광석은 중국이 전 세계에 저렴한 상품을 계속해서 공급할 수 있었던 주요 이유이다. 호주산 철광석으로 강철을 생산하면, 중국이 그 강철로 공장을 세우고 기계를 만든다. 이 공장과 기계에서 우리가 사용하는 스마트폰이 만들어지고, 배터리가 조립되고, 아이들의 장난감이 제작된다.

오늘도 내일도 필바라에서는 거대한 발파가 반복되고 철광석 수천 톤이 상공에 날아올랐다가 암석 더미 위에 내려앉을 것이다. 이 암석들은 교회 크기만 한 굴착기로 채굴되어 분쇄 및 분류 작업을 거친 뒤 북쪽의 포트헤들랜드로 향하는 열차에 실린다. 포트헤들랜드에는 철광석, 소금, 리튬 등을 선적하는 대규모 수출항이 있다. 필바라 철광석은 대형 선박에 실려 중국, 일본, 한국, 미국 등 전 세계로 수출된다. 웨일스 남부의 포트탤벗 제철소까지도 항해한다.

필바라의 값싼 철광석은 국가 간 1인당 강철 불평등을 점차적으로 바로잡는 중이다. 아시아와 아프리카 국가들이 다른 지역과 생활 수준을 맞추는 데 필요한 고속도로, 철로, 학교, 의료 시설을 건설하는 데 도움을 준다. 하지만 그 대가로 필바라에서 거대한 산과 계곡을 깎아내고, 문화 유적지를 훼손하고, 엄청난 양의 이산화탄소를 배출한다는 사실을 그냥 넘길 수는 없다. 그렇기에 우리는 철광석을 채굴하는 좀 더 나은 방법이 없을까 묻게 된다.

고철의 시대가 온다

그럼에도 불구하고 미래를 낙관할 수 있는 몇 가지 이유가 있다. 철광석, 그리고 용광로에서 새로 만든 강철에 대한 수요가 상당수 선진국에서 줄어들고 있기 때문이다. 미국과 영국의 1인당 강철 소비량은 수십 년간 거의 변화가 없었는데, 이는 한 사회가 병원과 철로를 충분히 보유하면 강철 수요가 포화점에 도달한다는 사실을 시사한다. 어느 수준에 도달하면, 제번스의 역설이 더는 적용되지 않고 '이제 충분하다'라고 생각하게 된다.

강철은 비교적 재활용이 쉬운 편이다. 대부분 철분으로 되어 있어 자성을 띠므로 다른 쓰레기들로부터 쉽게 분리할 수 있기 때문이다. 수십 년간 사용한 철골 대들보나 강철 플레이트를 재활용하거나 재사용하지 못할 까닭이 없다. 실제로 이미 우리는 이런 곳에서 상당한 양의 강철을 얻고 있다. 요즘은 전통적 용광로보다 미니밀mini-mill에서 강철을 더 많이 생산하는데, 전기 아크로에 고철을 녹여 강철을 만드는 전혀 다른 방식이다. 오래된 고층 빌딩과 자동차가 새로운 철근이나 강철 플레이트로 재생되면서, 현재 미국 내 강철의 3분의 2 이상이 고철에서 탄생하고 있다.[8]

사정이 이러하니 잠깐만 생각해봐도 선진국들이 강철 재활용에 거의 전적으로 의존하는 미래를 쉽게 떠올릴 수 있다. 30~40년마다 낡은 건물과 기반 시설을 해체하여 고철을 얻은 뒤, 그것을 전기로에서 녹여서 액상 강철로 다시 만드는 식이다. 산업혁명을 낳은 용광로와 베서머 전로의 시대는 '고철강scrap steel의 시대'에 자리를 내줄 것이다. 이 엄청난 변화를 향해 우리는 이미 서서히 나아가는 중이다. 현재 추세에 따르면, 21세기 후반에는 철광석보다 재활용 고철에서 더 많은 강철을 얻을 것이다. 필바라의 심장박동은 점차 느려지고, 중국은 갑자기 너무 많은 용광로를 갖게 될 것이다. 중국이 지난 수십 년간 독일과 미국에서 공장을 벽돌 하나까지 통째로 수입했던 것과 비슷하게, 앞으로는 아프리카로 제강 공장들이 옮겨질 것이다.[9]

재활용 강철을 생산하는 미니밀이 친환경에너지에서 전력을 얻는다면, 이것이야말로 '그린스틸green steel'이라 할 수 있다. 이렇게 되면 적어도 앞으로 몇 세대 동안은 용광로가 필요하지 않을 수 있다. 물론, 이모든 것은 고철을 재활용하는 능력을 얼마나 향상할 수 있는지에 달려 있다. 현재 대부분의 재활용 강철은 낮은 품질 때문에 건설 현장에서만 사용한다. 자동차는 여전히 새 강철로 만든다.[10]

용광로와 탄소 배출 없이 새 강철을 만드는 방법도 있다. 직접환원제철은 포트탤벗에서처럼 석탄을 잔뜩 투입하지 않고, 이산화탄소 배출도 없이 철광석을 가공해 철을 만드는 기술이다. 그러나 여기에는 몇 가지 문제점이 있다. 첫째, 이러한 그린스틸을 만들려면 엄청난 양의 수소가 필요하다. 화석연료를 태우지 않고 그린수소green hydrogen를 만드는 공정은 비용이 매우 많이 든다. 둘째, 그린스틸은 아무 철광석으로나 만들 수 없다. 지금의 용광로에 집어넣는 것보다 훨씬 높은 등급의 펠릿pellet이 필요한데, 펠릿은 철광석을 빻아서 구슬 형태로 가공한 원료이다. 필바라 철광석은 새로운 그린스틸의 기준을 충족하지 못할 수도 있다. 지난 몇 년간 최고급 철광석이 계속 채굴되면서 필바라에서 나오는 철광석의 품질이 떨어지고 있기 때문이다.

이러한 사정으로, 고급 철광석의 새로운 매장지를 찾으려는 작업이 전 세계 곳곳에서 한창이다. 가장 유력한 후보지는 브라질의 파라에 있다. 이곳에서 철광석을 발견한 과정은 해머즐리산맥에서 랭 행콕이 철광석 광맥을 발견한 이야기와 무서울 정도로 비슷하다. 1960년대에 US스틸 브라질 지사 소속의 2인용 헬리콥터가 이 지역의 산 위에 긴급 착륙한 일이 있었다. 불시착 이유는 아직도 밝혀지지 않았지만, 업계 전문가들 사이에서는 지질학자 한 명이 급히 볼일을 봐야 했기 때문이라는 설이 유력하다. 그는 헬리콥터에서 내려서 급히 볼일을 봤는

데, 땅이 이상한 색으로 바뀐 것을 알아차렸다. 주변의 돌들도 같은 색깔이었다. 돌 하나를 집어봤더니 놀라울 정도로 무거웠다. 망치로 돌을 때리자 쫙 갈라지면서 선명한 붉은색 표면이 드러났다. 믿을 수 없을 정도로 순수한 철광석이었다. 이런 경위로 발견된 카라자스 광산Carajás은 단일 규모로는 세계에서 가장 큰 철광석 광산이다. 오늘날 광산업계에서 탐사 지질학자에게 가장 중요한 덕목은 작은 방광이라는 우스갯소리가 떠도는 이유이다.

카라자스 광산에도 한 가지 문제점이 있는데, 아마존 열대 우림의 가장자리에 위치한 광산이라는 점이다. 카라자스 광산을 채굴 중인 브라질 광산기업 발레Vale는 환경을 민감하게 살피며 필요한 조치를 전부 취하고 있다고 주장한다. 하지만 지표면을 깎아내지 않고 철광석을 채굴하기란 매우 어려운 일이다. 1제곱킬로미터를 채굴했다는 말은 곧 1제곱킬로미터만큼 삼림을 파괴했다는 뜻이기도 하다.

그래서 새로운 그린스틸에 적합한 고급 철광석을 찾는 작업이 여전히 계속되고 있다. 서아프리카 기니도 매우 풍부한 철광석 매장층을 보유하고 있다. 리오틴토가 중국 컨소시엄과 함께 이곳의 채굴권을 소유하고 있는데, 현재는 정치 문제로 고전하는 중이다. 2022년 초, 군사 정권이 갑자기 채굴 중지 명령을 내렸기 때문이다.

또 다른 선택지는 자철석 매장지를 찾는 것이다. 철광석의 또 다른 종류인 자철석은 적철석보다 순도가 떨어지긴 하지만, 철광석 펠릿을 만드는 데 도움이 된다. 스웨덴 북부의 키루나 광산Kiruna mine에서는 오랫동안 채굴 작업을 해왔으나 순도 높은 철광석이 아직도 꽤 묻혀 있다. 양차 세계대전에서 사용된 무기는 대부분 키루나 철광석으로 만들어졌으며, 오늘날에도 스웨덴은 그린스틸 개발에서 선두를 달리고 있다.

마지막으로, 철의 이야기는 다시 시작점으로 돌아간다. 한때 소련으로 불렸던 곳들이다. 러시아 마그니토고르스크의 자석산은 나침반이 제대로 작동하지 않을 정도로 자력이 강하다. 도시가 건설된 지 100여 년이 지났지만, 여전히 고급 철광석이 채굴된다. 우크라이나 크리비리흐 광산Kryvyi Rih은 풍부한 자철석을 보유한 곳으로 한때 아조우스탈 제철소에 상당한 양의 광석을 공급했다.

이 장소들은 강철이 현대 사회의 근간을 이루는 한 매우 중요하다. 물론, 강철을 대체할 수 있는 다른 물질들도 있다. 목재로 마천루를 쌓아 올릴 수도 있다. 탄소섬유carbon fibre와 유리섬유 등 무게 대비 강도가 더 뛰어난 물질들도 있다. 강철 대신 알루미늄으로 자동차 차체의 상당 부분을 만들 수도 있다. 하지만 우리는 여전히 강철로부터 벗어날 수 없다. 왜일까? 부분적으로는, 강철이 다른 경쟁자들에 비하여 여전히 물질적이고 실용적인 이점을 갖고 있기 때문이다. 알루미늄으로 만든 자동차라도 안전도를 높이려면 붕소강boron steel이 필요하다. 강철을 만드는 데 드는 탄소 비용이 높은 편이긴 하지만, 원유와 천연가스로 만드는 탄소섬유의 탄소 비용보다는 낮다.

결국 우리는 다음과 같은 결론에 도달한다. 인간이 강철을 만드는 일에 매우 능숙하다는 것이다. 그리하여 물질의 세계에서 반복되는 주제와 또 한 번 만나게 된다. 물질의 유용함을 판가름하는 기준은 물리적 특성만이 아니라 그것을 매우 쉽고 비교적 저렴한 가격에 획득할 수 있는지이기도 하다. 철이 이토록 흔해진 시점은 언제일까? 삼림을 벌채하는 대신 화석연료를 이용하기 시작한 때부터이다. 그 결과 탄소 시대가 열리긴 했지만 말이다. 강철이 세상을 바꾸기 시작한 순간은,

수천 년 전 처음 발견되었을 때가 아니다. 헨리 베서머가 몇 시간이나 며칠이 아니라 몇 분 만에 강철을 만드는 제강법을 개발하면서부터이다.

이렇게 해서 오늘날의 세계, 즉 강철로 만들어진 세계가 완성되었다. 우리가 거주하는 건축물, 우리가 이용하는 기반 시설과 운송 수단, 상품을 제조하는 도구 모두 강철로 만들어졌다. 강철은 모든 것을 압도하는 전형적인 금속이다. 그다음으로 많이 사용하는 금속은 알루미늄인데, 2021년에 알루미늄 1톤당 강철 28톤을 생산했을 정도로 둘 사이의 격차는 매우 크다. 강철에 대적할 만한 금속이 하나 있긴 하다. 이 금속을 채굴하려면 훨씬 먼 거리를 가서 어떤 금속을 채굴할 때보다 더 많은 토양을 파헤쳐야 한다. 인류가 지금껏 철을 얻기 위해 파낸 구멍과 광산은 눈이 휘둥그레질 정도로 많다. 그러나 물질 세계의 다음 주인공을 손에 넣기 위해 들이는 노력에 비하면 아무것도 아니다.

PART 4

구리

보이지 않는 연결된 세계

10장

구리의 시대

어둠에서 빛으로, 전력망의 탄생

"형제자매 여러분, 세상에서 가장 중요한 일은 가슴속에 하나님의 사랑을 품는 겁니다. 그다음으로 중요한 일은 집에 전기를 들이는 겁니다."

1940년대 초반, 테네시주 시골 교회에서 어느 농부가 이렇게 말했다. 얼마 전 자신의 농장에 전기가 막 들어온 참이었다. 저녁이 되면 작은 언덕에 올라가 자기 집을 내려다보는 그의 모습이 종종 목격되었다. 그는 집, 헛간, 훈연장에서 흘러나오는 환한 빛을 보면서 감격을 금치 못했다.[1]

이 일화는 당대의 풍경을 잘 보여준다. 미국의 도시부터 시골까지 전기가 보급되면서 사람들의 생활상이 대대적으로 바뀌었다. 그 변화가 얼마나 급작스럽고 강렬했는지는 현대인의 감각으로 이해하기 어려울 수도 있다. 인간의 생활 수준을 향상시킨 혁명적 변화 중 전기만큼 갑작스럽고 큰 환영을 받은 것은 없다.

그 의미를 이해하기 위해 아이언iron의 사례를 살펴보자. 여기서 말하는 아이언은, 앞장에서 본 아이언(철)이 아니라 옷을 다리는 아이언

(다리미)이다. 오늘날 다리미는 오븐이나 청소기 같은 단순 가전제품보다 덜 주목받지만, 항상 그랬던 건 아니다. 옛날에는 다림질이 지금과는 많이 달랐고 매우 어려웠다. 전기가 들어오기 전, 텍사스주의 어느 가정주부는 이렇게 말했었다. "다림질은 최악이에요. 그만큼 힘든 일이 없죠."[2]

당시 사람들은 매우 강인했고, '힘들다'라는 말의 정의도 오늘날과 질적으로 달랐다. 그들은 피부에 물집을 잡히게 하는 가성 비누로 몇 시간 동안 손빨래를 했으며, 우물에서 농가까지 물을 길어오느라 매년 수백 킬로미터를 걸어야 했다. 얼마나 일이 고됐는지, 농촌에 사는 여성들은 중년에 접어들면 눈에 띄게 허리가 굽었다. 1886년의 어느 연구에 따르면, 노스캐롤라이나주의 평범한 가정주부는 연간 238킬로미터를 걸어서 36톤의 물을 길어 왔다. 난로용 땔감을 집으로 가져오는 수고는 포함하지 않은 계산이었다. 물 끓이기는 아주 고된 노동이었고 다림질은 그보다 더 힘들었다.[3]

오늘날 우리가 사용하는 다리미는 경량 강철이나 알루미늄 베이스를 부착한 플라스틱 제품이다. 그러나 전기가 없던 시대의 다리미는 무겁고 단단한 쇳덩어리였다. 현대의 다리미보다 세 배나 무거웠는데, 이렇게 해야 열을 보존할 수 있었기 때문이다. 셔츠 한 장을 다릴 때마다 난롯가를 왔다 갔다 하면서 난로 위에서 다리미를 두 번씩 덥혀야 했다. 다리미를 쓰려면 매번 난롯불을 지펴야 했고, 델 듯이 뜨거운 다리미의 표면에서 난로 검댕을 갈아서 긁어내야 했다. 그 덕분에 당대 농가 여인들의 손은 상처투성이였다.

전기가 소도시와 마을에 들어왔을 때, 대부분의 가정에서 가장 먼저 구매한 제품은 전기다리미였다. 이런 사실은 사람들의 기억 속에서 오래전에 잊혔다. 역사가들은 전기의 도입에 관해 이야기할 때 일반적으로 명백한 사실들만 언급한다. 흐릿하던 석유램프를 밝은 전구로 대체한 일, 전기펌프를 도입하여 더는 우물에서 물을 길어오지 않게 된 일 등을 말한다. 그러나 전기가 '하나님의 사랑' 다음으로 중요해진 것은, 일상생활의 거의 모든 면을 빠르게 개선했기 때문이다. 전기를 생산하여 각 가정으로 보내는 물질, 이러한 혁명을 초래한 물질은 바로 구리였다.

이 책에 등장하는 6대 물질 모두 현대 생활에 꼭 필요한 것들이지만, 구리에는 특별한 매력이 있다. 이 반짝거리는 금속은 고대 역사의 상징이자 미래의 열쇠이다. 광산 재벌 로버트 프리들랜드Robert Friedland는 이렇게 말했다. "생태 문제와 환경 문제를 고려한다면 모든 해결책은 구리에서 찾을 수밖에 없습니다." 미국의 투자은행 골드만삭스는 2021년에 발표한 보고서에서 "구리는 새로운 석유"라고 선언했다. 코발트와 니켈 같은 배터리 재료부터 네오디뮴 같은 희토류 금속까지, 세상의 많은 것이 잘 알려지지 않은 금속으로 만들어졌다. 하지만 근본적 중요성에서 구리를 능가할 금속은 없다. 다른 금속들은 구리만큼 다양한 기능을 발휘하지 못하기 때문이다. 구리는 열과 전기 전도성이 우수하다. 연성이 매우 커서 돌돌 말거나 늘이거나 와이어로 꼬아도 끊어지지 않는다. 강도, 부식에 대한 내성, 재활용 적합성 모두 뛰어난 금속이다.[4]

구리는 현대 사회를 지탱하는 위대한 기본 물질이지만 눈에 잘 띄지 않는다. 만약 구리가 없다면, 우리는 글자 그대로 어둠 속에 내몰릴 것이다. 강철이 세상의 뼈대를 세우고 콘크리트가 살을 붙인다면, 구리는 문명을 이루는 신경계라 할 수 있다. 구리로 만든 회로와 전선이 없다면 세상은 제대로 작동하지 못할 것이다. 구리 이야기는 인간의 생활 수준을 뒤바꾼 놀라운 변화뿐만 아니라, 인간이 금속을 찾아 캐내기 위해 얼마나 땅속 깊이 들어갔는가에 관한 기록이기도 하다. 콘크리트의 광범위한 사용부터 뜨거운 쇳물이 강철로 탈바꿈하는 과정까지, 물질 세계를 여행 중인 여러분이라면 이미 익숙할 내용이다. 이것은 규모와 결단에 관한 이야기이다. 구리는 일상에서 쉽게 볼 수 없기 때문에, 우리는 구리가 어떻게 여기까지 왔는지 깊게 생각하지 않는다. 구리는 유리보다 더 보이지 않고, 석유보다 덜 눈에 띄지만 마법적 특성을 지닌 비상한 금속이다.

구리의 마법을 확인할 수 있는 사례를 하나 살펴보자. 강하고 무거운 자석을 순수한 구리로 만든 순동판 위에 떨어뜨려보라. 물론, 더 쉬운 방법은 이 실험을 촬영한 영상을 인터넷에서 검색하는 것이다. 이때 일어나는 현상은 매우 놀랍다. 낙하하던 자석이 순동판과 부딪히기 직전 잠시 멈춘다. 공중에 매달린 듯 서서히 회전하던 자석이 순동판 위에 부드럽게 안착한다. 자석이 순동판에 가까워지면 구리 전자가 달라붙는데, 이것은 전자기의 보이지 않는 힘이 작용한 결과이다. 실제로 구리 옆에서 자석을 통과시키면 전류를 유도하게 된다. 이렇게 해서 현대의 가장 중요한 힘이 생성되는 것이다.[5]

스마트폰의 알림음부터 에어컨의 윙윙거림까지, 우리가 활동 혹은 에너지라고 분류할 수 있는 것의 상당수가 자석과 금속의 상호작용에서 파생된다. 이런 일들은 구리에서 시작하여, 구리로 연결된 장치까지 (구리와 철심iron core으로 된 수많은 변압기를 통과하여) 구리로 수송되는 전류에 의존한다. 하지만 구리는 대개 전선 피복 밑이나 접근할 수 없는 사회 기반 시설 내부에 감추어져 있으므로 크게 의존하고 있다는 사실을 체감하기 어렵다. 현대 전력망을 이루는 발전기와 변압기는 주로 강철과 구리로 만들어졌는데, 역사상 가장 중요하고 성공적인 발명품으로 손꼽혀야 마땅하지만 컴퓨터나 제트 엔진에 밀려서 무시당하기 일쑤이다. 물질의 세계에서 이런 일은 흔하다. 지금까지 열과 추진력을 얻기 위해 사용했던 화석연료 시스템을 앞으로 몇 년 안에 전기 시스템으로 교체하게 되면 구리에 대한 의존도는 더 높아질 것이다. 가장 최근의 에너지 전환을 살펴보기 전에, 현대에 있었던 두 번째 에너지 대전환에 대해 잠시 생각해보자.

미국 테네시주의 농장과 중서부의 학교, 런던과 중동의 가정 등 전기의 도입은 세상을 완전히 뒤바꾸었다. 성냥을 긋는 대신 스위치의 딸깍 소리로 빛을 소환할 수 있게 되자 모든 것이 변했다. 현대의 기준으로 봤을 때, 전기 이전 시대의 집들은 충격적일 정도로 어두웠다. 가스, 고래기름, 등유를 사용하는 가장 좋은 램프도 밝기가 100와트 전구의 15분의 1 정도도 미치지 못했다. 이 램프의 사용은 냄새 나고 위험한 데다가 매우 비싸기까지 했다. 경제학자 윌리엄 노드하우스William Nordhouse는 다음과 같은 계산을 했다. 100와트짜리 전구가 매일 저녁 몇 시간 동안 밝히는 빛의 양과 필적하는 양초를 사려면 19세기 노동자는 1,000시간을 일해야 했다. 반면에 현대의 노동자는 10분 정도만 일하면 된다.[6]

집이 더 밝아지자 집 안이 더 깨끗해졌다. 학교가 더 밝아지면서 학생들이 더 쉽게 읽고 배울 수 있게 되었고 학업 성취도가 더 높아졌다. 거리가 밝아지면서 더 안전해졌고, 일터가 밝아지면서 더 오래 일할 수 있게 되었다. 안경 렌즈가 나이 든 사람들의 노동 연령을 늘렸듯이 전구는, 특히 북반구 국가에서 매일 귀중한 시간을 늘려주었다. 하지만 빛은 시작에 불과했다. 20세기 초 전기가 널리 보급된 이후 전기는 세상을 지배하는 에너지가 되었다.

현대 사회에서 가장 저평가된 경제적 사건을 이야기할 때 전기모터의 탄생을 빼놓을 수 없다. 전기모터는 생산성을 비약적으로 향상시켰지만 그 가치를 제대로 인정받지 못했다. 공장에서 투박하고 비효율적인 증기 엔진이 사라지고 그 자리에는 전기모터가 들어왔다. 이것만으로도 미국의 제조업 생산성이 1930년대에 두 배나 증가했고, 1960년대에는 또다시 두 배 증가했다. 전기가 현대 생활 전반에 미친 영향은 더 어마어마하다. 전기모터는 광산에서 암석을 분쇄했고, 전차와 기차의 바퀴를 굴러가게 했으며, 엘리베이터를 작동시켜서 마천루 시대를 열고, 건물에 냉난방을 제공하였고, 이 세상 전역을 사람이 살 수 있는 곳으로 만들었다. 사소한 혁신으로 보였던 것도 생각보다 더 중요한 결과를 가져왔다. 구리로 만든 모터와 회로를 장착한 휴대용 전동 공구들은 건설 현장에서 레미콘에 필적할 만한 혁명을 일으켰다.

이 이야기들이 아직도 막연하고 추상적으로 느껴진다면, 전기의 위력을 시각적으로도 확인해보자. 식빵 한 장을 준비해서 토스터에 넣는다. 빵이 다 구워져 토스터에서 튀어나오면 그 위에 버터를 바른다. 그리고 인터넷에 접속해서 독일의 사이클 선수인 로베르트 푀르스테만Robert Förstemann의 동영상을 검색한다. 그가 실내 자전거를 타면서 바퀴를 돌려 나오는 힘으로 빵 한 조각을 굽는 영상이다. 그는 60초 동안 온 힘을 다해서 자전거를 탄 다음 쓰러져서 숨을 헐떡거린다. 그러자 토스터에 있던 빵이 그런대로 구워져 튀어나온다.[7]

전기는 믿을 수 없을 만큼 중요하고 강력하며, 곰곰이 생각해보면 아주 진기하기도 하다. 대부분의 에너지와 달리 전기는 조용하고 기본적으로 눈에 보이지 않는다. 불꽃을 일으키며 불타오르지도 않고 대체로 부드럽게 윙윙거릴 뿐이다. 하지만 구리가 없다면 이 결정적이고 필수적인 에너지를 만들거나 배포할 수 없다. 우리는 여전히 1831년에 마이클 패러데이가 사용했던 것과 별반 다르지 않은 방식으로 대부분의 전기를 생산한다. 자석 주변에서 구리를 회전시켜서 운동을 전기로 변환하는 방식 말이다.

오늘날 구리 코일에 연결된 터빈들은 패러데이가 구상했던 것보다 훨씬 강력하고 효율적이다. 그 터빈들은 석탄이나 우라늄, 또는 연소 가스에 의해 가열된 증기로 돌아가는데, 자석으로는 구리로 된 전자석을 종종 쓴다. 작동 원리는 그대로이고, 중심에 있는 금속도 마찬가지이다.

영국 서머싯주에 건설 중인 원자력발전소 힝클리포인트 C$_{Hinkley Point C}$에는 강력한 증기 터빈이 있다. 그 주인공은 제너럴 일렉트릭 $_{General Electric}$의 아라벨$_{Arabelle}$ 증기 터빈으로, 중심부가 구리 코일로 된 최첨단 발전기이다. 와인딩이라고 부르는 코일은 1분에 1,500회씩 회전하는 바퀴의 빠른 운동을 각 가정에 흐르는 전류로 변환하는 핵심 작업을 수행한다. 이렇게 얽혀 있는 구리는 전력 대부분을 생산해 현대 생활을 지탱하는 대표 일꾼이다. 기존의 발전소, 풍력발전 터빈, 지역 발전소, 수력발전 댐 모두 핵심은 구리이다.[8]

패러데이 방식과는 다른 식으로 전류를 얻는 태양광 패널조차도 내부에 다량의 구리를 갖고 있다. 태양광 패널에 흐르는 전류 대부분은 구리 덕분에 존재한다. 우리 주변의 어떤 장치에서나 스위치를 누른다면 구리의 힘이 소환된다. 만약 세상에서 구리가 사라진다면 우리의 일상생활을 지탱하는 전기 인프라도 같이 사라질 것이다.[9]

이쯤에서 구리가 전기 전도성을 가진 유일한 금속은 아니라는 사실을 말해두어야겠다. 알루미늄도 전기 전도성이 높은 편이다. 알루미늄은 구리보다 훨씬 가벼우므로, 지하에 매설하는 대신 높이 매달려야 하는 전선에 장거리 고압 케이블로 종종 사용된다. 은은 구리보다 전기 전도성이 더 높다. 강도가 떨어지기는 하지만 연성은 구리 못지않다. 물질 세계에 반복되는 주제가 여기서도 등장한다. 콘크리트와 강철의 사례처럼, 어떤 물질의 힘 못지않게 중요한 것이 어디에나 존재하는 편재성이다. 은은 희귀하다. 구리는 철만큼 흔하진 않지만 은보다는 훨씬 많다. 그래서 인류는 그 어떤 산업용 금속보다 오랫동안 구리를 채굴하고 정제한 역사가 있다.

구리의 시대는 아직 오지 않았다

인류가 구리와 인연을 맺은 것은 전기의 발명보다 훨씬 앞선 일이다. 페니키아인들이 강가에서 모래에 불을 붙였다가 우연히 유리를 발견한 것과 같은 멋진 이야기는 없지만 말이다. 하지만 구리의 제련법 역시 이와 비슷한 시기에 발견되었을 것으로 추정된다. 지금으로부터 6,000년 전쯤, 아르메니아-튀르키예-이집트를 잇는 삼각형 어딘가에서였을 것이다. 이 삼각형 안에 들어가는 지역인 키프로스에서는 지금도 몇몇 산에서 화석화된 검은색 금속 찌꺼기가 발견되는데, 이는 오래전에 금속을 채굴하고 가공했던 흔적이다. 선조들이 수천 년 전에 액상 구리를 얻기 위해서 동광석copper ore을 가열하는 과정에서 새까맣게 타버린 폐기물이다. 당시에 이 광경을 목격한 사람들 눈에는 현자들이 연금술이나 마법을 써서 평범한 돌로부터 붉은색 액상 금속을 뽑아내는 것처럼 보였을지도 모른다.[10)]

석기에서 금속 도구로의 전환은 동기시대Copper Age 혹은 금석병용시대Chalcolithic Age라고 불리는 변화를 가져왔다. 그 뒤 청동기시대가 이어졌다. 조상들은 구리에 주석을 첨가하면 더 강력하고 단단하며 도구를 제작하기에 훨씬 적합한 합금인 청동기를 만들 수 있다는 사실을 알아냈다. 청동기는 사냥, 건축, 전투 등에 사용되었다. 강도와 실용성면에서 철이 청동기를 능가하면서 철기시대가 새롭게 열렸다. 하지만 오늘날까지도 여전히 중요한 구리의 진정한 시대는 아직 오지 않았다.

지난 수년간 구리 무역의 중심지는 키프로스에서 이스라엘로, 풍부한 매장량을 보유한 스페인의 리오틴토에서 거대한 구리 광산이 있는 스웨덴의 코파르베리로 이동했다. 한동안은 지금의 독일 작센 땅이 중심이었다. 콘크리트와 유리를 제조하던 때와 마찬가지로, 작센의 장인들은 구리 제조에 엄격한 규율을 부과하고 최초의 광산 학교를 세웠으며, 비공식적 거래를 하나의 직업으로 탈바꿈했다.

영국은 고대 켈트인과 로마인이 구리와 주석을 채굴하던 곳이었으며, 19세기 중반에는 세계 구리 생산량의 절반 이상을 차지하고 있었다. 생산량 대부분은 잉글랜드 남서부 콘월의 광산에서 나왔다. 콘월은 예전부터 풍부한 매장량을 자랑했는데, 지금까지 남아 있는 콘월 동광석은 칠레나 페루 같은 구리 강대국에서 발견되는 것보다 더 순도가 높다. 하지만 영국이 구리 무역에서 주도권을 장악할 수 있었던 것은 구리를 잘 활용했기 때문이다.[11)]

당시 영국은 전 세계에 무기를 판매하는 군수 산업이 존재했는데, 고품질의 청동이 주력 상품이었다. 18세기 무렵, 영국 해군은 전함의 선체를 구리로 덮었다. 구리로 덮인 전함은 더 빠르고, 조종이 쉬웠으며, 수온이 상승하면 자주 발생하는 부식과 부패에도 잘 견디며 바다에서 더 오래 머무를 수 있었다. 해양 시대의 초기 기술 중 하나인 구리 외장은 영국이 바다를 장악하는 데 큰 역할을 했다. 대포 74문을 탑재한 전형적인 전함의 외장에 14톤의 구리가 쓰였고, 이것은 구리 수요 폭증으로 이어졌다. 자연스럽게 이런 의문이 따랐다. 이토록 많은 구리를 어디서 얻을 수 있을까? 그 답은 구리가 전혀 존재하지 않는 웨일스 남부에서 찾을 수 있다.

구리가 거의 나지 않는 스완지Swansea가 구리 생산의 세계적 수도가 된 사연은 물질 세계에서 망각된 또 하나의 이야기이다. 스완지는 오늘날에도 여전히 사용되는 경제 모델을 선보였다는 점에서 짚고 넘어갈 필요가 있는 곳이다. 어떤 의미에서는, 우리가 아는 세계화가 웨일스 계곡에서 모습을 갖췄다고 할 수도 있다. 1848년에 프랑스 관료인 프레데리크 르 플레Frédéric Le Play가 자신의 책에 쓴 것처럼, 19세까지 금속 제련은 지질학의 제약을 크게 받았다. 지역 광산들은 동광석을 채굴한 뒤 그 지역에서 구한 땔감을 연료로 삼아 제련했다. 따라서 광산 주변에 가면 갑자기 나무가 사라지는 모습을 볼 수 있었다. 그러나 르 플레는 이렇게 썼다. "지난 20년간 이러한 현상은 눈에 띄게 바뀌었다."12)

르 플레는 18세기 초에 산업가들이 기회를 엿보던 스완지에 대해 언급했다. 영국에서 생산하는 구리 대부분은 스완지 남쪽의 콘월과 북쪽의 앵글시에서 나왔다. 스완지에 구리는 거의 없었지만, 대신 석탄 매장량이 풍부했다. 당시 구리를 제련하려면 동광석 1톤당 석탄 3톤이 필요했다. 그래서 광산기업들은 정제 작업을 위해 스완지로 동광석

을 보내기 시작했다.[13]

스완지의 정제소들은 다른 나라의 정제소들보다 정제 실력이 뛰어났다. 쿠바, 호주, 뉴질랜드, 미국, 페루 등 전 세계의 동광석이 모두 스완지로 향했다. 한동안 스완지에서는 전 세계 구리의 약 65퍼센트를 정제했다. 시내 중심에서 반경 8킬로미터 안에 무려 36개의 탄광과 12개의 구리 정제소, 각종 금속 공장이 있었다. 공장들은 유황 구름을 계속 뿜어댔고, 주변에는 거대한 쓰레기 더미가 쌓였다. 한때 녹색으로 가득한 그림 같던 계곡 일대는 영국에서 가장 발달한 산업 지역인 동시에 가장 오염된 지역 중 하나가 되었다.

그러나 19세기가 지나면서 스완지의 구리 무역 지배력은 점점 약해지기 시작했고 결국 무너졌다. 미국의 초대형 신규 광산들이 자체적으로 구리를 정제하기 시작하면서 웨일스의 정제소들은 하나씩 문을 닫다가 결국 모두 폐쇄되었다. 오늘날 스완지에 정제소는 단 한 곳만이 남아 있을 뿐이다. 클리다치의 니켈 정제소가 홀로 남아 과거의 영광을 추억하고 있는데, 아마존 일대에 거대한 철광석 광산을 보유한 브라질 광산기업 발레가 소유한 공장이다. 역사의 저편으로 사라진 스완지의 시대는 현대 금융시장에 희미한 흔적을 남겼다. 많은 금속이 3개월 단위로 가격이 책정되는데, 이는 칠레에서 스완지까지 구리를 운반하는 데 걸린 기간에서 비롯한 관행이다.

스완지의 진정한 유산은 웨일스가 아니라 지구 반대편에서 찾을 수 있다. 중국은 스완지 모델을 기꺼이 받아들였고, 금속의 매장량이 매우 적더라도 생산을 지배할 수 있다는 사실을 증명했다. 오늘날 중국은 전 세계 구리 공급량의 절반을 제련하고 정제하는 강대국이며, 다른 금속들은 말할 것도 없다.

웨일스의 구리 산업이 쇠퇴한 다른 이유도 있다. 구리의 종류가 거기서 거기라고 생각하기 쉽지만 사실은 그렇지 않다. 스완지 구리는 선체 외장, 청동 혹은 황동brass을 합금하는 데는 완벽한 재료였지만, 제2의 구리시대, 즉 전기의 시대에는 적합하지 않았기 때문이다.

전기는 어떻게 보급되었는가

전기화에 얽힌 통상적인 이야기에는 최초의 전기등인 아크등을 발명한 험프리 데이비Humphry Davy, 그의 수제자 마이클 패러데이 같은 과학자들이 등장한다. 전자기를 발견한 한스 크리스티안 외르스테드Hans Christian Ørsted, 전기를 대중에게 보급한 토머스 에디슨도 빠지지 않는 등장인물이다. 하지만 지금 우리는 물질 세계에 들어와 있으므로, 이 이야기를 틀어서 다시 살펴볼 필요가 있다. 전기의 부상은 '적절한 종류의 구리를 적절한 양만큼 구할 수 있는가'라는 훨씬 세속적이고 실용적인 조건과 관련되어 있다.

19세기 중반, 미국에서는 도시를 전기로 연결하기 시작했고 대서양을 건너는 케이블을 만드는 계획까지 세우고 있었다. 초기의 전선 제조사들은 스완지의 용광로에서 대량으로 생산한 구리로 겨우 전선을 만들어냈다. 그러나 토머스 에디슨과 조지 웨스팅하우스George Westinghouse가 런던과 뉴욕에서 구리 코일을 사용한 대형 발전기를 도입한 세계 최초의 발전소를 건설하면서 본격적인 전기의 시대가 도래하자 사정이 달라졌다. 스완지 구리는 전기 전도체로서 수준 미달이라는 사실이 곧 명백해졌다. 그리하여 구리선 제조사 역시 반도체 제조사들이 초기에 직면했던 것과 같은 문제에 봉착했다. 실리콘이나 게르마늄 웨이퍼의 원자 구조가 덜 순수할수록 전자들이 통과하기 어려웠는데, 이 같은 문제가 스완지 구리선에서도 발생했다.

에디슨이 더 나은 품종의 구리를 찾아 나섰던 것과 거의 비슷한 시기에 영국과 미국의 몇몇 광산기업에서 해결책을 찾아냈다. 이들은 동광석을 녹여서 구리를 분리하는 기존의 방법 대신 전기분해로 구리를 얻었다. 동광석을 용액 속에 넣고 전류를 흐르게 하는 전기분해 방식으로 정제된 구리는 훨씬 높은 순도를 자랑했다. 이렇게 얻은 순수한 구리만이 미래에 전력을 제공할 첨단 전기모터와 발전기에 적합한 유일한 금속이었다.

이 새로운 기술은 스완지 정제소들에는 사망 선고나 마찬가지였지만, 막 태동하던 전기 산업에는 아주 시의적절했다. 전기 산업이 초순수 구리를 막 필요로 했던 때, 금속 산업은 그 수요를 공급할 수 있었다. 나이아가라 폭포의 수력발전 댐과 같이 에디슨과 웨스팅하우스의 발전소에서 전력을 더 많이 생산할수록 정제소들은 더 많은 전류를 전해셀로 흘려보내서 초순수 구리를 더 많이 생산할 수 있었다. 이러한 선순환은 에디슨과 동료 사업가들이 미국부터 전 세계의 도시까지 전력망을 확장하는 일을 도왔다. 윌리엄 노드하우스가 정량화한 빛의 가격이 극적으로 하락한 것은 단지 독창성과 기업가정신의 결과일 뿐 아니라 물질의 충분한 공급의 결과이기도 했다. 구리 시장이 세계적 수요를 맞출 만큼 구리를 충분히 공급한 첫 번째 사례였다.[*14]

그렇다고 에디슨이 구릿값에 대한 걱정을 내려놓았다는 말은 아니다. 에디슨은 전구를 최초로 발명한 인물은 아니었다. 그 공은 영국의 과학자 조지프 스완Joseph Swan에게 돌아가야 한다. 스완보다 먼저 전구의 원형을 생각해냈던 사람들이 꽤 많긴 하지만 말이다. 하지만 에디슨은 콘크리트 때 그랬던 것처럼, 전구를 양산용으로 개량했다. 그는 전구나 기발한 전기 기구를 제조하는 것만으로는 충분하지 않으며, 그 장치들을 연결할 수 있는 전기 인프라를 구축해야 한다는 사실을 깨달았다. 이를 위해서는 뉴욕 지하에 매설하는 전선을 만들기 위한 구리, 가정과 직장에 들어가는 구리, 발전기 바퀴에 휘감을 구리 등 상당한 양의 구리가 필요했다. 구릿값이 계속 떨어지고 있긴 했지만 워낙 많은 구리가 필요했던 터라 이러다 사업이 망하는 게 아닐까 걱정될 지경이었다. 그래서 에디슨은 얇은 구리선으로 작동하는 전구, 최초 계획과 달리 굵은 구리선이 필요하지 않은 뉴욕 전력망을 고안했다. 하지만 그의 전력 시스템은 뉴욕같이 인구가 밀집한 도심에서는 잘 작동했지만, 도심을 1.6킬로미터 이상 벗어나면 제대로 작동하지 않았다.

그렇다면 발전소 부근에 위치하지 않은 저 많은 지역을 어떻게 한단 말인가? 이 문제는 웨스팅하우스와 니콜라 테슬라Nikola Tesla가 교류 방식을 개발하면서 해결되었다. 에디슨의 전선에 흐르는 전류는 아래로 흐르는 강물처럼 한 방향으로만 흘렀지만, 웨스팅하우스와 테슬라의 전선에 흐르는 전류는 바다의 파도처럼 고동쳤다. 교류의 비범함은 매우 얇은 전선을 따라서 고압 전류를 송전할 수 있다는 데 있다. 전 세계에서 구리가 고갈될 염려가 사라졌고, 더는 발전소가 거주지 근처에 위치할 필요가 없어졌다. 이렇게 해서 오늘날 우리가 사용하는 에

---

* 전기분해는 온갖 종류의 발견과 제품을 가능하게 한 혁명적 사건이었다. 전기분해 덕분에 알루미늄을 대량으로 생산할 수 있었고, 소금을 가성소다와 염소로 변환할 수 있었다. 그 결과 우리는 수많은 제품을 새로이 만들어낼 수 있게 되었다.

너지 시스템이 탄생했다. 대규모 발전소들이 고압 전선을 통해 도시와 지방으로 교류 전력을 보낸다. 그야말로 구리 위에 세워진 시스템이다. 자연스럽게 이런 질문이 고개를 든다. 구리는 대체 어디서 오는가?

11장

땅속으로 더 깊이

구리 부족과 천연자원의 고갈

칠레의 추키카마타Chuquicamata는 언뜻 보면 칠레 북부의 여느 산간 마을과 별반 다르지 않게 보인다. 큰길을 따라 천천히 마을을 걸어 내려가면 은행, 영화관, 도서관, 작지만 고급스러운 호텔이 자리한다. 미끄럼틀과 그네, 조잡한 피노키오 조각상이 있는 놀이터도 있다. 에스타디오 아나콘다Estadio Anaconda라는 이름의 광장에는 야외 음악당과 작은 경기장이 있다.

예전에 볼리비아에 속했던 이 지역은 거리 대부분이 칠레 역사 속 영웅들의 이름을 따왔다. 칠레 독립을 위해서 함께 싸운 영국 해군 장교 토머스 코크런Thomas Cochrane의 이름을 딴 코크런 거리의 맞은편에는 질산칼륨 전쟁의 영웅인 아르투로 프라트의 이름을 딴 거리가 있다. 코발트색 하늘 아래, 페인트칠을 한 집들은 반짝거렸고 사막 고지대의 인간들은 아주 작게 느껴졌다.

추키카마타에는 이례적인 두 가지 모습이 있다. 첫 번째는 마을 광장에서 지평선 위의 산들을 향해 북동쪽으로 구불구불 나 있는 큰길을 따라서 걸어가다 보면 금방 깨닫는다. 1~2분쯤 걸어서 주택가를 벗어나면 곧 콘크리트와 골함석으로 된 거대한 창고들이 나온다. 거무튀튀한 물웅덩이, 먼지투성이 철도 차량 기지, 돌무더기를 곳곳에서 볼 수 있다. 터널을 지나면 갑자기 눈앞에 거대한 크레바스가 나타난다. 언덕이었어야 할 정상부에 엄청난 협곡이 생긴 것이다. 협곡의 바닥은 거의 보이지 않고, 측면은 너무 가팔라서 아찔한 전율을 일으킨다.

사실 이곳은 협곡이 아니라 추키카마타 구리 광산이다. 이 광산은 아타카마 사막의 산세를 뚫고 나온 기념비적 구덩이이다. 뉴욕의 센트럴 파크보다 더 길고 넓으며, 세계 최고층 빌딩인 부르즈 할리파를 집어넣어도 충분할 정도로 매우 깊다. 역사상 그 어느 광산보다 더 많은 흙을 파내 현대 기술의 신비라고 부를 수 있는 곳이기도 하다.[1]

추키카마타 광산의 현대사가 본격적으로 시작되기 전인 1899년, 탐험가들이 이곳에서 한 광부의 시신을 발견했다. 시신은 그의 장비들과 함께 지하 2미터 지점에 묻혀 있었다. 할라인 소금 광산에서 일했던 고대 켈트족 광부처럼, 채굴 중인 터널이 붕괴하면서 지하에 갇힌 모양이었다. 방사성 탄소 연대 측정에 따르면 이 광부는 550년경에 숨진 것으로 추정되는데, 시신이 구리염copper salt으로 된 얇은 막에 의해 보존되었다. 소금의 항균성 때문에 시신이 부패하지 않을 수 있었다. 광부의 머리카락은 세심하게 땋여 있었고, 피부는 구리의 산화로 인해 음산한 녹색을 띠고 있었다. 일명 '코퍼맨Copper man'은 미국 자연사 박물관에서 만날 수 있다. 이 시신은 고대에 구리 채굴이 장인들의 소규모 장사였다는 사실을 보여 준다. 모든 것이 초대형인 오늘날, 땅 위에 남은 약간의 실마리라 할 수 있다.[2]

구덩이 바닥에서 땅 위로 동광석을 운반하는 트럭들은 지표면에 거의 보이지 않는다. 일본의 기계 제조기업 코마츠小松가 만든 초대형 트럭들이 지상까지 올라오는 데는 한 시간 이상이 걸린다. 트럭들이 마을 근처의 격납고에 도착한 뒤, 네바다주의 코르테즈 금광에서처럼 동광석들은 잘게 분쇄된다. 이 가루를 특별한 용액에 넣으면 거품이 부글부글 일면서 구리와 다른 물질들이 분리된다. 그 후, 일부 가루는 제련과 전기분해 공정을 거쳐서 완벽에 가까울 정도로 순수한 상태의 반짝이는 구리가 된다. 이것을 전기동copper cathode이라고 부른다. 동정광copper concentrate은 구리 함량이 30퍼센트 정도인 어두운색의 흙 알갱이인데, 전기동을 만들고 남은 동정광은 다른 곳으로 보내져 최종 제품으로 정제된다.*

기차는 매일 전기동과 동정광을 싣고 질산칼륨 전쟁을 촉발한 유명한 노선을 따라 해안을 향한다. 여기서 전기동은 제조업체로 직행하는 반면, 동정광은 중국의 정제소로 향하는 컨테이너선에 실린다. 칠레산 구리만이 순수한 구리가 되는데, 이 시점에 이르면 아무도 그 구리가 어디서 왔는지 알지 못한다.

전 세계 구리의 약 80퍼센트가 이런 식으로 생산된다. 매우 먼 곳의 지하에서 구리를 캐내기 때문에 실제로 어디서 채굴했는지 정확히 알아내기란 무척 어려운 일이다. 세계 시장에서 유통되는 구리 플레이트, 구리 바, 구리 선은 전 세계에서 온 원자들의 집합체이다. 칠레, 호주, 인도네시아, 콩고민주공화국에서 왔으며, 다른 지역에서 채굴한 구리를 재활용한 것도 있다. 이 모든 것은 세계화의 물리적 사례다. 추키카마타 광산의 거대한 규모를 생각해보면, 지금 우리 주변에 추키카마

---

* 일반 배터리 전극처럼 '음극(cathode)'이라고 표현하는 이유는 마지막 공정에서 전기분해를 거치기 때문이다. 구리 함량이 95퍼센트 정도인 꽤 순수한 구리 덩어리를 전해조에 집어넣고 전류를 흐르게 하면 구리 원자들은 양극에서 음극으로 이동하고, 순도 99.99퍼센트의 순수한 구리를 얻게 된다. 추키카마타 정제소에서는 이런 공정이 대규모로 이루어진다.

타 구리가 있으리라는 것은 꽤 그럴듯한 추측이 된다.

한곳에서 추출하는 금속량을 기준으로 삼는다면, 호주, 브라질, 러시아의 철광석 광산이 추키카마타 광산을 쉽게 능가한다. 철광석은 구리에 비해 광물 함량이 매우 높다. 철광석의 철 함량은 60퍼센트인 데 비해, 동광석의 구리 함량은 겨우 0.6퍼센트에 불과하다. 그러므로 구리 1톤을 얻으려면 철 1톤을 얻을 때보다 훨씬 많은 흙을 파내야 한다. 구리를 채굴할 때는 다른 금속에 비해 흙을 훨씬 많이 퍼내야 하지만 그 최종 결과물은 매우 적다.*

최근에는 아타카마 사막에서 남쪽으로 수백 킬로미터 떨어진 또 다른 구리 광산인 에스콘디다Escondida에서는 매년 더 많은 구리가 생산된다. 미국 유타주 빙엄캐니언 광산Bingham Canyon mine은 또 다른 오래된 구리 광산으로 추키카마타 광산보다 더 깊다. 이름에서 짐작할 수 있듯이, 빙엄캐니언 광산은 원래부터 깊게 파인 곳이었다. 반면에 추키카마타는 원래 언덕이었으나 너무 깊이 채굴하는 바람에 구덩이처럼 변했고, 주변과 다른 특정 지역만의 미시적 기후인 미기후microclimate를 갖게 되었다. 그러나 폐광하기 전까지 채굴한 구리의 양을 기준으로 삼는다면, 그 어떤 광산도 추키카마타 광산을 따라오지 못한다. 100여 년간 추키카마타 광산은 그 어떤 광산보다 더 많은 구리를 생산했다. 지구상에서 채굴되고 정제된 구리의 13분의 1은 여기 추키카마타에서 나왔다.[3]

---

* 다음은 미국 지질조사국(USGS)과 세계금협의회(World Gold Council)에서 2021년에 발표한 금속들의 평균 등급을 기준으로 내가 대략 계산한 수치이다. 이 금속들을 얻기 위해 땅에서 캐낸 광석의 양은 다음과 같다. 금 22억 톤, 철 26억 톤, 구리 35억 톤. 이 계산에 암석 폐기물을 포함하지 않은 것을 고려한다면 실제로 퍼낸 흙의 양은 훨씬 많을 것이다. 이 수치들은 석탄(2019년 기준 78억 톤)과 석유(44억 톤)에 비하면 여전히 적은 양이긴 하다.

지난 100여 년간 무수한 회사들이 생겼다가 사라졌고, 수많은 재벌이 흥망성쇠를 거듭했다. 전기의 시대는 저물었고, 컴퓨터의 시대가 무르익었으며, 전기차가 자동차 시장에 자리 잡기 시작했다. 하지만 추키카마타는 여전히 건재하다. 해마다 수십억 톤의 암석을 지하에서 채굴해 수십만 톤의 순수 구리로 정제한다. 세상 사람들이 이름조차 거의 들어본 적 없는 이 광산에서 20세기 전기의 시대를 지탱한 구리가 나왔다. 추키카마타 구리는 지금껏 중국의 부상에 이바지했고, 앞으로 수십 년간 탄소 배출을 억제하기 위해 계획된 전력망, 친환경 자동차, 풍력발전용 터빈을 만드는 데 도움을 줄 것이다.

이는 구리의 비밀 병기인 규모에 대해 생각하게 만든다. 오늘날 인류가 전기의 혜택을 누리게 된 것은 추키카마타 같은 곳이 있기 때문이다. 해마다 구리 광산은 지금까지 모든 금광에서 생산한 금의 총량보다도 더 많은 구리를 수월하게 생산하고 있다. 심지어 추키카마타 광산에서는 다른 광산보다 두 배나 많은 양의 구리를 생산한다. 추키카마타 광산의 거대한 규모는 네바다주의 코르테즈 금광을 마치 땅속의 작은 점처럼 보이게 만든다.

마을을 집어삼킨 광산

추키카마타의 또 다른 기이한 면모는 큰길로 돌아가면 더욱 또렷이 보인다. 놀이터에는 아이들이 없고, 경기장에는 운동선수가 없으며, 은행 창구에는 줄 선 사람들이 없다. 이 진기하고 예스러운 마을은 완전히 텅 비었다. 추키카마타는 아타카마의 유령 마을 중 하나이다. 하지만 네바다주 금광 주변의 버려진 판자촌이나 아타카마 평원의 아래쪽에 있는 질산칼륨 마을들과 달리, 추키카마타 마을은 과거가 아닌 미래에 대한 경고를 전한다. 추키카마타 마을은 광산 폐쇄나 광석 고갈 때문에 버려진 것이 아니다. 오히려 그 반대이다. 광산이 마을을 집어삼킬 지경에 이르러 폐쇄되었다. 채굴용 기계들이 더 깊이 파고들어 더 많은 흙을 퍼내면서 돌무더기와 자갈 부스러기 같은 폐석이 마을을 잠식하기 시작했다.

2000년대 초, 광산에서 나온 폐석이 마을의 주택과 정원까지 침범하기 시작했다. 정제소에서 흘러나온 유독 가스는 도로와 거리를 덮쳤다. 마을 주민들은 점점 병들었고, 광산은 추키 키 마타Chuqi qui mata(사람을 죽이는 추키)라는 새로운 별명을 얻었다. 결국 이 광산을 운영하는 국영기업 코델코는 주민들 2만 명을 가장 가까운 도시인 칼라마로 이주시켰고, 새로운 집과 학교를 마련해주었다. 2008년 무렵, 추키카마타는 텅 빈 채 방치되었다.

하지만 이곳은 아타카마였다. 지구에서 가장 건조한 사막 환경이 마을을 계속 보존했다. 지금도 마을 건물들은 주민들이 떠난 그때와 별반 달라진 게 없다. 학교 창문을 들여다보면 학생들이 칠판에 낙서한 작별 메시지를 여전히 볼 수 있다. 집 안으로 들어가면 싱크대 위의 칫솔과 키친타월, 벽난로 위의 크리스마스카드, 식탁 위의 쇼핑 목록이 그대로 남아 있다.

북쪽으로 차를 몰고 가면 쓰레기 더미가 만든 거대한 산을 만나게 된다. 토르타torta(스페인어로 케이크라는 뜻)라고 불리는 이 인공산이 칠레 곳곳을 수놓고 있다. 토르타는 이미 주택가와 상점가의 4분의 1 이상을 먹어 치웠다. 1960년대에 라틴아메리카에서 가장 발달했던 7층짜리 병원은 이제 쓰레기 더미 속에 완전히 파묻혔고, 거리들은 돌무더기로 뒤덮였다.

추키카마타가 광산에 잡아먹힌 유일한 마을은 아니다. 스웨덴 북부에서는 키루나 광산이 갱도를 점점 확장하면서 지상의 건물들을 하나씩 다른 곳으로 이전시켰다. 건물을 내버려 두느냐 마느냐의 차이가 있을 뿐이다.

2022년에 추키카마타 광산을 방문했을 때 운이 좋게도(이런 표현이 적절한지 모르겠지만) 광산 바닥에서 수백 톤의 암석이 폭파되는 광경을 목격할 수 있었다. 광산 정상에서 1킬로미터 이상 올라간 곳에서도 충격파가 느껴졌고, 코르테즈 광산에서 경험했던 것보다 훨씬 큰 소음이 귀청을 찢어놓았다.

인공 계곡 전체가 곧 매캐한 코르다이트 화약의 두터운 연기에 간혔다. 그런 다음, 돌무더기는 트럭에 실려 광산의 측면으로 천천히 올라갔다. 이런 작업이 하루 24시간, 1년 내내 계속되었다. 돌무더기에서 극히 일부만이 순수 구리나 동정광이 될 수 있었고, 나머지는 토르타가 되어 추키카마타의 유령 마을을 좀먹을 터였다.

그러나 쓰레기산은 추키카마타 광산이 환경에 미친 영향 중 눈에 가장 잘 띄는 것일 뿐이다. 이 광산에는 또 다른 혐의도 걸려 있다. 세계에서 가장 메마른 사막 지대의 지하에서 광석을 캐내는 사람들은 왜 그토록 많은 물을 사용하는가? 이러한 규모로 광석을 채굴 및 가공하려면 엄청난 양의 물이 필요한데, 광석을 더 많이 가공할수록 더 많은 물이 필요하다. 광산에서 소비하는 물은 대부분 플라스틱 시트 위에 쌓인 거대한 분쇄 동광석 더미에 뿌려진다. 그리고는 희석한 산성 용액에 동광석을 적신다. 이것은 광석에 침출액을 부어 금속을 녹여내는 퇴적침출작업이다. 코르테즈 금광에서도 하는 작업인데, 구리의 경우에는 그 규모가 놀라울 정도로 크다. 작업장을 잠시 둘러보니 꼭 수경재배 현장 같다는 생각이 든다. 침출 패드가 마치 관개 호스가 교차하는 거대한 밭처럼 보이기 때문이다. 물론 그렇지 않다. 이곳의 물은 산이 광석에서 구리를 추출하는 작업을 돕는다. 구리를 함유한 산성 용액은 바닥으로 배수되어 정제소의 다음 단계로 보내진다. 땅에 물을 주어 생기를 불어넣는 것이 아니라 부를 침출한다고 할 수 있다.

오늘날 광산들은 물 소비량을 줄이려고 노력 중이다. 몇몇 광산은 현지 하천에서 물을 끌어오기보다는 바닷물을 사용하려 한다. 그러나 탄소 발자국, 물 발자국과 더불어 무시하기 어려운 또 다른 발자국이 있다. 추키카마타에서 차를 몰고 언덕을 내려오면 미니스트로할레스 광산Mina Ministro Hales이 있다. 이 광산을 지나고 칼라마를 지나서 산 페드로를 향해 계속 가다 보면 커다란 토벽을 따라서 몇 킬로미터를 주행하게 될 텐데, 대체 저 벽 뒤에 뭐가 있는지 궁금해질 것이다.

토벽 너머에는 테일링 댐tailings dam이 있다. 테일링 댐은 광산에서 나온 찌꺼기를 보관하는 댐인데, 정제 공정에서 나온 폐기물을 이곳으로 운반하여 침전시킨다. 추키카마타처럼 거대한 광산에서 나온 폐기물을 수십 년간 저장해왔다는 사실을 고려하면 이 댐이 얼마나 클지 상상할 수 있을 것이다. 이 기념비적인 쓰레기장의 공식 이름은 탈라브레Talabre이다. 옛날에 이 자리에 탈라브레라는 이름의 소금호수가 있었는데 거기서 유래한 명칭이다. 오늘날 이곳은 몰리브데넘과 비소를 풍부하게 함유한 회색빛 진흙으로 뒤덮여 있는데, 그 면적이 맨해튼 크기에 달한다.[4]

걱정스럽게 들릴 수도 있겠지만, 그래도 과거에 비하면 환경이 상당히 개선된 편이다. 예전에 아타카마의 광산에서 나오는 폐수는 근처 계곡과 운하로 바로 흘러들어 바다로 향했다. 해안가의 물은 수십 년간 계속된 무절제한 폐수 방류로 인해 여전히 오염된 상태이다. 차냐랄 항구의 경우, 구리 광산에서 나온 약 220메가톤의 폐기물이 만灣에 버려지는 바람에 해안선을 따라서 약 10킬로미터의 인공 해변이 형성되었고 수많은 야생동물이 목숨을 잃었다. 1989년의 법적 조치로 인해 폐기물 투기가 중단되기는 했지만, 최근 한 연구에 따르면 지역민들의 소변에서 니켈, 납, 비소 수치가 높은 것으로 밝혀졌다.[5]

칼라마 주민들은 물과 공기가 여전히 비소에 오염되어 있다고 항의한다. 이에 대해 광산기업에서는 비소가 광산이 아닌 땅에서 나온 것이라고 주장한다. 광산기업의 주장은 엄밀히 따지면 맞지만 다음과 같은 사실을 얼버무리는 것이기도 하다. 만약 광산을 채굴하지 않았더라면, 비소와 같은 유해 원소들은 땅속에 그대로 묻혀 있었을 것이다. 나는 현지 소아과 의사와 이야기를 나눴는데, 칼라마 아이들의 호흡기와 알레르기 문제가 심각하다고 했다. 이런 증세는 공기 중의 유해 물질 때문에 나타난다. 하지만 주민 대부분이 구리 채굴에 생계를 의지하고 있으며, 칠레의 어느 마을보다 성노동자가 많은 이 마을에서 누구나 동의하는 의견이 있다. 구리 광산이 앞으로 200년은 더 계속되어야 한다는 것이다.

칼라마 이야기는 구리 산업이 직면한 엄청난 도전을 상기시킨다. 추키카마타 같은 광산들이 더 깊이 땅속을 파고들어 동광석을 손쉽게 캐낸다면 그다음은 어떻게 될까? 발전기, 모터, 전기차, 풍력발전용 터빈을 만드는 구리에 대한 전 세계의 갈망이 점점 커지면서 결국 이 물질이 고갈될 수도 있지 않을까?

이것은 새로운 질문이 아니다. 인류가 품고 있는 가장 오래된 질문 중 하나로, 경제학의 그 유명한 내기에 영감을 주기도 했다.

구릿값을 걸고 하는 세기의 대결

경제력 중에서도 가장 중요한 것은 생산성이다. 경제학자들은 생산성을 주제로 토론할 때 컴퓨터와 인공지능 같은 이야기를 빠뜨리지 않는다. 그들은 아마존 물류센터를 윙윙거리며 돌아다니는 로봇들을 가리키면서, 바로 이것이 이전보다 더 적은 투입으로 더 많은 가치를 창출하는 인류의 능력을 증명한다고 주장한다. 이런 주장을 하는 경제학자들은 2년마다 트랜지스터의 밀도가 더욱 높아진다는 무어의 법칙을 인용한다. 하지만 추키카마타 같은 광산에 대해서는 좀처럼 언급하지 않는다.

그 이유는 컴퓨터, 로봇, 금융 서비스와 달리, 광산에서 나오는 최종 제품이 수십 년간 그대로였기 때문이다. 오늘날의 아이폰은 아폴로 착륙선에 탑재된 컴퓨터나 2년 전에 출시된 당신의 노트북보다 훨씬 강력하지만, 구리는 여전히 그냥 구리이다. 그러나 인간이 만든 협곡과 산, 사라진 풍경, 거대한 트럭 등 구리 채굴에 얽힌 이야기는 이제껏 들어본 적 없는 위대한 경제적 분투기이다. 그것은 생산성의 기적이고, 종종 불편한 이야기이기도 하지만, 우리 모두가 어떻게 오늘날의 생활 수준을 누리게 되었는지를 잘 설명해 준다.

먼저, 1980년대에 파울 에를리히Paul Ehrlich와 줄리언 사이먼Julian Simon 사이에 벌어진 내기의 전말을 살펴보자. 곤충학자 파울 에를리히는 원래 나비 군집을 주로 연구했으나 일명 현대판 노스트라다무스로 이름을 알렸다. 1968년에 그는 《인구 폭탄 *The Population Bomb*》이라는 베스트셀러를 발표했는데, 서두에 다음과 같이 핵심 논지가 잘 요약되어 있다.

● 전 인류를 먹여 살리기 위한 전쟁은 끝났다. 1970년대와 1980년대가 오면, 지금 시행 중인 긴급 프로그램에도 불구하고 수억 명이 굶어 죽을 것이다. 그 어떤 것도 세계 사망률의 급격한 증가를 막지 못할 것이다.[6]

에를리히는 수십억 인구가 점점 더 많은 자원을 소비함에 따라 지구가 의존하는 원자재들이 고갈되리라고 예측했다. 토양은 손상되고, 삼림은 황폐해지고, 오염을 견딜 수 없어 결과적으로 수십억 명이 죽게 되리라고 봤다. 평범한 대학에 근무하는 무명의 경제학자였던 줄리언 사이먼은 그 예측에 놀랐을 뿐 아니라 혐오감까지 느꼈다. 그는 인구 증가를 그리 부정적으로만 보지 않았다. 인구가 늘어난다면 환경 문제에 대한 해결책을 연구하는 사람들도 더 많아질 것 아닌가. 그렇다면 재난에서 벗어날 혁신적 방법을 찾을 수 있지 않을까? 이를 뒷받침하는 증거가 많이 있었다. 친차 제도의 구아노와 칠레 사막의 질산염이 모두 고갈되었음에도, 프리츠 하버와 카를 보슈가 개발한 합성 암모니아 덕분에 인류는 농작물 재배에 필요한 질소를 본질적으로는 무제한으로 공급받을 수 있다. 노먼 볼로그Norman Borlaug가 개발한 특별한 밀 품종은 세상을 먹여 살리는 녹색 혁명을 도왔다. 그래서 사이먼은 이렇게 추론했다. 지구는 유한하다. 하지만 지구의 천연자원은 우리가 생각하는 것보다 훨씬 풍부하다. 그러므로 한 가지 물질이 고갈되면 다른 물질을 발명하거나 대체 물질을 찾을 수 있지 않을까?[7]

어떻게 보면, 두 사람은 고대 그리스부터 전해 내려오는 오래된 논쟁을 다시 시작한 셈이다. 공자, 플라톤, 아리스토텔레스 같은 고대 현자들은 자연계의 균형을 흔들려고 하는 인간의 성향을 우려했다. 18세기 후반, 영국의 경제학자 토머스 맬서스Thomas Malthus가 그 걱정에 특별한 이름과 틀을 부여했다. 맬서스는 1798년에 발표한 저서 《인구론》에서 인구가 식량 생산력보다 더 빠르게 증가하고 있다고 경고했다. 우리가 함정에 갇혔으며, 인구가 증가할수록 기근, 식량난, 파괴에 직면할 가능성도 더 커진다고 했다.[8]

맬서스 전후로 몇몇 사람은 정반대의 의견을 내놓았다. 17세기 철학자 윌리엄 페티William Petty는 300년 뒤의 사이먼과 비슷한 입장이었다. 페티 역시 인구가 늘어나면 문제 해결을 위해 기발한 아이디어를 내놓는 사람들 역시 더 많아지리라 보았다. 프리드리히 엥겔스Friedrich Engels는 1848년에 발표한 《공산당 선언》에 "토지의 생산성은 자본, 노동, 과학을 이용하면 무한히 증가할 수 있다"라고 썼다.

시간이 흐르고 두 파벌에 이름이 붙었다. 파울 에를리히 같은 비관론자들에게는 맬서스 학파Malthusians, 그리고 다른 쪽에는 낙관적 미래파Cornucopians라는 이름이 따라왔다. 후자는 고대 그리스 신화에 나오는 풍요의 뿔 코르누코피아cornucopia에서 비롯한 이름이다. 1960년대 후반부터 1970년대 초반까지 어떤 학파가 승기를 잡고 있었는지는 의심의 여지가 없다. 핵 시대의 기술 낙관주의가 쇠퇴하던 시기였다. 미국은 베트남 전쟁에서 밀리고 있었고 인플레이션이 가속화됐으며 범죄율은 계속 상승했다. 이러한 동요가 한창이던 1968년, 에를리히가

《인구 폭탄》을 출간했다. 같은 해에 학자들, 정책 입안자들, 사업가들이 모여서 지구가 당면한 환경적·문화적·경제적 문제들을 논의하는 '로마 클럽Club of Rome'을 창설했다. 훗날 로마 클럽은 《성장의 한계*The Limits to Growth*》라는 책을 출간했는데, 인류가 생태적·환경적 재앙을 향해서 가고 있고 곧 천연자원이 고갈되리라고 경고했다.

이러한 견해는 결코 비주류가 아니었다. 1969년 당시 UN 사무총장이었던 우 탄트U Thant는 "지구를 구할 수 있는 시간이 10년밖에 안 남았다"라면서 재앙을 피하려면 전 지구적 파트너십을 구축해야 한다고 주장했다. 1967년에 노벨 생리의학상을 수상한 생물학자 조지 월드George Wald는 이렇게 말했다. "인류가 직면한 문제들을 즉시 해결하지 않으면 앞으로 15~30년 안에 문명이 끝나버릴 겁니다." 파울 에를리히는 워싱턴, 뉴욕, 런던, 베이징 등 권력의 심장부에서 빠르게 자리를 잡아가는 통설에 대한 가장 자극적인 옹호자였다. 반면에 줄리언 사이먼은 그런 주장들을 상식에서 벗어난 과도한 걱정으로 치부했다.[9]

사이먼은 《사이언스》에 이렇게 썼다. "나쁜 소식을 실어야 책, 신문, 잡지가 팔립니다. 좋은 소식은 그 절반만큼도 흥미롭지 않습니다." 그는 에를리히의 《인구 폭탄》, 로마 클럽의 《성장의 한계》에서 제시한 주장들을 검토한 뒤 대부분이 거짓이라고 기술했다. 식량 생산은 줄어들기는커녕 늘어나고 있었고, 기근은 점점 드문 일이 되어갔다. 세상에 사람이 너무 많아서 천연자원이 고갈되기 직전이라면 이 모든 것의 가격은 하늘을 찌를 정도로 높아져야 하지 않겠는가?[10]

그때까지 에를리히는 사이먼에게 별 관심을 두지 않았었다. 다른 사람들도 반응이 없기는 마찬가지였다. 그러나 이 무례한 태도를 묵과할 수 없었다. 그래서 《사이언스》에 사이먼의 주장을 반박하는 글을 발표했다. 그러다가 둘 사이에 편지가 오가기 시작했는데, 사이먼이 쓴 편지에는 이런 내용이 있었다.

● 내 말에 책임을 지겠습니다. 곡물과 석유 등 정부가 관리하지 않는 원자재의 가격이 장기적으로 상승하지 않는다는 데 품목마다 100~1,000달러씩 총 1만 달러 규모의 공개 내기를 걸겠습니다.

에를리히는 재빨리 그 내기를 받아들였다. 구리, 크롬, 니켈, 주석, 텅스텐 이렇게 다섯 가지 주요 금속의 가격에 대한 내기였다. 1980년 9월 29일에서 1990년 9월 29일 사이, 인플레이션율을 고려하여 조정된 실질 가격의 관점에서 이 금속들의 가격이 상승하리라는 데 에를리히는 항목당 200달러씩 돈을 걸었다. 에를리히가 아무렇게나 다섯 가지 금속을 뽑은 것은 아니었다. 크롬과 니켈은 강합금의 핵심 원료이고, 주석과 텅스텐은 여러 전자 제품의 생산에 꼭 필요한 원료이다. 세계가 건설과 산업화, 번식을 계속 이어간다면 이 금속들에 대한 수요는 분명히 증가할 터였다.

에를리히가 보기에 구리는 그 어떤 금속보다 예측이 쉬울 것 같았다. 철이나 알루미늄 같은 공업용 금속 중에서 구리는 가장 희귀한 축에 속한다. 약 1만 년 전, 야금업의 초창기에 구리는 종종 광석의 원형 그대로 발견될 정도로 매우 풍부했다. 아름답고 순수한 구리 덩어리를 땅속에서 바로 캐낼 수 있었다. 최초의 대규모 광산은 키프로스에 있었다. 키프로스를 그리스어로 하면 쿠프로스Kupros가 되는데, 여기서 구리를 뜻하는 영어 코퍼copper가 나왔다. 키프로스는 쓸모 있는 성분의 함량이 높은 광석인 부광으로 점철된 땅이었다. 키프로스의 청록색 암석은 구리 함량이 무려 20퍼센트에 이르렀다. 하지만 그 후 인류는 가장 순수한 구리를 계속해서 채굴해왔고, 이제 남은 것은 구리 함량이 낮은 광석들뿐이다. 에를리히가 내기에 응했던 시기에 전 세계 철광석 매장량은 수백 년 정도는 버틸 수 있을 것으로 추정되었다. 구리의 경우는 30년을 겨우 넘는 정도였다.

에를리히는 자신이 선택한 금속들의 가격 변동을 꼼꼼히 살폈으므로 가격 상승을 확신했다. 당시 기준으로 과거 10년간 구리는 59퍼센트, 텅스텐은 무려 357퍼센트나 가격이 상승한 상황이었다. 세계 인구가 빠르게 증가하는 상황에서 그가 질 수 있었을까? 에를리히는 이렇게 말했다. "나는 다른 욕심쟁이들이 사이먼의 내기를 채가기 전에 얼른 그 놀라운 제안을 받아들였습니다."

그러나 사태는 에를리히의 예측대로 돌아가지 않았다. 1980년에서 1990년 사이에 세계 인구는 45억 명에서 53억 명으로 늘어났지만, 에를리히의 다섯 가지 금속은 인플레이션을 적용하니 가격이 하락한 것으로 나타났다. 1990년 10월, 줄리언 사이먼은 캘리포니아주 팰로앨토에서 온 우편물을 열어보니 금속 가격표와 에를리히가 발행한 576.07달러짜리 수표가 들어 있었다. 따로 편지는 없었다. 두 사람은 한 번도 만난 적이 없었고, 줄리언 사이먼은 1998년에 사망했다. 지금도 파울 에를리히는 자신이 운이 없어서 내기에서 졌다고 생각한다. 어떤 면에서는 에를리히의 생각도 일리가 있다. 만약 둘의 내기가 1960년대나 1970년대 혹은 2000년대에 있었더라면 에를리히가 이겼을 것이다. 둘의 내기 이후로 경제학자들은 사고 실험에 착수했다. 만약 에를리히가 다른 물질들을 선택했더라면 어땠을까? 내기 구조를 약간 다르게 설계했더라면? 그랬더라면 사이먼보다 에를리히의 승률이 더 높았을 것이다. 그러나 구릿값을 소매가격이 아니라 수익 증가율에 맞춰 조정한다면 사이먼이 다시 우위에 선다. 그래서 양측 모두 승리를 주장했고 각각 절반의 득점을 얻은 무승부였다.

그 후, 둘의 내기는 일종의 경제적 우화로 사람들 사이에서 전해졌다. 이런 이야기들이 늘 그러하듯이, 둘의 내기 역시 풍부한 뉘앙스와 세부 사항은 생략된 채 떠돌았다. 맬서스 학파가 보기에, 에를리히는 근본적으로 옳았고 사이먼은 단지 재수가 좋았을 뿐이었다. 낙관적 미래파가 보기에, 사이먼의 승리는 인간의 독창성이 언제나 환경과 물질의 도전을 압도한다는 증거였다. 1980년대에 전 세계가 자유시장을 받아들이면서 이 내기는 새로운 시대에 딱 맞는 완벽한 우화가 되었다. '세상의 종말이 걱정이라고요? 그럴 필요 없습니다. 공급, 수요, 시장에 대한 믿음이 웬만한 문제는 다 해결해준답니다.' 물론, 상황은 그렇게 간단하지 않았다.

에를리히는 구리 부족 현상을 경고한 최초의 사람도, 최후의 사람도 아니었다. 토머스 에디슨이 발전기와 전선에 들어갈 구리를 확보하려고 분투하던 전기의 시대 초창기에, 당시 현자들은 새로운 전기 기술이 희소한 천연자원에 너무 의존하기 때문에 곧 무너지리라고 예측했다. 1924년 저명한 지질학자인 아이라 요랄레몬Ira Joralemon이 이런 예측을 내놓았다. "전 세계의 구리 공급은 앞으로 20년도 버티지 못할 겁니다. 전기에 기반한 우리 문명은 점차 쇠퇴하다가 사라질 겁니다."[11]

로마 클럽은 《성장의 한계》에서 구리, 알루미늄, 석유, 금 등 수많은 원자재가 앞으로 수십 년 내에 고갈되리라고 전망했다. 아무리 낙관적으로 봐도 구리는 앞으로 48년, 즉 2022년까지만 남아 있을 것이라고 했다. 로마 클럽의 예측에 따르면, 추키카마타 마을은 광석을 너무 많이 채굴한 나머지 돌무더기를 놓을 곳이 없어서가 아니라, 광석이 아예 안 나와서 문을 닫아야 했다.

심지어 오늘날에도 몇몇 연구자는 이와 비슷한 수치를 제시하면서 구리 생산에 종말이 임박했다고 주장한다. 2007년에 예일대학교에서 발표한 연구 결과가 그랬다. 2014년《사이언스》에 실린 논문에서도 2030년부터 구리 공급량이 감소하리라고 예측했다. 구글 검색창에 'peak copper(피크 코퍼)'라고 입력하면 비슷한 사례를 더 찾아볼 수 있다.[12]

이러한 예측이 직관적으로 꽤 그럴듯해 보이는 이유는, 지구와 그 천연자원이 유한하다는 사실을 모두가 알고 있기 때문이다. 앞선 예측이 전부 빗나갔다고 해서 다음 예측도 틀릴 것이라 확신할 수는 없다. 구리 채굴이 점점 더 어려워지고 있다는 사실도 부정할 수 없다. 콘월 땅에서 나온 동광석은 18세기에는 평균적으로 12퍼센트 이상의 구리를 함유하고 있었지만, 19세기 후반에는 함량이 8퍼센트 이하로 떨어졌다. 20세기 초반, 가장 유망했던 구리 광산들이 전 세계 곳곳에서 문을 닫기 시작했다.

추키카마타 광산도 사정은 비슷했다. '코퍼맨'이 일하던 초창기부터 19세기 후반까지 파냈던 광맥에서는 구리 함량이 10~15퍼센트인 고급 동광석이 나왔다. 그러나 20세기 초반에 남아 있던 동광석의 구리 함량은 몇 퍼센트도 되지 않았다. 땅속에 구리가 여전히 잔뜩 묻혀 있다는 사실은 모두가 알았다. 문제는 동광석 매장층이 너무 엷게 퍼져 있다는 점이었다. 어떻게 해야 구리를 캐낼 수 있을까? 좀 더 정확히는, 어떻게 하면 이익을 내면서 그것을 채굴할 수 있을까?[13]

여기서 구겐하임 가문이 등장한다. 이 광산 재벌 가문은 일찍이 앤드루 카네기가 미네소타주 메사비의 철 광산에서 어떻게 철광석을 채굴하는지 본 적이 있었다. 카네기는 거대한 굴착기로 엄청난 양의 철광석을 긁어모았다. 그 방법을 구리 채굴에도 적용할 수 있지 않을까? 구겐하임은 진취적 성향의 광산 기사 대니얼 C. 재클링Daniel C. Jackling에게 도움을 청했다. 이들은 유타주 빙엄캐니언 광산에서 굴착기와 대량의 폭발물을 사용했고 저등급 광석을 채굴하여 구리를 추출하기 시작했다. 한때 이 광산은 세계 최대의 구리 광산 자리를 놓고 추키카마타와 명성을 다툴 정도였다. 하지만 구리 매장량을 놓고 봤을 때 칠레쪽이 더 유망했으므로 구겐하임은 추키카마타에 지사를 설립했다.

지금부터 하는 이야기는 세간에 잘 알려지지 않았다. 헨리 포드가 디트로이트에서 자동차를 대량생산하는 동안, 구겐하임은 조용히 광산업을 대규모 생산 활동(혹은 대규모 파괴)으로 바꾸고 있었다. 마치 별 볼 일 없는 돌멩이를 큰돈을 안겨줄 황금으로 탈바꿈하는 연금술사 같았다. 추키카마타는 수작업으로 땅을 파내고 손으로 일일이 광석을 선별하던 구시대의 광업이 신시대의 광업에 자리를 내준 곳이기도 하다. 파나마운하 건설을 도왔던 굴착기들은 칠레로 운반되어 추키카마타에 투입되었다. 새롭게 세워진 거대한 공장들에서는 암석을 부수어 가루로 만든 뒤 무거운 구리 입자를 더 가벼운 석영과 분리했다.[14]

구겐하임은 질산염 생산으로 주력 사업을 전환하면서(구겐하임이 대재앙에 가까운 실수를 저지른 순간이다) 자금을 마련하기 위해 추키카마타의 채굴권을 아나콘다 구리Anaconda Copper에 팔았다. 그 후 채굴 속도는 점점 더 빨라졌다. 계속되는 채굴로 인해 산은 고원이 되었다가 결국 협곡이 되어버리고 말았다. 혁명가 체 게바라Ché Guevara는 1951년에 이곳을 방문하고는 다음과 같은 감상을 남겼다. "아름다움이 부족하진 않다. 그러나 그것은 우아함이 결여된 인상적이고 냉랭한 아름다움이다."[15]

추키카마타 광산의 깊은 구덩이를 보고 가장 먼저 떠오르는 질문은 어떻게 그리 깊이 파냈을까가 아니다. 어떻게 누군가는 그리 깊이 파낼 재력을 갖출 수 있었을까? 땅속을 더 깊이 파고 들어갈수록 광석을 캐는 비용은 더 커지고 광석의 품질은 떨어졌기 때문이다. 그것도 대폭 떨어졌다. 새로 캐낸 광석의 구리 함량은 1913년에 2.4퍼센트, 20세기 중반에 2퍼센트 이하, 20세기 후반에 1퍼센트 이하로 점점 떨어졌다. 품질이 떨어지는 광석에서 구리를 추출하다 보니 작업 또한 상당히 까다로워졌다. 1900년과 오늘날 사이에, 구리 1톤을 생산하기 위해서 가공해야 하는 동광석의 양은 50톤에서 800톤으로 증가했다. 공정에 필요한 물의 양 역시 7만 5000리터에서 거의 두 배인 13만 리터로 늘었다. 필요 전기량은 250킬로와트에서 4,000킬로와트로 늘었다. 그러나 데이터에서 가장 중요한 점은 이것이다. 해당 기간에 구릿값은 상승하지 않았다. 인플레이션 상승을 적용하더라도 본질적으로는 거의 변동이 없었다.[16]

생각하면 생각할수록 놀라운 업적이다. 전기의 시대는 구리에 의해 구축되었다. 주요 도시들의 전기화, 가전제품의 시대, 배선 및 전자 제품 분야에서 중국과 인도 같은 대규모 시장 형성 등 20세기 들어서 구리의 거대한 물결이 밀려왔다. 구리에 대한 수요는 더욱 늘었으나 지구는 점점 더 구리를 내놓지 않으려 했다. 그러나 어떻게 된 일인지 추키카마타 광산에서는 거의 같은 가격으로 구리를 계속 생산했다. 구릿값이 천정부지로 뛰어올라서 세계의 잠재적 성장을 저해할 수도 있었지만 현실은 그렇지 않았다.

파울 에를리히가 알지 못했던 것

다시 추키카마타 협곡의 입구로 돌아가자. 저 아래에 있는 웬만한 단독주택보다도 더 큰 트럭들은 1980년대에 도입한 울트라 클래스 차량이다. 그전까지는 광산용 트럭이 하루에 대략 40톤의 암석을 운반했지만, 오늘날에는 이 트럭들이 400톤 이상의 암석을 운반한다. 눈을 돌려서 암석들을 분쇄하는 기계가 줄지어 선 공장을 살펴보자. 분쇄기들은 쉬지 않고 꾸준히 돌아가면서 암석들을 베이비파우더 수준으로 만들어버린다. 사막의 지평선 속으로 녹아내릴 정도로 거대한 침출 패드를 보라. 거기에 보이지 않는 부분이 있다. 현재 코델코는 저 깊은 구덩이 아래 지하에서 구리를 채굴한다. 추키카마타 광산은 세계 최대의 노천 광산일 뿐 아니라, 세계 최대의 지하 광산이 되어 가는 중이다.

추키카마타 지하 광산에서는 '블록 채굴법block mining'을 사용하는데, 그 개념을 이해하고 나면 얼굴이 찌푸려질지도 모른다. 대부분의 지하 광산이 광석층을 따라서 땅을 파내고 드릴질이나 발파를 하는 것에 비해, 블록 채굴법은 다소 무자비한 방법을 사용한다. 이 방법은 광석층을 따라가는 대신 그 밑에다 터널을 파서 대량의 폭약을 설치한 뒤 발파한다. 그러면 중력이 작용하여 터널 안으로 수십만 톤의 암석이 우르르 무너져내린다. 이렇게 얻은 암석들은 컨베이어벨트를 타고 바깥으로 운반되어 추키카마타의 제련소에서 정제되거나 다른 곳으로 옮겨져 추가 공정을 거친다.

노천 광산과 지하 광산의 작업이 겹친다는 점이 다소 불안하게 느껴지기도 한다. 지상의 광부들이 땅속에 구멍을 뚫고 발파하여 지하로 내려가는 동안 지하 깊은 곳에서는 천장을 향하여 또 다른 구멍을 뚫

고 발파하고 있기 때문이다.[17]

블록 채굴법은 새롭게 도입한 대규모 기술로 추키카마타에서만 사용되진 않는다. 뉴기니섬 서부의 인도네시아 땅에는 해발 4,000미터 이상인 외딴 산맥이 있는데, 바로 여기에 그래스버그 광산이 있다.

거대한 구덩이가 움푹 팬 산 정상에서 구름 속에 모습을 감춘 그래스버그 광산은 마치 영화 속 빌런의 은신처처럼 보인다. 이곳은 세계적인 규모의 금과 구리 매장량을 자랑하며 블록 채굴법을 사용하고 있다. 광부들은 구덩이 밑에 터널을 뚫고 산맥의 심장부가 내부에서 폭발하여 붕괴하도록 한다. 무인 열차가 23킬로미터의 선로를 달려서 바깥으로 내보낸 암석은 금괴와 전기동으로 가공되어 비밀 금고와 전선 안에 숨거나, 세상에 전력을 제공하는 기계와 발전기 속으로 들어간다.

그래스버그와 추키카마타에서는 구리 채굴을 위해 환경에 엄청난 피해를 주고 있다. 신기한 점은 그 피해 규모와 정도에 비해 광산에서 일하는 인력이 매우 적다는 것이다. 20세기 동안 미국에서 구리 채굴과 생산에 종사하는 사람 수는 3분의 2가 줄었다. 하지만 구리 생산량은 네 배 이상 증가했다.

이 사실은 파울 에를리히가 내기에서 진 이유를 설명해준다. 우리는 전보다 더 적은 노동력으로 더 많은 물질을 더 많이 생산한다. 로마 제국 시기에 순수 구리 1톤의 가격은 평균 임금 40년치에 해당했다. 구리 1톤을 얻으려면 40년을 일해야 했다. 그러나 1800년 무렵, 이 비율은 순수 구리 1톤당 평균 임금 6년치로 떨어져 있었다. 그 후 200년 간 1톤당 0.06년치로 더 떨어졌다. 박식한 광업 투자자인 폴 가이트Paul Gait가 보기에, 구리의 '실질 가격' 변천사는 아주 멋진 이야기이다. 이는 반도체에 대한 무어의 법칙만큼이나 인상적인 생산성의 기적이다. 그러나 광산업계 내부에서조차 이 사실을 아는 사람은 매우 적다.

물질 세계에서 반복되는 주제가 다시 등장하는 순간이다. 땅속에서 캐내어 특별한 제품으로 탈바꿈한 물질의 양이 늘어날수록, 이 작업에 필요한 사람들의 비율은 계속 감소했다. 지금도 광산업계에서는 공정을 자동화하는 새로운 방법을 고안 중이다. 업계의 다음 관심사는 대형 트럭과 채굴기를 무인으로 운행하여, 현장에서 수백 킬로미터 떨어진 곳에서 원격으로 작업을 제어하는 것이다. 안토파가스타에 머무는 동안 나는 어느 제어 센터를 방문했다. 그곳에서는 모니터 앞에 앉은 직원들이 조이스틱을 움직여서 160킬로미터 이상 떨어진 구리 광산의 분쇄기와 채굴기를 조종하고 있었다. 추키카마타의 새로운 지하 광산을 오가는 트럭들도 곧 자동화될 것이다.

자동화의 장점은 중장비를 직접 다루는 사람들이 적어지면서 잠재적인 사고 위험 역시 줄어든다는 점이다. 하지만 생산 현장에서 일하는 사람들이 줄어든 만큼, 땅속에서 물질을 캐내어 제품으로 만드는 과정을 잘 모르게 된다. 이러니 우리가 물질 세계를 당연하게 여기는 것도 전혀 놀랍지 않다.

에를리히가 내기에 진 또 다른 이유는, 암석에서 물질을 추출하는 방식이 훨씬 편해졌기 때문이다. 추키카마타의 거대한 공장들과 부유선광기flotation machine는 저등급 암석 채굴을 100년 이상 도왔다. 침출패드는 최근 수십 년간 이루어진 습식제련혁명을 대표한다. 용광로에 광석을 투입하는 예전 방식은 비용이 많이 들고 환경오염도 심하지만, 습식제련법을 쓰면 광석에 용액을 뿌려서 구리를 추출할 수 있다. 추키카마타에는 전해채취 시설도 있는데, 전해채취는 액상 농축액을 전기분해하여 순수한 전기동을 얻는 혁신적 방식이다. 이런 채굴 기술과 대형 트럭들에 대한 정보가 널리 알려지지 않은 탓에 피크 코퍼에 대한 예측이 빗나가게 되었다. 이러한 것들이 현대 사회의 광맥에 계속 피를 돌게 한다.[18]

그렇다면 전 세계 구리 매장량이 30~40년 분량만 남았다는 말은 어떻게 된 것일까? 오해와 오독이 끊이지 않는 이 통계를 자세히 뜯어볼 필요가 있다. 광산기업들이 말하는 매장량이란, 그들이 소유하거나 채굴권을 보유한 광산에 남아 있는 매장량을 뜻한다. 그러므로 전 세계에 구리가 30~40년 분량만 남았다는 말은, 실제로 땅속에 구리가 그 정도만 있다는 뜻이 아니라 광산기업들이 채굴 계획을 세운 시계가 그 정도라는 소리다.[19]

그러나 종종 이러한 수치로부터 곧 구리가 고갈되리라는 예측이 나오곤 한다. 《성장의 한계》는 그 논리를 좇은 가장 유명한 연구일 뿐이다. 실제 세상에 대한 객관적 수치보다는 재앙이 임박했다는 보고서들이 사람들의 시선을 더 끈다. 여기에 명심할 포인트가 있다. 2010년부터 2020년까지 전 세계에서 2억 700만 톤의 구리를 채굴했지만, 구리의 총매장량은 2억 4000만 톤이 더 늘었다. 구리의 공급량은 실제 채굴량을 훨씬 능가하며 빠르게 증가하고 있다.

사실 우리가 더 집중해야 할 것은 천연자원의 양이다. 이는 미래에 채굴하겠다고 계획을 세운 수치일 뿐 아니라 장차 땅속에서 발견될 것까지 포함하는 모든 금속에 관한 수치이다. 이 수치는 추측이 꽤 많이 들어간 편이지만 그래도 우리를 좀 더 안심하게 한다. 미국 지질조사국에 따르면, 전 세계 구리 자원의 총량은 56억 톤이며 그중 21억 톤은 이미 발견되었다. 연간 구리 소비량을 고려하면 앞으로 약 226년을 쓸 수 있는 분량이다. 친환경에너지로의 전환이 본격화된 지난 10년간의 소비량을 기준으로 계산하면 약 115년 분량이 된다.[20]

물론, 이 모든 것에는 대가가 따른다. 더 낮은 품질의 동광석을 더 효율적으로 채굴하려면 훨씬 많은 흙을 다른 곳으로 옮겨야 한다. 칠레 광부들은 2004년부터 2016년까지 해마다 구리 생산량을 2.6퍼센트씩 늘렸다. 이 미미한 증가량을 위해서 땅속에서 캐내야 하는 동광석의 양은 75퍼센트나 늘었다. 이 통계에서 가장 충격적인 점은 수치그 자체가 아니다. 정제된 금속만을 집계하는 환경 지표나 물질흐름분석에는 이 수치가 전혀 반영되지 않는다는 사실이다. 인간이 지구에 어느 정도 영향을 미치는지를 측정하는 UN 조사에서도 폐석은 계산에 넣지 않는다.[21]

이 문제를 숙고해야 하는 이유가 또 있다. 탄소 배출량을 줄인다는건 본질적으로 인간의 활동 전반을 화석연료에서 전기 기반으로 전환한다는 의미이다. 가정에서는 가스와 기름을 사용하는 보일러가 사라지고 전기히트펌프Electric Heat Pump, EHP가 들어온다. 내연기관 차량은 사라지고 배터리로 구동되는 자동차가 그 자리를 대신한다. 2020년부터 2050년까지, 1차 에너지로서 전기가 차지하는 비율은 20퍼센트에서 50퍼센트로 증가하리라 예상된다. 갑자기 구리가 모든 것의 근간이되는 셈이다.

보통 자동차는 센서와 전기 부품들을 연결하는 구리선을 약 1.6킬로미터 내장한다. 전기차는 일반 자동차보다 서너 배 더 많은 구리선을 내장하는데, 그중 절반이 모터로 들어가고 나머지는 배선 뭉치와 배터리로 들어간다. 배터리로 구동되는 버스는 모터와 회로, 일반 전선보다 훨씬 더 많은 전류를 전달하는 금속 막대인 버스바busbar에 거

의 반 톤의 구리를 사용한다. 고속철도에는 더 많은 양의 구리가 필요하다.[22]

친환경 방식으로 전기를 생산하는 사회 기반 시설에서는 훨씬 많은 구리를 사용한다. 발전기의 심장부에 구리가 들어가므로 종래의 발전소들은 실제로 구릿빛을 띠고 있다. 태양광 패널에는 일반 발전소들보다 일곱 배나 많은 구리가 쓰인다. 그와 동일한 양의 전력을 육상풍 offshore wind을 이용한 풍력발전으로 생산하려면 열 배나 많은 구리가 필요하다.[23]

이제 우리가 어떤 도전에 직면했는지 갈피가 잡힐 것이다. 탄소 중립 net zero을 달성하기 위해 최근 몇 년간 내건 다양한 약속을 이행하려면 엄청난 양의 구리가 필요하다. 탄소 발자국을 줄이겠다는 말은 곧 구리 발자국을 늘린다는 말이 된다. 그나마 좋은 소식은 구리를 재활용으로도 구할 수 있다는 사실이다. 나쁜 소식은 낡은 파이프와 전선을 가능한 한 많이 재활용하더라도 우리가 필요한 양에는 턱없이 부족하다는 것이다.

이렇게 해서 드디어 진짜 문제점과 마주한다. 구리가 부족할까 혹은 구릿값이 너무 오를까 하는 염려보다 더 중요한 문제가 있다. 진짜 걱정해야 하는 점은 구리 생산국들에서 얼마나 참아줄까이다. 현재, 칠레와 페루(전 세계 구리 생산량 2위)를 비롯한 남아메리카 국가들은 구리 채굴에 따르는 환경 부담에 대해 우려 섞인 목소리를 내고 있다. 그들은 미래를 걱정하면서 채굴 한도를 두기 시작했다.

전기의 시대가 밝아오기 시작하던 때는 마침 여러 선순환이 겹쳐서 구리가 풍부한 시기였다. 전해정제기술의 발명, 그리고 추키카마타 같은 대형 광산들의 등장 덕분에 토머스 에디슨과 조지 웨스팅하우스의 구리선, 발전기, 변압기에 들어갈 대량의 구리 수요를 맞출 수 있었다. 최근 들어서는 에너지 전환이 악순환과 겹치리라는 전망이 나오고 있다. 화석연료를 대체하는 구리의 개발이 정치적 저항에 막힐 수도 있다는 것이다. 향후 수십 년 안에 그 수요를 따라잡으려면 추키카마타 같은 대형 광산을 해마다 세 개씩 만들어야 한다는 추정도 있다. 나는 눈앞의 거대한 구덩이를 잠시 내려다보면서 이 사실을 받아들이려고 애썼다.

오래된 광산에서 구리를 짜내는 일은 더 능숙해졌지만, 새로운 광산을 발견하고 개장하는 속도는 점점 떨어지고 있다. 이대로라면 지표면에 있는 구리의 상당수가 채굴되지 못할 수도 있다. 이것은 우리가 막 씨름하기 시작한 역설이다. 구리 없는 정부와 환경 기관이 설계한 탄소 중립의 청사진을 실현할 수 없다. 그래서 전기화 열망이 커질수록 일부 무모한 탐험가들은 구리를 얻기 위해 더 깊고, 어둡고, 논란의 소지가 많은 장소를 찾고 있다.

12장

새로운 국경

깊은 바다, 심해 채굴의 현장

해수면에서 보면 세계에서 가장 큰 산맥도 팬케이크처럼 납작해 보인다. 산등성이의 봉우리들과 계곡들이 남북으로 수만 킬로미터를 뱀처럼 구불구불 도는 이 산맥은 안데스산맥을 비롯한 코르디예라산맥보다 길고 히말라야산맥보다 높다. 그러나 세계에서 가장 큰 이 산맥은 바닷속 수천 미터 아래에 잠겨 있으므로 정상을 오르기는커녕 산맥 자체를 본 사람조차 드물다.

나는 왕립 과학탐사선인 RRS 제임스쿡호를 타고 대서양 한가운데로 나왔다. 발밑 어딘가에는 대서양 중앙해령이 있을 테다. 바다는 사납고, 파도 높이는 4미터를 넘는다. 최대 시속 80킬로미터의 무역풍이 수면을 가로지르는 탓에 선체와 선원들이 이리저리 흔들린다. 구름이 걷혀도 이 배에는 일광욕을 즐길 만한 공간이 없다. 갑판을 가득 채운 기중기와 중장비가 쉴 새 없이 돌아가고 있기 때문이다.[1]

RRS 제임스쿡호의 탑승자 중에는 특별한 임무를 맡은 지질학자들로 구성된 특수 팀이 있다. 이들은 낮에는 기계를 작동하고 밤에는 암석들을 늘어놓고 연구한다. 지질학자들이 대서양까지 나온 이유는 이 바다 한가운데서 새로운 땅이 형성되고 있기 때문이다.

그것은 바로 지금 일어나고 있는 일이다. 여러분이 이 책을 읽는 동안에도 북아메리카판은 유라시아판과 해마다 3센티미터씩 멀어지고 있다. 이것은 2억 년 전에 초대륙 판게아를 해체한 점진적이고도 불가항력적인 과정이다. 두 대륙 사이의 틈을 메우기 위해 온갖 종류의 지질학적 활동이 일어나고 있는데 화산, 베개용암, 심층에서 솟아오른 뜨거운 연기에 휩싸인 바위탑이 대표적이다. 이런 활동들은 보이지 않는 곳에서 일어나지만, 아이슬란드의 경우를 살펴보면 좀 더 감을 잡기가 쉬울 것이다. 화산과 용암, 간헐천의 땅인 아이슬란드는 대서양 중앙해령의 얼마 안 되는 육지 지역이다. 이제 깊은 바닷속에 이런 곳이 더 많다고 상상해보자.

지표면의 그 어떤 산맥보다 훨씬 큰 해저산맥이 바닷속에 쭉 뻗어 있다. 이 해저산맥은 1872년 HMS 챌린저호의 첫 번째 탐사에서 발견되었다. 대양저ocean floor를 조사하기 위해 수많은 위대한 임무를 맡았던 챌린저호는 원래 전함이었다. 함포가 있던 자리에는 측연, 준설선, 샘플 채취병, 이탈리아 삼으로 꼰 322킬로미터 길이의 밧줄 등 일련의 과학 장비로 채웠다. 챌린저호 선원들은 이 탐사를 통해 심해가 불모지가 아니라 생명으로 넘친다는 사실을 알아냈다. 심해의 지형은 평평하지 않았고 물 위에서처럼 다채롭고 험준했다. 대서양 횡단 전신 케이블을 설치할 최적의 장소를 알아내기 위해 해저를 살피던 탐사대는 자신들이 해저산맥의 정상부를 항해하고 있다는 사실을 알아차렸다. 이것은 심해의 경이를 발견한 최초 혹은 최후의 사례는 아니다. 1977년 갈라파고스 제도 부근을 항해하던 배에서 해양 지질학자 밥 밸러드Bob Ballard가 세계 최초로 열수구hydrothermal vent를 발견했다. 열수구

| PART 4 구리 |

는 뜨거운 물이나 가스가 솟아오르는 지하의 구멍인데, 그중에서도 검은 연기 같은 분출물이 솟아오르는 열수구를 블랙 스모커black smoker 라고 한다. 이곳의 블랙 스모커에서는 화산에서 가열되어 화학물질이 풍부한 물이 흘러나와 햇빛이 필요 없는 괴기한 종들을 먹여 살리고 있었다. 그로부터 20년 뒤 대서양 중앙해령으로 또 다른 과학자들이 탐사를 나섰다. 국제공동해양시추프로그램International Ocean Discovery Programme, IODP의 아틀란티스 대산괴 탐사 중이던 이들은 더욱 매력적인 것을 발견했다. 심해의 어둠을 뚫고 나온 괴상하게 생긴 하얀 굴뚝들이 생명의 기본 요소인 탄화수소를 자연적으로 생성하고 있었다. 훗날 과학자들은 이곳에 '잃어버린 도시The Lost City'라는 이름을 붙였는데, 그 이름처럼 생명에 관한 실마리를 잡을 수 있는 곳이었다.

이는 해저에 우리가 모르는 것들이 잔뜩 있다는 사실을 알려준다. 어떤 의미에서는, 바로 이것이 대서양 중앙해령으로 탐사를 떠난 이유였다. '프로젝트 울트라'의 수석 과학자인 브램 머튼Bram Murton은 이 탐사가 마치 하이테크 미스터리 같다고 생각했다. 미스터리의 중심에는 150미터 높이의 원뿔 모양 구조물들이 있는데, 몇 년 전 사르가소해를 탐사하던 중 수심 측량으로 이 지점에서 발견했다. 브램 머튼은 이렇게 말했다. "다들 그게 화산이라고 생각했지만 확신할 수는 없었죠."

2022년 2월 말, 탐사선이 막 출항하기 직전에 러시아가 우크라이나를 침공했다. 준비 작업 대부분을 상트페테르부르크에 있는 팀이 맡았는데도 영국 외무부는 외교 갈등을 우려하여 러시아 과학자들을 탐사선에 태우지 않으려 했다. 바다 밑에 있는 미지의 땅을 탐사하는 여행이 정부의 관심을 끈 건 우연이 아니다. 이런 임무는 국가 안보 문제로 번질 수 있는데, 탐사대의 활동이 바다 밑에 숨겨진 일종의 21세기판

보물인 방대한 부의 원천을 발견하려는 것이기 때문이다. 그 보물 중에는 엄청난 양의 구리 매장지도 있다.

이 이야기는 HMS 챌린저호가 탐사를 나섰던 약 150년 전으로 거슬러 올라간다. 당시 탐사대는 태평양 해저에서 감자만 한 크기의 괴상한 돌덩어리들을 건져 올랐다. 잘 부스러지는 성질에 어두운색인 이 돌들은 윗부분이 매끈하고 아랫부분이 거칠었는데, 훗날 다금속단괴 polymetallic nodule라는 이름을 얻었다. 태평양 특정 지역에 가면 해저에 이런 돌덩어리들이 무수히 많이 흩어져 있는 모습을 볼 수 있고, 클라리온-클리퍼턴 해역Clarion-Clipperton Zone, CCZ이 대표적이다.

감자처럼 생긴 이 작은 돌들은 상어 이빨이나 조개껍데기 등 해저에 떨어진 유기물 파편에 무기물이 달라붙으면서 수백만 년에 걸쳐서 형성된다. 니켈, 망간, 코발트, 구리 등 지표면에서 발견되지 않는 등급의 광물들이 다금속단괴에 얼마나 많이 농축되어 있는지 지질학적 관점에서는 놀라울 정도였다.

다금속단괴의 발견은 해저에 어떤 보물이 있는지 알려주는 첫 번째 힌트였다. 흡사 보물과도 같은 해저 광물들이 인류에게 필요한 원료들을 길고 긴 시간 동안 충족시켜 줄 터였다. 어느 연구에 따르면, 해저에 매장된 금을 전 세계 모든 사람에게 나눠준다면 각각 4킬로그램씩 돌아갈 수 있다고 했다. 이는 시가 17만 달러에 해당하는 양이다. 그러나 또 다른 연구에서는 해저에서 채금 비용이 금값의 두 배나 들기 때문에 마냥 기뻐할 일은 아니라고 했다.

해저에 얼마나 광물이 풍부한지 코발트 사례로 더 살펴보자. 코발트는 세계적으로 희소한 금속 중 하나이며, 강합금뿐만 아니라 2차전지의 핵심 성분이다. 세계 최대의 코발트 매장지인 콩고민주공화국은 정치 상황이 매우 불안정한 곳이다. 광산 사정 또한 열악하기로 악명이 높다. 2차전지의 핵심 성분 중 문제가 있는 금속은 코발트만이 아니다. 고성능 배터리의 화학 작용에는 대량의 니켈이 필요한데, 세계 최대의 니켈 생산국인 인도네시아에서는 이를 위해 원시림을 파괴하고 광산 폐기물을 강과 바다에 일상적으로 투기하고 있다.

이러한 문제들을 염두에 두고 해저 광물의 잠재력을 살펴보자. 현재 지상에 매장된 코발트 자원이 약 2500만 톤인데, 대부분이 콩고민주 공화국과 잠비아에 묻혀 있다. 이에 비해 다금속단괴나 해저 표층 등 바다 밑에 매장된 코발트의 총량은 1억 2000만 톤에 달한다. 지상에 는 약 3억 톤의 니켈 자원이 있다. 그러나 해저에는 훨씬 많은 니켈이 매장되어 있다. 클라리온-클리퍼턴 해역에만 약 2억 7000만 톤의 니 켈이 매장되어 있으므로 태평양 전역을 놓고 보면 전체 매장량은 훨씬 많을 것이다.[2]

이런 계산을 할 때, 구리는 언제나 가장 마지막에 등장한다. 우리에 게 구리는 땅에서 캐내는 게 익숙하기 때문이다. 그래서 로마 클럽을 제외한 여타 지질학자들은 피크 코퍼라는 개념에 대해 진지하게 생각 해본 적이 없었다. 대부분의 사람들은 지표면에서 구리를 추출하는 작업에 한계가 있으리라고는 생각조차 하지 못했다. 또 다른 이유로는 다금속단괴의 구리 함량이 판도를 바꿀 만큼 많지는 않다는 이유 때 문이다. 클라리온-클리퍼턴 해역의 구리 매장량은 약 2억 3000만 톤 으로 전 세계에 10년 동안 공급할 수 있지만, 코발트나 니켈 정도로 획 기적인 양은 아니다.[3]

구리의 최대 매장지가 다른 곳에 있을지 모른다는 가능성도 고려해 야 한다. 이를테면 대서양 중앙해령에서 검은색 광천수를 뿜어대는 블랙 스모커가 있다. 블랙 스모커를 잘라보면 철, 아연, 셀레늄selenium, 구리 함량이 20퍼센트에 달하는 결정질 광석인 황동석chalcopyrite 등 온갖 물질을 발견할 수 있다. 수천 년 뒤, 블랙 스모커가 비활성화되어 무너져내리면 세상에서 구리 함량이 가장 높은 광석이 그 자리에 남는다. 그런데 황동석은 추키카마타에서도 발견되는 암석으로, 매혹적인 아름다움을 자랑하며 금빛으로 반짝거린다. 하지만 오늘날 지상에서 발견되는 황동석은 해저만큼 구리 함량이 높진 않다. 수천 년 동안 지속적인 채굴 작업을 거친 지금은 특히 더 그렇다.*

해저에 다금속단괴가 어느 정도 있는지는 다들 꽤 잘 파악하고 있지만, 화산성 거대황화물Volcanogenic Massive Sulphide, 이하 VMS이 얼마나 있는지는 아무도 모른다. 대서양 중앙해령 곳곳에서 발견되는 블랙 스모커의 수를 바탕으로 VMS가 얼마나 있는지 알아내려는 시도도 있지만 그다지 고무적이진 않다. 어떤 연구는 전 세계 해저에 있는 VMS가 약 3000만 톤의 구리와 아연을 함유하고 있다고 추론했는데, 이는 추키카마타에서 지금껏 나온 구리보다 더 적은 양이다. 하지만 이 수치가 틀렸다면? 해당 지역의 잠재력을 조금이 아니라 몇 배나 과소평가했다면 어떨까.[4]

그래서 결국 브램 머튼의 팀은 다른 지질학자들이 거들떠보지도 않는 해저 언덕 두 곳을 탐사하기 위해 바다 한가운데로 오게 되었다. 이들은 수심 3,000미터에서도 압력을 견디며 작업할 수 있는, 세계에 몇

---

* 뜨거운 연기를 내뿜는 열수구를 잘라보겠다는 생각은 어떤 상황에서도 하지 않길 바란다. 당신의 나이프가 섭씨 360도의 뜨거운 거품 속에서 견딜 수 있는가 하는 문제는 차지하고라도, 열수구는 생물 다양성과 화산 활동이 풍부한 역동적이고 예측 불가능한 환경이다. 그리고 다시 한번 말하지만, 이 모든 일은 해저 수천 미터 아래에서 일어나고 있으므로 당신이 열수구를 자를 가능성은 상당히 희박하다.

대 없는 심해용 거대 굴착기를 가져왔다. 심해용 굴착기는 한 달간 해저를 깊숙이 파고들면서 상당히 긴 암석 코어를 수집했고 탄성파 탐사로 해저 언덕을 조사하는 일을 도왔다. 브램은 이렇게 말했다. "초기 결과는 꽤 좋았어요. 광물 매장량은 놀라울 정도였죠. 탐사가 끝나면 해저에 얼마나 많은 구리가 묻혀 있는지 기존의 지식이 송두리째 뒤집힐 거예요."

해저 탐사는 아직도 진행 중이므로 해저 자원에 대한 추정치가 어떻게 나올지 속단하기는 이르다. 그러나 해저 구리 자원 추정치에서 빠져 있던 사르가소해의 어느 작은 지점에 수천만 톤의 광석이 있었다는 사실을 고려하면 기존 수치는 실제와 상당히 다를 가능성이 크다. 브램은 이렇게 말했다. "기존 수치보다 20~40배 정도 많은 매장량을 예상합니다."

브램의 말대로라면, 이곳의 구리 매장량은 10억 톤을 넘을 수도 있다. 이는 지상에 매장된 구리 총량을 뛰어넘는 엄청난 양으로, 앞으로 수십 년간 전 세계에 구리를 충분히 공급할 수 있는 정도이다. 이렇게 되면 해마다 추키카마타 같은 광산을 세 개는커녕 아예 파낼 필요가 없어진다. 이제 다음 질문으로 넘어간다. 해저 자원의 채굴에는 어떤 문제가 따르는가?

잃어버린 해저 도시를 찾아서

국제해저기구International Seabed Authority, ISA 가 회의를 개최하는 자메이카 킹스턴만의 컨벤션센터는 로저 무어Roger Moore 가 제임스 본드를 연기하던 1970~1980년대의 영화 007 시리즈를 떠올리게 한다. 일렬로 늘어선 전화 부스들을 보니, 제임스 본드가 블로펠드의 부하들을 피해 부스 한 곳에 들어가 조심스럽게 런던으로 전화를 걸 것만 같다. 판유리창은 고속정을 타고 킹스턴만을 탈출할 때 박살 나던 그 유리창 같다. 컨벤션센터의 벽지는 조잡하고, 의자들은 1960~1970년대의 박물관 전시품처럼 보인다. 동굴 같은 중앙홀에 놓인 책상들에는 이런 저런 버튼이 달려 있다. 인터폰 버튼, 투표 버튼, 그리고 비상 탈출 버튼일까?

이 컨벤션센터가 수십 년의 시간이 흐르는 동안에도 바깥세상의 영향을 전혀 받지 않은 타임캡슐처럼 보인다는 말은 일리가 있다. 국제해저기구에 대해서도 비슷하게 평가할 수 있기 때문이다. UN 산하에 있는 국제해저기구의 주 임무는 전 세계의 해저를 관리하면서 바다 밑의 광물들이 누구의 소유인지 판단하는 일이다. 국제해저기구가 관할권을 판단하는 규칙은 생각보다 단순하다. 국가를 기준으로 자국의 연안으로부터 200해리를 벗어나면 '공해'로 보는데, 1982년 유엔해양법협약UNCLOS에 따라서 공해는 '인류 공동의 유산'으로 규정된다. 국제해저기구 도서관에 갔을 때 협약 내용이 적힌 책자를 한 부 받는 바람에 알게 된 사실들이다.

이런 규정은 공해를 일종의 외교적·경제적 회색지대로 만들었다. 그리하여 인류가 공해를 마치 거대한 공용 쓰레기통처럼 사용해도, 그곳에서 어류를 남획해도 아무도 막을 수 없게 되었다. 그렇다면 사람들이 공해에서 채굴을 시작하면 무슨 일이 벌어질까? 일단 굴착기를 바다 밑으로 내려보내기만 하면 분쇄와 발파를 시작할 수 있을까? 채굴에 제한은 있는가? 어업처럼, 심해 채굴도 무법지대가 될 것인가? 오랫동안 심해 채굴은 허황한 꿈으로 치부되었지만, 수중 기술이 충분히 발전하면서 오늘날 이 질문들은 더욱 중요해졌다. 상업적 가치는 증명되지 않았지만 심해 채굴이 물리적으로 가능하다는 점에 대해서는 아무도 의심하지 않는다. 실제로 중국과 러시아 등 은밀하게 움직이며 자원 획득에 힘쓰는 일부 국가가 이미 물밑에서 채굴 작업을 조용히 진행 중인 건 아닌지 의심받고 있다.

이 일들은 국제해저기구의 입장을 난처하게 만들었다. 다금속단괴, 해저 표층, 블랙 스모커 등 공해 밑의 천연자원에 대하여 대부분의 관할권을 국제해저기구가 갖고 있기 때문이다. 이 무명의 기구는 심해 채굴 중인 굴착기와 인류 공동의 유산 사이에 서 있다. 그러나 1970년대풍의 컨벤션센터 옆에 붙은 허름한 사무실에 가보면 해저 자원을 둘러싼 글로벌 경쟁의 최전선에 섰다는 느낌은 좀처럼 들지 않는다. 그 대신 뭐랄까, 어딘가 빈 느낌이 든다. 나는 국제해저기구를 이끄는 친절한 영국인 변호사인 마이클 로지Michael Lodge와 한참 대화를 나누었다. 그는 조용한 복도를 지나서 벽에 포스터만 한 크기의 해양 지도들이 걸린 방으로 나를 안내했다. 그러고는 지도의 이곳저곳을 가리키며 여기가 클라리온-클리퍼턴 해역이고, 저기가 대서양 중앙해령이라며 설명해주었다. 지도에는 어느 구역이 어떤 회원국에 배정되었는지를 보여주는 작은 박스 표시들도 있었다.

얼마나 많은 국가가 심해를 자국의 영토라고 주장하는지 알고 나면 여러분은 깜짝 놀랄 수도 있다. 공해의 영유권을 주장하는 국가 중 선두 주자는 단연 중국이다. 중국은 국제해저기구와 이미 네 건의 계약을 체결했고, 해저에서 대량의 자원을 채굴하겠다며 단단히 벼르고 있다. 한국과 러시아는 국제해저기구와 각각 세 건의 계약을 맺었다. 독일, 프랑스, 영국은 각각 두 건의 계약을 맺었다. 그러나 영국은 그 권리를 미국의 방위산업체인 록히드마틴Lockheed Martin에 넘겼다. 심해 채굴에 관해서 록히드마틴은 나름의 흥미진진한 역사를 갖고 있다. 이회사는 1970년대에 요란스럽게 심해 채굴을 시작했으나 실제로는 침몰한 소련 잠수함을 인양하려는 CIA 작전이었다는 사실이 나중에 밝혀졌다. 록히드마틴은 심해 채굴 사업이 자신들의 기업 전문성을 높였고 오늘날에도 계속하고 있다고 말하지만, 이 회사가 실제로 무슨 일을 하는지는 아무도 확신하지 못한다.

미국 기업이 국제해저기구에 접근하기 위해 영국의 힘을 빌렸다는 주장에 전혀 근거가 없는 건 아니다. 미국은 관련한 UN 협약에 가입하지 않았으므로 국제해저기구에 대한 접근이 원천적으로 막혀 있는 상황이다. 그러나 미국의 모든 연안과 섬에서 200해리 이내에 들어가는 해저의 규모를 고려해보면 미국은 심해 채굴의 가장 큰 수혜자가될 것이다. 공해가 아닌 배타적 경제 수역만을 기준으로 해도 그렇다.

기이하게 들릴 수도 있지만, 이 모든 것은 예전에 친차 제도에서 벌어졌던 일들에서 비롯되었다. 미국이 태평양과 오세아니아의 작은 섬들을 그토록 많이 차지한 배경에는 친차 제도에서 구아노를 얻겠다고 새똥 쟁탈전이 한창이던 1856년에 미국 의회가 제정한 법이 있다. 미드웨이섬, 하울랜드섬, 그리고 바다 한가운데의 척박하고 황량한 바위섬들을 미국이 차지할 수 있었던 것은 구아노 제도법Guano Islands Act 덕분이다. 구아노 제도법에 따르면, 새똥투성이의 주인 없는 섬들을 미국의영토라고 주장할 수 있었다. 역사를 공부했거나 영화를 좋아하는 이들에게 익숙한 미드웨이는 2차 세계대전 당시 태평양의 주요 기지 중한 곳이었다. 미국이 비료와 폭약의 원료를 확보하기 위해 영유권을 주장했던 이 섬들은 차세대 기술을 실현하는 데 필요한 핵심 광물의 확보를 도울 것이다. 이 섬들 상당수가 해저 광물이 풍부한 지역에 속하기 때문에 가능한 일이다.

국제해저기구의 주요 목표는 인류가 어떤 식으로든 새로운 개척지로 나아가 이익을 얻는 것이다. 만약 공해에서 채굴을 원하는 국가가 있다면, 공해 사용료를 전 세계 모든 국가와 공유해야 한다. 이렇게 해야 국제해저기구의 인류 공동 유산 개념을 존중하는 것이 된다. 하지만 인류가 본격적인 해저 채굴을 언제쯤 시작할지는 여전히 막연하다. 수년간 광산기업들은 국제해저기구가 작성 중인 해저 채굴 규칙이 완성되기를 기다려왔다. 이 규칙들이 최종적으로 승인되면 그 자체로 유효한 출발 신호가 되어 광산기업들이 공해에서 채굴 작업을 시작할 것이다.

출발 신호탄이 가능한 한 빨리 발사되길 바라는 사람이 여기 있다. 가죽 재킷을 입고 근사한 턱수염을 기른 제라드 배런Gerard Barron은 '심해의 인디아나 존스'라고 자칭하며 불화를 몰고 다니는 인물이다. 배런은 노틸러스Nautilus라는 회사를 통해서 해저 채굴을 몇 차례 시도했지만 번번이 실패했다. 그는 파푸아뉴기니 인근 해저에서 황화물을 채굴할 계획을 세웠지만, 뉴기니 정부와 사이가 틀어지면서 결국 도산하고 말았다. 배런은 딥그린DeepGreen이라는 회사를 세워서 더 나은 결과를 얻기를 바랐는데, 훗날 메탈컴퍼니The Metals Company로 사명을 변경했다. 그의 계획은 섬나라 나우루공화국에 할당된 태평양 지역의 해저에서 다금속단괴를 채굴하는 것이다. 그는 구리, 니켈, 코발트, 망간이 에너지 전환에 도움을 줄 것이라고 했다.

배런은 대화 중에 유명 인사들의 이름을 수시로 언급했다. "네, 일론

머스크도 여기에 관심을 보였어요." "저는 리어나도 디캐프리오에게 할리우드도 이 일에 참여해야 한다고 했죠." "루이스 해밀턴도 뭔가 해보고 싶어 했지만, F1은 아직 준비가 안 되었어요." 이런 이름들을 듣다 보면 그가 팔고 있는 꿈이 뭔가 특별할 것만 같다.

배런은 이렇게 말했다. "이것은 최후의 대규모 채굴이 될 겁니다. 우리는 배터리를 만들어야 하죠. 한번 만들고 나면 계속 재활용할 수 있으므로 순환 경제가 됩니다. 우리는 자신을 금속 판매자로 정의하지 않습니다. 그보다는 금속을 임대하길 바라죠. 앞으로 재활용 금속을 사용하는 브랜드들을 지원할 생각입니다. 우리 입장은 이런 거예요. 과학이 말하게 하라!"

이를 위해서 메탈컴퍼니는 다음과 같은 동료 평가 연구를 후원했다. 기존 광산에서 구리 1킬로그램을 얻으려면 460킬로그램의 폐석이 나온다. 그러나 메탈컴퍼니가 후원한 연구에 따르면, 다금속단괴에서 구리 1킬로그램을 얻는 데 29킬로그램의 폐석만 발생했다. 이는 모두가 매우 혹할 만한 일이다. 지상에 거대한 구덩이를 팔 필요도 없고, 어마어마한 폐석 더미가 인근 마을을 집어삼킬 일도 없다. 이 정도로 농축된 광석이라면 광석 부스러기도 거의 나오지 않을 것이다. 메탈컴퍼니는 그저 자동화 기기를 해저에 내려보내서 작은 다금속단괴들을 빨아들인 다음 지상으로 올라와 토해내게 하면 된다. 발파나 굴착은 없어도 된다. 배런의 말대로라면 심해에서 구리, 코발트, 니켈을 채굴하는 일이 가장 친환경적인 작업이 될 것이다.

물론 여기에는 한 가지 엄청난 문제가 있다. 배런은 국제해저기구에 채굴 규칙을 빨리 발표하라고 독촉하면서 심해 채굴을 당장 시작해야 한다고 말하지만, 전 세계 국가는 이와 반대 방향으로 움직이고 있다. 2022년 구리 채굴에 대한 규제를 강화하던 칠레가 환경적 영향을 확신할 수 있을 때까지 심해 채굴을 유예해야 한다는 의견을 내놓았고, 피지, 팔라우 등 여러 국가가 동조했다. 에마뉘엘 마크롱Emmanuel Macron 프랑스 대통령은 UN 회원국들에 '심해 채굴을 중지하는 법적 기준'을 만들자고 촉구했다. 칠레, 프랑스, 피지 모두가 국제해저기구의 결정권을 가진 주요 국가이기 때문에 오랫동안 국제 외교의 무대에서 밀려나 있던 자메이카 회의가 극적인 국면을 맞이할지도 모르는 상황에 처했다. 심해 채굴이 시작도 전에 금지될 가능성이 생긴 것이다.

전 세계 국가들의 조심스러운 태도는 충분히 이해할 수 있다. 해저는 지구에서 가장 깨끗한 서식지 중 하나이지만, 인류는 다른 생태계에 비하여 해저에 대해서 아는 것이 거의 없다. 밥 밸러드가 블랙 스모커 근처에 서식하는 화학 합성 생물들을 우연히 발견하기 전까지 과학자들은 지구의 모든 생명체가 직간접적으로 산소나 태양에 의존한다고 생각했었다. 챌린저호 이후로 새로운 심해 탐사를 떠날 때마다 누구도 생각지 못했던 종들의 소식이 전해졌다. 수많은 해저 생물은 우리에게 너무 새로워서 자세한 연구는커녕 아직 이름조차 제대로 붙이지 못했다. 지난 몇 년간 레인보우피시rainbow fish, 울트라블랙피시ultra-black fish, 페이스리스피시faceless fish 등 새로운 심해어들이 발견되었다. 수많은 달팽이, 게, 성게, 괴상하게 생긴 새우, 해면동물, 입이나 소화 기관이 없는 거대한 서관충tube worm 등도 함께 발견되었다.

생물학자들은 우리가 새로운 서식지에 대하여 이제 막 눈을 떴다고 말한다. 광산업계에서는 환경을 교란하지 않고도 광물을 추출할 수 있다고 주장하는데, 이 말에도 일리가 있다. 브램의 탐사대가 발견한 구리 더미는 오래전에 멸종하여 쓸모없는 바위처럼 보였다. 활발하게 운동 중인 열수구 주변에서는 생명체의 흔적이 전혀 느껴지지 않았다.

그렇다고 해도 환경에 아무런 피해가 없으리라 여기기는 어렵다. 새로운 연구 결과들은 우리가 좀 더 주의해야 한다고 말한다. 최근 한 연구에 따르면, 클라리온-클리퍼턴 해역에서 발견되는 비활성 상태의 다금속단괴들은 자기보다 더 큰 종들에게 서식지가 되어준다고 한다. 더 큰 문제는, 우리가 수중 생태계에 관해 아는 것이 거의 없기 때문에 환경 규제를 아무리 엄격하게 해도 무언가를 놓칠 가능성이 크다는 사실이다. 침전물 교란, 소음 공해, 해저 미생물 군집의 변화 등 심해 채굴은 어떤 방식으로든 인간의 개입으로 생태계에 반향을 일으킬 수밖에 없다.

다시 자메이카로 돌아가자. 국제해저기구는 활성화 상태의 블랙 스모커에 얼마나 가까이 다가가 채굴할지, 해양 생물을 만나면 어떻게 대처할지 등 환경 규칙들을 작성해왔다. 하지만 어떤 이들은 외딴곳에 자리 잡은 이 작은 기구가 과연 이런 일들을 관리할 자격이 충분한지 의문을 제기하기도 한다. 지상에서 광업을 규제하는 기관들은 수백 명의 직원을 거느리고 수시로 현장에 나가 점검하는 반면, 국제해저기구는 헬리콥터는커녕 배 한 척조차 보유하지 못했다. 믿을 만한 모니터 시스템이 갖춰지기 전까지 국제해저기구는 회원국들의 도움에 기댈 수밖에 없는 형편이다. 국제해저기구가 그동안 얼마나 철저히 단속을 해왔는지도 의문이다. 마이클 로지에게 지금까지 해저 채굴 신청서를 반려한 적이 있느냐고 물었더니 잠시 생각하다가 이렇게 답했다. "없습니다."

대서양 중앙해령에서 1만 제곱킬로미터의 땅이 폴란드에 할당되었다. 이 구역은 중심부에 있는 해저산 측면의 지층들이 아니었다면 그리 눈에 띄지 않았을 것이다. 그것들은 마치 돌로 된 첨탑같이 생겼는데, 생명의 신비를 풀 열쇠가 되어줄 터였다. 그런데 국제해저기구는 '잃어버린 도시'라고도 불리며 지구상에서 유일한 이곳을 채굴 지역으로 지정해버렸다. 바로 얼마 전, 유네스코UNESCO가 그랜드 캐니언, 타지마할과 함께 이곳을 세계문화유산으로 지정해야 한다고 선언한 참이었다. 그런데 그 자매 기구인 UN의 국제해저기구가 이곳을 광업용 탐사 부지로 지정하다니 어이가 없을 수밖에.

사실 아무도 폴란드가 '잃어버린 도시'를 허물 것이라고는 생각지 않는다. 무엇보다도 이 높고 하얀 첨탑 주변에서 그리 가치 있는 금속들이 발견되지 않았기 때문이다. 게다가 광산기업들은 해저로 탐사선을 계속 보내면 더 놀라운 곳을 발견할 수 있으리라고 기대하고 있다. 더 깊은 곳을 채굴하려는 경쟁은 해저 생태계에 대한 인류의 지식을 훨씬 심화시키리라는 게 그들의 의견이다. 사정이 이렇다고는 해도, 광업의 새로운 국경에 불안감을 느끼지 않기란 어려운 일이다.

구리의 여정을 따라가면서 광산업계가 우리를 불유쾌한 곳으로 데려간 것은 비단 이번이 처음은 아니다. 대중이 구리를 추출하는 새로운 방식에 비판의 목소리를 낸 것도 처음이 아니다. 가장 악명 높은 사례는 슬루프SLOOP 프로젝트이다. 1960년대에 미국이 구상한 슬루프 프로젝트는 구리 채굴에 핵무기를 사용하려는 계획이었다. 애리조나주의 구리 광산에서 20킬로톤의 폭탄을 터뜨리려고 했었는데, 히로시마에 투하된 원자폭탄의 3분의 1에 필적하는 강도였다. 지역 주민들이 경악에 가까운 반응을 내놓자 실행에 옮기진 못했다. 심해 채굴과 마찬가지로, 핵무기를 사용하는 채굴은 뜨거운 관심을 끌다가 갑자기 사라졌다.

이 이야기에 교훈이 있다면, 흥분과 논쟁에 휩싸인 혁신은 언제나 평범한 진보에 제압당한다는 것이다. 핵무기를 사용한 채굴은 한때 폐석 취급을 받았던 저등급 광석에서 구리를 추출하는 기술인 퇴적침출 및 전해채취의 등장으로 무의미해졌다. 앞으로 풍력 터빈과 고속철도에 들어갈 구리를 어디서 공급받을 수 있을까 고민하고 있다면, 심해 채굴 같은 깔끔한 해결책에 귀가 솔깃할 수밖에 없다. 그렇지만 우리가 수십 년간 의지해 온 방식으로 돌아갈 가능성 역시 큰 편이다.

앞으로 인류는 정치적으로는 불안정해도 높은 등급의 광석을 지닌 '까다로운' 국가들에서 더 많은 구리를 얻을 것이다. 실제로 이 글을 쓰고 있는 지금, 콩고민주공화국의 카모아카쿨라에서 대규모 광산이 새로 작업을 시작했다. 카모아카쿨라 광산과 마찬가지로 로버트 프리드랜드에 의해 개발된 몽골의 오유톨고이 광산Oyu Tolgoi mine은 곧 세계 최대의 구리 생산지가 될 것이다.

그리고 우리는 저등급 광석에서 구리를 더 많이 짜내는 능력을 계속해서 향상시킬 것이다. 실제로 진전도 있었다. 미국의 스타트업 제티 리소시스Jetti Resources는 가장 낮은 등급의 황동석에서 구리를 추출하는 기술을 개발했다고 주장한다. 전 세계에 매장된 구리 자원의 3분의 2가 저등급 광석이므로 이것은 상당히 반가운 소식이다.

이 기술은 추키카마타 같은 곳에서 어떤 의미일까? 광산기업들은 구리 함량이 0.5퍼센트만 되어도 광석을 가공하지만, 그 이하는 쓰레기 더미에 버려진다. 앞에서 살펴봤듯이 추키카마타 마을의 병원, 경기장, 주택가는 등급 미달의 광석 더미에 파묻혔다. 그런데 이 광석들을 활용할 수 있다면 어떤 일이 벌어질까? 칠레 전역을 좀먹던 토르타들이 구리의 새로운 원천이 될 것이다. 한때 눈엣가시로 여겨졌던 폐석에서 기후변화 문제의 해결을 돕는 구리를 채굴하는 일이 가능해질 수도 있다.

제라드 배런이 말하는 '최후의 대규모 채굴'이 해저가 아니라 사막 풍경을 망치는 폐석 더미에서 이루어진다면 무슨 일이 벌어질까? 토르타에서 폐석을 꺼내어 구리를 쥐어짠 뒤 풍력발전 터빈과 태양광 패널에 사용한다면? 남은 흙은 인공 계곡에 다시 쏟아 넣는다면? 이렇게 되면 추키카마타의 건물들은 돌무덤에서 해방될 수 있을 것이다. 아타카마의 계곡에 더는 가짜 언덕이나 계곡이 산재하지 않게 될 것이다. 거대한 구덩이를 다시 메우는 것이 가장 만족스러운 결말 아닐까?

전기가 하나님 다음으로 위대했던 시대는 지났다. 이제 전기는 기후변화에 대응하는 가장 큰 희망이다. 재활용률을 높이고 에너지 소비를 줄인다는 아주 낙관적 전제에도 불구하고, 기후변화에 제대로 대응하려면 여전히 엄청난 양의 전기가 필요하다. 그렇지만 지상이든 해저이든 구리 채굴 작업은 지저분한 일이다.

여기서 우리는 물질 세계의 또 다른 역설을 만난다. 이 지저분한 작업에서 벗어나려면 그 속으로 우리를 밀어 넣은 화석연료에 의존해야 한다는 것이다.

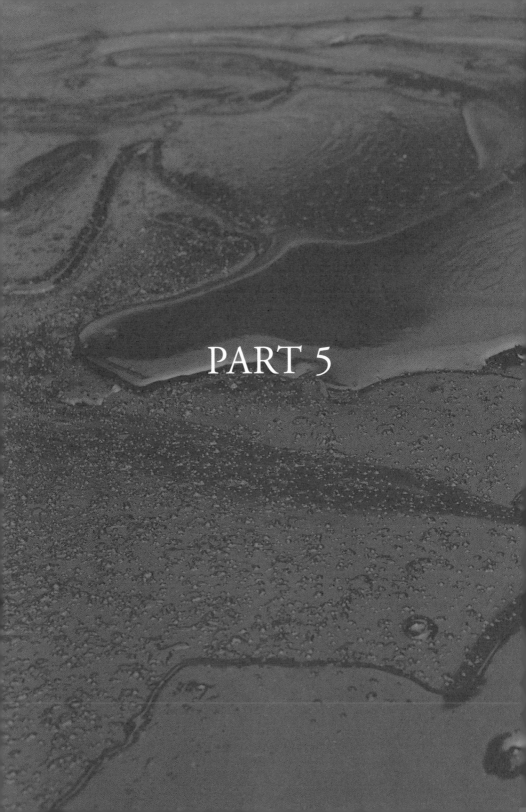

PART 5

석유

물질 세계의 또 다른 역설

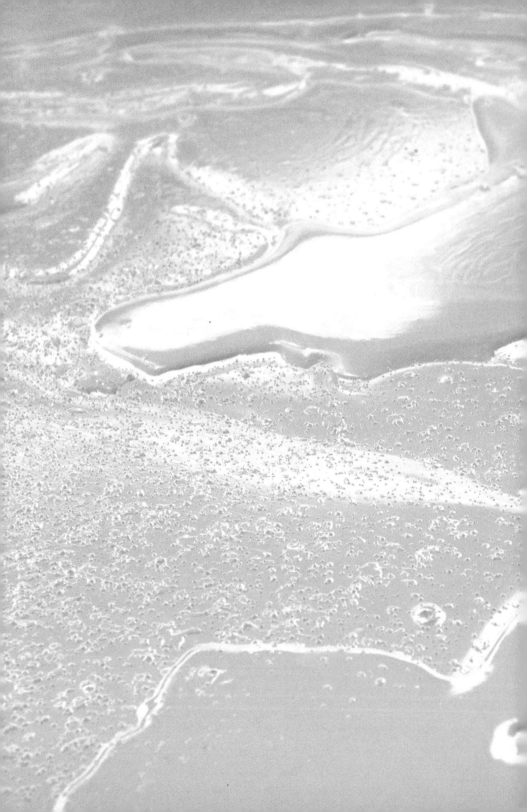

13장

원유의 발견

지구를 움직이는 에너지

첫 번째 단서는 강이었다. 사실 강이라기보다는 와디wadi라고 하는 간헐 하천으로 사막에서 일시적으로 비가 내리는 날에만 물이 흐르고 평상시에는 물이 흐르지 않아 길로 이용된다. 한 지질학자가 이 길을 오가다 이상한 점을 알아차렸다.

대부분의 와디는 근처 산에서 내려와 동쪽으로 흐르며 바다를 향해 나아갔다. 하지만 1940년 사우디아라비아 동부의 하라드Haradh 지역에서는 와디의 흐름이 뭔가 달랐다. 하라드의 와디는 갑자기 남쪽으로 방향을 틀어 꽤 먼 거리를 흐르다가 다시 동쪽으로 방향을 틀어 흘러갔다. 왜 이런 식으로 방향을 틀었을까? 지표면에는 이런 현상을 설명할 만한 것이 없었다.

강만 이상한 게 아니었다. 술에 취한 듯 괴상하게 생긴 산도 있었다. 현지인들이 '제벨jebel'이라고 부르는 이 흙더미는 정상부가 평평한 작은 고원이었고, 아무 방향으로나 기울어져 있는 것처럼 보였다. 바람이나 모래에 의해서는 그렇게 침식될 수 없을 텐데, 대체 그 원인이 무엇일까?

대부분은 이런 사실을 알아차리지 못했지만, 캘리포니아-아라비안 스탠더드오일California Arabian Standard Oil Company, CASOC에서 근무하던 지질학자 어니 버그Ernie Berg는 하라드에서 일어나는 이런 현상을 예의주시하고 있었다. 당시는 석유 탐사 초창기였고, 위성 사진이나 비중계 같은 정교한 도구가 도입되기 한참 전이었다. 탐험가들은 지진감지기를 활용하기 시작했지만, 버그는 세심한 관찰과 약간의 추리 능력만 있으면 충분하다고 생각했다.

그는 몇 년간 사우디아라비아에 머무르면서 사막을 샅샅이 살폈다. 어쩌다 한 번씩 현지 베두인족이 다가와 말을 걸면 아랍어로 대화하기 위해 애썼다. 사우디아라비아의 낮은 더웠고 밤은 견디기 힘들 정도로 추웠지만, 미국인들과 사우디아라비아인들 사이에는 끈끈한 동지애가 있었다. 이들이 탐사하는 땅은 사람이 사는 건 고사하고 지도에 표시조차 없는 곳들이 태반이었다. 의지로 버틸 수밖에 없는 일이었는데, 거기서 그리 멀지 않은 곳에서 전쟁이 한창이라는 사실을 알고 있었으므로 더욱 분발할 수밖에 없었다. 이들이 찾던 바로 그 물질 때문에 발발한 전쟁이었다. 탐사대는 차를 몰거나 낙타를 타고 이동해야 했고, 식량을 마련하기 위해 사냥도 해야 했다. 가끔은 아라비아오릭스와 엽조를 향해 무차별 사격을 해댔다. 조금이라도 가능성이 있어 보이는 땅을 발견하면 드릴로 땅속을 파내서 조사했다.[1]

이런 와일드캣wildcat(개발되지 않은 새로운 유정—옮긴이) 시추는 대부분 쓸모없는 시도로 끝났지만, 가끔 운이 좋을 때도 있었다. 그로부터 몇 년 전, 어니 버그의 상사이자 탐험대의 수석 지질학자인 맥스 스타이네케Max Steineke는 사우디아라비아 동부 담맘에서 북동쪽으로 멀리 떨어진 곳에서 이상한 언덕들을 발견했다. 그는 이곳저곳을 연달아 시추해봤지만, 뜨뜻한 염수와 도로포장용으로나 쓸 법한 찐득찐득한 석유뿐이었다. 일곱 번째 탐사정을 시추하던 중 탐사대의 인내심이 완전히 바닥나버렸다. 몇몇은 탐사를 포기해야겠다고까지 생각하고 있었다. 그런데 갑자기 탐사정에서 거대한 가스 폭발이 일어나면서 원유가 뿜어져 나왔다. 이렇게 하룻밤 사이에 사우디아라비아는 산유국 대열에 합류했다.[2]

세상에서 가장 완벽한 유전

원유는 자매 연료인 천연가스와 더불어 20세기의 가장 중요한 에너지원이다. 강철이 현대 사회의 뼈대를 이루고 구리가 혈관을 만든다면 석유는 이 세계를 지탱하는 식량이라고 할 수 있다. 석유는 에너지를 제공하고, 비료를 만드는 화학물질의 원료가 되어 지구의 절반을 살게 한다. 자동차부터 제트기까지 동력 수송 혁명을 촉발하여 인류의 생활에 위대한 가속장치가 되어주었다. 석탄의 시대에 뒤이어 등장한 석유의 시대는 인류를 힘들고 단조로운 육체노동에서 해방시켰고, 전세계의 소득을 높이고 우리가 더 오래 살 수 있게 해주었다. 석유 제품과 석유에너지는 영아 사망률을 낮추었고 영양실조와의 싸움에 힘을 보탰다. 다시 말해서, 연료와 화학물질의 원천인 석유가 없는 세상을 상상하기 어렵다. 하지만 석유 덕분에 우리 삶이 나아지는 동안 한편으로는 온실가스 배출로 기후변화가 가속화되기도 했다.

석유를 막 사용하기 시작했을 때는 이런 문제들이 잘 드러나지 않았다. 용광로에 투입할 연료를 구하기 위해 광대한 숲을 파괴하는 대신 석탄을 사용하면서 생태학적 재앙을 완화할 수 있었다. 처음에는 문제라기보다 해결책처럼 보였다. 석유는 고래기름을 대체할 수 있는 뛰어난 램프 연료였으므로 향유고래를 멸종 위기에서 구하는 데 도움이 되었다. 논평가들은 말똥이 곧 도시를 집어삼키리라고 우려했지만, 자동차가 마차를 대체하면서 다행히 그러한 사태를 피할 수 있었다. 물질세계에서 상황은 이런 식으로 흘러간다.

그러나 원유 이야기는 하라드의 와디가 어니 버그의 호기심을 자극하기 한참 전에 이미 시작되었다. 하라드 사람들은 다른 지역보다 훨씬 먼저 원유를 사용했다. 수천 년간 페르시아만 주변에 살던 사람들은 땅속 곳곳에 스며 있던 이 진하고 끈적끈적한 물질로 선박의 바닥에 난 구멍을 메우거나 벽돌을 접합했다. 타르 구덩이에서 나온 역청은 고대 이집트인들이 미라를 만들기 전에 시신을 방부 처리하는 데 사용되었다. 때로는 원시적 폭탄을 만드는 데도 사용되었다. 선조들은 원유에 불을 붙이기보다는 일종의 화학제품처럼 활용했다.

19세기 중반, 화학자들이 역청에서 가연성 액체를 증류하는 법을 알아내면서 상황이 급변했다. 그리스어로 밀랍을 뜻하는 케러신 Kerosene, 즉 등유는 놀라운 제품이었다. 등유는 향유고래의 두개골에서 추출한 고래기름보다 여섯 배나 밝았다. 사람들이 고래가 멸종할까 걱정하던 때에 등유는 희미하지만 반짝이는 희망의 빛이 되어줬다. 이때는 전기가 발명되기 전의 어둑어둑한 시대였지만, 밤하늘을 밝히기 위한 탐구, 노동 시간의 연장, 생활 환경의 개선은 당대의 위대한 목표가 되었다. 그리하여 사람들은 더 많은 등유 공급원을 찾아 나섰다. 이 탐색은 아제르바이잔의 바쿠 유전에서 시작되었지만, 미국에서 가장 열심히 찾았다.[3]

1859년 펜실베이니아주 타이터스빌에서 원유가 발견되자 타이터스 빌은 물론이고 다른 지역에서도 원유를 찾아서 사람들이 몰려들었다. 흔히 있는 일이지만, 부의 추구는 지식의 추구를 앞선다. 지질학자들 은 서서히 원유가 어떻게 만들어지고 어디서 발견되는지에 관한 지식 을 모으기 시작했다. 몇 년 후, 텍사스주 제퍼슨 카운티에서 거대한 분 유정噴油井이 발견되었다. 분유정이 위치한 스핀들톱spindletop 언덕은 알 고 보니 암염돔salt dome의 꼭대기에 있었는데, 암염돔은 돔 모양처럼 위쪽으로 볼록 튀어나온 암염층이다.

단단하고 뚫기 어렵지만 가소성可塑性과 가단성可鍛性이 뛰어난 소금 은 지하에 매장된 원유를 그 자리에 고정시키는 데 완벽한 물질이었 다. 소금이 있는 곳에는 종종 원유와 가스가 있다. 중국인들은 이미 수 천 년 전 소금 광산에서 이따금 천연가스가 타오르며 소금물을 증발 시키는 모습을 보고 이 사실을 터득했다. 그래서 미국을 비롯한 전 세 계 곳곳에서 그럴듯해 보이는 암염돔을 찾아서 탐사정을 뚫는 경쟁이 시작되었다. 그리고 페르시아만에 엄청난 양의 소금이 있다는 사실이 밝혀졌다. 1908년 이란, 1927년 이라크, 1930년대에 쿠웨이트와 바레 인에서 원유가 발견되었다.

이 소식은 미국과 영국의 더 많은 정유회사들을 끌어들였다. 정유회 사들은 현지 지도자들에게 계약서를 내밀었지만, 그들은 원유보다 물 을 시추하는 쪽에 더 관심이 있었다. 이곳은 가난한 유목민들이 사는 지역이었다. 1930년대 이전까지는 페르시아만에서 채취한 자연산 진 주를 주로 수출했는데, 일본인 사업가 미키모토 코키치御木本幸吉가 인 공적으로 진주를 양식하는 법을 발견하면서 이 수입마저 잃게 되었다. 장차 원유가 발견되면 모든 것이 획기적으로 변할 터였지만 현장에서는 그런 변화를 알아차릴 수 없었다.

당시 사우디아라비아는 오늘날과 같은 산유 대국의 모습과는 한참 동떨어져 있었다. 대형 정유회사 소속의 몇몇 지질학자는 사우디아라비아의 잠재력에 회의적이었다. 오히려 알바니아나 동유럽과 캅카스의 다른 지역들이 주목을 받았다. 하지만 하라드에서 언덕을 조사하던 어니 버그는 아라비아반도를 뒤덮은 모래사막인 룹압할리Rub'al Khali 사막의 가장자리에 있는 이 황량한 땅에서 무슨 일이 일어나고 있는 게 틀림없다고 느꼈다.[4]

페르시아만의 다른 곳과 달리 이 지역에는 암염돔이 없었지만 그래도 상관없었다. 버그는 암염돔이 땅속에 원유를 봉인하는 트랩의 한 형태에 불과하다는 사실을 알고 있었다. 때때로 원유는 지질학적 단층 밑이나 습곡 작용으로 지층이 볼록하게 올라간 부분인 배사背斜 구조에 매장되어 있었다. 하지만 각 트랩 유형은 종종 지표면에 볼록한 부분을 남기는데, 이는 버그 같은 지질학자가 아니면 대부분이 놓칠 정도로 미묘한 흔적이다.

버그는 몇 달간 공들여 지도를 그리면서 제벨들이 어떻게 기울어졌는지 측정했다. 하라드의 제벨들은 마치 밑에서 무언가가 불쑥 솟아오른 듯이 바깥쪽으로 기울어져 있었다. 그는 다시 지도를 살폈다. 만약 볼록한 부분이 있다면, 하라드의 와디가 동쪽이 아니라 남쪽으로 갑자기 방향을 튼 이유를 설명할 수 있지 않을까? 그 가능성을 떠올리면서 버그는 점점 더 흥분했다. 생각에 생각을 거듭한 끝에 이런 결론이 나왔기 때문이다. 여기에 원유가 있다! 그는 확신했다.

진짜로 원유가 있었다. 그것도 세상을 변화시킬 수 있을 정도로 어마어마한 매장량이었다. 훗날 버그는 가와르 유전Ghawar field도 발견했다. 이 유전은 매우 광대한 탓에 여기서 100킬로미터 넘게 떨어져 있는 또 다른 유전과 실은 하나의 유전임을 지질학자들이 깨닫기까지 오랜 시간이 걸렸다. 가와르 유전은 남북으로 282킬로미터, 너비는 31킬로미터에 달하는 규모다. 지도에서 가와르 유전을 보면, 발레 댄서가 다리를 쭉 들어올린 모양처럼 보인다.

가와르 유전을 전후로 수많은 유전이 발견되었지만, 가와르에 필적할 만한 유전은 어디에도 없었다. 매장량이 5억 배럴 이상인 유전은 자이언트, 50억 배럴 이상인 유전은 슈퍼 자이언트 등급으로 분류된다. 가와르 유전은 웬만한 슈퍼 자이언트 유전보다 더 많은 매장량을 보유하고 있다. 가와르 유전의 정확한 규모는 아직도 측정 중이다. 원유와 천연가스 매장량이 추가로 발견되면서 유전의 규모 역시 계속 변하는 중이기 때문이다. 가와르 유전은 이미 700억 배럴 이상의 원유를 생산했으며, 지하에 500억 배럴 이상의 매장량을 보유했다고 알려져 있다. 이 정도면 타의 추종을 불허하는 독자적인 범주에 속한다고 할 수 있다. 누군가는 자이언트, 슈퍼 자이언트 등급을 넘어서는 이 유전을 '엘리펀트elephant' 등급으로 분류하기도 한다. 엘리펀트(코끼리) 등급은 아마 가와르 유전이 유일할 것이다. 가와르 같은 유전을 다시 발견할 확률은 매우 낮기 때문이다.[5]

원유가 어떤 조건에서 형성되는지 잠시 살펴보자. 무거운 비중의 중질원유重質原油부터 가벼운 비중의 경질원유輕質原油까지, 원유는 여러 물질이 뒤섞인 혼합물이다. 보통은 원유를 천연가스(메탄·에탄·프로판의 혼합물)와 함께 묶어서 다루지만 이 책에서는 그러지 않을 것이다. 석유와 가스는 모두 탄화수소(탄소와 수소의 혼합물)가 주성분이며, 거의 같은 방식으로 형성되고, 종종 함께 발견된다. 가와르는 세계 최대의 유전일 뿐만 아니라 세계 2위의 가스전인데, 유전과 가스전에서 나오는 가스로 매년 상당량의 메탄을 생산한다. 이쯤 되면 가와르는 가스 분야에서도 자이언트 등급을 받을 만하다.[6]

이상한 소리처럼 들릴 수도 있겠지만, 가와르 유전은 지구온난화 덕분에 존재한다. 가와르의 이야기는 약 1억 년 전에 시작되었다. 당시는 빈번한 화산 활동으로 대기 중 이산화탄소 농도가 높아지면서 플랑크톤의 개체 수가 어마어마하게 증가하던 때였다. 오늘날의 페르시아만 지역(당시에는 초대륙 곤드와나의 북쪽 해안) 해저에서 이러한 유기물들의 잔해가 쌓이면서 곧 하나의 층을 이루었다. 그 후, 동물성 플랑크톤과 해조류가 수백만 년 동안 가열 및 압축되어 석유와 가스로 변했다.

석유의 역사의 최신 챕터를 이해하려면 그 열쇠가 되어 줄 지질학을 좀 더 알아볼 필요가 있다. 명심해야 할 점은, 원유가 형성되는 곳과 발견되는 곳은 보통 일치하지 않는다는 사실이다. 석탄과는 꽤 다른 양상이다. 땅을 파고 발파해서 석탄을 캐는 작업은 고대의 삼림을 파괴하는 행위이기도 하다. 하지만 원유 매장지에 구멍을 뚫는 작업은 고대의 해저를 건드리는 행위가 아니다. 버그가 발견한 매장층은 1억 년 전에 플랑크톤과 해조류가 자리 잡은 위치가 아니라 원유가 실제로 형성되는 곳은 해저에서 화석화된 근원암source rock이 아라비아 반도의 대부분을 덮고 있는 대단한 돌로 이루어진 거대한 층이었다.

작은 미생물이 가득했던 고대의 바다는 석유를 이해하는 여정의 첫걸음일 뿐이다. 플랑크톤과 해조류가 압축된 단단한 근원암층에서 원유와 가스가 생성되면, 이것들이 스며들 다른 장소가 필요해진다. 근원암층 위에 자리한 저류암reservoir rock층은 다공성과 투과성을 갖추고 있는데, 근원암층에서 생성된 원유와 가스를 흡수해 단단한 천장으로 막아서 저장한다. 버그가 찾던 것이 바로 이 저류암층이었다.

페르시아만은 전 세계 석유 매장량의 절반과 가스 매장량의 40퍼센트를 차지하고 있으므로 지구상에서 탄화수소가 가장 풍부한 지역이라 할 수 있다. 페르시아만은 놀라울 정도로 모든 조건을 갖췄다. 적절한 바위에 자리 잡은 고대의 해조류, 시간이 지나면서 가해진 적절한 양의 열과 압력, 원유와 가스를 밀봉할 적절한 트랩을 갖춘 저류암층 등 그야말로 완벽한 조건이다.[7]

전 세계에는 많은 유전이 있지만, 가와르만큼 모든 조건을 갖춘 유전은 없다. 필바라의 철광석 광산, 안데스산맥의 구리 광산처럼 가와르 유전은 탄화수소의 중심지로서 지질학적 경이로움을 지니고 있다. 정유 산업에서 사우디아라비아가 가장 중요한 국가라면, 가와르는 단연코 가장 중요한 유전이라 할 수 있다. 석유의 시대가 시작된 이래로 사우디아라비아에서 생산한 원유의 절반 이상이 바로 가와르 유전에서 나왔다.

지구를 움직이는 에너지를 가와르보다 더 많이 생산하는 곳은 없다. 다른 유전은 물론이고, 이 세상의 탄갱, 우라늄 광산, 원자력 발전소, 풍력발전소, 태양광발전소 등 어디를 가봐도 가와르를 능가하지는 못한다. 이러한 사실은 이 책 내내 반복된 격언을 떠오르게 한다. 물질 세계와 비물질 세계를 통틀어서 에너지는 사실상 우리 삶의 전부이다.

미국은 왜 사우디아라비아에 고개를 숙였을까

산업혁명은 단지 아이디어와 공학, 화학 분야만의 혁명이 아니라 에 너지 혁명이기도 했다. 모래에서 유리로의 변환, 반도체의 개발, 소금 물로 염소를 생산하고, 철에서 강철로의 전환, 전기의 생산 등 앞에서 살펴봤던 물질들의 공정은 엄청난 양의 에너지에 의존한다. 현재 우리 에게 도달되는 에너지 대부분은 직간접적으로 화석연료의 도움을 받 고 있다. 19세기 중반에 시작된 부와 복지의 폭발적 증대는 화석연료 를 비범하게 활용한 결과라 할 수 있다.[8]

인류는 열역학 사다리를 오르는 데 꽤 오랜 시간을 들였다. 에너지 밀도는 단위 부피당 저장된 에너지의 양인데, 석탄은 나무보다 에너지 밀도가 약 두 배 더 높다. 원유를 정제한 등유는 석탄보다 에너지 밀 도가 약 1.5배 더 높다. 에너지 밀도가 높다는 건, 더 적은 연료로 더 먼 거리를 갈 수 있다는 뜻이다. 에너지 밀도는 산업화 초기에 특히 중 요했다. 배를 움직이는 연료로 석탄 대신 나무를 쓰면 두 배 이상의 연 료 저장 공간을 사용해야 하므로 그럴 수밖에 없었다. 열기관과 제트 여행의 시대에도 에너지 밀도는 여전히 중요했다. 에너지 밀도가 높은 등유는 동력 비행을 가능하게 한 요인 중 하나이다.

현실적인 이유도 있었다. 석탄은 용광로에 삽으로 떠서 넣어야 하는 반면, 액체 연료는 펌프로 퍼올리면 그만이었다. 이는 내연기관의 길을 열어주었고, 이전 시대의 증기기관보다 내연기관이 훨씬 효율적이라는 사실을 증명했다. 내연기관을 사용하면 땅속에서 자원을 수월하게 길 어 올릴 수 있었다. 광부들은 굳이 땅속 깊이 들어가지 않고도 파이프 라인을 통해서 자원을 배까지 쉽게 운반했다. 석유가 없는 현대 사회를 상상할 수 있을까? 사우디아라비아에서 나오는 방대한 원유를 빼놓고 석유의 시대를 상상하는 것 역시 불가능하다.

하지만 땅속에서 원유를 퍼올리는 과정에서 우리는 인류가 존재하기 전부터 계속되어 온 지질학적 사이클을 파괴하고 있다. 석유와 가스를 태우는 동안, 지하에 격리되어 있던 이산화탄소가 다시 대기 중으로 나오면서 지구온난화라는 새로운 시대를 촉발했다. 석유와 가스의 개발에는 분명한 단점이 따른다. 예를 들면, 우리가 마침내 그 중대함을 이해하기 시작한 탄소 배출, 도시의 미세 먼지, 바다의 플라스틱 오염 문제 등이 그렇다. 하지만 장점도 있다. 전 세계의 수십억 인구가 석유와 가스 덕분에 윤택한 생활을 누리고 있다. 석유와 가스는 매우 유용하면서도 동시에 매우 파괴적이다.

과학자들이 오존층에서 구멍을 발견하고 그 원인인 프레온가스의 대체재를 개발하기까지는 그리 오랜 시간이 걸리지 않았다. 그러나 석유와 가스는 그 본질상 대체가 어려운 편이다. 석유와 가스는 완벽에 가까운 에너지원이며, 대부분의 제조품에 원료로 들어가기 때문이다. 석유와 가스로부터 벗어나려면, 선의와 탄소 중립 목표 이상의 노력이 필요하다.

물론, 이는 가능한 일이다. 다음 장에서 우리는 그 목표를 이룰 수 있는 몇 가지 방법을 살펴볼 것이다. 그러나 매우 어려운 일이긴 하다. 석유와 가스의 에너지 효율이 무척 뛰어난 탓에 우리가 절망적일 정도로 매우 깊이 의존하고 있기 때문이다. 가장 낙관적으로 추론해 보더라도 2030년, 그리고 2040년에도 우리는 여전히 석유와 가스에 의존하고 있을 것이다. 최근 재생에너지에 관한 이야기가 얼마나 많이 나오는지, 풍력발전 터빈과 태양광 패널이 얼마나 많이 설치되었는지, 전기

자동차가 얼마나 급속히 성장했는지를 고려하면, 이러한 추론은 다소 의외로 느껴질 수도 있다. 하지만 이 추론을 아주 명쾌하게 뒷받침하는 데이터들이 있다.

팬데믹이 세상을 강타해 데이터가 왜곡되기 직전인 2019년 기준으로, 전기 생산·운송·난방·산업 공정 등에 사용된 전 세계 1차 에너지의 80퍼센트 이상이 화석연료, 즉 석탄·석유·가스를 태워서 얻은 것이었다. 이 수치는 그동안 안정적으로 유지되었다. 1980년에는 85퍼센트였고, 1990년과 2000년에는 80퍼센트 이상이었다. 이와 대조적으로, 풍력과 태양력은 2019년에 우리가 사용한 전체 에너지 중 1.5퍼센트만을 차지했다.[9]

인류는 여전히 화석연료의 시대를 살고 있다. 수많은 국가에서 석탄 사용을 줄이는 추세인 이 시점에도 석유와 가스에 대한 의존도는 이전과 비슷하거나 오히려 더 높아지고 있다. 석유와 가스는 우리가 사용하는 전체 에너지의 약 55퍼센트를 차지하며, 이 비율은 지난 수십 년간 놀랍도록 일정했다.

이러한 사실을 뒷받침하는 사례로 2022년 우크라이나 전쟁으로 벌어진 일들만큼 생생하고 중요한 에피소드는 없을 것이다. 전쟁이 발발하고 몇 달 동안 유럽과 미국은 탄화수소 공급량이 조금이라도 줄면 어떤 위기가 생기는지 분명히 알게 되었다. 러시아는 전 세계 석유 사용량의 12퍼센트, 전 세계 가스 사용량의 17퍼센트를 공급한다. 팬데믹으로 인한 침체에서 서서히 회복 중이던 세계 경제는 우크라이나 전쟁으로 갑작스럽게 동력을 잃었다. 석유와 가스 가격이 폭등하자 세계적으로 '생활비 위기'가 찾아왔다. 휘발유 가격은 유럽의 천연가스 가격과 더불어 전례 없는 최고가를 기록했다. 인류가 더는 에너지에 그리 의존하지 않는다고 생각하던 때에 일어난 물가 상승, 즉 인플레이션이 근 40년간 최고 수준으로 높아졌다.

미국에서는 휘발유 가격이 갤런당 5달러를 넘어서면서 2022년 7월, 조 바이든 대통령이 사우디아라비아를 방문하여 원유 생산량 증가를 촉구했다. 대선 캠페인에서 '미국이 앞으로 단지 석유를 사거나 무기를 팔겠다고 원칙을 굽히는 일은 절대로 없어야 한다'라는 모토를 내세웠던 바이든에게는 특히 치욕적인 순간이었다. 2020년 바이든은 사우디아라비아의 왕세자 무함마드 빈 살만Mohammed bin Salman이 요원들을 보내서 저널리스트 자말 카슈끄지Jamal Khashoggi를 살해한 사건을 공개적으로 비난했었다. 곧이어 사우디아라비아에 대한 무기 지원을 중단했고, 사우디아라비아의 예멘 전쟁 개입도 비난했다. 하지만 휘발유 가격이 연일 최고가를 경신하자, 그는 황급히 사우디아라비아의 제다Jedda를 방문하여 무함마드 왕세자를 만났다. 레드카펫 위에서 서로 주먹을 맞대는 포즈를 취하는 등 자신이 멀리하겠다고 공언했던 사람들과 화기애애하게 어울리는 모습이 사진으로 찍혔다.[10]

이렇게 해서 바이든은 1940년대에 가와르 유전이 발견된 이래로 거의 모든 미국 대통령들이 거쳐간 의식을 되풀이했다. 1940년대까지만 해도 미국은 세계 최대의 원유 생산국이었고, 2위인 소련을 한참 여유 있게 따돌릴 수 있었다. 하지만 1947년이 되자 국내 공급이 줄어든 반면 에너지 소비가 크게 증가하면서 수입이 수출을 앞지르기 시작했다. 알래스카주의 프루도만 유전이나 멕시코만 심해의 원유 매장층 등 슈퍼 자이언트 등급의 유전을 발견했음에도 이 불균형을 개선하지는 못했다. 운송·난방·석유화학제품의 주요 에너지원인 이 중대한 연료의 공급이 갑자기 불안정해졌다.

1970년대 중반 소련에, 1990년대 초반 사우디아라비아에 연달아 추월당한 미국은 다른 산유국들에 의존해야 한다는 현실을 깨닫고서는 영 거북해졌다. 그 과정에서 중동, 때로는 나이지리아, 러시아, 베네수엘라 등 타국의 정치가 원유 공급과 얽히면서 석유 파동이 잇따랐다. 에너지가 무한하리라는 미래에 대한 가정이 무너지기 시작했다. 리처드 닉슨Richard Nixon 이후로 미국 대통령들은 '에너지 자립'의 필요성을 설파하면서, 바이든이 지금 하는 것처럼 사우디아라비아로 가서 저자세를 취했다.

그러나 2022년 바이든의 방문에는 특히 역설적인 무언가가 있었다. 일각에서 이제 사우디아라비아의 국력이 기울기 시작했다는 소문이 돌았기 때문이다. 어니 버그가 일하던 캘리포니아-아라비안 스탠더드 오일은 타사에 인수되어 아람코Arabian American Oil Company, ARAMCO로 이름을 바꾸었다. 2019년에 아람코는 주식 일부를 공개 상장했는데, 가와르의 일일 원유 생산량은 시장에서 예상했던 것보다 훨씬 적다는 사실이 드러났다. 가와르는 여전히 세상에서 가장 큰 유전이지만, 모두가 예상했던 500만 배럴이 아닌 하루 380만 배럴의 원유를 생산하면서 중년의 징후를 보이고 있었다. 그 와중에 미국에서는 석유와 가스 생산의 혁명이 이 모든 이야기를 뒤집는 놀라운 일이 일어나고 있었다.

세계 최대의 산유국

이 혁명은 1980년대에 헌신적인 환경운동가의 길로 들어선 사업가 조지 P. 미첼George P. Mitchell이 시작했다. 그는 지구에 가해지는 부담을 줄이려는 로마 클럽의《성장의 한계》같은 책들을 읽으면서 환경 문제에 관심을 가졌다. 미첼은 천연가스가 석탄보다 환경을 덜 오염시키므로 이것이야말로 미래의 연료라고 생각했다.[11]

미첼이 천연가스에 관한 주장을 펼치는 동안 대다수 지질학자는 미국의 가스 생산 전성기가 이미 지났다는 결론을 내렸다. 미국이 천연가스를 원한다면, 이란이나 소련 같은 정권이 불안정한 국가들에서 얻어야 했다. 아메리카 대륙은 이미 제대로 된 탐사를 거쳤기에 더는 유망한 저류암층이 발견되지 않을 것 같았다. 석유나 가스가 이동할 만한 트랩은 전부 조사와 검증을 마친 상태였다. 국제석유자본international oil majors은 미국 본토를 포기하고 더 먼 곳을 탐사하는 중이었는데, 이것은 미국에 절망적인 쇠퇴 신호이거나 일생일대의 기회를 의미했다.

미첼은 본능적으로 후자가 분명하다고 느꼈다. 그래서 1981년에 그의 팀원 중 한 명이 지질학적 통념이 틀렸을 수도 있다는 논문을 썼을 때 이를 적극적으로 받아들였다. 연구의 요점은 가스가 마지막으로 저장되는 곳인 저류암층이 아니라 처음에 생성되는 곳인 근원암층에서 곧바로 가스를 얻을 수 있다는 것이다.

실로 흥미로운 아이디어였다. 텍사스주를 포함한 몇몇 지역에서 셰일로 된 근원암층에 엄청난 양의 석유와 가스가 매장되어 있다는 사실은 널리 알려져 있었다. 하지만 수많은 연구와 기술의 발전에도 불구하고 아무도 그것을 개발할 방법을 알아내지 못했다. 그렇게 시간이 흐르면서 지질학자들은 가와르처럼 석유와 가스가 근원암층에서 저류암층으로 이동하기까지 수백만 년을 기다리는 것 외에는 대안이 없다고 점점 더 확신했다. 근원암은 매우 단단하고 침투가 어려운 데다가 탄화수소의 농도가 너무 옅어서 무언가를 생산할 수 있을 것 같지 않왔다.

미첼은 단념하지 않았다. 그는 기술자들을 독려하면서 텍사스주 댈러스 일대의 기반을 이루는 거대한 근원암층인 바넷 셰일Barnett Shale에서 가스를 추출하는 기술을 구상했다. 이 사업은 오랜 시간과 막대한 비용이 들었고 빈번한 좌절을 겪었다. 미첼의 팀은 수압파쇄법hydraulic fracturing을 사용하여 실험했는데, 이는 물·모래·화학물질의 혼합물을 고압으로 분사하여 셰일층을 부수고 가스를 꺼내는 기술이다. 수압파쇄법은 프래킹fracking이라는 이름으로도 불리므로 암반에 분사된 혼합물을 '프래킹 용액'이라고 한다. 수압파쇄법은 새로운 기술은 아니었다. 종래의 유정을 시추하던 미국인들은 화학물질을 투입하여 원유를 움직이게 하는 실험을 오래전부터 해왔었다. 노후화된 유전에서는 이미 수압파쇄법을 사용하면서 생산량을 늘리려 하고 있었다.

이것만으로는 충분하지 않았다. 수압파쇄를 수평시추horizontal drilling라는 기존 기술과 결합하면서 미첼의 팀이 실질적인 결과를 내기 시작했다. 가와르 유전을 비롯하여 종래의 기술자들이 사용하던 수직시추vertical drilling는 지하 암반을 똑바로 뚫고 내려가는 방법으로 비용이 많이 들었다. 그러나 암반을 옆에서 뚫는 수평시추를 적용하면 프래킹 용액을 근원암층에 더 많이 투입할 수 있었다. 이렇게 해서 이 단단한 셰일층에서 갑작스럽게 가스를 생산하기 시작했다.

이 소식이 텍사스주 주변의 가스회사들 사이에서 서서히 퍼지기 시작했다. 21세기 초반, 미국의 천연가스 생산은 반전을 맞고 있었다. 이어서 정유회사들이 비슷한 방식으로 셰일층에서 원유를 추출할 수 있다는 사실을 깨달았다. 어니 버그가 사막에서 엘리펀트 등급의 유전을 찾는 데 사용했던 논리는 이제 쓸모가 없어졌다. 정유회사와 가스

회사는 더는 트랩을 찾지 않았다. 그 대신 그들의 전임자들이 개발할 수 없다고 생각했던 고대 해저를 찾고 있다.

물론 단점도 있었다. 미첼의 혁명은 환경오염을 줄이려는 노력에서 시작되었지만, 그가 사망한 2013년 시점에는 환경운동가들의 핵심 타깃이 되어 있었다. 특히 화학물질이 잔뜩 들어간 프래킹 용액이 유발하는 지하수층 오염 및 수질오염에 대한 문제가 꾸준히 제기되었다. 일부 주민들은 수압파쇄법으로 인한 지진에 대해서도 불평했다. 프래킹 용액에 사용하기 위해 채취 및 운반되는 모래의 양에 대한 우려도 있었다. 프래킹 용액을 만들기 위해서는 특정한 모양과 크기의 모래 알갱이만 사용할 수 있기 때문이다. 정유회사와 가스회사는 이런 걱정을 대수롭지 않게 넘기고 싶겠지만, 여기에 더해서 수압파쇄법은 전통적인 원유 추출법보다 비용이 훨씬 많이 든다는 문제도 있다.

석유와 가스 생산에 얽힌 문제들을 잠깐 살펴보기만 해도 현재 벌어지는 일들이 얼마나 중요한지 금방 알 수 있다. 2007년부터 2021년 사이에 미국의 원유 생산량은 두 배 이상 늘어났고, 미국은 사우디아라비아와 러시아를 뛰어넘어 세계 최대의 원유 생산국 자리를 차지했다. 전례가 없는 도약이었고, 보통 사람들은 이해조차 힘든 일이었다. 마치 이 세상에 사우디아라비아 같은 산유국이 하나 더 생긴 듯했으니 말이다. 원래 에너지 자립이란 어떻게 달성할지 감도 못 잡는 정치인들이 오랫동안 그저 떠들어대기만 하던 공허한 목표였는데 갑자기 실현 가능성이 가시권으로 들어왔다. 그 영향은 석유 산업과 가스 산업을 넘어섰다. 더 저렴한 가격에 더 많은 에너지를 확보할 수 있다는 건, 미국의 제조사들이 경쟁자들을 능가할 수 있다는 의미이기도 했다. 화학 산업을 예로 들면, 미국은 러시아산 가스에 의존하는 유럽의 경쟁자들보다 훨씬 저렴한 비용으로 제품을 생산할 수 있었다. 심지어 미국의 탄소 배출 저감에도 기여할 수 있었다. 지저분하고 에너지 밀도가 낮은 석탄에 대한 의존도를 더 빨리 낮출 수 있기 때문이다. 수압파쇄법은 미국을 논쟁의 여지가 없는 가장 위대한 산유국으로 다시 자리매김시켰다. 경제 주간지 《이코노미스트》는 "조지 미첼만큼 세상을 변화시킨 사업가는 거의 없다"라고까지 평가했다.[12]

텍사스주 서쪽의 광활한 페름 분지가 가와르 유전보다 더 크다는 주장도 있다. 어떤 의미에서 이 말은 맞을 수도 있다. 페름 분지에서 생산하는 원유량은 이제 가와르 유전을 거뜬히 능가하기 때문이다. 그러나 이 둘을 단순 비교하는 일은 온당치 못하다. 페름 분지는 수많은 저류암층과 근원암층으로 뒤덮인 광활한 지역이므로, 그보다 훨씬 작은 가와르의 단일 저류암층과 같은 선상에서 비교할 수 없다. 제대로 따져보려면, 페름 분지와 사우디아라비아 전체를 비교해야 한다. 원유의 잠재 생산량은 사우디아라비아가 페름 분지의 두 배 이상이다.

바이든 대통령과 무함마드 왕세자가 친교의 주먹을 부딪치는 장면으로 다시 돌아가자. 미국이 사우디아라비아보다 훨씬 더 많은 원유를 생산하고 있으면서도 미국 대통령이 사우디아라비아에 저자세를 취했다는 사실은 당혹스럽다. 그러나 사막과 석유로 상징되는 사우디아라비아 땅에는 여전히 뭔가 특별한 것이 있다. 텍사스주 주변에 있는 수많은 유정의 단단한 암석층에서 원유를 추출하는 일과 사우디아라비아의 저류암층에서 손쉽게 탄화수소를 추출하는 일은 서로 완전히 다르다. 현재 사우디아라비아의 연간 원유 생산량은 러시아와 거의 같고 미국보다는 수십억 배럴 적은 편이다. 이제 사우디아라비아는 세계 최대의 원유 생산국은 아니지만, 여전히 세계 에너지 시장의 중앙은행 같은 역할을 한다. 다른 대안이 모두 실패했을 때 마지막으로 찾아갈 만한 유일한 산유국이기 때문이다.

세월이 흐르면서 사우디아라비아의 역할에 의심을 품는 사람들이 늘어났다. 하지만 이 나라의 내부에서, 거대한 석유 기반 시설과 가와르 같은 유전에서 실제로 어떤 일이 벌어지는지는 여전히 극비로 남아있다. 얼마나 철저하게 비밀을 지키는지, 세계 지도자들조차 여기저기서 주워들은 사소한 소식으로 한담을 나눌 뿐이다. 바이든이 제다를 방문하기 몇 주 전 독일에서 G7 정상회담이 있었는데, 이 자리에서 바이든 미국 대통령과 마크롱 프랑스 대통령이 나누던 대화가 마이크에 잡혔다. 아랍에미리트 연합국의 지도자와 이야기를 막 끝낸 참이었던 마크롱은 흥분한 목소리로 바이든에게 속삭였다. "사우디아라비아가 원유 생산량을 좀 더 늘릴 수 있다는군요. 매일 15만 배럴로요. 좀 더 늘릴 수도 있겠지만, 6개월 정도는 지나야 생산 능력을 확 늘릴 수 있다고 하네요."[13]

석유의 시대에 반복되는 불변의 교훈이 있다면, 사우디아라비아를 과소평가하면 그에 따르는 위험을 각오해야 한다는 것이다. 2005년 《사막에서의 여명 *Twilight in the Desert*》이라는 책을 써서 사우디아라비아의 원유가 고갈되리라고 예측했던 작가 맷 시먼스Matt Simmons는 《뉴욕 타임스》의 어느 칼럼니스트와 내기를 했다. 흡사 몇십 년 전의 파울 에를리히와 줄리언 사이먼의 그 유명한 내기를 떠올리게 하는 또 다른 내기였다. 이번에는 맷 시먼스가 파울 에를리히의 역할을 맡았다. 맷 시먼스는 사우디아라비아의 원유 생산량이 최고점을 찍고 하락하면서 유가가 세 배 이상 상승하고, 원유 매장량이 바닥을 보인다는 사실을 알아차린 사람들로 인해 최고가가 계속 유지된다는 쪽에 걸었다.

칼럼니스트 존 티어니John Tierney는 줄리언 사이먼의 기억에 영감을 받아 반대쪽에 걸었다.

2005년부터 2010년까지 유가는 거의 오르지 않았다. 시먼스는 내기에서 졌지만, 그 결과가 알려지기 전에 사망했다. 가와르 유전은 여전히 매일 수백만 배럴의 원유를 생산하는 중이다. 하지만 이것은 석유 이야기의 시작일 뿐이다. 진짜 마법은 원유를 퍼올린 다음 단계에서 발휘된다. 이 지저분하고 끈적끈적한 검은 액체가 드디어 우리가 실제로 사용하는 물질로 변하는 순간이다.[14]

14장

현대의 연금술

정유공장에서 바라보는 미래

독일 쾰른에 위치한 베셸링 정유공장Wesseling refinery에는 뭔가 특별한 것이 있다. 그렇지만 누구도 그 사실에 대해 말하는 걸 그리 달가워하지 않는다.

미숙한 관찰자, 즉 우리 같은 보통 사람의 눈에는 베셸링 역시 다른 정유공장과 다를 바가 없어 보인다. 스파게티처럼 교차하는 강철 파이프, 크롬 용기, 열기 내뿜는 악취 나는 굴뚝까지.

내가 쾰른 남쪽의 베셸링 정유공장을 방문했던 때는 초여름으로 라인강 주변은 푸른 나무들이 바다를 이루고 있었다. 이곳이 독일 산업의 중심지라는 사실을 알려주는 유일한 단서는 나뭇잎을 뚫고 이따금 보이는 높이 솟은 굴뚝, 그리고 창고마다 들려오는 굉음 정도였다. 나는 정유공장 내 여러 구역을 연결하는 기다란 길을 따라 걸으면서 눈앞에 보이는 풍경의 정체를 알아내려고 노력했다.

정유공장을 제대로 이해하는 건, 물질 세계에서 가장 어려운 일일지도 모른다. 추키카마타 같은 구리 광산으로 들어가거나, 광석을 분쇄하고 금속을 녹이는 공장에 가면 눈앞에서 무슨 일이 벌어지는지 직관적으로 알 수 있다. 유리 가마 또는 초크랄스키법으로 완벽한 실리콘 잉곳을 생산하는 연구실에 가도 마찬가지다. 눈에 보이는 게 무엇인지 바로 알 수 있다.

정유공장은 다르다. 파이프 숲으로 깊이 들어갈수록 이곳에서 무슨 일이 벌어지는지 더욱 알 수 없게 된다. 그래서 정유공장은 좀처럼 세간의 관심을 받지 못하는지도 모른다. 사람들은 석유에 관해 이야기할 때, 석유가 땅속 어디에서 나오는지 혹은 어디에서 연소되는지를 궁금해할 뿐 정유공장과 같은 중간 과정에는 거의 관심을 두지 않는다.

하지만 정유공장에서는 마치 연금술 같은 변화가 벌어진다. 만약 이 연금술이 없었더라면 세상은 지금과는 무척 달랐을 것이다. 정유공장의 파이프 안에서 원유가 순수한 탄화수소로 바뀌는데, 바로 이 탄화수소를 활용하여 자동차, 집, 옷장 안에 들어가는 화학물질, 플라스틱, 연료 등의 물질을 만든다. 이때 하나의 분자 세트로 들어간 액체는 전혀 다른 분자 세트가 되어 나오기도 한다. 말하자면, 원유 1배럴을 가져다가 아무것도 넣지 않고 1.25배럴로 만드는 마법과도 같은 공정이다.[1]

이곳은 역설적인 장소이다. 탄소의 시대를 대표하는 가장 상징적인 곳이지만, 인류가 어떻게 탄소 배출물을 처리하고 화석연료에서 벗어나야 하는지를 보여주는 곳이기도 하다. 대량의 원유를 연소하면서 상당한 탄소를 배출하는 동시에, 파이프에서 떨어지는 방울방울마다 가치를 추출하면서 효율성의 귀감이 되는 장소이다.

그리고 때로는, 특히 공장의 불빛이 반짝이고 굴뚝에서 나오는 가스의 불꽃으로 하늘을 밝히는 밤 시간에 정유공장은 그 나름의 아름다움으로 반짝거린다. 영화 〈블레이드 러너〉의 오프닝에서 디스토피아적인 로스앤젤레스의 굴뚝 위를 보여주는 장면과 비슷하다. 리들리 스콧 감독은 이 장면은 티스사이드Tesside(영국 북동부 티스강 유역에 있는 공업 지대의 통칭―옮긴이)가 내려다보이는 언덕에 앉아서 하늘로 불을 뿜는 화학공장과 정유공장을 지켜보던 기억에서 영감을 받았다고 했다. 최소한 영국 북동부를 연상시키는 것만으로도 영화에서 늘 비가 내리는 장면이 나오는지를 설명하는 데 도움이 될 것이다.

궁극적으로, 정유공장은 매우 단순한 목적을 위해 존재한다. 바로 원유를 이루는 수많은 물질을 여러 가지 화합물로 분리하는 것이다. 이 분리 작업은 원유를 덜 조잡스럽게 만든다. 원유는 어느 유정에서 나오느냐에 따라 엄청나게 달라질 수 있는 자연적 산물이다. 때때로 원유는 선사시대의 플랑크톤이나 해조류에서 나오고, 때로는 근원암에 침출된 불순물에서 나온다. 열과 압력의 양에 따라 원유의 상태가 달라지기도 한다. 이렇게 해서 수많은 독특한 원유가 만들어진다.

석유에서는 어떤 맛이 날까

가와르 유전에서 나오는 원유는 '아라비안 라이트Arabian Light'라고 불린다. 베네수엘라의 메레이 원유Merey crude와 멕시코의 마야 원유 Maya crude는 무겁고 끈적끈적한 반면에, 아라비안 라이트는 점성과 밀도가 더 낮으므로 '라이트'하다고 표현한다. 아라비안 라이트처럼 비중이 가벼운 경질원유는 땅속에서 더 쉽게 추출할 수 있으므로, 추출과 정제에 드는 비용이 대부분의 원유보다 훨씬 적은 편이다.

원유는 황의 함량에 따라 '달콤'하거나 '시큼'하다. 이 척도의 기원은 원유가 주로 실내등에 사용되던 시절까지 거슬러 올라간다. 등유에 황이 너무 많이 들어 있으면, 태울 때 유해한 냄새가 날 뿐만 아니라 램프도 더러워졌다. 원유에 불을 붙이지 않고도 이를 확인할 가장 빠른 방법은 맛을 보는 것이었다. 황의 함량이 높을수록 더 시큼한 맛이 났고, 그때부터 이런 척도가 자리 잡았다. 원유가 더 가볍고 단맛이 날수록 정유공장에서의 시간과 노력이 덜 들어가므로 더 높은 가격을 형성했다.*

베셀링의 정유공장은 전 세계에서 온 대략 100가지 맛의 다양한 원유를 정제할 수 있다는 사실에 자부심이 있다. 이곳에서는 유럽연합이 러시아산 원유 수입을 금지한 일이 딱히 문제가 되지 않았다. 다른 나라에서 온 원유를 혼합하면 되었다. 대부분의 회사에서는 특정 종류의 원유를 처리하는 설비만 갖추고 있었기 때문에 굉장히 곤란한 상황이었을 것이다. 이것은 언뜻 기술적인 이야기로 들리지만, 사실은 현대 사회가 어떻게 형성되었는지를 보여준다. 그 예로 미국이 현재 겪고 있는 곤란을 생각해보라.

대부분의 미국 정유공장은 캐나다, 멕시코, 베네수엘라에서 얻은 무겁고 시큼한 중질원유를 정제하기 위해 설립되었다. 미국에 매장된 원유가 금세 고갈될 것 같았던 때에는 이런 방식의 운영이 타당했지만, 그 후 셰일 혁명이 일어났다. 셰일 원유는 비중이 가볍고 품질이 뛰어난 경질원유이므로, 이는 중질원유를 중심으로 돌아가던 기존의 정유

---

* 원유를 단맛과 신맛으로 구분하는 전통은 다소 구식이긴 하지만 여전히 유효하다. 원유 1배럴의 정의 또한 마찬가지이다. 이 전통은 와인, 피클, 사과, 못을 담았던 통(barrel)에 원유를 담은 뒤 수레에 실어 시장까지 싣고 갔던 초기로 거슬러 올라간다. 이 통들은 원래 46~50갤런의 용량이었지만, 울퉁불퉁한 길에서 평탄치 않은 여정을 거치면서 누출이 있었다. 그래서 정유회사는 보통 1배럴에 42갤런의 원유가 담겨 있다고 상정하며 대금을 지급했다. 그렇게 이 기준이 원유 시장에서 자리를 잡았다.

공장들에는 희소식이 아니었다. 그 결과, 미국은 소비량보다 훨씬 많은 원유를 생산하면서 산술적으로는 에너지 자립을 이루었으나 실제로는 자립 상태가 아니게 되었다. 기존의 정유공장들을 운영하기 위해서 해외에서 계속 중질원유를 수입하는 동시에 텍사스산 경질원유는 유럽과 아시아에 보내 정제 처리를 하고 있다. 그러므로 미국이 세계 에너지 체제를 벗어나는 것은 상당히 어려운 상황이다. 이것이 바로 미국 대통령이 전 세계를 오가며 원유 문제를 계속 협의하는 이유이다. 그러므로 튜브와 파이프로 이루어진 신비로운 정유공장에 대해 잠시 살펴볼 필요가 있다. 정유공장은 원유 혼합물을 분리하도록 설계된 일종의 거대한 화학 세트라고 할 수 있다.

정유공장에서는 먼저 사우디아라비아, 나이지리아, 텍사스 등지에서 온 원유에서 염분과 오염물을 제거하여 깨끗한 상태로 만든다. 그 다음은 가장 중요한 증류 단계로 원유를 가열·증발·응축하는 과정을 반복하여 혼합물을 분리한다. 혼합물을 이루는 물질들은 고유의 끓는점을 갖고 있는데, 증류탑에 원유 혼합물을 넣고 가열하면 끓는점을 이용하여 각각의 물질을 분리할 수 있다. LPG 같은 가스류는 섭씨 30도 이하, 석유는 섭씨 40도 이상이 끓는점이다. 비등점이 낮은 물질은 가열이 시작되면 증류탑에서 가장 빠르게 꼭대기까지 솟구치므로 이를 '가벼운 유분溜分'이라고 표현한다. 더 끈적거리고 단단한 물질은 증류탑의 바닥으로 가라앉으므로 '무거운 유분'이라고 한다.

이런 식으로 혼합물을 증류하여 분리하는 증류탑은 위스키를 증류할 때 사용하는 장치와 거의 같은데, 원유 증류탑이 훨씬 더 길고 크다는 차이가 있을 뿐이다. 실제로 1920년대, 미국에서 정유업을 시작했던 초창기에는 분별 증류 기술 대부분을 주류업에서 가져왔다. 당시

주류업에 종사하던 기술자들은 금주법 때문에 상당수가 일자리를 잃은 상태였다. 시간이 흐르고 정유회사는 더욱 독창적인 방법을 고안했다. 열, 압력, 촉매를 조합하여 고분자를 저분자로 쪼개는 법, 그리고 저분자를 고분자로 재형성하는 법을 알아냈다.

최종 제품은 크게 여섯 가지로 분류된다. 자동차용 휘발유, 트럭·기차·기타 중량차용 경유, 플라스틱 같은 석유화학제품, 등유 및 제트유, 왁스 및 윤활유, 도로의 표면을 덮는 아스팔트가 있다.

하지만 이것은 엄청나게 단순화한 설명이다. 원유 1배럴은 수백 가지 제품을 생산할 수 있는 가능성을 품고 있기 때문이다. 영국 링컨셔주에 있는 정유공장을 방문했던 경험을 바탕으로 이에 대해 좀 더 이야기해 보겠다. 미국의 정유회사 필립스 66 Phillips 66가 운영하는 험버 정유공장Humber Refinery은 타르류의 물질인 콜타르coal tar로 '니들코크스needle coke(침상코크스)'를 만든다. 단단한 검은색 돌인 니들코크스는 언뜻 석탄처럼 보이기도 하는데, 가늘고 긴 바늘 모양의 결정 구조를 가졌다고 해서 이런 이름이 붙었다. 니들코크스는 리튬 이온 배터리의 음극재로 쓰이는 인조 흑연의 핵심 원료이다. 이제 우리는 스마트폰과 전기자동차에 들어가는 배터리가 땅에서 파낸 낯선 재료들로 만들어진다는 사실을 잘 알고 있다. 이에 관해서는 6부에서 더 자세히 다룰 예정인데, 이 재료들이 원유 덩어리에서 나온다는 사실을 아는 사람은 별로 없을 것이다.

험버 정유공장 같은 곳들은 미래 세계와는 아무 관련이 없는 과거의 비전이자 세련미 없는 파이프 더미로 치부하기 쉽지만, 문제는 그리 간단치가 않다. 그 이유 중 하나는 정유공장에서 벌어지는 일 대부분이 믿기 힘들 정도로 정교하기 때문이다. 험버 정유공장의 공정은 매우 뛰어나고 복잡해서 중국인 산업스파이가 회사 본부에 잠입해 기밀을 훔치려 한 일도 있었다(그는 현장에서 체포되어 수감되었다). 배관과 챔버로 이루어진 미로에서 무슨 일이 벌어지는지를 이해하고 나면, 비로소 정유공장의 시스템이 보이기 시작할 것이다.

베셀링 정유공장의 비밀

나는 정유공장을 이해할 수 있도록 베셀링을 제대로 둘러보겠다고 기를 쓰고 있었다. 베셀링 공장이 있는 독일로 떠나기 전 예습을 하면서 증류탑과 진공 플래셔vacuum flasher를 알아보는 법을 익혔고, 크래커cracker와 코커coker 장치를 구분할 수 있게 되었다. 전형적인 정유공장의 전형적인 배치도 알고 있었다. 하지만 막상 베셀링 공장을 돌아다니게 되자 굉장히 당황하고 말았다.

필수적인 파이프와 챔버는 전부 있었지만, 그것들은 별개의 구역으로 나뉜 채 오래된 벽돌 건물들 여기저기에 흩어져 있었다. 정유공장이 얼마나 큰지는 알고 있었지만, 이곳의 뱅뱅 꼬인 파이프들을 모두 풀어놓는다면 몇백 킬로미터는 될 터였다. 정유공장이 거대한 편이라고는 하지만, 베셀링 정유공장은 비정상적으로 거대했다. 공장의 위쪽부터 아래까지 이어지는 길이 있었는데, 너무 길어서 전부 가보기는 어려웠다. 자전거를 타고 한 시간 동안 공장 주변을 돌아도 전부를 보지는 못한다. 직원들 대다수가 자전거를 사용했고 자동차 같은 내연기관을 보면 눈살을 찌푸리곤 했다.

공장의 물리적 규모는 생산량과 어느 정도 관계가 있다. 라인강 건너편에는 공장들이 이웃하여 나란히 서 있는데, 그럼에도 베셀링 공장은 유럽의 가장 선진적인 공업 국가인 독일에서도 제일 큰 정유공장이다. 왜 이렇게 과할 정도로 공간이 넓을까? 그리고 왜 이렇게 기괴한 방식으로 공간을 배치했을까?

이 정유공장과 바로 옆 공장을 관리하는 마르코가 이렇게 말했다. "글쎄요. 말하자면 길죠."

우리는 석유의 여행의 출발점을 따라 걷는 중이었다. 나이지리아와 몇몇 곳에서 온 원유 혼합물이 머리 위의 파이프를 따라 빠르게 흘러갔다. 탄화수소를 혼합하는 기술자들은 굉장히 비밀스러운 경향이 있는데, 마르코도 내게 원유가 어디서 왔는지 전부는 알려주지 않으려 했다.

"하지만 당신 말이 맞아요. 정유공장에 대해 알면 알수록 이상한 구석이 눈에 띄죠. 누군가가 이곳을 처음부터 새로 지었더라면 지금과는 전혀 다른 모습이었을 거예요." 그가 잠시 말을 끊고는 목소리를 낮췄다. "베셀링에는 흥미로운 역사가 있습니다. 예전에는 헤르만 괴링 공장이라고 불렸다더군요."

베셀링의 역사는 나치의 비밀 무기 공장에서 시작한다. 원래 이곳은 나치 공군에 항공 연료를 공급하는 공장이었던 탓에 공군 총사령관인 헤르만 괴링Hermann Göing의 이름이 붙어 있었다. 다른 화학공장들은 총력전 차원에서 강제 징발되었지만, 이곳은 무기 생산 목적에 따라 맞춤형으로 지어졌다. 1940년대에 괴이하게 설계되었기 때문에 오늘날까지도 배치가 괴상한 것이다. 각 구역 사이에 넓은 공간이 있는 이유는 공습시 적의 폭격기를 혼란에 빠뜨리기 위해서였다.

몇 년간은 이 배치가 효과가 있었다. 독일이 연합군에 맞서 싸우기 위해 더 많은 항공기를 생산할수록 베셸링에서는 그만큼 연료를 대량으로 쏟아냈다. 이곳은 최첨단 기술을 효과적으로 사용하여 잇따른 공습에서도 살아남았다. 모든 조명을 즉시 차단하는 철저한 등화관제 시스템, 보일러와 저장 용기를 숨기는 인공 안개 등을 활용했다. 베셸링은 당시에도 독일 연료 산업의 핵심적 위치에 있었는데, 지금과는 다른 중요한 차이점이 하나 있었다. 당시에 항공기 연료는 석유가 아니라 석탄으로 만들어졌다는 점이다.

오랜 세월 동안 독일은 석유가 부족한 대신 석탄이 풍부했다. 19세기 후반에서 20세기 초반 사이, 독일이 일군 경제는 풍부한 석탄을 이용하여 경쟁력을 확보한 덕분에 가능했다. 다른 나라들은 더 많은 탄화수소·금속·신종 광물, 더 풍부한 토양, 더 긴 해안을 내세웠고, 독일은 매장량이 풍부한 석탄으로 대응했다. 하지만 독일 석탄이 최고급 품질은 아니었다. 미국과 영국의 탄전에서는 검고 에너지 밀도가 높은 무연탄이 발견되었지만, 독일의 석탄은 지저분한 갈색의 갈탄이었다. 그러나 독일은 세계 최고 수준으로 훈련받은 독창적인 과학자들의 활약으로 천연자원의 부족함을 메우고도 남았다. 이들은 석탄으로 거의 모든 걸 가능하게 했다.

영국과 미국이 소금으로 초기 화학 산업을 구축했다면, 독일은 석탄과 연금술을 효율적으로 활용했다. 독일의 제약회사인 바이엘Bayer은 독일산 석탄으로 아세틸살리실산acetylsalicylic acid(아스피린)을 개발하여 큰 성공을 거뒀다. 화학회사 바스프는 독일산 석탄으로 다양한 염료를 개발하여 돈방석에 올랐다. 독일산 석탄으로 탱크, 트럭, 비행기에 사용할 수 있는 휘발유를 개발하는 것은 이런 상황에서 당연한 논리적 수순이었다.

이를 성공시킨 사람은 화학자 프리드리히 베르기우스Friedrich Bergius
이다. 그는 실력은 뛰어나지만 문제가 많았던 화학자 프리츠 하버의 제
자인데, 당시 하버는 대기 중의 질소로 질산염을 만드는 기술을 개발
하고 있었다. 1913년 베르기우스는 하버의 방법론을 적용하여 석탄을
부수는 방식을 알아냈다. 튼튼한 강철 용기 안에서 촉매를 사용하여
고압 반응을 일으키면 잘게 부순 석탄을 수소화하여 합성 석유를 만
들 수 있었다. 베르기우스의 방식은 오늘날에 수소첨가분해 용기로 수
행하는 크래킹 작업과 본질적으로 비슷하다. 베셀링 정유공장처럼 크
래킹 작업을 하는 곳에서 수소는 원유 분자를 다른 혼합물로 분해하
는 역할을 한다.[2]

원유를 거의 무제한에 가깝게 생산하는 오늘날의 세상에서 석탄을
석유로 바꾸는 기술은 큰 의미가 없다. 그러나 1920년대 초에는 훗날
주기적으로 찾아오는 '피크 오일peak oil'에 대한 공포가 처음으로 나타
났다. 새로운 유전을 발견하는 속도는 점점 더뎌졌고, 이는 몇 년 안
에 텍사스 유전과 바쿠 유전이 바닥을 보이고 이 귀중한 액체가 세상
에서 완전히 사라지리라는 불안을 불러일으켰다. 따라서 석유를 제조
할 수 있다는 개념은 일순간에 무척 매력적인 아이디어로 떠올랐다.
이런 반응은 독일만이 아니었다.

전 세계 회사들이 '수소화hydrogenation'로 알려진 베르기우스의 특
허를 이용하겠다고 줄을 섰다. 그중에는 영국의 화학회사 브루너몬드
Brunner Mond, 미국의 정유회사 스탠더드오일Standard Oil도 있었다. 하지
만 카를 보슈만큼 흥분한 사람은 없었다. 합성 석유는 합성 질산염의
뒤를 잇는 블록버스터 제품이 될 터였다. 문제는 비용이었다. 석탄을
석유로 바꾸는 공정은 원유를 수입하는 것보다 몇 배는 더 비쌌다. 게

다가 텍사스주와 오클라호마주의 분유정에서 원유를 과잉 생산하면
서 합성 석유는 도저히 채산이 맞지 않게 되었다. 1930년대 초반, 바이
엘과 바스프 등이 합병하여 만들어진 독일의 화학기업 카르텔 이게파
르벤IG Farben은 도움이 절실히 필요한 상황이었다. 그 구원은 하필 아
돌프 히틀러의 모습으로 나타났다.

에너지 자립에 집착하면서 미국과 소련으로부터 원유 수입을 끊으
려던 히틀러는 국산 자동차가 전국의 고속도로를 누비는 독일의 비전
을 꿈꾸고 있었다. 그는 이게파르벤 임원들에게 이렇게 말했다. "정치
적 독립을 바라는 독일에서 석유 없는 경제는 상상할 수 없는 일입니
다." 정부의 지원이 절실했던 이게파르벤에 히틀러의 말은 마치 음악처
럼 들렸다. "설령 희생이 뒤따르더라도 국산 자동차 연료를 반드시 개
발해야 합니다. 그러므로 석탄의 수소화 작업을 이어가는 것은 시급한
일입니다."[3]

석유는 2차 세계대전의 중심에 있었다. 1차 세계대전은 기계와 내연
기관을 사용한 최초의 대전이었고, 서부 전선의 참호로 대표되는 소모
전이기도 했다. 이와 대조적으로, 2차 세계대전은 전례 없이 광활한 지
역에 전선이 펼쳐진 기동성의 전쟁이었다. 2차 세계대전은 석유로 석
유를 쟁탈하려는 싸움이었고, 어떤 의미에서는 석유에 의해 승패가 결
정된 전쟁이었다.

유럽에 주둔하던 미군은 탱크, 트럭, 전함, 잠수함 등을 운용하면서
1차 세계대전 때보다 100배 더 많은 휘발유를 소비했다. 조지 S. 패튼
George S. Patton 장군은 드와이트 아이젠하워Dwight Eisenhower 총사령관에
게 이렇게 말했다. "내 부하들은 자기 허리띠라도 먹으면 되지만, 내 탱
크에는 꼭 휘발유를 먹여야 합니다." 두 진영 모두 휘발유가 식량이나

강철보다 더 중요했다. 패튼은 전쟁 내내 연료를 더 달라고 고함쳤다. 보급 장교에게 이렇게 말하기도 했다. "나한테 휘발유 40만 갤런만 주면 이틀 안에 독일 깊숙이 쳐들어갈 수 있는데 말이지." 전선 반대편의 독일군 진영에서는 에르빈 로멜Erwin Rommel이 이런 글을 남겼다.

● 가장 용맹한 군인도 총이 없다면 아무것도 할 수 없고, 총도 탄약이 충분치 않다면 아무것도 아니다. 그러나 총이나 탄약도 그것들을 실어 나를 수 있도록 휘발유로 채운 차량이 없다면 기동전에서 별 쓸모가 없다.

태평양에서 일본은 네덜란드령 동인도 제도의 유전을 점령하는 전략에 집중했지만, 여전히 연료는 절망적일 정도로 부족했다. 일본의 군사 전략가들에게 가미카제 전술의 매력 중 하나는 편도 연료만 준비하면 된다는 것이었다.

원유가 나오지 않는 독일 역시 다른 곳에서 원유를 조달하는 데 전략의 초점을 맞추었다. 독일이 사용한 원유의 3분의 1은 루마니아의 플로이에슈티 유전에서 얻었다. 히틀러가 소련을 침공한 이유 중 하나는 마이코프 유전, 그로즈니 유전, 바쿠 유전 등 캅카스 지역에서 나오는 원유를 확보하기 위해서였다. 히틀러는 베니토 무솔리니Benito Mussolini에게 이렇게 말했다. "추축국의 목숨이 유전들에 달려 있습니다." 1942년에는 이런 글도 남겼다. "바쿠 원유를 얻지 못하면 전쟁에서 패배한다."

독일군은 바쿠를 단 한 번도 점령하지 못했지만, 그나마 히틀러는 베르기우스의 수소화 기술로 제조하는 합성 석유에 의존할 수 있었다. 서부의 베셸링 정유공장부터 동부의 거대한 로이나 공장까지, 1940년대 초반 독일에는 총 14곳의 공급처가 있었다. 루르 지방의 노천광에서 캐낸 갈탄은 베셸링 정유공장의 챔버에서 분쇄되고 수소화 공정을 거친 뒤, 파이프를 타고 곳곳으로 퍼져나갔다.

전쟁 포로와 강제수용소의 수용자들은 버스로 실려 와 이런 공장들에서 강제 노역을 해야 했다. 베셸링에 동원된 수천 명의 노역자는 라인강 강둑의 찬바람 드는 판잣집에서 지냈다. 형식적으로 지급되는 임금은 노역자들을 감시하던 나치 친위대 장교들이 강탈했다. 사용할 수 있는 모든 자원을 총동원해 합성 연료를 생산했다. 심지어 아우슈비츠 강제수용소 옆에도 공장이 하나 세워졌다. 아우슈비츠의 노동력과 인근의 탄전들 때문에 공장을 세우기에 '매우 괜찮은 위치'라고 판단했던 모양인데, 이 공장은 결국 석유를 한 방울도 생산하지 못했다.[4]

베셸링부터 로이나에 이르는 주요 공장에서 독일군의 연료 대부분을 생산했다. 이 공장들이 없었더라면 2차 세계대전은 훨씬 빨리 끝났을 것이다. 이 공장들은 절정기에 연간 2500만 배럴의 합성 석유를 생산했고, 독일 공군이 사용한 연료의 95퍼센트를 제공했다.

1943년 육군 원수 에르하르트 밀히Erhard Milch는 이렇게 말했다.

● 수소화 작업이 이뤄지는 공장들은 우리의 가장 큰 취약점이다. 그들에게 우리 전력의 흥망이 걸려 있다. 수소화 공장들이 공격을 받는다면, 비행기가 더는 날지 못하는 건 물론이고, 탱크와 잠수함도 작동을 멈출 것이다.[5]

1944년 봄, 정유공장에 대한 공격이 시작되었다. 연합군 전투기들은 수소화 공장들에 20만 톤 이상의 폭탄을 투하했다. 로이나는 가장 큰 타격을 받고도 버텼지만, 베셀링은 견디지 못했다. 공장을 보호하려는 독일의 특별 조치가 한동안은 통했다. 각 구역 사이에 넓은 공간을 두고 기계 주변에 벽돌로 벽을 세우고, 공장 가동을 빠르게 멈췄다가 재개할 수 있는 안전 계획과 대피소를 마련했다. 이 덕분에 베셀링은 초기 공습에서 살아남아 원유를 계속 공급할 수 있었다. 독일의 전쟁 기계가 계속 돌아가고 있었다.

그러나 1944년 7월 19일 이른 새벽, 약 100대의 폭격기로 편성된 영국 공군 비행대대가 베셀링을 공습하기 시작했다. 간밤에 하늘이 맑게 개면서 공습에는 이상적인 조건이었다. 공습 사이렌이 울리자마자 언제나처럼 다들 벙커로 달려갔지만 무언가 잘못된 느낌이 들었다. 인공 안개가 피어오르지 않았던 것이다.[6]

폭격기들이 조명탄을 터뜨리자 눈부신 붉은 빛 아래로 설비와 저장고들이 전부 모습을 드러냈고 마침내 폭격이 시작되었다. 폭격기들은 약 20분 동안 세 차례 공격하면서 1,000개에 가까운 폭탄을 투하했다. 석탄 저장고가 타올랐고, 수소화 작업에 사용되는 가스를 생산하는 시설도 파괴되었다. 베셀링 공장은 다음 날 정오까지 불길에 휩싸여 있었다.

공장 노동자들은 몇 달 만에 베셀링의 생산력을 이전의 40퍼센트 수준까지 간신히 돌려놨지만, 10월 초에 두 차례의 공습이 더 있었다. '하늘의 요새'라고 불리는 B-17로 무장한 미국 항공대의 공습으로 베셀링의 생산력은 바닥에 가까워졌다.

연합군은 미국과 중동에서 원유를 풍부하게 공급받으면서 자원의 이점을 오랫동안 누렸지만, 전쟁 후반에는 두 진영의 군비 격차가 더욱 크게 벌어졌다. 1944년 말, 연합군은 독일의 합성 연료 공장들을 공격하면서 단 한 번의 폭격으로 3만 4000배럴 이상의 항공 연료를 사용했다. 반면, 당시 독일 공군 전체는 하루에 겨우 1만 2500배럴의 연료를 쓸 수 있었다. 1945년이 되었을 무렵, 독일 공군은 사실상 지상에 발이 묶이고 말았다. 최후의 순간이 다가왔을 때, 히틀러는 베를린의 벙커에 숨어서 휘하 사단들에 전쟁 계획을 하달했으나 독일군은 연료 부족 때문에 이미 제대로 기동하지 못한 지 한참이었다. 베를린 밖에서는 군용 트럭을 소가 끌고 가는 형국이었다.[7)

2차 세계대전은 정유공장과의 전쟁이었을 뿐만 아니라 정유공장들 사이의 전쟁이기도 했다. 연합군은 독일의 수소화 공장을 공격하는 동안에도 독일보다 더 많은 연료를 생산하고 있었기 때문에 전투기 연료 보급에 있어서 상당한 우위를 점하고 있었다. 독일의 합성 연료는 물론 경이로웠지만, 대서양 반대편에서 미국의 정유회사들 역시 약진하고 있었다. 이들은 복잡한 접촉 분해 기술catalytic cracking을 활용하여 초고층 빌딩 크기의 정유공장에서 옥탄가 100의 고급 연료를 생산했다. 옥탄가 100인 미국산 연료는 베셀링 정유공장에서 생산하는 옥탄가 87의 연료보다 훨씬 고품질이었다.

옥탄가는 연료의 내폭성耐爆性을 나타내는 수치이다. 내연기관에서 연료가 비정상적으로 연소할 때 일어나는 폭발을 '노킹knocking'이라고 하는데, 노킹이 일어나지 않고 연료가 얼마나 압력에 잘 견디는지를 옥탄가로 측정한다. 옥탄가가 높은 연료가 있으면, 스핏파이어, 랭커스터 등의 전투기에 롤스로이스 멀린 같은 고성능 엔진을 장착할 수 있었다. 그 덕분에 연합군 전투기는 독일군 전투기보다 15퍼센트 더 빨랐고, 폭격 임무에서도 작전 반경이 2,400킬로미터 더 길었으며, 비행 최대 고도도 3,000미터 더 높았다. 이러한 차이가 브리튼 전투에서 승리의 추를 연합군 쪽으로 기울게 했을지도 모른다.

'나비의 집'에서 일어난 일들

이 대목에서 미국의 정유회사들에 박수갈채를 보내고 싶은 마음이 들 수도 있겠지만, 이 이야기는 다른 각도에서 볼 필요가 있다. 접촉 분해 기술은 미국의 정유회사들이 옥탄가를 높이려는 목적에서 개발한 것으로, 혼합물에 납을 첨가하여 노킹을 줄이는 유해한 방식의 연장선에 있는 기술이었다.

엔진에서 발생하는 소음인 '엔진 노크'는 자동차 산업이 초기에 마주했던 큰 난관 중 하나였다. 1920년대 제너럴 모터스General Motors는 경쟁사 포드를 앞서기 위해 캐딜락의 엔진을 조용하게 만들 방법을 찾기 시작했다. 제너럴 모터스의 엔지니어인 토머스 미즐리Thomas Midgley는 휘발유에 테트라에틸납tetraethyl lead을 한 방울 떨어뜨리면 마치 기적처럼 옥탄가가 높아지고 모든 엔진 노크가 사라진다는 사실을 발견했다. 현대사의 가장 수치스러운 오염 문제 중 하나가 이렇게 시작되었는데, 이는 오늘날의 탄소 배출보다 훨씬 부끄러운 일이다. 왜냐하면 인류는 화석연료를 사용하면서 비로소 지구온난화에 대한 구체적 지식을 얻었겠지만, 휘발유에 납을 첨가하는 일은 사전에 그 위험성을 인지하고도 저지른 행위이기 때문이다.

현대 콘크리트의 발명에 영감을 준 로마시대의 건축가 비트루비우스는 납을 다루는 사람들이 건강을 심하게 해치는 것을 보고 납 파이프에서 나오는 물을 조심하라고 조언했었다. 납은 강력한 신경독으로, 특히 어린아이의 뇌를 망가뜨린다. 의사와 정책 입안자는 물론이고 일반 대중 대다수가 이 사실을 알고 있었지만, 제너럴 모터스는 납을 대체할 방안을 찾는 대신 자신들이 사용하는 화학물질의 이름을 고쳐썼다. '테트라에틸납'을 '에틸Ethyl'로 바꾼 것이다.

위험 신호는 처음부터 있었다. 에틸을 시장에 선보인 직후, 뉴저지 정유공장에서 환자들이 연이어 발생했다. 이들은 글자 그대로 미쳐 갔는데, 환각에 빠져 점차 광란 상태가 되었다. 제너럴 모터스 정유공장의 테트라에틸납 합성 구역에서 일했던 노동자 여섯 명이 사망하는 일도 있었다. 이 구역 사람들은 자기 몸에 붙은 상상의 곤충들을 계속 떼어내려 했기 때문에 이곳에 '나비의 집House of Butterflies'이라는 별명이 붙었다.[8]

노동자들의 잇따른 사망 소식이 전해지면서 몇몇 주에서는 납을 첨가한 유연 휘발유 사용을 금지했다. 제너럴 모터스가 대안을 내놓아야만 하는 상황이었다. 에틸알코올을 비롯한 몇 가지 대안이 있긴 했지만, 특허 취득이 어려워 수익성이 현저히 낮아 보였다. 그런데 이때, 테트라에틸납의 개발자인 토머스 미즐리가 열연을 펼쳤다. 기자 회견을 열어서 테트라에틸납 용액으로 손을 씻고 1분간 그 냄새를 들이마시면서 테트라에틸납에 부작용이 없다는 점을 증명한 것이다. 이 사건은 정말 기괴한 퍼포먼스였다. 그 자리에 있던 기자들은 몰랐겠지만, 사실 이때 토머스 미즐리는 납 중독 치료를 위해 플로리다주에서 요양을 마치고 막 돌아온 참이었다.*

제너럴 모터스와 변호인단은 사망자가 자신의 과실로 죽었음이 분명하다면서, 비효율적이고 철커덕거리는 엔진을 개선하기 위해서 납의 사용이 불가피하다고 주장했다. 때는 바야흐로 무슨 일이든 벌어질 수 있는 광란의 시대인 1920년대였다. 주 정부들은 납 사용 금지 조치를 철회했고 마침내 유연 휘발유의 시대가 열렸다.

그러나 아무리 미세한 양이더라도 인체에 안전한 납이란 없는 법이다. 납에 일단 노출되면 시간이 흐르면서 뇌, 뼈, 폐에 축적될 수 있다. 납을 흡입한 세대는 그렇지 않은 경우보다 IQ가 더 낮았다. 심지어, 유연 휘발유와 폭력적 행동 사이에 상관관계가 있다고 주장하는 설득력 있는 연구 결과도 나왔다.

미국은 1980년대가 되어서야 유연 휘발유를 공식적으로 금지했다. 결국 정유회사들은 2차 세계대전에서 그랬던 것처럼 묘책을 짜냈고 납이 들어가지 않는 휘발유를 만들어냈다. 하지만 반세기가 넘도록 자동차 배기가스에서 분출된 매우 작고 무수한 납 입자들은 여전히 전 세계 도시의 토양과 먼지 속에 자리 잡고 있다. 정유공장에서 일어났던 비참한 사건들의 보이지 않는 잔재가 아직도 남아 있는 것이다.

정유공장에 관한 이야기에는 꼭 납이 아니더라도 벤젠 같은 유독성 물질들로 인한 오염 문제가 늘 따라다닌다. 이로 인해 정유공장의 인기가 시들해진 것은 그리 놀라운 일이 아니다. 게다가 국제석유자본도 전기자동차와 수소에너지라는 새로운 트렌드에 직면하여 정유공장들을 매각하는 추세이다. 정유공장들은 세상이 나아갈 때 가치를 잃고 뒤처지는 '좌초자산'이 될 것이다.

하지만 베셸링 같은 곳에서는 대안적 비전을 선보이고 있다. 공습의

---

* 토머스 미즐리가 환경에 선사한 선물은 유연 휘발유만이 아니었다. 그는 에어로졸 스프레이와 냉각제에 들어가는 프레온가스를 발명했는데, 이는 훗날 오존층 파괴의 주범으로 밝혀졌다.

잔해가 뒤엉켜 있던 베셀링은 종전 후 석탄 대신 원유를 정제하는 곳으로 완전히 탈바꿈했다. 베셀링은 낡고 복잡한 과거의 흔적들 위에 파이프와 실린더를 다시 올렸다. 새로운 구역이 발굴될 때마다 연합군 공습 때 투하되었던 불발탄이 함께 발견되었다. 한동안 베셀링 공장에서는 하버-보슈 공정으로 암모니아를 생산했다. 사람들을 죽이는 탄화수소를 만들기 위해 문을 열었던 이 공장은 사람들을 먹여 살리기 위해 탄화수소를 활용하기 시작했다. 1950년대에 베셀링은 다시 한번 항공 연료를 만들었는데, 이번에는 프랑크푸르트에서 이륙하는 여객기를 위해서였다. 2000년대 들어 베셀링은 유럽에서 가장 정교한 정유 공장 중 하나가 되었다.

내가 베셀링 정유공장을 방문했을 때는 상황이 다시 바뀌려고 하는 중이었다. 2025년이 되면 원유를 운반하는 파이프들이 막히고 친환경 대체 연료가 생산되기 시작할 것이다. 식물, 식물성 기름, 도시의 쓰레기, 소똥이 가볍고 달콤한 나이지리아산 원유를 대체할 터이다.

공장을 가르는 기다란 길을 걸어가는 동안, 마르코는 벽돌담을 따라 세워진 녹색 탱크들을 가리켰다. 이 탱크들은 전쟁의 잔재처럼 보였는데, 알고 보니 원래의 나치 공장에서 살아남은 얼마 안 되는 부분 중 하나였다. 과거에 저 탱크들은 석탄으로 합성 연료를 만드는 작업을 도왔다. 그리고 나서는 원유로 연료를 만드는 작업을 도왔다. 앞으로는 근처에 있는 전해조에서 만들어진 그린수소를 보관하는 용도로 쓰일 것이다.

물론 이 계획은 의욕만 앞설 뿐 검증되지 않은 내용이며 지나친 욕심일 수도 있다. 아직 베셀링은 하나의 정유공장에 불과하다. 이런 흐름과는 반대로, 라인강 건너편에 있는 정유회사 쉘Shell의 공장에서는 앞으로도 계속해서 원유를 연소하고 정제할 계획이다. 아무도 이야기하고 싶어 하지 않는 역사의 흔적을 구석구석 품은 베셀링 정유공장은 이제 희미하게라도 미래를 바라볼 수 있는 곳이 되었다.

15장

화석연료의 산물

플라스틱 세상의 우연한 발견들

존 D. 록펠러John D. Rockefeller는 정유 산업 초창기에 '스탠더드오일'이라는 석유 제국을 건설한 인물이다. 지금까지도 사람들이 즐겨 말하는 록펠러의 오랜 일화가 있다. 어느 날 그는 자신의 정유공장들을 살펴보다가 굴뚝 하나에서 불길이 솟구쳐 오르는 장면을 보았다.

"뭐가 저렇게 타오르는 거지?" 록펠러의 질문을 받은 직원이 정유 과정에서 나온 부산물이라고 설명했다. 증류탑에서 원유의 각 유분을 증류하고 분쇄할 때 시장성이 없는 어떤 화합물이 불가피하게 나온다고 했다. 바로 에틸렌 가스였다.

"뭐가 되었든 낭비는 안 될 일이야." 록펠러가 딱 잘라 말했다. "저걸로 할 수 있는 게 없는지 찾아봐!"[1]

이 일화가 사실일 가능성은 적지만, 기이하고 경이로우며 때로는 걱정스럽기까지 한 석유화학의 세계에 대해 생각할 때 도움이 되긴 한다. 원유 이야기는 현대의 소비 생활과 밀접한 연관이 있기 때문이다.

베셀링 같은 정유공장에서 원유를 더 많이 정제할수록 따로 팔 수 있는 부산물 역시 더 많이 나온다. 이런 부산물로는 플라스틱, 의약품,

비료, 기타 석유화학제품이 있다. 이 제품들을 저렴하고 자유롭게 이용할 수 있고 어디에서나 볼 수 있는 건 휘발유와 디젤을 생산하기 위해 정유공장에서 처리하는 원유의 양이 엄청나기 때문이다. 자동차가 어떻게 세상을 변화시켰는지 이야기할 때, 사람들은 흔히 개인의 독립성이나 화물 운송, 이동성이라는 측면만을 언급하지만 이는 그 의미의 절반만을 본 것이다. 왜냐하면 정유사와 휘발유를 구매하는 운전자들은 휘발유만이 아니라 완전히 다른 부문도 돕고 있기 때문이다.

탄화수소 대부분은 차량의 연료 탱크로 들어가고, 천연가스 대부분은 전력과 난방을 생산하는 데 쓰인다. 나머지 10퍼센트, 즉 원유와 가스를 정제하고 생긴 부산물은 그 적은 비율에도 불구하고 커다란 역할을 한다.

이 제품들은 우리에게 옷과 먹을거리를 제공한다. 청결과 건강을 유지하는 데도 도움을 주고, 오늘날 우리가 소비하는 품목 대부분에 사용된다. 인류가 가장 최근에 만든 창조물 중 하나임에도 이제 이것들 없는 세상을 상상하기란 불가능해졌다. 이것들은 에너지 절약을 돕지만, 원천을 거슬러 올라가면 화석연료로 만들어졌다. 석유화학제품들은 깨끗하지만 더럽고, 무척 흔하지만 보기 드문 모순적 특징을 지니고 있다. 가장 흥미로운 점은 우리가 이 제품들에 대해서 거의 생각하지 않는다는 사실이다. 그렇지만 이들은 어디에나 있다.

플라스틱, 비료, 포장재, 의약품. 방부제와 합성수지, 페인트와 접착제, 염료와 향료. 이 많은 제품이 어디서 오는지 아는가? 정유공장의 일이 원유를 단순하게 만드는 것이라면, 석유화학 부문의 일은 단순한 분자를 아찔할 정도로 많은 수의 제품으로 재구성하는 것이다. 여기서 하나하나 다룰 수 없을 정도로 굉장히 많다. 하지만 미국, 카타르, 사우디아라비아 등의 원유와 가스 매장지에서 나온 물질이 우리 삶과 얼마나 밀접하게 얽혀 있는지를 이해하려면 완전히·다른 곳에서 시작할 필요가 있다.

토마토에 관한 진실

줄기에서 방금 딴 통통하고 붉은 토마토를 한번 상상해보자. 잘 익은 토마토가 꽤 먹음직스럽게 느껴진다. 물방울들이 송글송글 맺힌 탱탱한 껍질이 반짝거린다. 한 입 베어 물면 강렬한 풍미가 입안 가득 퍼지고, 근사한 단맛과 기분 좋은 감칠맛이 풍부하다. 땅에서 자란 농작물을 따서 바로 먹는 것보다 자연에 더 가까운 경험이 있을까?

음, 이건 말하기가 좀 곤란하다. 왜냐하면 방금 음미한 토마토가 사실은 화석연료의 열매이기 때문이다. 당분과 풍미를 내는 원자들은 에너지 기업이 땅속에서 퍼낸 메탄가스 분자의 일부로서 삶을 시작한다. 이 점은 오이, 후추, 상추도 마찬가지이다.

오늘날 우리가 먹는 것 대부분은 따지고 보면 화석연료의 산물이다. 하지만 이 사실은 식품 포장지, 요리책, 슈퍼마켓 선반 등 어디에도 적혀 있지 않다. 물질 세계에 대해 늘 그래왔던 것처럼, 아무도 이 사실을 궁금해하지 않기 때문이다. 하지만 토마토가 우리 손에 어떻게 들어왔는지를 잠시 생각해보면 그 진정한 원천은 금방 분명해진다.

요즘은 토마토를 바깥의 밭이 아니라 온실 안에서 재배하는 경우가 늘고 있다. 환경 제어 농업CEA으로 불리는 이 기술은 작물 재배의 미래로 여겨진다. 21세기 후반에 세계 인구가 100억 명을 넘으리라고 예상하는 가운데, 인류는 지난 8000년 동안 생산한 것보다 더 많은 식량을 앞으로 40년 동안 생산해야 한다. 환경 제어 농법은 담수 시스템에 대한 압박이 거세지고 토지가 더욱 귀해진 상황에서 장점이 많은 기술이다.[2]

외부보다 내부, 즉 인공조명을 설치한 대규모 온실이나 수직 농장(다단온실)에서 작물을 재배하면 1,000제곱미터의 일반적인 밭에서 얻는 양보다 100배나 많은 양을 수확할 수 있다. 이렇게 되면 농부들은 제멋대로 변하는 날씨나 토질에 연연할 필요가 없어진다. 컴퓨터로 기후를 통제하고 적절한 양의 영양소를 주입한 수경 재배용 배지에서 작물을 재배할 능력을 갖춘다면, 도시 지역을 포함한 거의 모든 곳에서 작물을 재배할 수 있을 것이다. 이는 굳이 돈을 들여서 운송 과정을 거칠 필요가 없다는 의미이기도 하다. 재배 중에도 물을 훨씬 적게 사용하고, 작물이 내부에서 자라므로 비료를 많이 뿌릴 필요도 없으며 위험한 살충제도 거의 필요 없다.

이런 종류의 농업을 개척한 네덜란드에서는 온실들이 프랑스 파리만큼의 면적을 차지하고 있다. 딱히 기후적 이점이 없었는데도 네덜란드가 세계 2위의 식량 수출국이 될 수 있었던 배경에는 온실이 있다. 밤에 비행기를 타고 네덜란드를 내려다보면, LED 조명으로 밝게 빛나는 거대한 유리 온실들을 볼 수 있다. 온실 내부 식물들은 밤에도 추가로 빛을 쐬면서 광합성 시간을 더 늘린다.[3]

런던 외곽의 리 밸리에 자리 잡은 영국 최대 토마토 생산업체 중 하나인 밸리 그론 너서리Valley Grown Nursery의 온실은 네덜란드식 디자인으로 지어졌다. 내가 밸리 그론 너서리를 방문한 시기는 봄에서 여름으로 넘어가는 늦봄의 흐린 날이었다. 이곳의 매니저인 노프 니카스트로Nof Nicastro가 못마땅한 표정으로 하늘을 올려다보고 있었다. 노프는 LED 전구를 사용하지 않았으므로 빛을 마음대로 통제할 수 없었다. 하늘이 흐릴 때마다 작물 수확량이 몇 퍼센트씩 떨어졌다.

마치 동굴 같은 온실 내부에는 뜨거운 파이프가 바닥을 따라 깔려 있어서 온도가 섭씨 20도로 유지되었다. 바닥에서 몇 미터 위에 있는 배수로에 토마토 줄기가 줄을 지어 길게 매달린 채 저 멀리까지 뻗어 있었다. 토마토의 뿌리는 흙이 아니라 현무암으로 만든 섬유인 미네랄울에 묻혀 있었는데, 여기에 물과 비료를 섞어서 만든 용액이 계속 공급되었다. 놀랍게도, 어디를 가든지 윙윙거리며 날아다니는 벌들이 있었다. 식물을 수분시키는 데 자연계를 능가할 방법을 아직 찾지 못했기 때문이다. 열의 끝마다 판지 상자를 들락날락하는 벌 떼가 끊이질 않았다. 노프는 줄기에서 토마토 하나를 따서 내게 건넸다. 그 토마토는 강렬한 붉은색이었고, 아까 상상 속에서 맛봤던 토마토와 비슷한 맛이었다. 화석연료의 맛이었다.

그 원천의 첫 번째 단서는 온실 옆에 있는 골함석 창고에서 발견했다. 창고 안에는 버스 크기 정도의 거대한 보일러가 있었다. 이 보일러가 바로 온실의 핵심으로, 온실 바닥에 깔린 파이프에 열을 공급하는 원천이었다. 우리는 농업을 에너지 이동의 한 형태라고 생각하지 않지만, 궁극적으로 농업의 본질은 바로 그것이다. 농부들이 밭이나 논에서 밀, 옥수수, 쌀 등을 기를 때 그들은 본질적으로 태양에너지를 먹을 수 있는 칼로리로 바꾸는 셈이다. 인간이 고기를 먹을 때는, 소나 닭이 쌀, 옥수수 등을 먹고 얻었던 칼로리를 소비하는 셈이 된다. 이렇게 그 기원을 거슬러 올라가면 우리가 먹은 것부터 태양 광선까지 직결된다.

현대 농업에 관한 이야기는 훨씬 거대한 차원으로 확장된다. 자연 형태의 에너지를 화석연료로 대체하는 것이다. 태양의 온기를 온실의 가스 난방이 대체하는 것만 봐도 그렇다. 이는 시작에 불과한데, 토마토가 뿌리를 내린 배지에 점적 비료를 주는 방법도 현재 연구 중이다.

하버-보슈 공정의 초창기, 바스프는 대기 중에서 질소를 고정하는 데 필요한 수소를 생산하기 위해 석탄을 사용했다. 그러나 오늘날 비료 회사들은 석탄 대신 천연가스를 사용한다. 이때 천연가스는 에너지를 제공하는 한편, 수소를 생산하기 위한 화학적 공급원이기도 하다. 온실 속 토마토들은 천연가스 덕분에 따뜻한 환경에서 자랄 뿐만 아니라 천연가스 제품으로 영양도 보충한다.

이쯤 되면 이것은 단지 토마토만의 이야기가 아니다. 식량 전체에 관한 이야기가 된다. 전 세계 농작물 대부분이 천연가스로 만든 질소 비료를 섭취한다. 전 세계 대부분의 동물도 천연가스로 만든 비료로 키운 식량을 먹는다. 비료는 세상에서 가장 중요한 물질 중 하나로, 비료 없이는 세계 인구의 절반을 먹여 살릴 수 없다고 해도 과언이 아니다. 이 점은 가스도 마찬가지이다. 연간 생산되는 천연가스의 약 2퍼센트, 그러니까 아주 적은 부분만이 비료를 만드는 데 쓰이지만, 이것들은 비할 데 없이 중요한 분자들이다.

농업 부문의 화석연료에 대한 의존은 여기서 끝나지 않는다. 노프는 온실 바닥에 쭈그리고 앉아서 구멍이 송송 뚫린 흰색 플라스틱 타공 파이프를 보여줬다. 이 파이프는 농축된 이산화탄소를 계속 내뿜고 있었는데, 네덜란드의 또 다른 혁신이라고 할 만한 것이었다. 빛과 더불어 광합성의 주요 재료인 이산화탄소는 대기 중에 평균적으로

400피피엠 정도 들어 있다. 그런데 이 파이프를 사용하면 온실에서 이산화탄소 함량을 800~1,000피피엠 정도로 증가시켜서 성장 속도를 극적으로 가속할 수 있다. 가스보일러의 연통에서 격리된 이산화탄소가 온실로 곧장 투입된다.

이것은 잘 정돈된 시스템으로, 더 적은 비료를 사용하고도 더 많은 농산물을 생산하여 통상적인 농업보다 화학물질을 덜 쓴다. 이는 이러한 유형의 농업이 더 적은 면적의 토지를 사용하는 것 이상의 의미를 지니고 있음을 보여준다. 설령 당신이 생산성의 전범인 경제학자라고 하더라도 이보다 잘하기는 힘들 것이다. 하지만 이 토마토의 엽록소에는 천연가스에서 나온 탄소와 수소, 그리고 천연가스로 생산된 비료에서 나온 질소가 들어 있다. 모두 화석연료로 만들어진 것들이다.

그 결과, 온실 토마토 1킬로그램은 탄소 3킬로그램을 배출한다. 일부 생산자들은 대체 에너지원을 활용하는 실험을 하고 있지만, 대다수 온실은 연소 가스를 계속 사용한다. 보통의 소비자들은 토마토가 지금보다 더 비싸지는 것을 원치 않으며, 토마토가 실제로 어떻게 재배되는지에도 별 관심이 없으므로 현 상황에 만족하는 편이다.[4]

하지만 모든 일이 그렇듯 여기에도 굴곡이 있다. 2022년 러시아가 우크라이나를 침공한 뒤로 가스 가격이 급등하자 일부 생산자들은 시장에서 아예 철수해버렸다. 갑작스레 온실은 텅 비었고, 토마토는 공급이 부족해졌으며, 유럽 전역에서 식료품 가격이 상승했다. 전부 천연가스 부족 때문이었다. 실내에서 토마토를 재배하지 않는 스페인과 이탈리아에서도 비료 가격과 농산물을 운반하는 트럭의 디젤유 가격이 상승해 타격을 받았다. 과학자 바츨라프 스밀은 이 지역에서 재배된 토마토 하나당 디젤유 5테이블스푼만큼의 에너지 비용이 든다는 계산

을 내놓았다.[5]

온실 토마토가 화석연료에 의존하는 방법이 이것만은 아니다. 스페인 남부의 알메리아 주변을 위성 지도로 살피면 수백 제곱킬로미터의 땅이 흰색으로 뒤덮인 모습이 보인다. 물론, 이 흰색은 눈이 아니다. 지도를 더 확대하면 유럽의 과일과 채소 대부분을 기르는 온실들이 보인다. 이 온실들은 유리가 아닌 플라스틱으로 만들어졌다. 그것도 세상에서 가장 중요한 플라스틱으로.

플라스틱은 우연히 만들어졌다

세상에서 가장 중요한 합성 소재는 우연에 의해 발명되었다. 플라스틱의 세계에서 이런 일은 드물지 않으며, 주요 플라스틱은 거의 다 우연히 발견되었다. 하지만 세상에서 가장 중요한 합성 소재가 무려 세 번의 우연을 통해 만들어졌다는 점은 꽤 독특하다.

첫 번째 발견은, 1894년에 독일의 화학자 한스 폰 페히만Hans von Pechmann이 디아조메탄diazomethane이라는 폭발성 가스를 다루던 중에 일어났다. 페히만은 디아조메탄이 수소와 탄소로 이루어진 흰색 가루로 분해된 모습을 보고 폴리메틸렌polymethylene이라는 이름을 붙였다. 그러고는 이 물질에 대해 더 생각하지 않았다.[6]

두 번째 발견은 1930년에 일리노이대학교에서였다. 몇몇 연구자가 유기 비소 화합물을 가지고 이런저런 실험을 하고 있었는데 마지막에 흰색 밀랍 같은 이상한 잔여물이 남았다. 그들은 이런 기록을 남겼다. "이 고체는 더는 연구되지 않았다." 그게 끝이었다.

정말 중요한 건 마지막 발견이었다. 세 번째 발견은 1933년에 영국 화학 기업 ICI의 연구소에서 일어났다. 연구소가 있던 노스위치는 오늘날까지도 짠 체서 소금물로 소다회와 중탄산나트륨을 만드는 바로 그곳이다. ICI의 화학자 에릭 포셋Eric Fawcett과 레지널드 깁슨Reginald Gibson은 고압 상태에서 화학반응을 연구하는 중이었다. 이는 하버와 보슈가 대기 중에서 질소를 고정하고, 프리드리히 베르기우스가 석탄을 원유로 바꾸는 데 활용했던 기술이기도 하다. 1933년 3월, 이들은 에틸렌으로 실험을 시작했다. 앞선 록펠러 이야기에 등장했던 바로 그 에틸렌이다. 1,400기압의 압력에서 에틸렌과 벤즈알데히드benzaldehyde를 합성하려고 하자 '흰색 밀랍 같은 고체'가 반응관에 나타났다. 이렇게 해서 폴리메틸렌은 세 번째로 발견되었는데, 현재는 폴리에틸렌 polyethylene이라는 이름으로 불린다. 영국에서는 종종 폴리텐polythene이라고 한다.[7]

수천 가지 종류의 플라스틱이 있지만, 폴리에틸렌만큼 용도가 다양하고 유용한 플라스틱은 드물다. 초고분자량 폴리에틸렌UHMWPE은 강철보다 더 단단하고, 저밀도 폴리에틸렌LDPE은 밀랍만큼 부드럽다. 또한 폴리에틸렌은 놀라운 연성 덕분에 부러지기보다는 늘어나는 편이다. 물이 잘 스미지 않고, 내구성이 우수하며, 물의 끓는점 이상에서 버티는 내열성이 있지만, 재활용이 가능하다. 폴리에틸렌 몇 가닥을 엮으면 총알도 튕겨낼 정도로 튼튼해진다. 비전도성을 갖춘 완벽한 절연체이기도 하다.

이런 용도들 대부분은 폴리에틸렌이 발견되고 수십 년이 지난 뒤에야 알려졌지만, 절연체로서의 가능성은 ICI의 발견과 함께 나왔다. 당시는 전화선과 일반 전기선 용도로 구리선을 곳곳에 깔던 국제 통신의 초창기였고, 전선 주변에는 절연 기능이 있는 보호막이 필요했다. 그때까지 가장 적합한 재료로 언급된 건, 말레이시아에서 야생하는 나무의 수지로 만든 비전도성 고무 유액인 구타페르카gutta-percha였다. 구타페르카로 절연 처리한 전선을 경납 피복으로 감쌀 계획이었다. 하지만 공급과 비용이 배선 수요를 따라가지 못했다.

이론상 폴리에틸렌은 구타페르카의 완벽한 대체품이었다. 폴리에틸렌을 생산하는 것만이 유일한 문제였다. 포셋과 깁슨은 연구소에서 실험을 재현하려던 중 대폭발을 겪었고, 그로 인해 실험 장비가 파손되었다. 큰 화재 때문에 에틸렌 실험은 연기되었고 더 튼튼한 장비를 확보할 때까지 폭발이 거듭되었다.

나중에 밝혀진 바에 따르면, 취성脆性과 연성이 더 뛰어난 강철로 연소실을 만들면 해결할 수 있는 문제였다. 덜 부서지고 잘 늘어나는 성질인 강철을 사용하면 화학반응에 필요한 엄청난 압력에도 약간의 유연성을 발휘할 수 있었다. 1930년대 후반, ICI는 플라스틱을 대량생산하는 시스템을 마련했고, 최초로 의도에 맞추어 폴리에틸렌 덩어리를 생산할 수 있었다. 얼마 뒤 2차 세계대전이 일어났을 때, 이 경이로운 물질은 국가 간 전쟁 준비에 빠르게 동원되었다. 일본이 말레이시아를 장악하고 고무 농장들을 탈취하면서 폴리에틸렌이 갑자기 매우 중요해져 폴리에틸렌 생산에 불이 붙었다. 폴리에틸렌으로 절연한 전화선은 1944년에 영국 해협을 가로질러 놓였고, 노르망디 상륙 작전 이후 연합군 통신망에 큰 전력이 되었다. 하지만 가장 큰 공은 이 물질이 레이더 배치에서 맡았던 역할이다.[8]

폴리에틸렌은 전기 저항성을 지녔을 뿐 아니라 매우 가벼운 물질이다. 그 덕분에 영국 공군은 레이더 시스템의 무게를 전투기 내에 설치할 수 있을 정도로 줄일 수 있었다. 항공기 기상 레이더는 대서양 전투에서 연합군의 주요 전력으로 활약했고, 적의 선박과 잠수함을 탐지하여 회피와 공격을 가능하게 했다.[9] 레이더를 발명한 로버트 왓슨와트Robert Watson-Watt는 이렇게 말했다. "폴리에틸렌은 항공기 기상 레이더의 설계, 조립, 설치, 유지 등 불가능해 보이기만 하던 일을 수월하게 관리할 수 있는 작업으로 바꾸어 놓았습니다."

1945년까지 생산된 거의 모든 폴리에틸렌이 레이더 케이블을 만드는 데 사용되었지만, 종전과 함께 플라스틱 과잉 상태에 맞닥뜨리면서 ICI는 구매자를 찾아 나섰다. 이런 일은 물질 세계에서 종종 되풀이된다. 저렴한 플라스틱 장난감, 구슬, 보석류, 자질구레한 장신구는 소비자의 욕구보다는 공급 과잉 덕분에 생겨난 물품들이다.[10]

이를 가장 잘 설명하는 최적의 사례는 1950년대로 거슬러 올라간다. 당시 필립스석유Phillips Petroleum는 폴리에틸렌의 반강체 타입을 실험하면서 어떻게든 성과를 내려고 애쓰고 있었다. 그러다가 이 실험으로 회사에 심각한 재정 위기가 닥쳤을 때, 웸오Wham-O라는 회사가 실험 재고를 전부 사들여서는 새로운 장난감인 훌라후프를 만들어냈다. 이렇게 볼 때, 1960년대와 1970년대에 걸친 훌라후프 열풍은 플라스틱 공업 단지의 부산물에서 비롯했다고 할 수 있다.[11]

2차 세계대전이 끝나고 막대한 폴리에틸렌 재고를 떠안은 ICI에도 기회가 찾아왔다. 폴리에틸렌을 길고 얇은 투명 필름으로 만들어서 식품업계에 판매하기 시작하면서 재고 문제를 해결할 수 있었다. 폴리에틸렌은 완벽한 포장재였다. 얇게 썬 빵, 채소, 육류, 치즈 등을 폴리에틸렌으로 포장하면 훨씬 오래 보존할 수 있었다. 선반에 그냥 둔 바나나는 18일 이내에 썩지만, 폴리에틸렌으로 포장한 바나나는 한 달 이상

간다는 연구 결과도 나왔다. 폴리에틸렌은 결국 미국 식품의약국FDA
에서 '식품 접촉 물질Food Contact Material, FCM' 인정을 받았다. 플라스틱
성분이 식품에 스며들지 않는다는 사실이 밝혀졌기 때문이다. 이렇게
해서 폴리에틸렌 생산량이 급격히 증가하기 시작했다.

오늘날 폴리에틸렌은 가장 널리 손쉽게 사용되는 플라스틱이다. 에
펠탑을 바닥부터 꼭대기까지 포장할 수 있는 양의 폴리에틸렌이 6초
마다 유럽에서 생산된다. 무려 6초마다! 폴리에틸렌의 연간 생산량은
1억 톤에 달하는데, 이는 구리와 알루미늄의 전 세계 생산량을 합친
것보다 더 많다. 폴리에틸렌 대부분은 비닐봉지를 만드는 데 쓰인다.
비닐봉지는 좋든 나쁘든 고분자 폴리에틸렌으로 만든 가장 상징적인
제품이라 할 수 있는데, 이는 시작에 불과하다. 저밀도 폴리에틸렌으로
는 쇼핑백과 식품 포장용 랩을, 초저밀도 폴리에틸렌으로는 지퍼백을,
선형 저밀도 폴리에틸렌으로는 에어캡과 타파웨어를 만든다. 고밀도
폴리에틸렌으로는 세정제 용기, 플라스틱 장난감을 만들 수 있다. 당신
의 집에 있는 수도관이 구리나 납 재질이 아니라면 아마도 가교 폴리
에틸렌으로 만들어졌을 것이다. 초고분자량 폴리에틸렌은 고관절이나
무릎관절을 교체할 인공관절 혹은 방탄조끼의 재료로 사용할 정도로
강하다.[12]

폴리에틸렌의 성공 비결은 그 분자 구조에서 찾을 수 있다. 다른 플
라스틱들처럼 폴리에틸렌 역시 고분자인데, 고분자는 물·알코올·실리
카 같은 단순한 물질보다 훨씬 많은 원자로 구성된 매우 큰 분자이다.
폴리에틸렌의 경우, 수소와 탄소로 이루어진 놀랍도록 긴 사슬 형태의
분자 구조를 가진다.

분자 수준에서 무슨 일이 일어나는지 살펴보는 가장 좋은 방법은

스파게티 한 접시를 떠올리는 것이다. 포크를 꽂아서 면을 들어올리면 면발이 서로 얽혀서 여러 가닥이 따라온다. 바로 이것이 폴리에틸렌 같은 고분자가 힘을 얻는 원리이다. 면이 길어질수록 면발이 서로 엉키기 쉽고 분리가 더 어려워진다. 스파게티를 짧은 가닥으로 자르면 면발이 갑자기 흩어진다.[13]

이제 이 가닥들이 보통의 스파게티 묶음처럼 25~30센티미터 길이가 아니라 25미터 길이라고 상상해보자. 이 정도로 길면 한 가닥을 다른 가닥과 분리하는 일이 굉장히 까다로워진다. 이것이 폴리에틸렌이 형성될 때 원자 수준에서 일어나는 일이다. 폴리에틸렌 가닥은 너무 작아서 너비가 원자 몇 개, 길이가 원자 수만 개에 불과하다. 고분자 설계자들은 이 분자 구조를 가지고 놀면서 폴리에틸렌의 강도와 작용을 매우 다양하게 설계한다. 분자 사슬을 촘촘하게 묶으면 결정화해서 단단하고 딱딱한 플라스틱병이 만들어진다. 분자 사슬을 느슨하게 두면 미세 플라스틱 결정이 더 적게 생겨 물렁한 케첩병이 만들어진다. 이와 비슷한 방식으로 폴리에틸렌의 길이를 조정할 수도 있다. 예를 들어, 초고분자량 폴리에틸렌의 너비를 스파게티 정도로, 길이를 250미터 정도로 조정하면 방탄조끼를 만들 수 있다.

물론, 폴리에틸렌이 유일한 플라스틱은 아니다. 우리가 가장 많이 사용하는 대표적인 고분자로는 저밀도 폴리에틸렌, 고밀도 폴리에틸렌, 폴리스티렌$_{PS}$, 폴리염화비닐$_{PVC}$, 폴리프로필렌$_{PP}$이 있는데 이들을 묶어서 5대 범용 플라스틱이라고 부른다. 폴리스티렌은 푹신한 스티로폼 포장재로 유명하지만, 폴리에틸렌처럼 단단하고 투명한 플라스틱으로 성형할 수도 있다. 폴리염화비닐로는 단단한 파이프나 부드러운 샤워 커튼을 만들 수 있다. 폴리프로필렌은 플립탑 병의 뚜껑으로 사용할 수 있을 정도로 유연하지만, 가구를 만들 수 있을 정도로 단단하기도 하다.

그 외에도 다양한 고분자가 있다. 부드러운 스타킹을 만드는 재료로 유명한 나일론_{nylon}은 단단한 기계 나사로 쉽게 성형할 수 있다. 에폭시 수지 같은 열경화성 물질도 있다. 에폭시 수지는 접착제로 잘 알려졌지만, 탄소섬유와 유리섬유를 매우 단단한 초경질 물질이 되도록 돕는 기지 재료로서의 쓰임이 더 중요하다. 오늘날 우리가 사용하는 플라스틱 대부분은 열가소성 플라스틱으로, 열을 가하면 쉽게 녹는다. 이와 달리, 에폭시 수지 같은 열경화성 플라스틱은 열을 가하면 단단하게 경화되는 화학적 변형이 일어난다. 여기서 끝이 아니다. 합성 고분자에는 15개의 카테고리가 있고, 수만 개의 하위 카테고리가 있다. 이 모든 물질이 이전까지 세상에서 전혀 본 적이 없는 것들이다.

수천 년 동안 인류는 자연이 부여한 물질의 속성에 매여 있었다. 땅에서 발견한 것을 불태우고, 두들기고, 녹이고, 제련하여 필요에 맞게 조정했다. 하지만 플라스틱의 발명으로 인류는 한 걸음 더 나아갔다. 이제 우리는 용도에 맞춰 물질을 변형하는 것이 아니라, 아예 맞춤형으로 물질을 만든다. 한동안 플라스틱이 굉장한 기적이라는 점에 모두의 의견이 일치했다. 인류는 자연을 개선할 뿐 아니라 보호하는 데도 고분자를 사용했다. 최초의 플라스틱인 셀룰로이드는 당구공에 사용되던 상아를 대체하기 위해 개발되었다. 1860년대에 발명된 셀룰로이드는 멸종 위기였던 야생의 아프리카코끼리 무리를 구해냈다. 근사하게 염색한 셀룰로이드는 천연의 거북딱지를, 폴리에스터는 밍크 모피를 대신했다. 석유를 사용하기 시작했던 초창기에 등유가 향유고래의 개체 수를 보호했던 것처럼, 플라스틱 역시 멸종 위기종을 보호할 수 있었다.

플라스틱 포장재 덕분에 더는 대량의 모래를 녹여서 유리를 만들거나 수많은 나무를 베어서 종이와 카드를 만들 필요가 없어졌다. 폴리에틸렌으로 절연 처리를 하면서 말레이시아의 구타페르카 나무를 비롯한 다른 재료들을 보호할 수 있었다. 1970년대에 벨 연구소에서 발표한 보고서에 따르면, 미국이 전화선을 폴리에틸렌이 아닌 납으로 계속 피복했다면 미국에서 생산하는 납의 5분의 4를 사용해야 했으리라고 추정했다.[14]

우리는 플라스틱 세상에 산다

1940~1950년대에서 1960~1970년대로 넘어가면서 놀라운 일들이 끊임없이 이어졌다. 정유공장과 가스공장에서 나오는 나프타naphtha와 에틸렌을 공급받은 화학회사들이 탄화수소 분자로 맞춤 설계할 수 있는 화학물질과 의약품, 플라스틱을 대량생산했다. 플라스틱의 사용이 급증했지만, 새로운 물질들 대부분은 과거의 황금기, 즉 2차 세계대전 후반에 발견된 5대 범용 플라스틱에 의존하고 있었다. 이것은 분명 획기적인 발전이긴 했지만, 포셋과 깁슨이 노스위치에서 발견(혹은 재발견)한 것만큼 획기적이진 않았다.

체셔의 ICI 연구소는 오래전에 문을 닫았다. 이는 ICI가 도산하여 그 부지가 타타 케미컬에 넘어가기 훨씬 전의 일이다. 현재 영국 지도에 이 연구소의 위치를 안내하는 표시는 전혀 없다. 인터넷에서도 연구소 건물이 아직 남아 있는지, 남았다면 어디에 있는지에 관한 단서는 전혀 찾아볼 수 없다. 플라스틱만큼 세상을 변화시킨 물질은 거의 없는데도 마치 모두가 그 중대한 발견을 잊으려는 것처럼 보이니 참으로 기이한 일이다.

그래서 어느 겨울날 아침, 나는 추위를 뚫고 노스위치로 차를 몰고 가서 옛 연구소의 정확한 위치를 찾아보려고 했다. A533 도로를 타고 시내를 지나서 위버강을 건너기 직전, 위닝턴을 지나다가 근사한 갈색 벽돌 건물을 오른편에서 발견했다. 큰 창문들은 흰색 금속 덧문으로 막아뒀지만, 옛 사진들에서 봤던 특징이 눈에 익었다. 동양풍 파라솔이 들어간 독특한 라운델의 회반죽 장식이 각각의 창문 위에 있었다.

나는 건물 앞에 차를 주차했다. 몇 대의 방범 카메라와 "지역 주민을 위해 이곳을 떠나주십시오"라고 적힌 표지판이 붙어 있었다. 건물 한편의 빛바랜 간판을 보니 한때는 체육관으로도 쓰인 것 같다. 또 다른 간판에는 실내 페인트볼 센터라는 광고가 적혀 있었다. 하지만 이곳은 내가 찾던 건물이 틀림없었다. 입구 옆의 아르데코 조명이 그 사실을 증명했다.

문 쪽으로 걸어가던 중 구석에 놓인 파란색 명판이 보였다.

● 이 건물에는 1955년까지 ICI의 위닝턴 연구소가 있었다. 1933년 3월 27일, 레지널드 깁슨과 에릭 포셋이 이곳에서 폴리텐을 발견했다. 초기에 폴리텐은 레이더 개발에서 큰 역할을 해냈다. 그 후 폴리텐은 세계에서 가장 많이 생산되는 플라스틱이 되었다.

기념 명판은 길에서 눈에 띄지 않을 정도로 꼭꼭 숨겨져 있었다. 얼마 뒤 나는 타타 케미컬에 이메일을 보내서 이 역사적인 건물이 어떻게 되었는지 물었다. "현재 이 건물은 어떻게 쓰이고 있나요?" 답신에는 이렇게 적혀 있었다. "지금은 사우나입니다."

지난 13년간 우리는 플라스틱이 발명된 20세기 초부터 2010년까지 생산된 것보다 더 많은 양의 플라스틱을 생산했다. 1970년대의 오일 쇼크와 2020년의 코로나19 같은 몇 번의 하락세를 제외하면, 플라스틱 생산량은 기하급수적으로 증가하는 경향을 보였다. 둔화의 징후는 없었다.

록펠러가 자신의 정유공장 굴뚝에서 보고 불평했던 에틸렌은 이제 거대하고 새로운 석유화학 부문의 토대를 이루고 있다. 에틸렌은 주기적으로 하늘까지 불길을 내뿜는 거대한 크래커 장치에 주입된다. 한때 세계 곳곳에 폴리에틸렌을 공급했던 ICI 공장은 현재 월턴의 티스사이드에 자리를 잡고 여전히 가동 중이다. 오늘날 이 공장은 아람코의 석유화학 부문 자회사인 사빅SABIC이 소유하고 있다. 사우디아라비아는 가와르 유전에서 원유를 계속 퍼내는 한편, 수천 킬로미터 떨어진 월턴에서는 이 역사적인 공장을 가동하면서 탄화수소를 흡입하고 수백만 개의 플라스틱 펠릿을 내놓는다. 이 플라스틱 펠릿을 '너들nurdle'이라고 부르기도 한다. 티스사이드에 있는 이 공장이 유럽 대륙에서 사용하는 쇼핑백의 원료인 플라스틱을 만들고 있다는 사실을 사람들은 그다지 이야기하고 싶어 하지 않는다.

하지만 이 공장의 존재는 유럽과 미국이 생각보다 꽤 최근까지 폴리에틸렌 생산을 지배해왔다는 사실을 상기시킨다. 폴리에틸렌 생산은 까다로운 사업이므로, 중국이 세계 최대의 제조국이 되고 한참 뒤까지도 플라스틱 원자재만큼은 서구 공장들에서 대부분 수입했을 정도이다. 하지만 2010년을 기점으로 상황이 변했다. 오늘날, 전 세계 플라스틱 원자재의 3분의 1이 중국에서 생산되고 있다. 중국은 석유나 가스가 아닌 석탄의 도움을 받아 원자재를 생산하는데, 이는 몇십 년 전 독일이 베셀링에서 했던 것과 같은 방식이다. 폴리에틸렌에 대한 중국의 열의는 시들 줄 모르고 있다.

유럽에서 한때 경이로운 물질로 추앙받던 플라스틱은 이제 의혹과 실망의 눈길에 휩싸여 있다. 금속과 석재 같은 전통적인 원료의 부족분을 채우는 데 도움을 줬던 플라스틱은 인류세의 상징으로 추락했다. 그렇다고 완전히 몰락한 건 아니지만 오히려 이게 더 문제이다. 플라스틱은 때로는 눈에 보이는 형태로, 또 때로는 눈에 보이지 않는 형태로 여전히 우리 곁을 지키고 있다. 바닷속 미세 플라스틱은 눈에 띄지 않은 채 떠돌다가 각 가정으로 흘러 들어간다. 또한, 바람을 타고 흩날리는 미세 플라스틱은 사람이 살지 않는 지역, 높은 산악 지대에서도 검출된다. 플라스틱이 동물, 인간, 더 광범위한 환경에 미치는 위험에 관한 새로운 연구가 매달 발표된다.

인류는 플라스틱이 독성을 지닌 화학물질을 주변에 침출할 수 있고, 항생제에 내성이 있는 박테리아의 온상이며, 나노 플라스틱 규모까지 가면 생체막조차 통과하여 뇌에 도달할 수 있다는 사실을 배워가고 있다. 플라스틱이 수심 200미터 이상의 외양 수역에 사는 외양종에게 미친 피해는 과장될 때도 있지만, 어쨌든 플라스틱 오염이 바다로 번졌다는 사실은 의심할 여지가 없다. 미세 플라스틱으로 얼룩진 바다의 비율은 아직 미미하지만, 플라스틱이 발명된 지 고작 몇 세대밖에 되지 않았다는 점, 그리고 인류가 지난 수십 년간 생산한 플라스틱의 양을 고려할 때 결코 안심할 정도는 아니다.[15]

현재 상당수 국가에서 비닐 쇼핑백과 플라스틱 빨대 같은 일회용품

사용을 금지하고 있는데, 어떤 경우에는 근시안적인 대책이 될 수도 있다. 종이봉투와 종이 빨대가 비닐 쇼핑백과 플라스틱 빨대보다 더 많은 탄소를 배출할 수 있기 때문이다. 플라스틱 빨대는 여러 번 재사용할 수 있지만, 종이 빨대는 몇 번 빨아대면 금방 쓸 수 없어진다. 어린아이를 키우는 부모라면 누구나 이렇게 증언할 것이다. 생분해성 고분자로 전통적인 플라스틱을 완전히 대체하기에는 강도와 안전성이 부족하다. 때로는 기대만큼 분해가 잘 되지도 않는다.

플라스틱을 대규모로 재활용하는 일은 가능하지만 문제도 있다. 어떤 종류의 플라스틱은 녹여서 성형하는 것이 가능한 반면, 그렇지 않은 종류도 있기 때문이다. 예를 들어, 폴리에틸렌 테레프탈레이트PET로 만든 탄산음료 병은 폴리에스터 플리스polyester fleece로 쉽게 변형할 수 있다. 하지만 재활용 과정에 열경화성 플라스틱 같은 다른 종류의 플라스틱이 추가되면 결과물은 엉망이 된다. 플라스틱 재활용률이 유럽 25퍼센트, 미국 10퍼센트로 여전히 매우 낮은 이유 중 하나는 소비자들에게 일곱 가지 플라스틱 종류를 구별해서 분리수거 쓰레기통에 넣도록 하는 일이 매우 복잡하기 때문이라는 주장이 있다. 한편으로는 최초의 재료, 즉 전 세계 에틸렌 크래커에서 만든 너들이 너무 저렴하므로 경제적 관점에서 재활용이 거의 무의미하다는 주장도 있다.[16]

여기에 아이러니가 있다. 1배럴의 미세한 유분조차도 낭비하지 않으려 하는 무척 인색하고 단호한 석유 산업이 마지막 한 방울까지 제품과 수익으로 연결하겠다는 각오 끝에 나온 산물이 바로 플라스틱이다. 그리고 플라스틱은 그 과정에서 완전히 새로운 산업과 재료의 탄생을 도왔다. 우리는 매우 저렴하고 풍부해서 거의 가치가 없는 일회

용품처럼 느껴지는 플라스틱에 매료되었다. 그러나 플라스틱은 정유공장이 폐기되는 사태는 막아줬지만, 결국 자기 자신이 폐기물이 되고 말았다. 해변, 도로, 바다, 매립지에 버려지는 플라스틱 쓰레기를 보라.

에너지 대전환이
시작된다

세계 최대 원유 수출 기지, 사우디아라비아 동부의 라스타누라Ras Tanura 항구를 방문하면 탱커선들이 줄지어 선 모습이 눈에 들어온다.

온도계가 섭씨 40도를 가리키는 지독하게 더운 날, 옅게 낀 안개 사이로 15척쯤 되는 탱커선들이 보인다. 어떤 배는 짐을 싣고 있고, 어떤 배는 대기 중이며, 어떤 배는 자기 자리를 찾아 이동 중이다. 탱커선들은 작고 다부진 예인선들에 이리저리 끌려가거나 밀려가며 움직인다. 탱커선들의 거대한 실루엣에 가려서 예인선들의 모습이 이따금 사라지기도 한다.

이런 종류의 탱커선을 전문 용어로는 VLCCVery Large Crude Carrier, 즉 초대형 원유운반선이라 부른다. VLCC는 바다의 노동자들이다. 최대 35만 톤의 원유를 운반할 수 있고, 엠파이어 스테이트 빌딩의 높이보다 더 길다. 요즘에는 ULCCUltra Large Crude Carrier, 일명 극초대형 원유운반선이라고 하는 더 큰 탱커선도 있지만, ULCC는 너무 크다. ULCC는 심해항 중에서도 매우 깊은 곳이 아니고서는 좀처럼 정박할 수가 없으므로 요즘에도 대체로 VLCC를 많이 사용한다.

아람코의 도선사들은 탱커선에 직접 탑승해서 입항을 돕는다. 항만을 출입하는 배들을 안전한 수로로 안내하는 도선 업무에는 도선선에서 로프 사다리로 제때 점프하는 일, 갑판 위를 맴도는 헬리콥터에서 라펠 하강하는 일도 들어간다. 탱커선들은 지시에 따라 제자리에 정박하는데, 그중 일부는 기괴하게 생긴 시아일랜드로 향한다. 시아일랜드는 파이프와 강철로 된 기다란 플랫폼으로, 바다로 몇 해리 나아간 곳에 있어서 아무리 큰 탱커선도 육지와 접촉하지 않고 정박할 수 있는 시설을 갖추었다. 모든 여건이 잘 맞아떨어지면 탱커선 한 척이 원유를 싣는 데 하루에서 하루 반 정도가 걸린다. 가와르와 그 인근 유전에서 시작된 기다란 파이프라인을 따라서 퍼올린 원유가 탱커선 한 가득 실리면, 갑판이 흘수선과 비슷하게 가라앉는다.

라스타누라 터미널의 역사는 담맘 유전에서 사우디아라비아 최초로 원유가 나오기 시작했던 1939년으로 거슬러 올라간다. 당시 기념식에서 국왕 압둘아지즈 이븐 사우드Abdul Aziz Ibn Saud가 밸브를 연 뒤로 지금까지도 원유가 계속 흘러나오고 있다. 세계 최대의 원유 수출 기지인 라스타누라에서는 세상을 계속 돌아가게 하는 항해가 시작된다.

탱커선 대부분이 중국과 인도로 향하는데, 세계 경제 생산량의 4분의 1을 차지하는 지역들에 연료를 공급하며 힘을 보탤 것이다. 일부는 아메리카나 유럽을 향해 떠난다. 이 탱커선들은 남쪽으로 내려가면서 호르무즈 해협을 지나 아라비아반도를 돌다가 다시 북쪽으로 올라가 홍해로 들어선다. 하지만 원유를 잔뜩 실은 VLCC의 선체는 수에즈운하의 얕은 수로를 지나기엔 너무 깊다는 문제가 있다. 그래서 일단 수에즈운하 부근의 아인 수크나 터미널에 들러서 원유 일부를 터미널 파이프에 덜어낸 다음 운하를 통과한다. 그렇게 지중해 쪽으로 나아간

VLCC는 수에즈운하의 끝에서 원유를 다시 적재한다.

이런 정교한 수송 과정은 당신이 이 책을 읽는 지금도 한창 진행 중이다. 이 과정 어딘가에 문제가 생긴다면 공해와 강철 파이프를 타고 끊임없이 흐르는 탄화수소의 동맥혈이 멈춰버릴 것이다.

이 모든 것이 라스타누라를 매우 중요한 곳이자 매우 취약한 곳으로 만든다. 페르시아만의 맞은편에는 사우디아라비아의 숙적 이란이 있다. 라스타누라는 이란 미사일의 사정거리 안에 있으므로 불과 몇 분이면 항구가 완전히 파괴될 수도 있다. 사우디아라비아 시설은 주기적으로 드론 공격을 받고 있는데, 대개는 예멘 북부의 후티 반군이 이란에서 지원을 받아서 공격하는 것으로 보인다. 2021년 사우디아라비아는 라스타누라에서 드론과 미사일 공격을 요격했다고 밝혔다. 이러한 공격이 원유 공급망에 장기간의 피해를 낸 적은 아직 없지만, 전문가들은 그렇게 되는 건 시간문제라며 우려를 표시했다. 라스타누라가 유일한 표적이 아니라는 사실도 문제이다. 여기서 동남쪽으로 160킬로미터 정도 내려가면 오늘날 점점 더 중요해지는 또 다른 항구가 나온다.

천연가스의 파이프 정글, 라스라판

라스라판Ras Laffan은 카타르 반도의 곶에 자리하고 있다. 이 일대의 사막에는 파이프 정글이 사방으로 뻗어 있다. 이 파이프들은 천연가스에 섞인 불순물을 제거하고 처리하며, 가스를 응축하고 냉각하여 액화한다. 나는 몇 년 전에 라스라판을 방문한 적이 있는데, 작은 전동 골프 카트를 타고 강철의 미로를 따라 몇 시간을 이동하면서 액화 작업이 실제로 어디서 일어나는지 살펴보려고 했지만 실패했었다. 쾰른의 베셀링 정유공장에서처럼 라스라판 역시 무척 당황스러웠다. 이곳의 탄화수소는 베셀링에 비해 가벼운 편이었고 뭔가 다르게 느껴졌다.

원유를 가지고 석유, 디젤, 기타 석유화학 제품을 정제하는 방법을 발견한 순간 3차 에너지 대전환이 일어났다. 그리고 천연가스는 4차 에너지 대전환을 상징한다. 석유는 내부분의 석탄 종류보다 에너지 밀도가 훨씬 높고 내연기관용 연료로도 더 적합하지만, 연료를 동력으로 전환하는 데는 가스가 더 낫다. 오늘날 가스 터빈은 현존하는 에너지 변환 장치 중 최고의 성능을 자랑하며, 가스를 가장 효율적이고 오염을 최소화하는 연료로 만들었다. 중국이 화력발전소의 연료를 전부 석탄에서 가스로 바꾸면 기후 목표를 금방 달성할 수 있을 것이다.

하지만 에너지 대전환이 실제로 이루어지기까지는 다소 시간이 걸린다. 석유는 1960년대 중반에 석탄을 제치고 세계 최대의 에너지원으로 부상했지만, 가스는 2020년대 초반에야 석탄을 추월하기 시작했다. 그 이유 중 하나는 가스가 석유보다 수송이 훨씬 더 까다롭기 때문이다. 가스 수송에는 광대한 유통망이 필요하므로 구축까지 오랜 시간이 걸린다. 현재는 북아메리카와 중국, 중동과 캅카스를 가로지르는 파이프라인이 있다. 러시아의 시베리아 가스전과 유럽을 연결하는 파이프라인 일부는 현재 비활성 상태인데, 그중 가장 큰 파이프라인인 노르트스트림Nord Stream은 2022년에 사보타주로 손상되었다. 라스라판 같은 일을 하는 터미널들은 점점 더 늘고 있다. 천연가스를 압축하여 과냉각한 뒤 액화 형태로 만들면, 전 세계를 순환하는 매머드 탱커선을 닮은 특수 LNG 선박에 선적할 수 있다.

라스라판은 페르시아만을 따라 자리를 잡은 다른 항구와 공장보다 훨씬 중요한 곳인데, 그 옆에 단일 규모로는 지구에서 가장 큰 에너지원이 있기 때문이다. 가와르가 세계에서 가장 큰 유전이라면, 카타르 바로 옆의 바다 밑에 있는 노스필드North Field는 세계에서 가장 큰 천연가스전이다. 천연가스는 다른 어떤 연료보다 더 효율적으로 열이나 동력으로 전환될 수 있으므로, 노스필드에서 얻을 수 있는 유용한 에너지의 양은 그 어느 곳보다 많다. 심지어 가와르 유전 그리고 라스타누라 터미널을 통해 유통되는 전체 원유보다도 더 크다. 노스필드는 단일 규모로는 지구상에서 가장 중요한 에너지원이라 할 수 있다.[1]

노스필드는 거대하다. 9,713제곱킬로미터에 달하는 거대한 지하 가스층 대부분이 카타르 해역에 속하지만, 일부는 이란 영토까지 뻗어 있다. 카타르는 파이프로 가스를 퍼올리고, 라스라판의 강철 정글에서 이산화탄소와 유황을 제거한다. 이 놀라운 곳이 얼마나 중요한지 제대로 파악하기란 꽤 어려운 일이다. 노스필드 단 한 곳에서 전 세계 에너지의 약 4퍼센트를 공급하는데, 이는 전 세계의 모든 태양광 패널과 풍력발전용 터빈을 합친 것보다도 훨씬 많은 양이다.

이 세상의 에너지 중심이 석탄과 석유에서 가스로 옮겨 가면서 라스라판은 더 중요해질 것이다. 그래서 라스라판이 이란의 크루즈 미사일 사정거리에 들어간다는 사실은 사람들을 불안하게 만든다. 카타르와 이란, 서로 너무나 다른 두 나라가 하나의 가스층에 빨대를 꽂고 있다. 한 나라는 매우 작고 서양에 우호적인 반면, 다른 한 나라는 거대하고 이른바 '악의 축'을 이룬다. 불안에 떨면서도 두 나라 모두 전 세계에서 가장 에너지가 풍부한 지역에서 탄화수소를 퍼올리고 있는데, 이 탄화수소는 수억 년 전 열대 바다에 가라앉은 플랑크톤이 화석화된 것이다.

물론, 이 세상에는 천연가스를 생산하는 다른 곳들도 있다. 북극권 시베리아에서 북쪽으로 수천 킬로미터를 가면 러시아 가스전에서 수백만 세제곱미터의 가스가 조용히 흘러나온다. 수십 년간 이 가스 분자들은 유럽을 향해 파이프를 타고 여행을 떠났고, 유럽의 에너지 시스템은 동쪽에서 오는 가스에 의존했다. 제조업 강국 독일은 저렴한 러시아산 가스를 바탕으로 산업에 동력을 제공하고 화학공장에 원료를 공급했다. 독일산 자동차와 기계는 러시아산 탄화수소를 사용하여 중국에서 주조한 강철로 제조되었다. 그런데도 2022년에 우크라이나 전쟁이 일어나기 전까지 베를린의 정치인들은 이 문제를 그리 심각하게 생각하지 않았다.

대서양을 가로질러 페름 분지 위에 있는 텍사스 유전으로 가보자. 이곳에서 정유회사들은 모래, 화학물질, 물을 혼합한 프래킹 용액을 주입하여 엄청난 양의 석유와 가스를 퍼올린다. 모든 경제 활동이 에너지 전환의 한 형태라는 논리는, 앞으로 수십 년 동안 프래킹 혁명이 미국의 경제 활동과 번영을 뒷받침하리라는 사실을 암시한다. 러시아가 유럽에 에너지 공급을 줄이면서 생긴 구멍을 미국과 카타르의 석유와 가스가 채웠다.

4차 에너지 전환은 여전히 진행 중이고, 가스는 곧 석유나 석탄보다 최종 에너지를 더 많이 제공할 것이다. 이미 우리는 천연가스에 의존하여 용광로를 가열해서 모래를 녹이고 유리를 만든다. 소금을 화학물질로 탈바꿈하는 일, 구리를 녹이고 제련하는 일 모두 천연가스에 의존한다. 오늘날 천연가스는 심지어 석탄과 함께 용광로에도 주입된다. 천연가스의 쓰임은 단지 비료, 석유화학제품, 토마토에 국한되지 않는다.

석유의 시대 내내 석유가 고갈되리라는 공포가 주기적으로 찾아왔다. 가와르가 결국 황혼에 이를 것이라는 걱정이 끊이질 않았다. 땅속에서 풍부한 구리 매장층을 찾기가 점점 어려워지고, 가장 손쉽게 접근할 수 있는 석유 매장층은 오래전에 고갈되었으므로 근거 없는 불안은 아니었다. 사실을 확인하는 가장 좋은 방법은, 석유를 추출하는 데 드는 에너지 양과 우리가 얻는 에너지의 양, 즉 에너지투자수익률 EROI을 비교하는 것이다. 탐사가 한창이던 초창기에는 시추와 추출 작업에 들어가는 석유 1배럴당 100배럴의 에너지 수익을 기대할 수 있었다. 그러나 오늘날에는 투입 석유 1배럴당 고작 5배럴만의 에너지 수익을 기대할 수 있을 뿐이다. 이런 노력은 미국의 셰일 분지에서 가장 치열한데, 이곳은 2010년대에 무섭게 성장했다가 2020년대 들어 성장세가 주춤한 상태이다.

석유의 경우에도 구리와 같은 교훈을 얻을 수 있다. 해저 깊은 곳이든, 세상 먼 오지이든, 가와르 같은 저류암층이 아닌 단단한 셰일층이든 상관없이 인류는 비상한 능력을 발휘하여 탄화수소를 더 많이 얻어내려 애쓰고 있다. 사우디아라비아 유전은 완전히 사라진 것이 아니라 서서히 쇠퇴하는 중이고, 그사이 새로운 유전들이 발견되면서 감소분을 보충하고 있다. 미국의 프래킹 혁명 이후 아무도 더는 '피크 오일'에 대해 진지하게 이야기하지 않는다. 혹여 그런 말이 나오더라도 그것은 공급 정점이 아닌 수요 정점을 가리키는 말로 쓰인다.

천연가스는 가장 효율적이고 환경오염도 가장 덜한 화석연료이다. 천연가스는 석유보다 5분의 1, 최고급 석탄보다 3분의 1 적게 탄소를 배출하지만, 탄소 배출 문제에서 자유롭지는 못하다. 전 세계 인구와

에너지 수요 모두 증가하면서 탄소 배출량도 계속 증가하고 있다.[2]

오늘날 세계 대부분의 국가가 반드시 5차 에너지 전환을 이루어내겠다고 결의한 상태이다. 5차 에너지 전환의 목표는 이전처럼 에너지 밀도를 높이는 것이 아니라, 탄소 배출을 완전히 없애는 것이다. 지금 사용 중인 화석연료를 수력, 태양력, 풍력, 원자력 같은 재생 가능한 자원으로 대체할 계획이다.

이런 전환은 이미 진행 중이기도 하다. 저류암층에서 원유를 쥐어짜는 데 필요한 에너지가 점점 늘어나고 있음에도, 우리는 기존의 엔진과 공정으로 더 나은 성과를 올리고 있다. 경제적 생산 1달러당 필요한 원유의 양은 감소하는 추세이다. 다음 단계는 원유와 천연가스에 대한 전반적인 의존도를 낮추는 것이다. 2022년에 여러 정부가 맺은 약속에 근거하여 2020년대 중반이면 석유와 가스의 수요가 안정될 것이다. 2023년 거대 석유 기업 BP는 천연가스 소비는 한동안 증가 추세이겠지만 원유 수요는 이미 정점에 도달했을 수도 있다는 분석을 내놓았다. 하지만 이 예측의 상당 부분은 정치인들이 내건 거창한 약속을 얼마나 실천으로 옮길지에 달려 있다.[3]

현재 사용 중인 석유와 가스 대부분을 포기하는 건 얼마든지 할 수 있는 일이다. 결코 불가능한 일이 아니다. 하지만 우리가 얼마나 석유와 가스에 의존해서 일을 추진하고 먹고사는지를 고려하면, 이는 절대 사소한 일이 아니다. 석유와 가스를 사용하지 않으려면, 태양광 패널, 풍력발전 터빈, 원자력발전소 등을 활용하여 인류가 전에 단 한 번도 성취하지 못한 속도로 전 세계에 걸쳐 새로운 에너지 생산 능력을 구축해야 한다. 석유를 태운다는 생각을 해보지 않았던 선조들처럼, 미래에 우리는 다시 한번 이 비범한 물질을 연료보다 화학 성분으로 더 많이 활용하게 될 것이다. 정유공장에서 증류된 복합 제품은 재생에너지의 불안정성을 해결할 배터리 재료를 만드는 데도 도움이 된다. 거대하고 튼튼한 풍력발전 터빈에 필요한 탄력성 있는 플라스틱을 제조하는 데 도움을 줄 수도 있다. 그러나 이 일이 쉽게 이루어지거나 불편한 타협 없이 실현되리라고 가정하는 건 무의미하다.

석유의 영향권에서 벗어나면, 우리는 광물 개발의 새로운 시대로 향하게 될 것이다. 20세기의 블랙 골드, 즉 석유는 하얀 황금으로 대체될 것이다. 가루 형태의 하얀 황금, 즉 리튬은 21세기를 이끌 새로운 동력을 약속한다. 페르시아만의 맞은편에서 새로운 시대가 모습을 드러내기 시작했다.

PART 6

리튬

미래의 자원

16장

소금사막

하얀 황금에서 시작된 리튬 산업

달의 계곡, 밝고 붉은 호수, 소금산과 연기를 내뿜는 화산 옆에 자리 잡은 칠레의 살라르 데 아타카마Salar de Atacama(아타카마 소금사막)는 사람을 당혹스럽게 만드는 희귀한 아름다움을 뽐내는 곳이다. 소금사막 주변에는 플라밍고, 라마와 알파카의 야생종인 과나코와 비쿠냐가 살고 있다. 하지만 과학자들이 소금사막의 핵심이라 부르는 중심부를 향할수록 생명은 사라지기 시작한다. 황량한 사막 안으로 들어갈수록 더욱 메마르고 광활한 풍경이 펼쳐진다.

아타카마는 남극 대륙의 몇몇 미개척 지대를 제외하고는 지구상에서 가장 메마른 땅이다. 이곳에 도착하자마자 그 사실을 알게 될 것이다. 피부, 목구멍, 그리고 갈라진 입술이 즉시 건조함을 체감한다. 내가 머무를 당시에는 습도가 12퍼센트를 넘지 않았는데, 핀란드식 사우나를 하기엔 완벽한 조건이었지만 생물학적인 삶을 살기에는 이상적인 곳이 아니었다.

이런 자연 현상을 과학적으로 설명하자면 모래와 돌, 소금으로 이루어진 이 사막이 양쪽 산맥에 걸친 비그늘에 자리 잡고 있기 때문이다.

동쪽으로는 안데스산맥이, 서쪽으로는 해안산맥이 있어 비가 매우 드물게 내린다. 일부 기상 관측소에서 단 한 방울의 비조차 기록된 적이 없다. 그러나 소금사막을 포함한 몇몇 지역에는 아주 가끔 폭우가 내리기도 한다. 현지인은 이를 가리켜 "볼리비아 겨울Bolivian winter"이라고 부르는데, 역설적으로 이 폭우는 보통 여름에 찾아온다.

소금사막 자체는 염호鹽湖, salt lake이지만, 즉 광대하고 평평하면서도 하얗게 펼쳐진 미국 유타주의 그레이트솔트호Great Salt Lake나 볼리비아의 우유니 소금사막Salar de Uyuni과 같이 우리가 생각하는 부류의 염호와는 많이 다르다. 살라르 데 아타카마는 하얀 소금사막과는 대조적으로 표면이 갈색인 데다 생선 비늘 같은 모양을 하고 있다. 색이 갈색인 이유는 아주 얇게 모래가 덮여 있기 때문이다. 인근 사막의 모래가 바람에 날려 소금에 달라붙은 것이다. 비늘 모양은 소금 표면이 천천히 증식하면서 새로 생긴 소금 줄기가 하늘을 향해 손가락처럼 뻗어 자라 만들어진다. 대부분의 소금사막은 하얗고 평평하다. 빗줄기로 인해 모래가 씻겨 내려가고 소금이 비늘 모양으로 만들어지기 전에 녹아버리기 때문이다. 하지만 이곳은 비가 내리지 않으므로 소금 손가락과 딱딱한 표면이 천천히 계속 자란다.

어느 순간 나는 파삭파삭한 표면 쪽으로 성큼성큼 걸어갔고, 그 즉시 실수했다는 걸 깨달았다. 단단한 소금 더미 근처에 가게 되면 튼튼한 장갑을 껴야 하는데, 소금 손가락과 끝부분이 요리사의 칼보다 더 날카롭기 때문이다. 바닥이 울퉁불퉁하고 불균형해 제대로 앞으로 걸어가기란 정말 어려웠다. 만약 발을 헛디뎌서 넘어지려 할 때 손을 짚는다면······. 5분 정도 불안정하게 소금 덤불을 헤쳐 나온 뒤 멈춰 서서 만약 쓰러졌다면 내 손바닥이 어떤 모습이었을지 상상하며 발걸음을 돌렸다. 걸음을 내딛을 때마다 소금이 탁탁 소리를 내며 발밑에서 툭 부러졌다. 기이한 울림이 표면을 따라 울렸는데 마치 북유럽 호수에서 얼음이 녹을 때 나는 소리 같았다. 이런 소리는 더욱 섬뜩했다. 몇 미터 아래에 거대한 농축 소금물 저장소가 있다는 걸 알기 때문이었다. 이 소금물이 우리의 관심사이자 우리를 이곳으로 오게 만든 이유이다. 이것은 나트륨, 마그네슘, 칼륨, 붕소, 그리고 리튬으로 구성된, 여러 종류의 소금으로 이루어진 진한 용액이다.

리튬이 물질 세계의 6대 핵심 물질로 자리 잡게 된 확실하고 실증적인 논리가 있다. 리튬은 매혹적인 금속이다. 빅뱅 당시에 수소, 헬륨과 함께 창조된 세 가지의 원시 원소로 우주에서 가장 오래된 물질 중 하나다. 리튬처럼 가볍고, 전도성이 있으며, 전기화학적 특성을 모두 갖춘 원소는 존재하지 않는다. 또한 리튬처럼 에너지를 잘 저장하는 금속도 없다. 무척 가벼워서 기름 위에 뜨고, 아주 물러서 식칼로도 자를 수 있지만, 반응이 매우 빨라서 물과 공기에 닿았을 때 거품이 일거나 폭발하는 등 화학 실험실 외부에서 원소 형태로 본 적이 없는 물질 중 하나이다. 이런 반응성은 왜 리튬이 가장 강력한 배터리의 핵심인지, 왜 21세기 현대 사회의 핵심인지를 설명해 준다.

다가올 몇십 년 동안 탄소 배출을 제거하고 단계적으로 화석연료를 사용하지 않으려면 우리는 세상 대부분을 전기로 움직여야 한다(석유를 덜 쓰고 더 많은 구리를 사용해야 한다). 우리는 더 많은 풍력발전 터빈(철강, 실리카, 구리)과 태양광 패널(구리와 금속급 실리콘), 수력발전 댐(콘크리트)을 만들어야 한다. 하지만 그런 에너지를 저장할 방법이 없다면 이들 중 어떤 것도 효과를 거두지 못할 것이다. 태양광과 풍력 같은 재생 가능한 에너지원이 내재한 불안정성을 해결하기 위해서는 단기간

에너지를 저장하는 방법이 필요하다. 또한 운송 수단이 화석연료를 사용하지 않으면서도 이동할 수 있게 에너지를 저장할 필요가 있다.

배터리가 모든 답을 주지는 않겠지만 이런 목적을 달성할 수 있게 해주는 아직 발견하지 못한 연결고리의 핵심인 것은 분명하다. 배터리 내부에는 많은 화학물질이 있지만, 가볍고 에너지를 저장하는 능력에 있어서는 리튬을 능가하는 건 없다. 과학 저술가 세스 플레처Seth Fletcher가 언급한 것처럼 "우주는 우리에게 그보다 더 나은 걸 주지 않았다."[1]

우리가 다시 칠레를 찾은 이유는 지구상에 구리가 그만큼 많은 곳이 없다는 이유와 같다. 그렇게 많은 리튬을 얻을 수 있는 곳은 지구상 어디에도 없다. 살라르 데 아타카마는 단일 규모로는 리튬을 그 어떤 곳보다 더 많이 생산하는 곳이다.

어떻게 그렇게 되었는지는 이제 우리가 이해하기 시작한 미스터리 중 하나이지만, 현재 상황에서 가장 설득력 있는 설명은 다음과 같다. 우선 소금사막을 일종의 가마솥으로 생각하자. 안데스의 화산지대가 한쪽에 있고 더 작은 산맥이 반대쪽에 있다. 물은 안데스산맥에서 여러 다른 강으로 흐르고, 깊은 협곡을 거쳐 분지로 향한다. 그러는 동안 이 물은 칠레 토양에서 흔치 않은 미량의 광물을 가져간다. 계곡의 바닥에 도달한 물은 더 이상 갈 곳이 없다. 가마솥에 갇힌 채로 자갈 투성이 땅에 스며들어야 하겠지만, 지구상에서 가장 건조한 지역인 이곳에서는 대부분 증발된다.

미량의 화산 광물을 품은 강물은 분지로 향하고, 이어 선상지에 스며든 뒤 살인적인 남아메리카 태양에 증발된다. 이러한 과정이 수백만 년이라는 시간 속에서 벌어졌음을 생각하면 비로소 이런 거대한 소금

사막이 어떻게 생겨났는지 이해하게 된다. 무수한 세월이 흘러 물은 증발되고 농축된 소금 혼합액이 남는다. 다시 어마어마한 세월이 흐른 뒤 이 소금물에 다른 재료보다 더 빠르게 침전된 염화나트륨은 단단한 표면을 생성했다. 바로 그게 아까 내 발에 걸릴 뻔했던 표면이다. 강에서 가장 먼 오래된 구역에서 소금은 전체 산맥, 즉 코르디예라 데 라 살Cordillera de la Sal(소금산맥이라는 뜻―옮긴이)을 둘러쌌고, 그러는 동안에 이 풍경 아래의 판은 계속 부스럭거렸다. 이런 과정은 오늘날에도 여전히 일어나고 있지만, 아주 느리게 진행되어 인식할 수가 없다.

이상이 이 지형이 형성되는 일반적인 과정이다. 살라르는 보이는 부분도 매력적이지만, 더욱 놀라운 건 그 아래, 지하에 있는 부분이다. 몇몇 부분은 적어도 5킬로미터 두께의 소금으로 되어 있고, 몇몇 부분은 오로지 얇은 막 아래 막대한 양의 오래된 소금물이 있다. 이 소금물은 최소 300만 년 동안 스펀지처럼 지하에 스며들었다. 일반적으로 물은 끊임없이 이동한다고 생각한다. 바다에서든, 강에서든, 혹은 작은 물방울에서든 물은 호수에서 증발하여 구름이 되고 다시 비로 내려 생애의 한 주기를 완성한다는 것이다. 하지만 이곳의 물은 다르다. 어둡고 소금기 가득한 지하 감옥에 조용하고도 무기력하게 갇혀 있다. 인류가 탄생하기 훨씬 전부터 그런 상태로 존재했다.

휴대폰, 노트북, 그리고 전기차 배터리의 일부가 이 아주 오래된 액체에서 만들어진다는 점은 물질 세계의 친숙한 역설 중 하나이다. 태고의 것이 가장 새로운 것을 탄생시킨다. 하지만 그럼에도 뭔가 혼란스러운 사실이 있다. 배관에서 콸콸 넘치는 소금물을 보면서 그 소금물이 수백만 년 만에 처음으로 세상의 빛을 봤다는 사실을 믿기란 어렵다. 혹은 그런 소금물이 곧 세상 반대편에서 기계 장치에 들어갈 배터리 내부에 다시 파묻히게 되리라는 것도.

소금물에서 리튬을 추출하는 기업으로는 두 곳이 있다. 앨버말 Albemarle은 리튬에 전념하기 전 제지업과 화학산업으로 시작한 회사이고, SQM은 앞서 소금을 다룬 장에서 언급했던 화학회사로 채굴한 칼리치를 아타카마의 다른 곳에서 비료로 만들었던 회사이다.

이런 유형의 리튬 추출 작업은 비교적 단순하다. 아주 오래된 소금물은 소금 표면 아래 살라르 전체에 자리 잡은 소금우물salt well(염정)에서 퍼올려진다. 이렇게 퍼올린 소금물은 거대한 연못으로 보내져 물을 증발시킨다. 이 과정은 몇 달씩 느리게 진행된다. 먼저 염화나트륨이 침전되고, 이어 남은 소금물은 또 다른 커다란 연못으로 보내져 그곳에서 칼륨염이 침전된다. 이어 또 다른 증발용 연못으로 이동하여 마그네슘염이 제거된다. 결국 1년이 넘게 땅속 우물에 남은 담청색 소금물은 황록색 용액으로 농축되어 마치 형광펜처럼 밝게 보인다. 이 단계에서 대략 25퍼센트의 염화리튬lithium chloride이 되는데, 녹색은 실제로 용액에 남아 있는 붕소에서 오는 것이다.

아마 당신은 이미 알아차렸을지도 모른다. 이 공정이 다소 간단할 뿐만 아니라 수천 년 전 이비사섬에서 페니키아인들이 소금을 만들 때 쓰던 공정과 정확히 같은 기술이며, 오늘날에도 소금 장인들이 바닷물로 천일염을 만들 때 여전히 사용하고 있는 방식이라는 것을 말이다. 오로지 여기서만 염화나트륨과 나란히 리튬 소금, 즉 염화리튬이 생성된다. 차이라면 규모만 다를 뿐이다. 지중해 소금을 만드는 증발 연못은 미터 단위로 측정되지만, 여기 살라르에서는 킬로미터 단위로 측정된다.

오늘날 리튬의 대부분을 추출하는 SQM은 우연에 가깝게 세계 최대 리튬 생산기업 중 하나가 되었다. 이 회사는 본래 1990년대에 살라르에서 소금물을 퍼올리기 시작했는데, 리튬을 생산하기보단 칼륨potassium, 달리 말하면 잿물potash을 생산했다. 리튬은 흥미로운 부산물이었다. 실제로 이 책에서 다루는 다른 다섯 가지 물질과는 다르게, 문명에서 일시적인 역할을 이 원소에 부여했을 뿐, 최근까지 아무도 큰 관심을 보이지 않았다.

아직 무명이던 시절에 리튬은 약품으로 가장 중요하게 활용되었다. 에바네센스Evanescence와 너바나Nirvana 같은 밴드의 노래 가사에도 드러났을 만큼 문화적인 어휘가 된 조울증과 우울증 증상을 다스리는 특효약이었다. 실제로 미묘하게 사람의 기분을 바꾸는 데 무척 효과적이라 어떤 사람들은 구강 건강을 위해 많은 나라에서 상수도에 불소를 첨가하는 것과 마찬가지로 리튬을 첨가해야 한다고 주장하기도 했다. 리튬은 새로운 원자력 기술에서 작지만 매우 중요한 역할을 담당한다. 그것은 용융염 원자로molten salt reactors에 반드시 필요한 냉각수이고, 핵융합을 달성하려면 꼭 필요한 삼중수소를 만드는 주된 요소이기도 하다. 이 외에도 여러 활용법이 있는데, 먼저 유리의 강화를 촉진한다(리튬은 화학자 오토 쇼트가 19세기 자신의 용해물에 추가했던 최초 성분 중 하나였다). 또한 특정 금속에서 합금 역할을 하고, 리튬 화합물은 미끄러운 성질을 바탕으로 훌륭한 윤활제가 될 수 있으며, 도자기의 색과 강도를 향상시킨다.

이 모든 게 리튬을 물질 세계에서 좀 별난 존재처럼 보이게 한다. 지금까지 다뤘던 다른 다섯 가지 물질은 길게는 몇 세기, 짧게는 지난 몇 세대 동안 우리의 삶에서 필수적이었다. 만약 이 책이 몇십 년 전에 나왔다면 리튬은 최종 후보 명단에 들어가지 못했을 것이다. 그러나 리튬

이 우리 삶의 필수적인 물질 중 하나로 자리 잡은 건 오랜 세월에 걸친 도전의 결과이다. 그런 점에서 시멘트 제조법의 재발견이나 반도체 발명과 조금은 비슷한 부분이 있다. 아무튼 튼튼하고, 강력하면서 회복력 있는 배터리를 만들어 내려는 탐구는 한 세기 동안 진행되어 왔다.

더 나은 배터리를 찾아서

리튬을 배터리에 쓴 최초의 엔지니어는 토머스 에디슨이다. 그는 제조 기술의 개선과 생산 체계화에 세심하게 집중해 콘크리트 생산을 통달한 바 있었다. 에디슨은 배터리에서도 같은 일을 하고자 했다. 에너지를 저장하는 장치의 활용은 그가 배터리 연구를 시작한 20세기 초에도 딱히 새로운 것이 아니었다. 실제로 전기 시대의 초창기에는 거의 배터리를 통해서만 동력을 얻을 수 있었다. 오늘날 전력 대부분을 생산하는 발전기의 발명 이전에 전보와 초기 전등은 원시적인 배터리를 동력원으로 삼았다.

배터리의 화학적 성질은 알레산드로 볼타Alessandro Volta까지 거슬러 올라간다. 이탈리아인이었던 볼타는 19세기 초 동그란disc 아연판과 구리판 사이에 소금물에 흠뻑 적신 판지를 넣어 층을 분리했다. 이를 계속 쌓음으로써 한 전극(이 경우 금속판)에서 다른 전극으로 흐르는 전류를 발생시킬 수 있다는 걸 발견했다. 그의 전극 더미는 세계 최초의 배터리, 즉 볼타 전지로 여전히 종종 '더미'라고 불린다. 그의 전지가 정말 더미pile였기 때문이다. 그런 일로 이 장치를 무엇으로 불러야 하는지를 놓고 골치 아픈 문제가 발생했다. 순수주의자들은 볼타의 첫 결실이든 오늘날의 스마트폰에서 찾을 수 있는 것이든, 따지지 말고 통칭하여 이런 구성단위 하나를 셀cell로 불러야 한다고 주장한다. 그들의 주장을 살펴보면 배터리라는 명칭은 다수의 셀을 모았을 때만 쓸 수 있다는 것이다. 하지만 오늘날 나를 포함하여 대다수 사람은 두 단어(배터리와 셀)를 상호 호환적으로 사용한다.*

반세기 뒤 프랑스 물리학자 가스통 플랑테Gaston Planté는 유리 용기에 담긴 산으로 세척한 나선형 납 전극을 활용해 최초의 충전식 배터리를 내놓았다. 오늘날에도 여전히 자동차 엔진을 발동시키는 데 도움을 주는 납축전지lead-acid battery는 빠르고 폭발적인 전력을 제공할 수 있지만, 에너지 밀도가 비교적 낮아 전력 저장에 효과적이라고 할 수는 없었다.

화학적 성질을 개선하려는 노력의 연장선에서 에디슨은 자신만의 방법으로 주기율표를 따라 실험하기 시작했다. 납과 황산부터 시작해서 다른 많은 재료까지 사용하게 되었는데, C만 몇 가지 대자면 구리, 코발트, 카드뮴이 있었다. 많은 실패가 따랐고, 도중에 커다란 특허권 분쟁도 발생했지만, 결국 10년을 실험한 끝에 에디슨은 수산화칼륨 용액으로 세척한, 니켈과 철의 복합 혼합물을 최종 결정하고 최고의 스웨덴산 강철로 그것을 포장했다. 광고는 이런 내용이었다. "구조와 원료에서 철과 강철을 사용한 유일한 축전지."

에디슨의 실험은 적어도 한 가지 사실을 강조했다. 배터리의 화학적 성질은 까다롭지만, 분명 가스통 플랑테의 납-산 공식lead-acid formula을

---

* 최초의 배터리에 관한 다소 기이한 이론이 있다. 최초의 배터리는 몇천 년 전 고대 메소포타미아까지 거슬러 올라가야 한다는 주장이다. 1930년대 고고학자들은 구리 원통을 포함한 일련의 토분을 발견했는데, 일부는 이것이 장신구를 전기 도금하거나 실제로 전하를 유지하는 데 활용되었을 수 있다는 이론을 제시했다.

개선하는 건 가능했다. 결국 에디슨이 한때 말했던 것처럼 "자연이 운송 수단에 동력을 공급하고자 배터리에 납을 사용하려 했다면, 그토록 무겁게 만들지 않았을 것이다." 납은 중금속이기 때문에 모든 금속 중 가장 가벼운 최적의 원소가 배터리에 들어가야 한다는 의미였다. 주기율표에서 납의 반대쪽 끝, 수소와 헬륨 바로 아랫줄에 리튬이 자리하고 있다. 에디슨은 자신의 배터리 A셀A cell의 전해액에 수산화리튬을 약간 첨가했는데 결과가 고무적이었다. 누구도 표면 아래에서 진행되는 화학반응을 분명히 정의하지는 못했지만, 리튬은 배터리 성능을 10퍼센트 향상시켰다.

이후 과학자들은 에디슨의 발자국을 따라 다른 배터리 화학반응을 발전시켰는데, 여기엔 니켈-카드뮴nickel-cadmium과 니켈-금속 수소nickel-metal hydride가 포함되었다. 이것들은 AA처럼 일반 가정에서 사용하는 충전지의 토대가 되었다. 하지만 화학자들은 모든 원소 중에서도 가장 유망한 원소를 찾아내고자 고군분투했다. 수십 년 동안 발표된 관련 논문들에 따르면 궁극의 배터리는 리튬의 화학반응에 토대를 둘 것이었다. 하지만 1970년대까지 누구도 이 변덕스러운 물질을 배터리에 넣어 활용할 수 있을 만큼 잘 길들이지 못했다. 배터리는 일종의 연료지만 화석연료가 아닌 전기화학적 연료다. 배터리 내부에서 일어나는 일은 잘 통제된 화학적 반응으로 물질에 포함된 폭발적 에너지를 전류로 바꾸는 것이다. 리튬보다 더 폭발적인 재료는 없었다.[2]

최초의 획기적인 돌파구는 1970년대 엑슨모빌ExxonMobil, 당시 에소Esso로 알려진 회사에서 시작되었다. 유가 충격에 직면한 이 석유회사는 한동안 세계 어느 기업보다 막대한 자금을 투입한 배터리 부서를 운영하면서, 탄화수소가 없는 회사의 미래를 계획하고자 세계적인 화학자들을 고용했다. 그중엔 영국인 화학자 스탠리 휘팅엄Stanly Whittingham도 있었다. 그는 곧 배터리 산업을 뒤바꾼 혁명적 발견을 하게 된다.

당시 배터리 제조사가 직면한 주된 문제는 충전하거나 방전할 때마다 배터리 전극의 화학적 구조가 바뀐다는 것이었다. 에디슨은 이 현상을 극복하고자 오랜 시간을 투자했지만, 배터리의 효능이 그가 원한 만큼 오래 지속되지 않는다는 결과만 얻었다. 휘팅엄은 이를 극복하기 위해 리튬 원자가 한 전극에서 다른 전극으로 큰 손실 없이 오가는 방법을 연구했다.

배터리 화학자들은 질색하겠지만, 이를 쉽게 설명해보겠다. 배터리 내부에 두 개의 고층 건물이 한 세트로 들어 있다고 생각해보자. 하나는 오피스 빌딩이고, 다른 하나는 아파트이다. 높은 두 건물은 각기 음극과 양극을 나타낸다. 스마트폰이나 전기차 배터리가 텅 비었을 때, 전기화학적 공백 상태를 많은 리튬 이온이 양극cathode, 즉 주거지인 아파트에서 일하지 않고 쉬는 걸 뜻한다.

하지만 배터리가 충전되었을 때 원자는(혹은 전하를 띠고 있기 때문에 기술적인 명칭으로 이온은) 음극anode으로 이동한다. 오피스 빌딩으로 움직이는 것이다. 그들은 일하러 떠났다. 완전히 충전된 배터리는 음극의 구조가 이런 충전된 리튬 이온으로 꽉 들어찬 것이다. 배터리가 사용되는 중에 이온은 아파트에 있는 집으로 돌아가게 되고, 그러는 중에 전류를 생성한다. 음극과 양극 사이를 오가는 걸 이해하면 우리가 2차 전지라고 부르는 충전식 배터리가 어떻게 작용하는지 대략적으로 알게 될 것이다.*

이온이 한 전극의 결정체로 된 구조에서 이동하여 다른 전극의 결정체 구조에서 자리 잡을 수 있다는 이 개념이 휘팅엄의 묘안이었다. 그는 이를 '삽입intercalation'이라 불렀고, 오늘날 배터리 작동의 토대가 되었다. 휘팅엄은 이 이론을 적용해 세계 최초의 충전식 리튬 배터리를 만들었다. 시계용으로 설계된 작은 동전 크기의 배터리였다. 하지만 이건 시작에 불과했다. 그의 배터리는 킬로그램당(그 크기를 생각하면 그램당) 납축전지 전하의 15배를 보유할 수 있었다. 하지만 휘팅엄이 동전보다 더 크게 만들려고 시도할 때마다 배터리는 불길에 휩싸였다. 리튬의 반응성을 길들이려는 노력으로 알루미늄과 합금하기도 했지만, 가연성을 완전히 억제하기에는 충분하지 않았다. 휘팅엄의 배터리는 영국과 일본의 연구원들이 문제를 해결하기까지 10년 동안 골동품 취급을 받았다.[3]

여기서 핵심 인물인 존 B. 구디너프John B. Goodenough라는 비범한 미국인 물리학자가 등장한다. 공교롭게도 그는 오토 쇼트와 카를 자이스가 처음으로 전문적인 유리 제조기술을 완성했던 독일의 도시 예나에서 태어났다. 구디너프는 예일대학교, 시카고대학교, MIT에서 수학한 뒤 1970년대 말부터 1980년대 초까지 옥스퍼드대학교 무기화학 연구소Inorganic Chemistry Laboratory의 책임자를 지냈고, 그곳에서 배터리 개발 사업을 주도했다. 그의 팀이 이룬 업적은 리튬 이온 배터리 양극(앞선 비유에서 아파트)에 맞는 최적화된 제조법을 발견한 것으로 오늘날 옥스퍼드 무기화학 연구소 입구에 위치한 푸른 명판에 새겨져 있다.

* 우리는 대부분 스마트폰의 배터리가 비활성 물질이라고 생각한다. 가솔린 기관처럼 진동하거나 척척 소리를 내지 않기 때문이다. 하지만 겉모습에 속아서는 안 된다. 이 책을 읽는 동안에도 형태가 조금씩 계속 변화하는 중이니까. 리튬 이온은 양극에서 이동해 음극에서 13퍼센트 정도 부풀어 오른다. 스마트폰이나 전기차를 충전하면서 이러한 현상을 알아채지는 못하겠지만 실제로 그런 일이 벌어지고 있는 것이다. 우리가 일상에서 쓰는 기기에서도 전기화학의 흐름이 조용히 발생하고 있다

문제의 재료는 리튬 코발트 산화물lithuim cobalt oxide, LCO로, 이것은 배터리의 안전성과 성능을 증진시키고 리튬 이온이 머무를 수 있는 안정적인 양극재를 제공한다. 배터리 폭발을 완전히 없애지는 못했지만, 더이상 필연적이지 않았다.

몇 년 뒤 일본에서 최종 도약이 있었는데, 요시노 아키라吉野彰라는 연구자가 다른 원료를 사용해 완성했다. 그는 구디너프의 리튬 코발트 산화물 양극을 특정 흑연(여전히 험버 정유공장에서 생산되는 니들코크스로 만들어지는 바로 그 종류)으로 만든 음극과 짝지었다. 이 조합은 훌륭하게 작동했다. 요시노가 배터리를 충전하고 방전할 때 리튬 이온은 안전하고 매끄럽게 한쪽 극에서 다른 쪽 극으로 움직였다. 게다가 두 전극을 맞추는 최고의 방법을 알아냈다. 종이처럼 얇은 시트에 재료들을 발라 얇은 막으로 분리된 금속 용기에 감는 것이다. 이 뛰어난 마지막 수완으로 배터리가 과열되기 시작하면 분리막이 녹을 것이고, 폭발을 방지하는 데 도움을 줄 것이다. 이는 과거 프랑스에서 가스통 플랑테가 만들어낸 최초의 배터리를 떠올리게 했다. 충전식 배터리는 용기에서 압축된 나선형 금속으로 시작되어, 100년이 넘는 시간 동안 실험을 거치며 재료의 변화를 통해 초창기와 거의 동일한 형태로 완성되었다.

하지만 이런 배터리가 소비자의 손에 닿으려면 다시 몇 년이 필요했다. 에소나 옥스퍼드의 연구소가 아닌, 한참 멀리 떨어진 곳에서 개발 작업이 진행되었다. 일본 전자 회사 소니는 자사 캠코더에 전력을 공급할 더 나은 배터리를 찾고 있었고, 구디너프가 작성하고 요시노가 조정한 청사진을 만나게 되었다. 두 과학자의 방법을 사용하여 그들만의 인상적인 방식을 추가한 끝에 1992년 첫 리튬 이온 배터리를 만들었다. 당시에는 핸디캠 제품 중 일부에 사용되는 선택적 배터리팩이었다. 이 배터리팩은 일반적인 니켈 수소 배터리보다 세 배는 작고 가벼운데 용량은 더 컸다. 이후 리튬 이온 배터리는 점점 빠르게 확산되었지만, 스마트폰이 출현하기 전까지 최적의 장소를 발견하지는 못했다. 회로, 반도체, 모뎀, 밝은 디스플레이 등을 갖춘 스마트폰은 전력 소모가 많아 가장 강력한 배터리가 필요했다. 오늘날 거의 대부분의 스마트폰이 휘팅엄, 구디너프, 그리고 요시노에서 비롯된 리튬 이온 배터리로 운용된다. 세 사람은 이러한 공로를 인정받아 2019년 노벨 화학상을 받았다.

미국에서 처음 시제품을 만들고 이후 영국에서 발전시킨 이 발명품이 일본에서 대량생산되었다는 점은 여전히 영미권에 좌절을 안기는 주제 중 하나이다. 유럽과 미국에서 배터리 설계의 그토록 많은 지적 발전이 이루어졌음에도 왜 생산은 늘 아시아가 주도하는 것인가. 간략하게 답하자면 일본에는 고밀도 배터리가 필요한 비디오카메라나 워크맨 같은 전자 제품 제조 시장이 급성장하고 있었기 때문이다.

1990년대에서 2000년대로 넘어가면서 리튬 이온 배터리는 전기 시대의 필수 요소가 되었다. 노트북, 스마트폰, 그리고 결국엔 전기차에까지 쓰이게 된다. 스마트폰은 반도체가 탑재되지 않거나, 전기 회로에 동력이 공급되지 않거나, 처리 장치가 수용되고 기억 장치가 사용되지 않거나 카메라를 위한 광학 센서가 없다면 결코 존재할 수 없는 제품이었다. 더 나아가 노트북, 스마트폰, 전기차 중 그 어떤 것도 이전보다 훨씬 더 큰 에너지 밀도를 지닌 가볍고 강력한 배터리가 없었다면 실현되지 못했을 것이다.

이처럼 사용되는 곳이 많기 때문에 리튬의 수요는 우리의 생산 능력을 앞지르기 시작했다. 몇 세기에 걸쳐 채굴해온 구리나 철과는 달리 리튬 산업은 아직 초창기에 불과하다. 최근까지만 해도 살라르 데 아타카마에는 소수의 광산과 연못이 있었고, 그 규모도 상대적으로 작았다. 하지만 지금은 우주에서도 쉽게 관찰될 수 있을 정도로 커졌으며, 사막 한가운데에 파스텔 물감이 묻은 거대한 팔레트가 떡 하니 놓여 있는 것 같은 모습이다.

가장 가벼운 금속의 그림자

청록색을 띠는 아타카마의 광대한 증발 연못만큼 인류세를 잘 드러내는 곳은 없다. 그것은 스마트폰에 중독되고 화석연료 의존에서 벗어나고자 결심한 세상을 만족시키기 위해 필요한 것이 무엇인지 명확하게 나타내는 신호이다. 그러나 더 불편한 생각, 즉 인류는 지금 환경에 악영향을 미친 발자국을 또 다른 형태로 대체하려는 중인 것은 아닌가 하는 생각에서 벗어나기 어렵다. 우리는 이곳 염호 아래 풍부한 리튬 소금물이 어떻게 침전되었는지 그 과정을 잘 알지 못하지만, 최대한 빠르게 추출해서 정제 공장으로 보내고 있다. 그러나 이곳이 아니라면 다른 어디에서 리튬을 얻을 수 있을까?

칠레의 살라르 데 아타카마는 세계 유일의 살라르(소금평야)가 아니다. 심지어 가장 규모가 크지도 않다. 규모가 큰 염원은 남아메리카 '리튬 삼각지대'로 알려진 칠레, 볼리비아, 아르헨티나에 존재한다. 볼리비아의 살라르 데 우유니(우유니 소금사막)는 가장 유명한 곳이다. 약 3,000제곱킬로미터인 아타카마의 면적과 비교해 훨씬 큰 1만 제곱킬로미터가 넘는 이 지역은 훨씬 더 많은 리튬을 매장하고 있다. 볼리비아 정부는 리튬의 국유화를 선언하며 리튬 추출을 시작했지만 이 글을 쓰는 시점까지 거의 진전이 없다. 정치적인 이유 때문이기도 하지만 소금물의 성분 때문이기도 하다. 볼리비아의 소금물은 정제하기가 까다로운데, 아타카마와 비교하면 리터당 리튬 함량이 절반 이하에 마그네슘은 세 배 이상을 가지고 있기 때문이다.

리튬 삼각지대가 세계에서 가장 리튬 소금물이 집중된 곳임을 자랑하지만, 중국의 칭하이-티베트 고원에서도 염호가 발견된다. 또한 스포듀민spodumene(리튬 알루미늄 규산염lithium aluminium silicate)이라고 하는 단단한 베이지색 바위에서도 금속을 추출할 수 있다. 실제로 이 단단한 암석의 기원은 리튬이 그리스어로 돌을 뜻하는 리토스lithos에서 유래한 명칭을 얻게 된 이유를 설명해준다. 스포듀민을 채굴하는 과정은 철이나 구리를 채굴하는 것과 비슷하다. 다른 암석을 채굴해 정제하는 방식과 거의 동일하게, 처리하기 전 발파해야 한다. 호주에서는 이와 같은 과정이 빠르게 진행되어 현재 칠레를 제치고 세계 최대 리튬 생산국이 되었다. 그들이 채굴한 스포듀민은 동정광과 다른 모든 광석처럼 전부 중국으로 보내져 정제되고 있다.

암석을 정제하기 위해 중국으로 보내는 과정은 아직 논의가 끝나지 않은 문제들에 대한 책임을 전가시킨다. 즉, 광석을 정제할 때 발생하는 모든 배출에 호주는 책임질 필요가 없는 것이다. 암석을 정제된 제품으로 만드는 과정은 많은 에너지를 필요로 하고 다량의 온실가스 배출을 발생시키는 힘든 작업이다. 실제로 단단한 바위에서 생산되는 리튬은 칠레의 소금사막 아래 소금물에서 생산되는 리튬보다 온실가스 배출과 물 사용량이 몇 배는 더 많다. 우리는 전기차를 구입할 때 배터리팩의 리튬이 어디에서 오는지 알지 못한다. 누가 그게 어디서 오느냐고 묻는다면 대답하기까지 상당한 시간이 걸릴 것이다. 무엇보다도 생산 과정이 친환경적이었는지 여부를 살펴봐야 하기 때문이다. 결국 전기차를 몇 년 사용한 뒤에는 휘발유 자동차 대비 환경 비용을 회수하게 되겠지만, 그 기간은 크게 달라질 수 있다.[4]

세상이 더 많은 리튬을 확보하기 위해 경쟁하면서 생산 과정에서 환경에 대한 고려는 부차적인 것이 되었다. 가장 빠르게 성장하는 리튬 산업은 소금물보다는 단단한 암석에서 채굴하는 것인데, 인내하며 수백만 세제곱리터나 되는 액체가 증발하길 기다리는 것보단 발파하여 돌을 캐내는 게 훨씬 용이하기 때문이다. 그리고 더 많은 리튬 생산을 위해 광물 회사들은 새롭고 알려지지 않은 리튬 공급원을 찾고 있다.

영국 남서부 지역의 두 회사가 운영한 지 수십 년이 넘은 오래된 채석장과 광산에서 리튬을 채굴하기를 기대하고 있다. 그러는 사이에 리오틴토(호주의 필바라에서 철광석을 캐내던 바로 그 회사)는 몇 년 전 세르비아 야다르 계곡에서 발견한 암석에 기대를 걸었다. 자다라이트Jadarite는 슈퍼맨을 약화시키는 크립토나이트와 놀라울 정도로 비슷한 화학 성분을 가졌다. 차이점이라면 크립토나이트와 달리 자다라이트는 녹색이 아니고 실제로 존재한다는 것이다. 자다라이트 채굴 계획은 현지 사회를 격분케 했고, 몇십 년 만에 세르비아에서 가장 규모가 큰 시위가 일어났다. 2022년 초 세르비아 정부는 리오틴토의 탐사 인가를 철회했다.

독일 남서부 삼림 지대인 슈바르츠발트에서 지열 온천을 이용하는 계획도 있다. 특정 유형의 진흙에서 리튬을 추출하는데, 리튬이 0.2피피엠 농도로 발견되는 해수에서까지 추출하려는 것이다. 계획 중 일부는 성공할 수도 있겠지만, 성공을 얻어내기까지 얼마나 많은 에너지와 자원을 낭비해야 하는지 알 수 없다. 리튬을 생산하기 위한 소금물이나 바위가 부족하지는 않지만, 구리 생산이 발전할수록 벌어졌던 일들이 필연적으로 리튬에서도 일어날 것이다. 진짜 문제는 리튬이 얼마나 존재하느냐가 아니라 리튬을 추출하는 데 비용과 환경적 측면에서 어느 정도 노력이 들어갈 것인가이다.

이곳 아타카마에서의 상황을 생각해보자. 당연히 이 자원을 둘러싼 환경 논란 대부분이 물에 집중된다. 대체 왜 세상에서 가장 건조한 사막에서 리튬을 채굴하는 데 물을 사용해야만 하는 걸까. 살라르 주변에서 사는 사람이라면 택시 기사, 활동가, 농부 할 것 없이 모두에게 계속 듣는 불만 사항이다.

그리고 그들의 말은 일리가 있다. 소금물을 거대한 연못에서 또 다른 연못으로 옮기기 위해 리튬 광산기업은 실제로 염호 가장자리 땅에서 담수를 퍼올린다. 그 지점부터 강물이 땅 밑으로 떨어졌지만 아직 소금물로 변하지 않았다. 광산기업은 물이 연못 사이의 수로로 주입되지 않으면 전체 시스템이 꽉 막힐 것이라 말한다. 그렇게 되면 리튬도 얻지 못한다. 그들은 퍼올리는 물의 양이 구리를 채굴하고 정제하는 데 필요하거나 현지 생태 관광 공동체가 사용하는 양과 비교하면 적다는 걸 지적한다. 게다가 그들이 물을 땅에서 퍼낼 때 현지인은 이미 깊은 협곡을 따라 흐르는 강으로부터 충분히 물을 공급받을 수 있다고 설명했다. 그러니 누구의 물을 빼앗아 간다는 말인가.

유감스럽게도 이것은 그리 단순한 문제가 아니다. 실제로 별개의 두 가지 문제가 있기 때문이다. 광산기업이 염원 가장자리에서 추출 중인 물과, 선사시대부터 땅속에 저장되어 실제로 리튬을 얻어내는 소금물이 있다. 이런 상황이 듣기에 좀 기괴한 질문을 불러온다. 무엇이 물인가? 장래엔 우리가 사용하는 모든 장치의 충전식 배터리를 만드는 이 중대한 광물의 이용 가능성이 이런 수수께끼에 달려 있을 수도 있다. 좀 더 구체적으로 말해보자면 '물'의 정의에는 염원의 연못에 반짝이는 액체도 포함되는 것일까?

염호 가장자리에 사는 사람들을 포함하여 많은 사람이 당연히 포함된다고 대답할 것이다. 분명 소금물은 전체 25~30퍼센트 정도 소금을 포함하지만 나머지는 당연히 물이다. 현지인들이 물방울 하나라도 보존하려고 애쓰는 순간조차 살인적인 사막 태양 아래 펼쳐진 광대한 연못에서 증발되는 건 생명을 유지시키고 갈증을 해소하는 물인 것이다. 많은 사람, 특히 살라르가 내려다보이는 여러 마을에서 살고 있고 그곳을 신이 내려주신 영토의 일부로 여기는 현지 토착민 공동체에게 소금물은 그들의 수자원 일부로 정의되어야 마땅하다.

이런 마을 중 하나인 리오그란데는 여전히 농업으로 살아가는 공동체이며, 안데스산맥에서 흘러내리는 귀중한 물을 농업용수로 사용한다. 이곳을 방문했을 때 현지인 파멜라 콘도리Pamela Condori는 나를 밭으로 데려가 한 농부가 마늘을 재배하는 모습을 보여줬다. 그는 내게 둥그런 마늘을 몇 개 건넸다.

"이 마늘이 유명해요." 파멜라가 마늘 한 쪽을 벗겨내 내게 건넸다. "무척 달고 절묘한 맛이죠. 스위스로 수출해요."

그녀는 기대하는 눈빛으로 날 쳐다봤다. 그녀의 기분을 상하지 않게 하려고 필사적으로 노력하며 마늘을 입에 집어넣었다. 그녀는 계속 날 쳐다봤고 나는 상냥한 미소를 지으며 마늘을 베어 물어 넘겼다. 맛의 폭발이었다. 좋은 맛도 있었지만, 대부분은 그렇지 않았다. 나는 갑자기 기침이 나와 말을 할 수 없었고, 미뢰에 느껴지는 매캐한 거품이 치료에 도움이 되는지 아니면 그저 고통의 한 형태인지 알아내려고 무척 애썼다. 리 밸리 온실에서 먹었던 토마토와 달리 나는 이게 자연에서 얻은 그대로의 맛이라며 나 자신을 설득하고자 했다.

파멜라는 내가 침묵하는 틈을 타서 리튬 채굴로 인한 여러 문제를 설명했다.

"대자연을 유린하는 거예요." 그녀가 말했다. "우린 대자연을 존중하죠. 하지만 광산업은 온갖 착취를 하기 위해 여기 와서는 물도 없애고, 우리가 물을 쓸 권리도 빼앗았어요. 마치 자기 것이라도 되는 것처럼 말이에요. 그게 우릴 괴롭히는 거예요. 그건 그들의 것이 아니라 우리 것이기 때문이죠. 우리가 이곳, 이 땅에 먼저 왔다고요."

청녹색을 띤 연못인 살라르가 내려다보이는 곳에서 또 다른 현지인 크리스티안 에스핀돌라Christian Espindola가 와인을 붓고 신전 위에 코카 잎을 흩뿌리며 말했다.

"여긴 비가 내리지 않습니다. 하지만 물은 우리 혈관에 흐르는 피 같은 것이죠. SQM 같은 광산기업은 살라르 데 아타카마를 파괴하고 있습니다. 직접적으로 살라르의 목숨을 끊고 있는 거예요."

하지만 광산기업과 규제 기관은 연못의 액체가 물이 아니라고 단호히 말한다. 연달아 몇 개의 파워포인트 프레젠테이션 파일을 보여준 SQM 임원들은 내게 상세히 강의하며 소금물은 일종의 광물로 생각하는 게 더 낫다고 했다. 소금물은 물과는 무척 다른 특징을 보이며, 좀처럼 물과 섞이지 않고 담수보다 땅속으로 훨씬 깊이 가라앉는다는 것이다. 광산기업에서 일하는 수리지질학자들hydrogeologists은 살라르의 땅속에서 비슷한 현상이 일어나는 중이라고 주장한다. 그들은 두 액체가 서로를 밀어내면서 별개의 층을 형성하여 무척 다른 물질처럼 반응한다고 설명한다.

이 단계에서 약간의 혼란을 느낀다면 당신만 그런 게 아니다. 살라르에 있는 동안 나는 소금물을 'w로 시작하는 그 말'("에드, 물water이 아니라고요!")로 부른다고 계속 책망받았다. 그러다 내가 인터뷰한 어떤 경영진 한 사람도 정확히 같은 실수를 저질렀다. "이런, 물이라고 말했지만 물이 아닙니다." 그리고 나서 지적은 사라졌다. 이 기이한 정의를 고집하는 무도회의 내부자들조차 때로 발이 걸리는 걸 볼 때 우리는 지금 애매모호한 영역에 들어왔음을 인정해야 한다.

여하튼 이런 부류의 물(미안하다, '액체 광물'이다) 분류 체계에 관한 과학은 무척 새롭고 모호하여 리튬 채굴이 어떤 영향을 미치는지 규정하는 건 극도로 어려운 일이다. 다만, 모두가 동의할 수 있는 한 가지가 있다. 광산기업들은 더 많은 소금물을 퍼올리면서 수백만 년 걸린 이곳의 소금물 저장소를 고갈시키고 있다. 하지만 SQM의 선임 수리지질학자 코라도 토레Corrado Tore는 대다수 채굴 형태에 대해서도 똑같은 말을 할 수 있다고 지적했다.

우리는 살라르에 있는 여러 연못 중 하나의 가장자리에 서 있었다. 이 단계에서 소금물은 거의 1년 정도 정제 과정을 겪은 상태였다. 염소, 칼륨, 마그네슘은 제거되었고 남은 건 녹황색의 끈끈한 액체였다. 바람은 살라르 전역을 빠르게 훑고 지나갔고, 소금 결정이 우리의 얼굴을 때렸다.

"환경에 영향을 미치지 않는 인간 활동은 없죠. 우린 이곳에 영향을 미치는 중이고요. 하지만 핵심은 그런 영향을 계속 통제하는 겁니다. 위험을 완화시키고 환경에 최대한 친화적으로 작업하는 거죠. 여기서 진행되는 작업을 현지 공동체에 설명하려고 합니다. 우리가 하는 행위는 채굴이죠, 그건 맞아요. 그럼 대안이 뭡니까? 아무것도 안 하는 거죠. 그러나 리튬은 필요합니다. 이런저런 곳에서 그걸 얻어야 세상이 돌아갑니다."

우리는 소금물을 되돌아봤다. 그것은 이제 수백만 년의 잠에서 깨어나 무척 색다른 여정을 시작하려 했다. 추출되는 속도는 생산지 살라르가 보충하는 능력을 한참 앞지르지만, 아무도 전적으로 '안전한' 속도가 얼마인지 확신하지 못한다. 채굴 개발 과정의 어떤 지점이 현지 환경에 돌이킬 수 없는 변화를 일으키는가. 생물학자들은 몇몇 징후가 리튬 광산의 카나리아라는 걸 지적한다. 살라르 가장자리에서 죽어가는 나무들과 여러 번 인용된 어떤 논문에 따르면 소금물 추출 이후 변화한 플라밍고 개체수가 그 증명이라는 것이다. SQM은 훨씬 전부터 플라밍고 개체수를 조사하고 있었다고 반박하면서 그 새들은 원래 철새 생활을 한다는 사실도 지적했다. 플라밍고 개체수에 그렇게 큰 의미를 부여해서는 안 된다는 것이다. 이쯤 되면 양측의 주장이 무엇인지 대충 이해했을 것이다.[5]

하지만 우리는 생태계가 어떻게 만들어졌는지, 혹은 환경오염에 어떻게 대응하고 있는지 잘 모른다. 그래서 아무도 우리가 확실하게 환경에 피해를 입히고 있다고 단정할 수가 없다. 미지의 영역을 개발하려는 또 다른 노력인 심해 채굴과 마찬가지로, 미지의 사항이 알려진 사항보다 훨씬 많다.

그렇게 우리는 물질 세계 여행 중 몇 번이고 마주쳤던 긴장 상태로 돌아오게 되었다. 서로 대항하는 두 가지의 균형을 어떻게 맞출까? 한편으로 물질을 향한 수요와 그걸 제공하는 사람들에게 주어지는 보상이 있고, 다른 한편으로는 그것이 미치는 영향이 있다. 리튬의 경우 화석연료에서 벗어나기 위한 수단이기 때문에 균형을 더욱 맞추기 어렵다. 하지만 내연기관이 인류가 하나의 구덩이(말똥으로 인한 도시와 마을의 오염)에서 빠져나오는 걸 도와준 대신 또 다른 구덩이를 만들어냈던 것처럼 리튬, 코발트, 니켈, 망간에서 같은 일이 벌어질 확률은 얼마나 될까.

"이게 인류 미래에 있어 갈림길입니다." 소금물 연못 방문을 마칠 때 SQM 임원인 스테판 더브라위너Stefan Debruyne가 말했다. "현지 공동체에 지구를 위한 그들의 희생이 얼마나 중요한지 보여주어야 합니다. 우리는 그들이 세상을 보는 관점에 채굴이 어떤 영향을 미치고 있는지 압니다. 땅을 파서 소금물을 빨아들이는 게 파차마마(Pachamama: 어머니 대지)를 다치게 하고 있다고 생각하죠."

내가 칠레를 여행했을 때 채굴은 한창 진행 중이었고 한동안 그런 딜레마가 전면적으로 등장할 것 같았다. 이 나라가 경제적으로 가장 불평등한 곳이라는 사실로 인해 2019년 거리 시위가 벌어졌다. 이후 칠레는 아우구스토 피노체트의 군사 독재 시대에 만들어진 헌법을 개정하려고 애썼다. 제헌의회가 설치되었고, 나라의 온갖 부문에서 사람들이 모여 새로운 헌법을 잘 만들고자 노력했다. 한동안 모든 게 논의 대상이었으며, 리튬 생산의 국유화도 포함되었다. 구리가 1970년대 살바도르 아옌데 정부에 의해 국유화된 것과 똑같은 방식이었다. 몇몇은 리튬 추출을 전면적으로 금지하자고 주장하기도 했다. 이와 비슷한 논의가 이미 라틴아메리카 대부분에서 진행되었다. 멕시코는 규모가 더 작고 개발도 덜 되었지만 볼리비아를 따라 자국의 리튬 산업을 국유화했다. 시간이 흐르며 칠레에서 논란이 되었던 제안 대다수는 폐기되었

다. 헌법 개정 중에 36세의 선동적 운동가 가브리엘 보리치Gabriel Boric
가 대통령에 선출되었고, 활동가들 사이에선 구리와 리튬 생산에서 세
계 최고 수준의 보유량을 자랑하는 칠레가 제2의 사우디아라비아가
될 수 있을 것이라는 기대가 싹텄다. 하지만 내가 2022년 중반 제헌의
회의 의원인 생물학자 크리스티나 도라도르Cristina Dorador를 만났을 때
그녀는 앞날에 대해 다소 비관적으로 말했다.

"리튬 추출을 중지하는 건 이젠 거의 불가능하죠." 그녀가 말했다.
우리는 안토파가스타에서 만났는데, 그곳은 안데스산맥까지 이어진
구리 철도가 세계 최대의 구리 광산에서 여전히 양극재와 구리 응축
물을 실어오는 항구 도시였다. 우리는 해안 산책로 난간에 기댄 채 파
도가 부서지는 모습을 보며 이야기를 나눴다. 뒤로는 커다란 쇼핑몰이
있었지만 크리스티나는 나무로 된 오랜 부두의 잔해를 따라 있는 둑
을 가리켰다.

"저기가 태평양 전쟁이 시작되었을 때 칠레군이 상륙했던 곳이예
요." 그녀가 말했다. 나는 나무 그루터기들을 응시했다. 이곳은 전쟁이
시작된 곳이었다. 사막의 칼리체를 두고 일어난 전쟁은 1879년에 한
무명 철도회사의 납세 분쟁으로 시작되어 볼리비아가 해안을 빼앗기
고 칠레가 세상에서 가장 광물이 풍부한 국가로서 입지를 굳히게 만
들었다. 상쾌한 겨울 아침이었고, 태양은 막 구름을 헤치고 나오며 빛
을 뿌리는 중이었다.

크리스티나는 처음부터 활동가가 되거나 변호사들과 다투며 칠레
헌법을 바꾸려는 초안을 작성하는 데 시간을 쏟을 생각은 없었다. 그
녀는 경력 대부분을 살라르에서 잘 알려지지 않은 해조류를 연구하며
보냈다. 그러다 해조류를 먹는 플라밍고의 개체수가 줄어드는 걸 보여

주는 데이터를 발견하면서부터 이 기이한 세상으로 떠밀려 들어오게 되었다.

"엄청난 역설이죠. 세상에서 제일 건조한 사막인 아타카마 사막 한가운데서 물이 증발하고 있다니." 그녀는 이렇게 말한 다음 잠시 말을 끊고서 인근의 둑을 다시 쳐다봤다.

"다른 형태의 배터리를 생각할 필요가 있어요. 우린 질산염으로 비슷한 경험이 있으니까요. 칠레 경제가 질산염 개발에 모든 것을 쏟았지만, 갑자기 독일인들이 합성 질산염을 발명하자 커다란 위기가 찾아왔어요. 특히 이 지역에서요. 원자재에 이렇게 의존도가 높으면 미래에도 우리는 힘든 상황에 놓이게 될 겁니다."

다시 말해 그들은 전에도 이런 상황을 마주한 적이 있었다. 안토파가스타부터 여행하여 언덕을 거쳐 도시의 다채로운 판잣집들을 넘어 안데스산맥을 향해 오르는 철로를 따라가면 16킬로미터 정도 지난 뒤 다 허물어져 가는 건물 단지와 베르나르도 오히긴스Bernardo O'Higgins라는 표지를 보게 될 것이다.

스페인 통치에서 칠레를 해방시킨 오히긴스의 이름을 딴 이곳은 철도의 첫 번째 역으로 초창기 칼리체 광산을 항구와 연결시킬 목적으로 건설되었다. 광산은 오래전 사라졌고, 철도역도 버려진 지 오래지만 기차는 여전히 하루에 몇 번 철커덕거리며 지나간다. 기차가 어제의 '하얀 황금'의 잔해를 지나가면서 동시에 오늘의 하얀 황금을 지나간다. 왜냐하면 이곳 살라르 델 카르멘은 세상에서 가장 큰 리튬 정제소이기 때문이다.

과거와 마찬가지로 SQM이 운영하는 이 단지를 가장 잘 묘사해보면 약간 교회같다는 것이다. 이건 좀 황당한 소리처럼 들릴 텐데, 이 단지는 교회와는 전혀 비슷한 구석이 없기 때문이다. 오히려 정유공장이나 화학공장에 가깝다. 하지만 온갖 배관과 연기를 뿜어내는 굴뚝에 둘러싸인 핵심부엔 골함석 지붕을 두른 높게 솟은 저장고가 있었다. 그 저장고는 눈이 멀 정도로 밝게 빛나고 있어서 거대한 흰 판자로 만든 교회처럼 보였고, 전지전능한 신이 그렇게 빛나도록 꾸며놓은 것 같았다.

조금 더 가까이 접근했을 때 나는 실제로 어떤 일이 그 안에서 벌어지고 있는지 알 수 있었다. 건물 전체에 믿기 어려울 정도로 곱고 흰 가루가 두껍게 달라붙어 있었다. 내부 어디에나 하얀 가루가 있는데 창고에도, 배관에도, 통로와 난간에도 하얀 가루 천지였다.

살라르에서 뽑아낸 미끈미끈하고 리튬이 가득한 녹황색 소금물은 여전히 액체 형태로 운반되었다. 배관과 챔버로 퍼올려진 뒤 추가적으로 증발 주기를 거치며 곱고 흰 가루 형태가 되도록 만드는 화학물질과 혼합된다. 다양한 등급이 있고, 그중 가장 뛰어난 것은 리튬 혼합물을 걸러서 간신히 5마이크론 정도 되는 알갱이가 된다. 이 하얀 가루는 너무 작아서 고체라기보다 액체처럼 반응하며, 작업자들이 다룰 때에는 철벅거리는 소리가 난다.

그런 현상은 왜 공장 전체가 흰 가루에 둘러싸였는지를 설명해준다. 여태까지의 물질 세계 여행에서 나는 용광로에서 무쇠가 번쩍이며 불꽃놀이를 하는 것을 보기도 했고, 광산에서 발파 과정 중 코르다이트에 뒤덮이기도 했으며, 북해 아래 깊은 곳에서 소금 가루 터널을 따라 이동해 보기도 했다. 이제 나는 얼얼하게 톡 쏘는 냄새가 나는 리튬 구름에 휩싸였다. 마스크, 고글, 필수적인 개인 보호 장비를 갖췄지만 일부가 내 몸 속으로 들어오지 않을까 조마조마했다. 그러다 이 가루가 우울증에 도움이 되는 유익한 효과를 내기도 한다는 사실이 떠오르자 다소 편안한 기분이 들었다. 나는 공중에 있는 리튬이 공장의 안전 기록에 도움을 줄지 아니면 방해를 놓을지 생각해보았다. 방진복을 입은 노동자 일부는 기계 깊숙이 안쪽으로 들어갔다가 다시 새하얀 유령 같은 모습으로 돌아왔다. 이곳의 기온은 살라르보다 높았다. 그렇게 된 건 우리가 해수면에 더 가까워졌고 또 이 철커덕거리는 장비가 모조리 믿기지 않을 정도로 뜨겁다는 사실 때문이었다.

내가 얼마 전에 이와 비슷한 광경을 본 적이 없었다면 이곳은 외계인 거주지와 많이 비슷하게 보였을지도 모른다. 오래된 공장들이 여전히 소금물을 소다회와 중탄산나트륨으로 변화시키는 체셔에서 수천 킬로미터 떨어진 곳에 세워진 이 공장단지는 무시무시할 정도로 서로 비슷하게 보였다. 똑같이 사방에 흰 가루가 있었고, 똑같이 철커덕거리며 움직이는 뜨거운 기계가 지게차로 싣고 가서 채워야 하는 5톤짜리 자루가 있었다. 리튬을 만드는 건 베이킹소다를 만드는 것과 별로 다르지 않았다.

실제로 앞으로 몇 년 안에 리튬 제조사들은 오래된 소금 제조업체로부터 더 많은 아이디어를 빌려오게 될 것이다. SQM은 리튬직접추출DLE이라는 공정을 사용해 소금물로 리튬을 만드는 기존의 방식을 바꾸려고 한다. 살라르에 있는 거대한 청록색 연못은 사라지고, 그 대신 브리티시 솔트가 오래전에 체셔 소금물로 식염을 만들었던 공장에서 유래한 증발 공장으로 대체하려고 한다. 소금에서 생산되는 화학물질을 쓰지 않으면 리튬을 만들 수 없다는 사실이 밝혀졌다. 탄산리튬을 만드는 방식은 중국에서 대량으로 생산된 배터리에 소다회를 추가하는 것이다. 장시간 배터리에 사용되는 또 다른 형태인 수산화리튬을 만들기 위해선 가성소다를 추가한다. 이 물질은 클로르알칼리 공정에 의해 소금물에서 생산된다. 여기 칠레 사막에서조차 우리는 소금에 관한 오래된 방식을 답습하는 중이다.

정제 공장에서 배터리용 등급의 리튬을 담은 자루들은 트럭으로 운반되어 배로 수송된다. 대부분 아시아로 향하지만 장차 미국과 유럽의 공장으로 향하게 될 것이다. 현재의 계획이 결실을 맺으면 오늘날의 자동차 공장을 대체하게 될 것이다. 몇 년 전만 해도 화학적으로 부차적인 물건 취급을 받았던 리튬은 이제 하얀 황금을 얻기 위한 경쟁의 중심에 우뚝 섰다. 그리고 아타카마 사막으로부터 가루가 운반되는 과정, 여기에서 우리는 자동차 산업뿐만 아니라 세계의 지정학 지도가 변화하는 것을 목격한다.

우리가 오늘날 사우디나 러시아 같은 산유국을 중시하는 것처럼, 배터리 시대는 새로운 유형의 전기국가를 발생시키는 중이다. 칠레, 아르헨티나, 호주, 그리고 물론 중국 같은 나라는 이런 재료의 추출과 정제 영역을 지배할 것이다. 20세기의 지정학적 이야기가 중동과 러시아의 독재자 및 폭군의 변덕에 의해 정의되었던 것처럼, 21세기가 지나가면서 결국 나머지 세상이 이런 중대한 원료에 의지하는 동안 새로운 인물과 나라가 등장하게 될지도 모른다.

다만 이번엔 세 가지 중요한 차이점이 있다. 첫째는 우리가 에너지 사다리를 오르기보단 내려가는 중이라는 것이다. 리튬 이온 배터리는 석유, 가스, 심지어 석탄보다 크게 낮은 에너지 밀도를 보인다. 둘째는 우리가 채굴하는 물질들이 연소되지 않는다는 점이다. 그것들의 동력은 증발되지 않고 배터리 내부에 설치되어 이론상 재활용될 수 있다.

셋째는 그런 물질을 추출하는 나라들이 과연 이 일을 계속 해야 하는지 확신하지 못한다는 것이다. 내가 크리스티나와 대화하고 얼마 되지 않아 새로운 칠레 헌법안이 국민투표에 부쳐졌다. 사람들은 수정안을 거부하는 데 투표했지만, 가브리엘 보리치 정부는 구리와 리튬 추출 규제를 더 엄격하게 하는 계획을 밀어붙였다. 세상에 이런 물질들이 더욱 필요한 이 시점에서, 이런 전기국가들이 그걸 제공할 준비가 되었는지 분명하지가 않다.

17장

2차전지의 시대

기가팩토리에서 새로 쓰는 에너지 연대기

네바다 스팍스 북부 사막의 산꼭대기엔 여전히 눈이 남아 있었다. 야생마들은 서로를 쫓으며 산비탈을 오르내렸고, 천천히 갈기를 휘날리며 달렸다. 계곡 바닥에 있는 것만 아니라면 서부 영화 속 한 장면 같다고 생각했을지도 모른다.

하지만 우리가 내려다보는 건 세상에서 가장 흥미로운 건물로 엄청나게 흥분을 자아내는 외관은 아니다. 우리가 여기서 볼 수 있는 건 상단에 붉은 줄이 쳐진 태양광 패널로 뒤덮인 거대한 L자 형태의 건물이 전부이다. 이렇게 멀리서도 가장 눈에 띄는 것은 거대한 규모이다. 이곳은 대략 미식축구 경기장을 33개 합쳐 놓은 크기를 자랑한다. 측면에서 보면 상황이 좀 더 흥미로워지기 시작한다. 멀리서 보면 낮고 평평한 건물로 보이지만 사실 두 배 크기의 3층짜리 공장 공간을 포함하고 있다. 그리고 우리는 그런 건물에서 실제로 무엇을 만드는지 알게 된다.

거대 단지의 3분의 2는 온전히 배터리 제조를 담당한다. 배터리는 어디를 보든 눈에 띈다. 수백만 개의 배터리는 우리에게 친숙한 AA 배터리와 비슷하지만, 조금 더 굵은 손가락만 한 금속 원통처럼 생겼다. 잠시 배터리가 기계 주위를 빙빙 돌며 움직이는 걸 보면 약간 홀린 기분마저 든다. 쌩하고 빠르게 지나간 배터리는 윙윙 소리를 내며 작은 트랙과 컨베이어벨트로 움직이고, 작은 플라스틱 용기에 실려 강철 가로대에 의해 고정된다. 쨍하는 소리가 나고 아래위로 움직이며 수도 없이 금속성의 쨍그랑 소리를 내다가 마침내 아주 작은 회전목마처럼 보이는 주변에서 빙빙 돌아간다.

재빠르게 이리저리 움직이는 강철관을 장착한 배터리 조립 장치를 봤을 때 처음 떠올렸던 건 이상하게 들릴지는 모르지만 몇 년 전 세이셸에서 본 참치 통조립 공장이다. 비록 이곳에는 죽은 생선의 견딜 수 없는 악취는 없지만 말이다. 하지만 우리가 여기서 목격 중인 것은 현대 산업혁명에 가장 가까운 것이다. 이 작은 강철관은 도로 수송을 전기화하는 데 결정적 도움을 준다.

살라르 데 아타카마 땅 밑에서 추출된 리튬이 우리가 실제로 활용할 수 있는 무언가로 바뀌는 곳이 바로 이곳이기 때문이다. 칠레를 떠나 이곳에 도착하기까지 리튬은 이미 전 세계를 돌아다녔다. 또 다른 공장에서는 양극활물질cathode active materials이라고 알려진 혼합물에 섞였고, 이 혼합물은 강철 용기에 딱 맞게 들어가기 전에 전극에 입혀진다.

이 배터리 공장은 재료과학 분야가 대규모의 수요와 정면충돌하는 곳이다. 기후변화를 막을 수 있다는 희망이 있다면 반드시 해결해야 하는 이곳의 진짜 난제는 단순히 배터리 내부에서 뛰어난 화학반응을 일으키는 것이 아니라 전기차를 합리적인 가격으로 생산할 수 있을 만큼 배터리를 양산하는 것이다. 공장 내부에서는 콘크리트에서 토머스 에디슨이, 자동차에서 헨리 포드가 그랬던 것처럼 뭔가 기발하고 장인적인 것이 아주 엄청난 숫자로 대량생산되고 있다. 우리가 칠레에서 보았던 고대에 생성된 리튬 소금물이 실제로 세상을 변화시킬 수 있는 재료로 재탄생하는 현장이 바로 이곳이다.

결국 휘발유와 디젤로 움직이는 차와 트럭의 사용을 해결하지 않고서는 탄소 중립을 실현할 수 없다. 2020년 기준으로 온실가스 배출량의 5분의 1 이상이 화석연료 차량에서 나온다. 이것만큼 탄소 배출에 밀접하게 영향을 미치는 단일 활동은 없다. 이러한 사실이 바로 왜 오늘날 배터리를 향한 집착이 그토록 강한지, 왜 이곳이 그토록 중요한지를 밝혀주는 이유이다.

세계 최초 기가팩토리의 현장

몇 년 전까지 배터리 회사가 한 달에 500만 개의 배터리를 생산한다면 거물급 회사로 여겨졌다. 이 공장은 그 정도 수량을 단 며칠 만에 생산한다. 건설 이후 몇 년 안에 10억 개 이상의 배터리를 만들었으며, 당신이 이 글을 읽고 있을 때면 100억 개를 돌파했을지도 모른다. 이 정도면 지구의 모든 사람에게 공급할 수 있는 수량이다. 네바다 황무지의 숨겨진 계곡에서 그 모든 것이 나왔다.

이곳은 일명 기가팩토리 네바다Gigafactory Nevada로 알려진 테슬라의 기가팩토리 1이다. 세계 최초의 기가팩토리이기도 하다. 오늘날 몇 안 되는 건물만이 이 명칭을 사용한다. 이 글을 쓰는 현시점에 테슬라는 네 개 지역에 기가팩토리를 운영하고 있는데, 상하이, 베를린, 텍사스, 그리고 뉴욕 북부에 있다. 테슬라는 마지막 건물을 여전히 기가팩토리라고 부르지만 다른 사람들은 그렇지 않다. 기가팩토리의 정의는 다소 모호한데, 그 용어가 테슬라의 최고 경영자인 변덕스러운 일론 머스크가 몇 년 전 불쑥 꺼낸 것이기 때문이다. 여기에 그 자신만의 정의가 시간이 흐르면서 변화한 것도 한몫 거들었다. 하지만 오늘날 배터리업계에서 대다수에게 통용되는 넓은 의미에서 기가팩토리의 정의는 대량의 배터리를 생산하는 대규모 제조 공장이라는 것이다. 테슬라의 마지막 '기가팩토리(뉴욕주 북부에 위치)'는 태양광 패널을 생산하기 때문에 이 정의에는 맞지 않는다.

기가팩토리 네바다는 분명한 기가팩토리이다. 여전히 계획된 최종 크기의 3분의 1만 지어진 이 공장은 이미 지나치게 거대해져서 노동자들은 내부를 자전거나 세발자전거를 타고 이동한다. 대부분의 공간은 전적으로 배터리, 배터리팩, 전기모터 생산에 투입된다. 이곳에서 생산된 모든 제품은 캘리포니아주 프레먼트에 있는 테슬라 공장으로 실려 가 차에 장착된다. 그렇다, 이 자동차 회사의 가장 상징적인 공장조차도 실제로 차를 만들지 않는다.

머스크와 그의 공동 창업자이자 초기 회사의 진짜 엔지니어링 부문을 담당했던 J. B. 스트로벨J. B. Straubel에겐 그게 바로 정확한 요점이었다. 전기차 사업에서 다른 모든 걸 제쳐두고 가장 중요한 건 배터리 제조이다. 머스크와 스트로벨은 수백만 명의 자동차 마니아가 기꺼이 내연기관에서 벗어날 수 있도록 아주 탐나는 자동차를 만들었다. 그들은 차체 설계에 관한 업계의 고정관념에 도전하고, 훌륭한 내부 전력 관리 체계와 소프트웨어를 만들었다. 이런 관리 체계와 소프트웨어가 없었다면 최고의 배터리는 실패했을 것이다. 따라서 배터리 기술은 그들이 자동차 시장의 판도를 바꾼 과정에 대한 유일한 설명은 되지 못한다. 하지만 이 네바다 공장에서 아주 엄청난 속도로 리튬 이온 배터리가 생산되지 않았더라면 자동차 업계의 혁명이 벌어지는 일도 없었을 것이다.

이 공장에서 가장 흥미로운 사실은 무엇을 생산하는가가 아니라, 누가 공장에서 그것을 만드는지이다. 사방에 테슬라 로고가 선명하게 새겨져 있지만, 네바다에서 생산되는 거의 모든 배터리는 사실 파나소닉이 만든다. 이 공간의 3분의 2는 테슬라가 아니라, 100년 가까이 된 일본 전자회사가 차지하고 있다. 다소 건방지게 들릴 수도 있겠지만 실제로 이곳을 파나소닉 기가팩토리라고 불러도 무방하다.[1]

여기서 핵심은 애플이 자체적으로 컴퓨터와 실리콘 칩을 만들지 않는 것과 똑같은 일이 전기차에도 벌어지고 있다는 것이다. 테슬라, 포드, GM, 혹은 폭스바겐 로고 중 어떤 걸 달고 있는지 무관하게 전기차 내부에 들어가는 배터리는 이름이 잘 드러나지 않는 소수의 관련 회사들이 만들고 있다. 리튬 같은 단순한 물질이 우리 삶을 움직이는 제품으로 변화되는 물질 세계에 흥미를 가진다면 이런 잘 알려지지 않은 회사들에 집중하는 것도 가치 있는 일이다. 지구가 내연기관에서 벗어난다면 헤드라인을 독차지하는 유명 자동차 브랜드 못지않게 파나소닉, LG화학, 노스볼트, 그리고 BYD의 공로가 크다고 할 수 있다.

배터리를 양산하는 건 도전적인 일로 기초 기술이 간단하더라도 여전히 어려운 사업이다. 실제로 배터리 제조는 1980년대식 분위기를 간직하고 있는데, 카세트테이프 제조와 비슷한 방식을 사용해 놀랄 일도 아니었다. 리튬 배터리와 카세트테이프 모두 화학적 슬러리를 얇은 시트에 코팅하고 감는 과정이 포함되고, 이 오픈릴식 제조는 자기테이프 magnetic tape 가 오디오 카세트에 그런 것처럼 리튬 이온 배터리 내부에서 감긴 전극 나선에도 똑같이 작용한다. 실제로 배터리 업계에서 종종 회자되는 이야기가 있다. 오픈릴식 카세트와 비디오테이프를 무용지물로 만든 CD와 DVD가 발명되지 않았더라면 2차전지의 탄생은 훨씬 오랜 시간이 소요되었을 것이라는 것이다.

소니 같은 일본 기업이 왜 초기 배터리 생산을 선도했는지를 설명하자면 핸디캠 같은 자사 제품용 배터리가 필요해서만이 아니었다. 그들은 오픈릴식 조립 라인을 카세트테이프 대신 음극과 양극을 감는 용도로 변경할 수 있었고 그렇게 현대 배터리 시대를 탄생시켰다. 배터리 대기업의 연혁을 보면 보통 VHS와 오디오 카세트 쪽에서 당신이 기억하는(그 정도로 나이가 들었다면) 브랜드 중 하나의 화석화된 흔적을 찾을 수 있다. 산요는 이제 파나소닉의 일부이며, TDK는 이제 비교적 최근에 창업한 중국 대기업 닝더스다이寧德時代, 이하 CATL의 소유가 되었다.

이곳 네바다에서 만드는 배터리를 잘라 내부를 살펴본다면 지금 말하고 있는 걸 즉시 이해하게 될 것이다. 강철 용기 내부엔 1미터 길이의 무척 얇은 시트가 세 개 들어 있다. 두 개는 검게 코팅된 금속 포일이고, 다른 하나는 흰 플라스틱으로 만들어졌다. 이 얇은 시트들이 배터리이다. 배터리는 리튬이 대부분 들어간 양극, 음극, 그리고 분리막으로 구성된다. 다시 고층 건물 비유를 해보자. 배터리를 충전할 때 리튬이온은 문자 그대로 긴 양극 포일에서 음극 포일로 이동한다. 그러는 중에 분리막을 거치게 된다.*

---

* 그렇다고 배터리를 자르는 건 절대 해서는 안 되는 일이다. 배터리가 문자 그대로 고성능 폭탄이기 때문이다. 나는 그저 최종 조립 전에 비활성 상태의 배터리 내부를 운 좋게 관찰했을 뿐이다.

쨍그랑 소리를 내는 회전목마식 기계에서 이 포일들은 빽빽하게 감겨 용기에 들어간다. 이른바 '젤리롤jelly roll'이 되는 것이다. 이런 명칭은 똑같이 나선형 횡단면을 보이는 스위스 롤케이크와 비슷하다고 해서 붙여진 것이지만, 시간이 흐를수록 기술적인 용어로 굳어졌다. 전 세계 기가팩토리는 자사의 '젤리롤 로더jelly-roll loader' 성능에 전적으로 의지하고 있다. 용기에 딱 맞게 들어간 이 젤리롤엔 리튬 기반의 전해액이 채워지고, 밀봉된 뒤 강철 뚜껑이 덮이면서 제조 과정은 완료된다.

이 단계에서 AA 배터리 방식의 실린더가 2차전지의 유일한 형태가 아니라는 점을 지적해둘 필요가 있다. 예를 들어, 당신의 스마트폰 내부 배터리는 직사각형 형태일 가능성이 크다. 이는 파우치형 배터리나 각형角形 배터리라고도 알려져 있다. 하지만 모양과 상관없이 원리는 원통형 젤리롤 내부와 똑같다. 리튬 이온은 얇은 양극 시트에서 음극 시트로 이동한다. 다만 이 경우 포일 전극이 나선형으로 감기지 않고 각 포일 위에 포개진다. 이어 플라스틱 케이스에 담기는데, 이 케이스는 때로는 말랑하고(파우치형), 때로는 단단하다(각형).

어떤 모양이 최고라는 불변의 원칙은 없지만, 배터리 전문가들은 각자 옹호하는 형태를 두고 계속 찬반론을 내세우고 있다. 당신의 정신 건강을 위해 그런 대화는 피할 것을 권하지만, 가끔 흥미로운 정보를 듣기도 한다. 내가 접했던 한 가지 정보는 테슬라가 이토록 대단한 입지를 다질 수 있었던 건 적기에 올바른 배터리 형태를 선택했기 때문이라는 설명이었다. 테슬라가 첫 차인 로드스터를 구성하는 부품을 서둘러 모으던 중 배터리 업계 어딘가에서 획기적인 일이 벌어지고 있었다. 더 얇은 노트북을 만들기 위해 애플과 다른 제조사들은 원통형에서 파우치형으로, 그리고 각형으로 배터리를 교체했다. 갑작스럽게 시장에 저렴한 원통형 배터리가 넘치게 되었고, 그 결과 거의 알려지지 않은 이 자동차 스타트업은 아주 싼값으로 배터리를 대량 구매할 수 있었다. 일부는 이런 요행이 없었더라면 테슬라가 원가를 맞추지 못했을 것이라고 주장한다. 그리고 대다수 다른 자동차 제조사가 거대한 정사각형 배터리팩을 선택한 반면 테슬라의 차 대다수는 여전히 수천 개의 작은 노트북 배터리가 담긴 칸막이 상자로 운용된다. 그리고 그런 배터리 다수가 이곳 기가팩토리 네바다의 '드라이룸dry room'에서 만들어진다.

이곳의 이름이 그렇게 지어진 이유는 전극의 손상되기 쉬운 화합물에 유해한 습기를 공기 중에서 완전 제거한 공간이기 때문이다. 작업자들은 방진복을 착용하는데, 배터리 오작동을 일으킬 수 있는 먼지 한 톨이나 미세한 물방울마저도 사전에 차단하기 위한 것이다. 더 많은 배터리를 생산할수록 불량품을 생산할 가능성이 더 커진다. 불량 배터리 하나는 전기차의 주행 거리를 단축시키고, 최악의 경우에는 임의적인 연소를 일으킬 수 있어 안정성이 극도로 중요하다. 파나소닉은 매일 대량생산하는 배터리 수에 비해 단 한 번도 중대한 배터리 리콜을 겪은 기록이 없을 정도로 한결같은 생산자였다.

파나소닉이 네바다 작업 현장에서 보여주는 방식은 거의 강박 수준의 규율과 결벽이다. 기가팩토리의 파나소닉 공간에 서면 최첨단 일본 공장이나 대만의 TSMC에 순간이동이라도 한 것 같은 기분이 든다. 하지만 TSMC는 반도체 기판에 실리콘 웨이퍼가 없다면 기능할 수 없는 것처럼 배터리 조립 라인의 청결하고 무결한 환경은 땅속부터 우리의 실생활까지 이어지는 리튬의 여정에서 필수적인 이정표이다.

이상한 점은 이런 것이다. 파나소닉 배터리가 전기차 밑부분에 장착될 배터리팩으로 조립되는 동안 공장 반대편 테슬라 쪽에서는 배터리와 팩이 사방에 널려 있는 등 분위기가 매우 혼란스럽고 어수선하다.

극도로 다른 역사와 철학을 지닌 두 개의 회사로 공장이 운영되기에 이 거대한 건물의 본질적 의미를 규정하는 특징은 외부에서 알 수가 없다. 공장 가운데에는 단단한 벽이 있어서, 두 회사를 완전히 분리하고 있다. 로봇 카트가 파나소닉에서 테슬라를 오가며 배터리가 담긴 상자를 나르지만, 사람은 누구도 이 내부 경계를 넘지 못한다.

이런 동서양의 만남이 독특하게 보일지도 모르겠다. 하지만 유럽과 미국 자동차 회사들이 전기차 생산을 위해 일본, 한국, 중국 회사와 협력하는 일은 점점 더 일반화되고 있다. 정부와 소비자도 그들이 점점 더 많은 전기차를 팔길 바란다. 어떤 의미에서 이것은 좋은 신호이다. 시사평론가들이 21세기 세계화의 종말에 대해 투덜대고 있는 이 시점에 특정 경제적 관계가 약화는커녕 강해지고 있다는 걸 상기시키는 유용한 신호인 것이다. 대다수 자동차 제조사는 지구 반대편의 여러 회사에 생산을 위탁하는 것에 만족하고 있다. 적어도 당분간은.

'당분간'이라는 단어는 테슬라를 포함한 몇몇 자동차 제조사에 많은 의미를 갖고 있다. 그들은 이제 자체 배터리를 생산하려고 준비 중이기 때문이다. 테슬라는 현재 파나소닉이 공급하는 배터리보다 에너지 밀도가 더 높고 비용도 덜 드는 두툼한 원통형 배터리를 제조하는 계획을 자주 언급해왔다. 이른바 '콜라캔Coke can'이라고 하는 이 배터리는 제조하기에 무척 까다로운데, 특히 과열과 오작동에 취약했다. 이 모든 게 기가팩토리 네바다의 분위기가 기이하게 불편한 사정을 설명한다. 이 두 회사는 의존과 경쟁이라는 역기능적 관계에 갇혀 있다.[*]

어쨌든 휘발유에서 전기로 전환하는 과정에서 드러나는 많은 안전 사고들은 자동차 제조사가 해야 하는 것과 해서는 안 되는 것에 관한 통념을 상기시킨다. 이것은 유용한 신호이기도 하다. 자동차 제조사는 헨리 포드가 제시한 20세기 모델을 고수하고 제조 공정 대부분을 최대한 통제해야 할까? 아니면 애플을 흉내 내어 설계와 판매에 중점을 두고 물리적 생산 대부분을 외주를 주어야 할까? 이런 의문은 그 이상의 질문을 제기한다. 테슬라는 기술 회사인가 아니면 자동차 회사인가? 주로 관심을 가지는 게 하드웨어인가 소프트웨어인가? 달리 말하자면 테슬라는 자사의 미래가 물질 세계에 있다고 판단하는가, 아니면 비물질 세계에 있다고 판단하는가?

그리고 이런 활동이 우리 경제와 산업 구조에 어떻게 도움을 주는지 생각해보자. 휘발유 자동차에서 가장 가치 있는 단일 부품은 내연기관이다. 자동차 산업이 유럽, 일본, 미국에서 고숙련, 고연봉 제조업의 마지막 보루로 남은 이유는 자동차 제조사가 여전히 자사 엔진을 만들고 있기 때문이다. 하지만 지난 세기가 피스톤과 기름에 뒤덮인 앞치마에 관한 것이라면 다음 세기는 시험관, 클린룸, 방진복과 겉보기로 비활성된 배터리 내부에서 발생하는 전기화학반응을 이해하는 것이 될 것이다. 갑자기 상황은 무척 다르게 보이기 시작한다. 전기차에서 핵심 부품은 엔진이 아닌 배터리가 된 것이다.

따라서 그걸 누가 만드는지는 어마어마하게 중요한 일이다. 물질 세계의 수많은 다른 질문에 대한 답이 대체로 그러하듯이 이 질문에 대

---

* 콜라캔 배터리의 정식 명칭은 4680 배터리이다. 이 명칭은 원통 용기 형태의 치수, 지름 46밀리미터, 높이 80밀리미터로 인해 붙여졌다. 기가팩토리 네바다에서 만들어지는 배터리가 2170 배터리인 데 반해 초기 테슬라 배터리는 1865(지름 18밀리미터, 높이 65밀리미터)였다. 극초기에 쓰이던 것보다 살짝 더 높고 더 두툼했다.

한 답 역시 중국이다. 현재 중국은 세계 배터리 생산의 80퍼센트를 차지한다. 에너지 컨설팅사인 벤치마크 미네랄 인텔리전스Benchmark Mineral Intelligence에 따르면 유럽과 미국의 배터리 생산을 향한 거대한 비전이 실현되더라도 2030년대 초 중국은 여전히 세상에서 생산되는 배터리 열 개 중 일곱 개를 생산할 것이라고 한다.[2]

이 책을 쓰기 시작했을 때 네바다의 테슬라/파나소닉 기가팩토리는 다른 경쟁 시설보다 규모가 훨씬 커서 대다수 소식통은 이런 상황은 계속될 것이라고 예측했다. 그러나 2022년 갑자기 중국 남동부의 잘 알려지지 않은 도시 푸딩에 있는 한 공장에서 60기가와트시를 생산할 수 있고, 네바다 공장보다 30퍼센트 정도 더 큰 공장으로 키울 계획이라는 소식이 전해졌다. 2023년 테슬라는 네바다 공장의 생산력을 압도적인 140기가와트시로 또 한 번 확대한다는 계획을 발표했지만, 이 글을 쓰고 있는 지금, 이런 일이 실제로 일어날 것인지, 그리고 다시 추월당할 것인지 여부에 관해서는 짐작되는 바가 없다. 배터리 우위를 향한 전투는 가속화되는 중이다. 푸딩에 공장을 두고 경주에서 앞서 달리는 중인 중국 기업은 CATL로 GM, 폭스바겐, BMW, 그리고 공교롭게도 테슬라를 포함한 세계 대형 자동차 제조사 대다수에 자사 배터리를 판매하는 비밀스러운 기업이다. 이곳은 워낙 압도적인 우위를 점하고 있어 수많은 유럽 국가로서는 자기 나라에서 챔피언이 나오는 건 어불성설이고, CATL이 현지 공장을 세우도록 설득하는 것이 그나마 가장 기대할 만한 일이다. 중국은 대만의 TSMC처럼 균등한 기준과 사양으로 실리콘 칩을 생산하는 일을 하는 데에는 어려움을 겪고 있지만, 배터리 확장 경쟁에서 누가 앞서고 있는지는 명백하다.

중국 배터리로 전력을 공급받는 자동차 다수가 여전히 미국과 유럽

로고를 달고 있기 때문에 이런 우위는 겉으로는 분명하게 드러나지 않지만, 깊게 파고들수록 그 회사들이 중국에서 벗어나기 힘들다는 걸 알 수 있다. 중국 회사들은 전 세계 배터리 생산의 80퍼센트를 통제할 뿐만 아니라, 배터리에 들어가는 원료도 80퍼센트 통제하고 있기 때문이다. 배터리 생산망에서의 다음 단계는 다소 사소한 것으로 보일지 모른다. 그러나 겉모습에 속아선 안 된다. 결국 배터리의 가장 귀중한 요소는 엔지니어링이나 포장이 아니라, 양극과 음극에 슬러리 형태로 코팅하는 물질들(리튬과 흑연)이다.[3]

리튬과 흑연을 양극재와 음극재로 만드는 것은 아주 복잡한 사업이어서 그 자체로 하나의 경제를 차지한다. 배터리 제조사들은 우리가 거의 들어본 적 없는 양극활물질 회사들로부터 부품을 공급받는다. 파나소닉은 재료 대부분을 스미토모 금속광산에서 얻고, CATL은 재료 대부분을 론베이 테크놀러지라는 회사를 통해 공급받는다.

이 세계에서 일하는 누군가와 이야기를 나누면 진짜 마술은 젤리롤 제조가 아닌 금속을 정제하고 혼합하여 초고순도 양극활물질로 만드는 단계에서 일어난다고 생각한다는 걸 알 수 있다. 실제로 리튬 이온이 움직이고 머무르는 곳이 배터리의 중심이라는 그들의 말은 일리가 있다. 정확히 배터리의 작용이 벌어지고 있는 곳이기 때문이다. 이런 배터리 물질들의 화학적 반응(리튬과 다른 구성 요소의 정확한 비율과 분자 구성)은 배터리의 최종 성능에 결정적 차이를 만들어낸다.

전통적인 배터리 제조 방법은 리튬 코발트 산화물로, 이것은 존 구디너프가 개척했던 초기 리튬 이온 배터리에 가장 가까우면서도 여전히 오늘날 스마트폰과 노트북에 사용되는 가장 흔한 양극 반응이다. 리튬과 함께 니켈, 망간, 코발트를 사용하는데(머리글자를 따 NMC라고 부른다), 에너지 밀도는 리튬보다 살짝 낮지만 훨씬 더 오래 지속된다. 이것은 최신 전기차에 활용되는 배터리 종류로, 네바다에서 파나소닉이 만드는 테슬라 배터리는 미묘하게 약간 다른 방식으로 리튬에 더해 니켈, 코발트, 산화알루미늄을 사용한다(NCA라고 부른다). 리튬인산철(LFP)로 부르는 것도 있는데, 이것은 철과 인산, 리튬의 결합으로 다른 리튬 이온 배터리보다 훨씬 더 안정적이지만 많은 전력을 담아내지는 못한다. 이제 리튬 이온의 세계를 어느 정도 이해했을 것이다. 제조 방법은 다양하고, 각각의 고유한 장단점이 존재한다.

모든 길은 리튬으로 통한다

이런 모든 화학반응에서 유일하게 제외할 수 없는 금속이 리튬이다. 이 기이하고 정의하기 힘든 요소의 전기화학적 힘은 스마트폰, 노트북, 그리고 전기차가 있는 우리의 삶에 엄청난 도움을 주었다.

하지만 역할은 거기서 끝나는 게 아니다. 세상이 전기화되면서 우리는 예기치 못한 장소에서 배터리를 필요로 하게 되었다. 배터리를 가정에 설치해 요금이 가장 저렴할 때 충전할 수도 있다. 태양에너지를 저장하는 배터리는 해가 졌을 때 사용하게 될 것이다. 몇몇 스타트업들은 가스로 작동되거나 전원으로 연결하는 레인지보다 훨씬 빠르게 물을 끓일 수 있는 배터리가 장착된 새로운 조리 기구를 개발했다. 이 모든 건 파나소닉과 다른 회사들이 각자의 기가팩토리에서 조립하는 젤리롤을 더 많이 필요로 한다는 뜻이다.

전부 무척 흥미로운 이야기이지만, 배터리 내부에 들어가는 화학물질의 수요도 더욱 증가할 것이다. 장기적으로 리튬의 대안이 될 만한 물질이 있지만(나트륨 이온 배터리 등) 주기율표의 위치를 생각하면 나트륨은 절대 리튬만 한 무게 대비의 전력과 용량을 제공하지 못할 것이다. 다른 돌파구가 있을 수도 있다. 과학자들은 이미 현재의 리튬 이온 배터리에 넣어야 하는 전해액을 제거한 고체 배터리를 연구 중이다. 실리콘 칩이 진공 스위치에 했던 것처럼 기존 배터리에 희망을 전하는 도약인 것이다. 일부는 화학반응의 일환으로 공기를 활용하는 배터리를 연구 중이다. 하지만 거의 모든 시제품이 여전히 고체 리튬 배터리, 리튬 공기 배터리 등 특정 요소의 특별한 전기화학적 특성을 활용한다. 그러니까 모든 길은 리튬으로 통한다.

일반적인 전기차 배터리는 리튬 40킬로그램과 더불어 코발트 10킬로그램, 망간 10킬로그램, 니켈 40킬로그램을 포함한다. 이건 음극에 들어가는 흑연을 고려하기 전의 수치이다. 이런 물질들은 물론 다른 어떤 곳에서 가져와야 하고, 물질 확보를 위한 경쟁은 가속화되는 중이다. CATL의 소유주인 쩡위췬曾毓群은 티베트에서 채굴권을 사들였지만 세계 최대 배터리 제조사의 위치를 유지하려면 이런 저장고 정도로는 막대한 수요를 감당할 수 없다. 이 금속의 저장고는 소수 나라에 집중되었고, 따라서 다른 국가들이 배터리 공급망에서 중국이 점한 우위에 대해 전전긍긍하는 동안 베이징의 많은 회사들은 동시에 중국이 다른 국가들에 원료를 의존하고 있다는 사실로 공황 상태에 빠져 있다.

이런 광물을 확보하려는 경쟁에서 중국은 이미 한발 앞서 출발한 상태로 남아메리카와 사하라 사막 이남 국가들에 자본을 제공하고 투자하는 거래를 체결했다. 2023년에 CATL은 볼리비아 정부와 계약을 체결하여 우유니 소금사막에서 리튬을 추출하기 시작했다. 유럽 연합과 미국은 공급량 확보를 목적으로 아주 중대한 광물 정책을 시행하고 있다. 미국에서 오래된 저장고들은 방치 상태에서 벗어나 정돈되었고, 21세기 광물 경쟁을 위해 용도가 변경되었다. 삼엄하게 지켜지는 미국의 여섯 곳엔 중대한 물질들이 산더미처럼 쌓이는 중이고, 이는 다가올 산업 전투를 앞두고 마련된 일종의 군자금인 셈이다.[4]

최근까지 이런 비축은 과거의 상징이었다. 경제적 피해망상에 시달리던 냉전 시대와 비슷한 느낌이었던 것이다. 지난 몇십 년 동안, 특히 2차 세계대전이 끝난 뒤 미국은 중대한 물질들을 계속 비축해왔는데 주로 군용이었지만 상업적인 측면에서 부족 현상에 대비하려는 뜻도 있었다. 하지만 베를린장벽이 무너지고 냉전이 종식되자 정치인들은 더 이상 비축이 필요 없다고 판단했다. 세계가 더욱 경제적으로 연결되고 겉보기에 영원히 갈등이 없을 것 같았기 때문에 비축량은 천천히 줄었고 국외로 흘러나갔다. 2020년대 초가 되자 비축량은 거의 고갈되었다.

이 문제에 대하여 도널드 트럼프와 조 바이든은 다른 입장을 보였다. 2022년 바이든 대통령은 미국 배터리 산업을 보호하기 위해 국방물자생산법Defense Production Act을 발동했다. 이 법은 백악관이 리튬, 코발트, 니켈, 망간, 흑연 같은 중요한 자원을 해외가 아닌 국내에서 채굴하고 공급하려는 회사들에 지극히 예외적인 지원을 제공할 수 있도록 권한을 부여했다.

"우리는 미래에 동력을 공급할 자원을 중국과 다른 나라들에 장기적으로 의존하는 일을 끝내야 합니다." 바이든 대통령의 말이다. 하지만 지금 단계에서 쉽게 이루어질 수 있을 것인지는 분명하지 않다. 중국이 배터리 생산뿐만 아니라 배터리 원료 처리도 대부분 통제하고 있기에 미국은 완전히 중국에 의존하고 있는데, 이런 모습은 20세기 초이후로 어떤 산업혁명에서도 결코 없었던 방식이다. 모터 시대, 실리콘 시대, 콘크리트 시대, 산업 채굴 시대 모두 미국은 시작부터 기술에서 압도적인 우위를 점해왔다. 하지만 배터리 시대에선 그렇지 못한데, 배터리의 전극 포일에 들어가는 정제된 구리와 알루미늄, 그리고 배터리에 코팅하는 양극재와 흑연 대다수를 중국에 의존해야 하기 때문이다. 온 세상이 아시아의 우위와 야심이 드러내는 규모로부터 혜택을 받고 있는데, 그것들이 배터리 가격을 어마어마하게 낮추는 데 기여했기 때문이다. 배터리는 2010년부터 2020년 사이 인플레이션을 감안하면 가격이 89퍼센트 하락했다. 미국과 그 동맹국들은 반도체 공급망의 통제를 두고서 치른 싸움에서 승리했을지 모르지만, 배터리에선 그렇지 못했다.[5]

이런 비축물이 높이 쌓인 저장고들은 또 다른 재료 비축의 시대를 대비하는 중이다. 늘 저장해두던 코발트와 니켈에 더해 수산화리튬과 탄산리튬이 추가되었다. 이 재료들은 양극 파우더에 섞이고 전극에 바르는 재료로 이번 비축량은 리튬 삼각지대와 호주의 스포듀민 광산에서 캐낸 광물로 만든 파우더로 보충될 예정이다.

이 모든 이야기가 새로운 경제적 자급자족 시대로 돌아가는 것처럼 들린다면 그럴 가능성이 충분하기 때문이다. 물질 세계의 복잡함을 살핀 사람은 누구든 단 하나의 국가에서 배터리, 반도체, 고급 유리나 화학물질의 공급망 전부를 좌우할 수 있다고 생각하지 않는다. 그럼에도 불구하고 많은 선진국이 정확히 그렇게 하겠다고 장담하는 일을 멈추지 않았다.

유럽 열강이 세계 대부분을 식민지로 삼으면서 황금과 초석은 물론 여기서 고무, 저기서 구리를 찾던 19세기를 모방하려는 느낌이 든다. 광물을 향한 이런 주기적인 쇄도는 종결될 것인가? 지구에 아무것도 남지 않을 때까지 계속 더욱 깊이 땅을 파고 폭파시키는 게 우리의 운명일까? 최고의 희망은 뭔가 조금 다른 시도를 하고 있는 소수의 알려지지 않은 공장에 있을지도 모른다. 그런 공장 중 하나는 무척 흥미로운 역사를 갖고 있다.

18장

변화하는 세계

자원의 저주에서 미래로 나아가는 길

벨기에 브뤼셀에 가게 된다면 관광 팁이 있다. 먼저 국가의 주요 행사가 열리는 18세기에 지어진 웅장한 왕궁으로 가라. 거기에 도착하면 다른 관광객들과 함께 정문 앞에서 어슬렁거리지 말고 밖으로 빠져나가 두칼레 거리Rue Ducale를 따라 후문까지 걸어가자.

그곳에서 당신은 중년 남자의 동상을 보게 될 것이다. 네모나게 다듬은 긴 턱수염에 작업복 같은 걸 입고 있는 이 사람은 수도사처럼 보인다. 그는 거대한 말 위에 올라타 과거에 큰 길이었던 곳을 도도하게 바라보고 있지만, 그곳은 이제 전면이 유리로 된 사무실 빌딩들 사이에 흉물스러운 지하도가 되었다. 내가 지난번 그곳을 지나갔을 때 동상 아래 계단에서 노숙자 한 사람이 누워 자고 있었다. 젊은 사람들은 여름 저녁이면 이곳에 앉아서 담배를 피우고 캔 맥주를 마신다. 오랜 세월 이 동상을 받치고 있는 좌대座臺와 그 위에 놓인 동상은 그저 도시의 구조물 중 하나일 뿐이었다.

이 동상의 주인공은 수도사가 아니다. 말 위에 걸터앉은 남자는 레오폴드 2세로 20세기 초 20년이 넘게 콩고를 자신의 사유지로 지배한

벨기에 국왕이다. 그가 지배하는 시기 식민지의 권력자들은 초창기 자동차 타이어의 고무, 학살된 코끼리에서 얻은 상아, 무엇보다 엄청난 광물 자원으로 막대한 부를 쌓았고, 그러는 동안에 콩고인들은 기근과 질병으로 수백만 명이 사망했다.[1]

콩고에 가본 적이 없고, 물질 세계에서 무슨 일이 벌어지는지 마주할 필요도 없었던 레오폴드 2세는 100여 년 전에 죽었다. 하지만 그는 여전히 긴 그림자를 드리우고 있나. 벨기에는 역사의 하이라이트에서 얼어붙은 상태가 되어, 잔혹한 식민지 지배의 유산을 처리할 자신이 없거나, 감당할 수 없는 것으로 보인다. 그의 동상은 가끔 훼손되는데, 낙서는 아주 힘들게 지워지고, 이후엔 처리 문제를 두고 진지한 논의가 벌어진다. 2020년 조지 플로이드가 사망하고 이 동상을 포함한 여러 레오폴드 2세 동상은 지저분한 낙서로 뒤덮였다. 손은 핏빛으로 붉게 칠해졌고, 좌대에는 스프레이로 "이 자는 1500만 명을 학살한 자"라고 적혔다. 그러나 낙서는 깨끗이 지워졌고, 몇 년 뒤 동상을 녹여 콩고인을 추모하는 기념물로 만들자는 보고서가 작성되었지만, 이 글을 쓰는 현재까지 레오폴드는 여전히 회개하지 않으면서 아주 못마땅한 표정으로 거리를 내려다보고 있다.

식민주의의 유산은 물질 세계의 불쾌하고도 가장 취약한 부분이다. 물론 벨기에가 '아프리카 분할scramble for Africa'에 참여한 유일한 나라는 아니었다. 영국, 프랑스, 독일, 스페인 등 다른 나라들 역시 아프리카를 침략하고, 영토를 분할해 지배하고 광물과 자원을 착취해 다른 나라에 팔아 수익을 챙기기 위해 경쟁을 벌였다. 고대 로마부터 아메리카 정복에 이르기까지 비슷한 과정이 반복되었다. 하지만 광물은 물론이고 노예제라는 형태로 사람마저도 침탈하는 자원 쟁탈전은 특히 잔혹

했다.

때때로 착취는 식민지 시민에게 이익이 되었지만, 그 수익의 대부분은 통치자들에게 돌아갔다. 점령당한 나라들은 권력자들이 떠난 뒤에도 한참 지속되는 파괴적인 유산으로 몸살을 앓아야 했다. 실제로 풍부한 광물을 보유한 옛 식민지 국가들이 인접국보다 더 나은 전망을 보일 것이라고 예측하지만, 지질학적 풍요는 경제 성장의 둔화와 상관관계가 있기 때문에 현실은 언제나 정반대였다. '자원의 저주'는 채굴 허가권의 유용성으로 종종 부채질되는 고질적인 부패가 영향을 미친 결과였다. 오늘날 콩고민주공화국으로 알려진 콩고만큼 생생한 연구 사례를 제공하는 나라는 없다. 이곳의 1인당 국민소득은 세계 최하위권이고, 기대 수명도 마찬가지이다. 국민 중 극소수만이 거대한 부를 누리며, 대다수 국민은 극심한 빈곤 속에서 살고 있다. 그 어떤 나라도 콩고만큼 풍부한 주요 광물을 보유하고 있지 않다.

앞서 우리는 세계에서 가장 풍부한 광물의 원천인 지역을 몇 곳 방문했지만, 독특한 예외적 국가라고 주장할 정도는 아니었다. 칠레와 호주 필바라는 각각 막대한 양의 구리와 철을 보유하고 있다. 그러나 양적으로는 차이가 나더라도 비슷한 등급의 금속을 보유한 나라는 쉽게 찾을 수 있다. 반면 콩고는 고유의 지질학적 특징을 가지고 있다.

콩고 남부의 옛 카탕가 지역에는 신콜로브웨Shinkolobwe라는 오래된 광산이 있는데, 지금까지 발견된 어떤 곳보다도 가장 풍부한 우라늄 매장량을 자랑한다. 다른 지역의 우라늄 농도가 0.01퍼센트인 것과 비교해 거의 70퍼센트에 가까운 농도를 보인다. 20세기 초 이 광산은 세계 우라늄 공급을 사실상 독점했으며, 대부분이 벨기에로 보내져 가공되었다. 히로시마에 투하된 원자폭탄 리틀보이Little Boy는 카탕가산

우라늄을 사용했다.

막대한 구리 매장량 외에도 놀라울 정도로 많은 양의 코발트가 존재한다. 코발트는 종종 동광석과 동시에 발견되는데 동광석은 거의 1퍼센트에도 미치지 못한다. 콩고는 지질학적 특이성 때문에 코발트가 깜짝 놀랄 정도로 많이 발견되는데, 무려 전 세계 사용량의 70퍼센트에 이른다. 지구상에서 이처럼 풍부한 매장량을 자랑하는 곳은 어디에도 없다.

물론 코발트는 물질 세계의 6대 핵심 물질 중 하나는 아니다. 그렇다고 해서 코발트가 중요하지 않다는 뜻은 아니다. 대부분의 리튬 이온 배터리 제조 방법은 코발트를 사용해 전자가 양극에서 음극으로 안전하게 이동하는 것을 돕는다. 코발트는 강철 합금의 주요한 원료이기도 하다. 이러한 자원이 불안정한 한 국가에 매장되어 있다는 사실은 이 물질의 사용 가능성을 두고 세계 여러 나라를 초조하게 만들었다. 공인되지 않은 전통적인 작업 방식으로 채굴하는 영세 광산의 작업 환경은 아주 참혹하다. 어린아이도 예외 없이 가족 전원이 보통 손 도구를 사용해 남부에 있는 붉은 땅에서 광석을 긁어낸다. 규제력을 지닌 보호책이나 보건 의료는 존재하지 않으며, 치명적인 사고와 부상은 흔한 일이다. 따라서 우리는 코발트 공급과 관련해 깊은 관심을 가져야 한다. 하지만 그렇지 못하는 이유는 간단하다. 코발트 없이도 훌륭한 배터리를 만들 수 있기 때문이다. 그러나 리튬이 없다면 배터리를 만들지 못한다.[2]

한때 우라늄, 구리, 코발트를 채굴했던 회사가 리튬의 미래에서 중요한 역할을 맡을 것으로 보인다. 브뤼셀의 레오폴드 동상 뒤쪽으로 걸어가면 프랑스어 문장이 새겨진 오래된 구리 명판이 하나 있다. "이 청

동상에 쓰인 구리와 주석은 벨기에령 콩고산이다. 이 재료는 오카탕가 광산 연합에서 기증했다."

레오폴드 본인을 제외하고 광산 연합만큼 직접적으로 콩고 자원의 착취를 상징하는 벨기에의 기관은 없을 것이다. 1906년 국왕이 콩고의 소유권을 벨기에에 이전하는 과정에서 설립된 이 회사는 콩고의 채굴 산업을 통제하고 운영했다. 구리와 코발트, 주석과 우라늄, 아연과 게르마늄, 은과 황금은 모두 광산 연합이 채굴했고 수익 대부분이 벨기에로 흘러들어갔다. 벨기에가 이 시기 콩고산 광물로 부의 대부분을 쌓았다면 그 중심에는 광산 연합이 있었다. 1920년대에 그들은 세계 최대 구리 생산자였고, 1960년대에 그들은 세계 최대 코발트 광산기업이었다. 세상에서 가장 선두적인 핵연료 공급자가 누구였는지는 언급할 필요도 없다.

25만 명에 이르는 사람이 이 회사에서 강제로 노동력을 착취당했다. 광산 연합을 회사라고 부르는 건 다소 과소평가된 측면이 있는데, 일당 독재국가 카탕가의 정치 기관에 가까웠기 때문이다. 비협조적인 노동자는 체형이 불법화된 이후에도 일상적으로 치코테chicotte라는 말린 하마 가죽으로 만든 채찍으로 살이 벗겨질 때까지 맞았다. 20세기 중반에 다른 아프리카 국가들이 독립을 얻어내자 광산 연합은 이런 대의에 맞서고자 정당들과 정보국에 뒷돈을 댔다. 이 회사는 가짜 뉴스를 퍼트렸다. "독립운동은 모두 소련의 배후에서 나온 것이고 진정성이 없다. 그러니 속지 마라."[3]

마침내 1960년 독립이 찾아오자 회사는 남아프리카공화국의 아파르트헤이트 정권처럼 카탕가를 독립 공화국으로 만들려는 계획을 지지했다. 이 음모는 실패했지만, 콩고의 독립 이후 첫 지도자인 파트리스 루뭄바Patrice Lumumba는 CIA가 조종한 쿠데타로 물러나게 되었다. 그의 신병은 분리론자들에게 넘겨졌다. 그들은 루뭄바를 죽이고 시신을 처분했는데, 한 장교가 루뭄바의 금니를 트로피로 챙겼다. 2022년 이 금니는 카탕가에서 나온 금속으로 만든 레오폴드 동상에서 몇백 미터 떨어지지 않은 곳에서 열린 기념식에서 가족에게 인계되었다. 금니는 킨샤사로 날아가 마침내 최종적인 안식처를 찾았다. 이 이야기에서조차 광산 연합은 빠지지 않는데, 그들이 루뭄바의 시신을 녹이는 데 사용한 황산을 제공했다는 것이다.

이 회사가 두려워했던 것처럼 1960년대에 이르러 카탕가의 광산들은 국유화되었고, 광산 연합은 다른 사업으로 시선을 돌렸다. 안트베르펜 외곽에 있는 호보켄 공장에서 금속을 제련하는 일이었다. 그곳에서 그들은 납광석에서 은을 추출하는 일을 했는데 이 일은 19세기부터 시작된 것이었다. 2001년 회사는 새로운 법인으로 통합되었고 이름도 유미코아Umicore라고 변경했다. 유미코아의 UM은 광산 연합Union Minière의 첫 글자를 딴 것인데 이는 회사의 식민지 과거를 드러내는 잔존물이었다.

콩고의 독립 이후에도 이 회사는 때때로 논란이 되었다. 1970년대 호보켄 공장 인근에 사는 아이들의 혈중 납 농도가 높다는 사실이 드러났다. 이 유해한 금속에는 안전 기준이란 게 없고, 특히 아이들에겐 더욱 그렇다. 납 입자는 이미 수십 년 동안 떠다녔다. 오염을 줄이고 지역 주택과 뜰을 정화하는 여러 시도는 결실을 맺는 것처럼 보였지만, 2015년 다시 아이들의 납 수치는 치솟았고, 2020년에도 상승했다. 회사는 인근 지역 주택을 사들이고 주민을 이주시키려는 계획이 있었지만, 대다수는 집을 팔지 않고 버티는 중이다.[4]

어쨌든 핵폭탄의 우라늄, 악랄한 착취의 역사, 지역 어린이들의 납 중독을 전부 따지면 유미코아 같은 회사를 도저히 좋게 볼 수 없을 것이다. 하지만 여기서 상황이 이상해지는데, 왜냐하면 '다채로운' 역사를 지닌 이 회사가 우리로 하여금 환경 친화적인 미래로 나아가게 하는 가장 중요한 톱니 하나가 되기 때문이다.

지저분한 일도 돈벌이가 될 수 있다

호보켄의 스셸드강 강둑에 위치한 유미코아의 공장은 미래의 비전처럼 보이지 않는다. 부지는 층층이 쌓아올린 검은 진흙 무더기에 둘러싸여 있다. 가운데에는 하늘로 연기를 뿜어내는 거대한 굴뚝들이 있다. 납 중독을 일으키는 위험한 이곳은 도무지 더 건강하고 더 지속 가능한 미래의 핵심처럼 보이지는 않는다.

하지만 겉모습에 속아선 안 된다. 이곳에서는 배터리에 들어가는 양극활물질이 만들어지기 때문이다. 광산 연합으로 알려졌던 이 회사는 더는 콩고민주공화국에서 코발트를 채굴하지 않지만, 여전히 그곳에서 나는 금속(니켈, 망간, 그리고 물론 리튬)을 가공하여 충전식 배터리 전극에 코팅하는 초고순도 혼합제로 만든다. 만약 당신이 전기차를 구입한다면 유미코아에서 처리한 화학물질을 담은 배터리를 장착했을 가능성이 크다.

우리가 이곳에 와 있는 주된 이유는 유미코아가 앞으로 많은 사람이 의존하게 될 분야의 선두주자이기 때문이다. 소유한 광산 대다수에서 손을 떼거나 혹은 더 정확히 말하면 쫓겨난 유미코아는 이제 도시광산기업이 되었다. 땅에서 캐낸 광석에서 금속을 정제하는 것이 아니라, 폐기물, 즉 버려진 전자 기기, 낡은 배터리, 오래된 기계에서 금속을 정제한다. 이 회사에서 재활용된 수산화리튬이나, 재생된 금괴와 은괴는 다른 곳에서 볼 수 있는 물질과 똑같은 것들이다. 산을 파괴할 필요 없이 금속을 만들어내는 것이다. 그러니까 과거에 산을 파괴한 일은 있지만 이제 더 이상 파괴할 필요가 없다.

인류 역사에서 대부분 우리가 사용하는 도구를 만드는 원료의 주된 원천은 돌과 흙이었다. 하지만 미래에 그런 원료 대부분은 우리가 버린 낡은 제품에서 얻을 수 있다. 한동안 이런 생각은 막연한 꿈으로 남아 있었는데 약속의 땅까지는 갈 길이 멀고도 험했기 때문이다. 강철은 지구상에서 가장 많이 재활용된 금속이다. 미국에서 만들어지는 강철 대부분은 고철 재생 공장에서 녹인 폐품으로 만들어진다. 전 세계에서 수명이 다한 제품의 재활용률, 즉 폐품이 재생되는 비율은 강철의 경우 70~90퍼센트에 이른다. 알루미늄은 42~70퍼센트, 코발트는 68퍼센트, 구리는 43~53퍼센트이다. 리튬의 경우 1퍼센트도 채 되지 않는다.[5]

'순환 경제'라는 개념은 폐기물을 점점 더 자원의 일종이나 자원 그 자체로 취급해야 한다는 생각이다. 20세기가 자동차 운전자에서부터 모든 소비자가 자주 쓰는 제품을 최대한 업그레이드하도록 권장되던 계획적 내구성의 시대였다면, 다가오는 시대는 폐기하지 않고 재활용하는 것을 최우선으로 여기는 시대이다. 재활용은 부차적인 것에서 중대한 일로 격상되고, 서로 이어지는 연결고리처럼 폐기물 재활용이 가장 중요한 일이 될 것이다.

배터리는 이 이야기의 한 부분일 뿐이다. 우리는 풍력발전 터빈 날개의 재활용 기술을 개선할 필요가 있다. 대부분 버려지거나 때로는 파쇄되어 콘크리트에 사용되는데 녹일 수 없는 열경화성 수지로 만들었기 때문이다. 우리는 태양광 패널, 배선, 전기 회로망 등 물질 세계의 모든 부품을 재활용하는 법을 연구할 필요가 있다. 배터리는 몇 가지 이유로 유용한 사례이다. 첫 번째는 앞으로 채굴을 줄이고 싶은 광물을 포함하고 있기 때문이다.

코발트의 경우 이야기는 다시 콩고민주공화국으로 돌아간다. 채굴 환경이 열악하고 세계 공급량 대부분이 이곳에 의존하고 있기 때문에 윤리적으로나 전략적으로나 대안이 되는 원천을 찾아야 한다. 많은 사람이 여전히 심해 채굴에 우려를 표한다. 그에 대한 의문점도 여럿 남아 있다. 니켈은 물론 리튬 채굴이 환경에 영향을 미치는 이슈들로 자동차 제조사는 최근 점점 더 광물의 원천에 집중하게 되었다. 다수가 글로벌 배터리 연합Global Battery Alliance에 가입했는데, 이 새로운 계획은 자동차가 전시실로 들어가기 전에 그 부품의 광물이 어디서 왔는지 입증하는 서류를 일종의 여권처럼 만드는 걸 목적으로 한다. 어떤 의미에서는 낯설지 않다. 헨리 포드가 강철의 원료에 강박적으로 집착했던 모습의 희미한 그림자를 다시 보고 있는 것이다.

배터리 문제를 숙고하는 게 타당한 두 번째 이유는 리튬 이온 배터리 생산이 새로운 산업이라 반복되는 자원 채굴의 고리를 끊어낼 가능성이 있기 때문이다. 폐기물이 한참 나중에야 고려 대상인 다른 대다수 산업과 무척 대조적인 현상이다. 쓰레기 매립지에 던져진 배터리로 인한 수은 공해는 1980년대 일본에서 심각한 문제였다. 일부 인사들은 납축전지를 쓰던 한 세기 동안 배출된 납이 지금도 전 세계 납 오염의 원인이 되고 있다며 우려한다. 그러나 이제 새로운 배터리를 사용하면 사태가 달라질 가능성이 보인다.

일반적인 전기차의 배터리 품질 보증은 8년에서 10년 정도로 처음 테슬라의 고객이 되었던 사람들의 자동차 배터리의 수명이 만료되어 가는 중이다. 유미코아 같은 도시광산기업에겐 더 많은 원료가 생기는 셈이다. 이런 이야기를 한다고 해서 남아메리카 리튬 삼각지대의 살라르에서 나는 소금물과 호주 오지에서 폭발을 통해 얻는 스포듀민이 필요하지 않다는 건 아니다. 2030년까지 배터리에서 얻을 수 있는 광물은 낙관적으로 보더라도 예측 수요의 10분의 1 정도만을 제공할 뿐, 여전히 시작 단계에 불과하다. 다 사용한 리튬 이온 배터리의 리튬도 이론상 다른 용도로 재활용될 수 있다. 이론상 말이다.

유미코아가 이 게임에 뛰어든 유일한 회사는 아니다. 테슬라의 공동 창업자 스트로벨은 레드우드머티리얼스Redwood Materials를 세웠는데, 수년 내에 낡은 전기차 배터리 수백만 개를 '재생'하고자 한다. 여기에는 리사이클Li-Cycle이라는 캐나다 스타트업과 중국 회사 GEM, 그리고 CATL의 재활용 분야 자회사 브룬프Brunp도 있다. 지저분한 일에서 돈을 버는 건 오늘날 큰 사업이 되었다.

미래로 나아가는 길

오랜 경험을 가진 유미코아의 처리 과정을 견학하기 위해 호보켄 공장을 방문하는 것도 시도할 만한 가치가 있다. 공장 내부에는 화산학자가 용암 근처로 갈 때 입는 반짝거리는 내열복을 입은 사람들이 걸어다녔다. 배터리가 이곳에 오려면 먼저 배터리팩의 나머지 부분과 분리해야 한다. 이 과정은 매우 까다롭다. 배터리 제조사는 다른 무엇보다 사용자의 안전을 최우선하기 때문에 기가팩토리 네바다에서 조립되는 배터리팩은 접착제와 잠금장치로 무척 단단히 밀폐되어 있어서 분해하기 쉽지 않다. 따라서 재활용 과정에서 가장 어려운 단계 중 하나는 실제로 첫 단계, 즉 배터리를 불태우지 않고 이상적으로 분리하는 일이다.

하지만 다음 단계는 정확히 배터리를 태우는 일이다. 그 작은 배터리들을 거대한 용광로에 넣고 녹인다. 무쇠 제조 과정과 비슷하다고 생각해도 틀린 것은 아니다. 단지 용광로에서 나오는 용융액에는 니켈, 코발트, 구리가 들어 있고, 배출되는 슬래그(광재)가 리튬을 포함하고 있다는 점만 다르다. 배터리가 용광로에 떨어지는 광경은 뜻밖의 만족스러운 경험이었다. 김을 내뿜는 용광로의 입속으로 배터리가 하나씩 떨어진 뒤에 용광로가 소화하는 과정에서 약간 트림 같은 노란 불꽃과 증기가 솟아올랐기 때문이었다. 이런 트림은 알고 보니 리튬에 저장된 에너지였고, 용광로에 불을 붙이고 나머지 내용물들을 녹이는 데 도움을 준다.

용해 과정과 이후 이런 금속을 어떻게 처리하는지를 보고 있으면, 이것이 전통적인 광업과 얼마나 비슷한지 확인하고 놀라게 된다. 유미코아는 용광로에서 나오는 리튬 광재를 중국 정제소가 호주산 스포듀민을 처리하는 것과 정확히 같은 방식으로 처리한다. 몇몇 다른 재활용 스타트업은 이런 건식 야금 단계 없이 곧바로 결과물을 얻을 수 있다고 하지만, 다른 기업보다 이런 작업을 오래 해온 유미코아는 이 방법이 현재 최선이고, 구리, 코발트, 니켈은 95퍼센트 이상 재사용할 수 있다고 말한다. 리튬은 그보다는 덜 인상적인 50퍼센트 수준인데 점점 높아지는 중이라고 부연했다.

하지만 95퍼센트 이상이라는 비율조차 진정한 순환 경제에는 부합되지 않는다. 전기차 내장 배터리는 10년마다 용광로에 던져져 재활용되어야 하고, 그럴 때마다 5퍼센트의 새로운 재료(리튬은 그 이상이다)를 추가해야 한다. 이런 속도를 기준으로 추정해볼 때 앞으로 100년이 지나면 배터리의 기존 원료는 60퍼센트도 남지 않게 된다. 나머지 리튬은 새롭게 채굴해야 하는데 앞으로도 땅속으로 들어가 발파, 배수, 정제를 해야 한다는 뜻이다.

그렇다고 해도 광물 추출의 미래는 과거와 무척 다르게 보인다. 미래에 우리가 사용하는 원료 대부분은 칠레의 광산이나 호주 서부의 암석에서 나오는 것이 아니라 더는 필요 없는 낡은 기계에서 나올 수 있다. 배터리의 가치 대부분이 공학 기술이 아닌 원재료에서 나온다는 걸 기억하자.

여기서 문제가 되는 건 선진국들이 이미 필요한 양의 강철을 보유하고 있는 반면 수송에 전기를 공급할 배터리는 충분하지 않다는 점이다. 채굴에 관한 낙관적인 예상을 토대로 하더라도 세계는 2030년까지 수요를 충족할 만한 충분한 리튬을 확보하지 못할 것이다. 살라르데 아타카마를 개발하는 기업들은 아무리 서두르더라도 양극재와 배터리 제조사가 요구하는 수산화리튬을 모두 제공할 정도로 빠르게 소금물을 증발시킬 수 없다. 더욱 빠르게 염호를 배수하려고 밀어붙인다면 칠레 당국은 이 사업을 전면 금지시킬지도 모른다.[6]

인류는 앞으로 평탄치 않은 몇 년을 보내게 될 것이다. 지난 수십 년동안 우리는 인간의 주된 제약이 상상력의 빈곤뿐이라고 굳게 믿었다. 우리는 무척 세련되고 매끄러운 경제 체계를 만들었고, 그 다음에는 그걸 구축했던 물질에 대해서 완전히 망각해버리고 말았다. 그러나 탄소 중립을 이루고자 하면서 우리는 열역학과 물질의 제약이라는 피할 수 없는 한계에 직면하고 있다.

그러나 여기 중대한 차이가 있다. 우리는 지금 미래로 나아가는 길을 구축하는 중이다. 지난 몇 세기 동안 인류는 땅에서 에너지 자원을 찾았으나 오로지 연소만을 목적으로 했다. 석탄, 석유, 가스는 추출되고 소각되는 사이 탄소를 배출한다. 이제 우리는 재사용이 가능한 배터리에 자연에서 캐내고 정제한 리튬을 다시 채워 넣는 중이다. 이렇게 변화한 발전 단계를 선보인다고 해서 채굴과 발파를 막지는 못할 것이다. 또한 가까운 미래에 인류가 화석연료를 계속 사용하는 일도 막을 수 없을 것이다. 하지만 이번에는 세상이 정말 달라질 수도 있다.

에필로그

물질과 인간의
감춰진
원동력을 찾아서

지금까지 우리는 과거와 현재를 넘나들며 시간 여행을 해왔다. 현대 사회가 4차 에너지 전환까지 어떻게 속도를 냈는지 살펴보았고, 앞으로 다가올 5차 에너지 전환을 다루었다. 실리콘과 리튬이 전 세계를 누비며 반도체와 배터리가 되는 과정도 지켜보았다. 정유공장의 파이프를 따라 내려가거나 모래를 녹여 유리를 만드는 용광로 내부로 들어갔으며, 현대 세계를 움직이는 구리선을 따라 걷기도 했다. 이러한 과정은 물질 세계를 탐험한 짧은 여행에 불과했지만, 세상을 움직이는 물질과 지성의 감추어진 연결망을 잠시 들여다본 시간이기도 했다.

인간이 지금처럼 물질 세계에 의존적인 때는 없었다. 천연가스의 분자 상태 에너지이든, 세계의 마천루를 만드는 콘크리트든, 데이터가 송수신되는 광섬유든, 우리는 물질에 의존하며 살아간다. 이 책에서 다루는 여섯 가지 물질이 특별한 이유는 구리의 전도성에서 석유의 에너지 밀도까지 각 물질의 기능이 매우 뛰어나기 때문이다.

또 다른 이유도 있다. 첫 번째는 복잡한 제품을 평범한 물품으로 바꾸는 방법을 생각해냈다는 것이다. 주머니 속 스마트폰이나 이 글을 쓰고 있는 컴퓨터는 단지 시작에 불과하다. 트랜지스터가 바이러스나 적혈구보다 훨씬 작고 미세하다는 것 정도까지는 아니더라도, 그 안에 있는 반도체가 놀랍도록 복잡한 물체라는 것은 누구나 알고 있다. 이런 걸 신경 쓰는 사람이 별로 없다는 데 절망할 필요는 없다. 그것은 성공의 징표이다. 연구실에서 이런 놀라운 결과를 만들어낸다는 것은 정말 멋진 일이다. 그러나 수십억 인구의 주머니 속에서 조용히 미묘하게 작동하면서도 그 광채를 전혀 자랑하지 않는 것. 이것이야말로 정말로 경이로운 일이다.

두 번째는 이런 물품은 평범할 뿐만 아니라 대부분 저렴하다는 것이다. 사정이 늘 이러했던 것은 아니다. 수 세기 전 유리는 인간이 만들어낸 가장 귀중한 제품 중 하나였다. 그러나 세월이 흐르면서 그 가치는 급격하게 떨어졌고 한때 사치품이었던 것이 지금은 값싸고 흔한 것이 되었다. 강철은 한때 가장 부유한 통치자들만이 강철로 만든 칼을 지닐 수 있을 정도로 특별했지만, 오늘날에는 매년 약 20억 톤의 강철이 생산되고 있다. 자동차, 항공기, 진통제, 컨테이너 수송 등도 같은 과정을 거쳤다. 수십 년 전 영국 노스위치에 위치한 ICI 연구소에서 발견한 플라스틱인 폴리에틸렌의 생산원가는 1958년에서 1972년 사이에만 3분의 1이 떨어지더니 그 후로도 계속 하락하고 있다. 더 많이 만들수록 더 저렴해진다.[1]

이런 일은 오늘날에도 계속되고 있다. 앞서 본문에서 무어의 법칙, 즉 반도체의 집적도가 지난 50년 동안 기하급수적으로 늘어난 데 대해 설명한 바 있다. 반도체의 발전은 컴퓨터 가격에 어떤 영향을 미쳤을까. 1960년에는 1메가바이트당 컴퓨터 메모리 용량이 무려 520만 달러에 달할 만큼 비쌌다(당시 개별 메모리칩은 1메가바이트보다 훨씬 작기 때문에 실제로 칩당 수백만 달러를 지불하는 사람은 아무도 없었다). 1990년에는 1메가바이트당 생산원가가 46달러로 떨어졌고, 2016년에는 1센트 미만으로 떨어졌다.[2]

그렇다면 반도체의 실리콘 사촌이라 할 수 있는 태양광 패널은 어떤가? 태양광 모듈 가격은 1975년에서 2019년 사이에 500배나 하락해 새로운 태양전지의 메가와트시당 전력 생산비용이 새로운 석탄 또는 가스 화력발전소보다 훨씬 저렴해졌다. 해상 풍력발전 터빈과 육상 풍력발전 터빈 모두 마찬가지인데 그 가격이 매년 약 13퍼센트씩 하락하고 있다. 리튬 이온 배터리는 1991년 1킬로와트시당 7,500달러에서 2018년 181달러로 무려 97퍼센트나 하락했다. 테슬라 모델S에 사용된 배터리의 원가는 2022년 1만 2000달러 정도였다. 1990년대 초반 같은 용량의 배터리를 생산하려면 100만 달러가 들었을 것이다. 우리가 물질을 제품으로 바꾸는 방법에 대해 더 많이 배울수록 제품의 가격은 하락한다. 네바다에서 방문한 기가팩토리의 컨베이어벨트에 더 많은 젤리롤이 장착되면서 배터리 원가가 하락한 것처럼 대부분의 경우 제품의 가격은 더 저렴해진다.[3]

이렇게 다양한 제품에서 이런 현상이 일어나는 것은 결코 우연이 아니다. 이런 현상을 가리키는 '학습 곡선the learning curve'이라는 말도 존재한다. 물건을 만드는 경험이 많을수록 더 잘 만들고, 생산비용은 더 낮아져 생산자나 소비자 모두에게 이득이 된다. 이러한 선순환은 대플리니우스의 이야기에 등장하는 페니키아인이 지중해 해안에서 우연히 유리를 만들고, 볼비의 절벽 꼭대기에서 소금을 채취하기 시작한 이래로 계속되어 왔다. 그리고 1930년대에 들어 누군가 이 현상에 대한 공식을 생각해낸다. 미국의 항공 엔지니어인 시어도어 라이트 Theodore Wright는 비행기 제조비용이 매년 하락하고 있다는 사실에 주목했다. 그리고 자동차에서도 같은 현상이 벌어지는 것을 발견했다. 헨리 포드가 최초로 모델T를 출시한 지 15년 후, 해당 모델의 가격은 4분의 3이 내려갔다.

라이트는 포드가 애덤 스미스Adam Smith의 《국부론》이 설파하는 중요한 교훈을 실천한 것이라고 생각했다. 인간이 개별 작업을 전문화함으로써 더 많은 일을 해낼 수 있다는 사실 말이다. 디트로이트의 거대한 자동차 공장은 애덤 스미스의 '노동 분업division of labour'이라는 개념을 대규모로 현실화한 곳이었다. 그러나 가격을 인하시키는 요인은 노동의 분업뿐만 아니라 경험의 완만한 축적도 있었다. 시간이 흐르자 노동자와 관리자 들은 평소보다 더 적은 노력을 들이고서도 더 많은 차량을 생산하는 방법을 알아냈다. 공급업체는 더 낮은 단가로 더 좋은 강철을 제공하는 방법을 모색했다. 화학회사는 더 빨리 건조되고 여러 차례 덧바르지 않아도 되는 새로운 페인트를 고안했다. 이 모든 결과로 자동차 공장은 더 많은 차량을 더 빠르게 출고할 수 있게 되었다.

라이트는 이처럼 가격이 꾸준히 떨어지고 품질은 계속 향상되는 현상에 주목해 제품 생산량이 두 배가 될 때마다 생산비용이 약 15퍼센트 하락한다는 경험 법칙을 생각해냈다. 이것을 라이트의 법칙Wright's Law이라고 하는데, 컨테이너선에서 특수 플라스틱에 이르기까지 모든 제품의 가격 하락을 놀라울 정도로 잘 설명해준다.

물질 세계 산출물의 가격이 점점 하락하면서 국가 지출에서 차지하는 비중도 줄어들고 있다. 그 결과 이들 제품은 국가의 경제 규모를 설명할 때는 제외되곤 한다. 만약 당신이 소금을 지금보다 좀 더 진지하게 생각해야 한다고, 소금을 사소한 조미료가 아닌 현대 사회를 움직이는 물질로 바라봐야 한다고 말하면 사람들은 당신을 당혹스러운 표정으로 바라볼 것이다. 나는 이 책을 쓰면서 이미 이런 반응을 경험했다.

소금이 없다면 염소가 없고, 염소가 없다면 징수된 식수를 구할 수 없으며, 생명을 구하는 의약품은 말할 것도 없다. 소금이 없다면 반도체나 태양광 패널도 존재할 수 없다. 왜냐하면 소금을 전기분해하여 얻은 염화수소로 금속 실리콘을 초순수 폴리실리콘으로 만들기 때문이다. 소금이 없다면 유리도 없고(모래를 녹일 때 사용하는 소다회 용액이 주로 소금에서 얻어지기 때문에), 유리가 없다면 우리가 알고 있는 문명은 무너져 내릴 것이다. 약제를 담는 용기도 만들지 못할 것이고, 실리콘 칩에 회로를 식각하는 레이저도 만들지 못할 것이다. 우리의 일상생활은 위태로울 정도로 한 알의 소금과 모래에 의존하고 있다.

우리는 여섯 가지 물질의 특징, 즉 각각의 스토리가 아주 긴밀하게 연결되어 있다는 것에 주목해야 한다. 콘크리트와 강철은 둘 다 놀라운 물질이지만, 강철은 콘크리트 속에서 강화되어야만 비로소 최고의 건설용 자재로 거듭난다. 배터리는 리튬 못지않게 구리에 의존한다. 전구는 유리가 없다면 무용지물이다. 규소강silicon steel과 구리선이 없다면 변압기를 만들 수 없다. 여러 혁신적인 발명품 중에서 가장 저평가된 변압기가 없다면 전력망은 붕괴될 것이다. 여기서 핵심은 우리가 물질 세계에 별로 신경을 쓰지 않는다는 점이다. 그러니까 어쨌든 그 세계가 잘 돌아가고 있는데 뭘 신경 쓰느냐, 이런 태도인 것이다. 우리는 해가 갈수록 상황이 더 좋아질 것이라고 기대한다. 트랜지스터는 더욱 작아지고, 변압기는 더 효율적이 되고, 증기 터빈은 열을 전력으로 변환하는 기능이 더 향상될 것이라고 생각한다.

이러한 발전에는 어두운 측면도 존재한다. 우리가 물품을 더 잘 만들게 된 이유 중 하나는 학습과 경험, 즉 라이트의 법칙으로 설명할 수 있다. 그러나 설명의 일부는 우리가 그와 동시에 에너지 사다리를 오르고 있었다는 것이다. 나무에서 석탄으로, 석탄에서 석유로, 그리고 석유에서 가스로. 이 연료들의 에너지 밀도는 각 단계마다 점점 더 높아졌다. 우리는 비교적 적은 연료를 사용하여 더 많은 에너지를 얻어 왔다. 반면에 그 연료는 점점 더 청정해졌다. 나무를 연소시키는 것은 에너지 1기가줄당 110킬로그램의 이산화탄소를 배출하고, 천연가스는 1기가줄당 60킬로그램의 이산화탄소를 배출한다. 그러나 이러한 개선 사항이 인간이 점점 더 많은 에너지를 소비한다는 사실을 상쇄시키지는 못한다.[4]

이 또한 물질 세계의 결과이다. 인간은 태양에 의존해 살아왔으나 아타카마 칼리체 같은 천연비료의 도움을 받게 되었고 마침내 화석연료에 의존하는 쪽으로 이동했다. 오늘날 토마토, 감자 등 거의 모든 작물에 천연가스로 만든 비료를 사용한다. 하버-보슈 공정은 화학비료를 무제한 생산할 수 있게 함으로써 식량의 대량생산을 가능하게 했다. 화석연료 덕에 인류가 굶주림에서 벗어난 것이라고 봐도 무방하다. 이렇게 하여 세계 인구는 맬서스 이론의 태양, 바람, 비옥한 토양 같은 재생 가능한 자원에만 의존할 경우 생겨나는 한계를 돌파하고 계속 증가할 수 있었다. 그러나 세계 인구가 증가하면서 우리가 연소시키는 화석연료의 양도 함께 증가했다. 여기에 하나의 역설이 존재한다. 화석연료가 없었다면 인류의 절반은 생존하지 못했을 것이다. 그러나 화석연료에서 배출되는 탄소가 심각한 문제가 되어 우리를 위협하고 있다.

이제 각국 정부는 탄소 배출량을 제로 수준으로 낮추기를 원한다. 즉 대기 중으로 배출되는 이산화탄소를 포집하거나 나무를 심어 대체함으로써 대기에서 아예 탄소를 제거하자는 것이다. 이런 획기적 전환을 위한 목표일은 금세기 중반인 2050년으로 설정되었다. 마지막 단위가 0으로 끝나는 좋은 숫자라는 것 외에 이때로 정해진 별다른 이유는 없었다. 그러나 그때까지 탄소중립을 달성한다면, 지구의 평균기온이 섭씨 2도 이상 상승하지 않고, 1.5도 선에서 억제되어 지구온난화를 막을 수 있다고 한다.

이것은 황당할 정도로 야심찬 계획이다. 에너지 전환이 이처럼 빠르게 이루어진 사례는 없었다. 앞선 네 차례의 에너지 전환은 여러 세기에 걸쳐서 이루어진 것이었고, 우리는 더 많은 에너지를 얻기 위해 여전히 석유보다 석탄에 더 의존하고 있다. 그리고 앞선 전환에서는 그 전환을 유도하는 커다란 유인책이 있었다는 것을 감안해야 한다. 제조사들은 전보다 값싸고 훨씬 에너지 집약적인 연료를 통해 혜택을 누릴 수 있었다. 그런데 이제는 정반대의 현상이 벌어지고 있다. 원자력을 제외하면 밀도가 낮은 에너지원으로 방향을 전환하고 있는 것이다. 세계에서 인구가 가장 많은 나라들의 산업화가 진행 중이고, 이로 인해 에너지 소비가 크게 늘어나는 상황에서 에너지의 전환을 시도하고 있다. 그 수치는 너무나 도전적이어서 어떤 사람들은 거의 불가능하다고 말한다.

많은 사람들이 이 도전에 대해 낙관적으로 생각하는 이유 중 하나는 에너지 전환을 전기의 관점에서 생각하는 경향이 있기 때문이다.

이 측면에서 보면, 적어도 선진국의 문제는 잘 해결되고 있다. 영국에서는 1990년 65퍼센트이던 석탄 발전량이 2021년 3퍼센트 수준으로 크게 하락했다. 영국은 전력의 절반 이상이 재생에너지인 풍력발전에서 나온다. 다른 지역에서는 훨씬 고무적이다. 미국 캘리포니아주에서는 2022년 며칠 동안 전력 수요의 100퍼센트를 재생에너지로 공급하기도 했다. 텍사스주는 석유와 가스의 최대 생산지일 뿐만 아니라 미국 내에서 풍력발전량이 가장 많은 주이다.[5]

이러한 이야기들은 아주 고무적이지만, 전체 그림은 아니다. 왜냐하면 재생에너지는 본질적으로 간헐적이며, 해가 지거나 바람이 불지 않을 때에도 전력망을 유지하기 위한 에너지 스토리지가 필요하기 때문이다. 배터리는 탁월하지만 이런 문제를 해결해줄 정도로 에너지 밀도가 높지 않다. 새로운 수력발전 저수지와 함께 가장 그럴 듯한 대체 방안은 새로운 에너지인 수소이다.

물속에 전류를 통과시키면 수소와 산소를 얻을 수 있다. 그 수소를 가압탱크에 저장한 다음 해가 질 때 다른 보조수단으로 발전소에서 연소시킨다. 이때 발생하는 폐기물은 물뿐이다. 멋지지 않은가. 수소의 다른 특징은 다양한 곳에서 사용이 가능하다는 점이다. 베셀링의 정유공장을 기억하는가. 석유(혹은 장차 정유할 다른 폐기물)를 우리가 필요로 하는 석유화학 성분으로 분해하려면 수소가 필요하다. 수소는 하버-보슈 공정에도 필수적인 요소이다. 비료를 만들기 위해 석탄이나 가스를 사용하는 대신 미래에는 풍력발전으로 생성된 그린수소로 만든 암모니아를 전 세계에 공급할 수 있을 것이다.

그러나 전기분해로 수소를 만드는 것은 눈물이 날 정도로 비효율적이다. 영국에서 가장 큰 질산염 공장을 생각해보라. 빌링엄의 티스강 맞은편 오래된 ICI 공장, 올더스 헉슬리가 《멋진 신세계》를 집필하기 직전에 방문했던 그 공장 말이다. 이 공장의 부지는 약간 넓지만, 주력 사업인 공기와 수소를 암모니아로 전환하는 작업은 모두 중형 오피스 단지보다 작은 공간을 차지하는 몇 개의 키가 큰 압력 용기에서 이루어진다. 이 비료공장의 공급에 필요한 그린수소를 생성하려면, 이 글을 쓰고 있는 지금 세계에서 가장 큰 풍력발전소인 북해의 혼시1Hornsea One에서 나오는 전력을 모두 투입해야 한다. 174개의 거대한 풍력발전 터빈(날씨가 좋은 날에는 100만 가구에 전력 공급이 가능한 1기가와트 이상의 발전 용량)을 모두 다 빌링엄의 압력 용기로 넘겨야 한다.

물론 이것은 더 큰 그림의 아주 작은 부분일 뿐이다. 이 비료공장은 사실 글로벌 기준으로 보면 중간 정도 규모이다. 미국과 중국의 경우 그 규모가 훨씬 크기 때문에 친환경 정책을 위해서는 더 많은 풍력발전 터빈(혹은 태양광 패널이나 수력발전소)에서 나오는 더 많은 전력을 제공받아야 한다. 더욱이 비료의 생산은 산업 전체의 일부분일 뿐이다. 친환경 강철을 생산하면 이보다 더 많은 수소를 사용하게 될 것이다. 이런 사항은 요점을 벗어난 것처럼 보이겠지만, 가장 핵심적인 문제이다. 산업 공정은 전력 생산보다 전 세계 주요 에너지 사용량의 훨씬 더 많은 부분을 차지한다. 전기는 아주 쉬운 문제에 해당한다.[6]

그렇다고 해서 우리가 탄소중립이 불가능하다는 이론적 근거는 없다. 우리가 물질 세계를 여행하면서 얻은 지식을 활용해보자. 해상 풍력발전 터빈이란 무엇일까? 짧게 답한다면 '유리, 철, 구리, 석유, 그리고 약간의 소금으로 만들어진 구조물'이다.

물속에 있는 모노파일monopile을 이야기해보자. 모노파일은 해저로 파고들어가 일종의 기초 역할을 하는 구조물로 무거운 강철판으로 만들어진다. 판의 무게만 800톤 이상이며 점보제트기 세 대의 무게와 맞먹는다. 이 기둥 위로 강철 탑을 세우고 맨 꼭대기에 발전기가 들어가는 나셀nacelle에도 강철이 사용되며, 구조물을 함께 엮어주는 연결 구조물transition pieces도 강철로 만든다. 가장 상단에 있는 돛은 유리섬유로 코팅된 발사목balsa wood 뼈대를 가지고 있는데, 이는 고분자 수지로 코팅된 가느다란 유리줄이다. 가장 마모되기 쉬운 부분은 프로필렌에서 벤젠, 암모니아 소금에서 얻은 염소계 화합물까지 수지 혼합물을 섞어 만든 탄소섬유로 보강되어 있다. 전력 생산에 도움을 주고 이를 다시 육지로 보내는 구리도 사용된다. 결국 모두 물질 세계의 여섯 가지 물질로 환원된다.

화석연료의 도움이 없다면 풍력발전 터빈이나 태양광 패널의 실리콘 기판을 대량생산할 방법이 없다. 현재 실리카를 실리콘메탈로 바꿀 수 있는 유일한 방법은 코크스로 제련하는 것뿐이다. 특히 풍력발전 터빈의 블레이드는 원유와 천연가스에서 추출한 수지로 만들어진다. 다른 경우에도 상황은 비슷하다. 원유에서 얻는 흑연 없이는 고성능 리튬 배터리를 만들 수 없다.

지금의 화석연료 사용과 지난 3세기 동안 사용해온 방식에는 뚜렷한 차이가 있다. 우리는 연료를 연소시키는 것이 아니라, 연료를 가지고 건설하고 있다. 실리콘메탈을 만드는 점결탄을 제외하면 우리는 화석연료를 에너지의 흐름이 아닌 제품으로 만들고 있는 것이다. 그 안에 들어 있는 탄소를 대기 중으로 방출하지 않고, 우리가 필요로 하는 물질로 변형시킨다. 원유를 정제하여 등유로 만드는 방법을 배우기 전, 배의 밑바닥에 타르 칠을 하고 벽돌을 쌓는 데 주로 사용하던 선조들의 모습을 떠올린다. 화석연료의 연소가 아닌 건설이 앞으로 수십 년 동안 중요한 목적이 될 것이며 그 규모는 우리의 상상을 초월하게 될 것이다.

멀리 미래를 내다보면 인류가 대부분의 화석연료를 재생에너지로 대체한 시대를 상상해볼 수 있다. 배터리의 흑연 같은 일부 제품은 여전히 석유가 필요하고, 산업 공정을 위한 약간의 석탄과 천연가스도 필요하다. 하지만 지금보다는 훨씬 적은 양이 될 것이다. 모든 일이 순조롭게 진행된다면 아직 제거하지 못한 탄소의 배출량을 포집할 수 있는 적절한 계획을 세울 수 있다. 정책 입안자들이 합리적이라면 새로운 원자력발전소(우라늄은 그 어떤 물질보다 에너지 밀도 사다리에서 높은 위치에 있다)를 많이 건설하고, 또 전기화 도로망을 구축하게 될 것이다. 해저 케이블을 설치해 글로벌 전력망을 구축하면, 태양에너지와 풍력이 풍부한 국가가 다른 국가에 전력을 공급한다. 선박과 항공기에는 친환경 연료를, 땅에는 친환경 비료를 뿌리며, 베셀링과 같은 정유공장은 석유가 아닌 전분과 의료 폐기물로부터 플라스틱과 화학물질을 만들어낼 것이다.

아마도 우리는 이 모든 물질을 보다 신중하게 사용하고 낭비를 줄이는 방법을 배웠을 것이다. 호보켄에 있는 유미코아의 폐기물 재생공장 같은 곳을 전 세계적으로 확산시켜 물질의 재사용을 극대화한다. 세상은 더 건강하고 더 생산적인 곳이 될 것이며, 환경오염으로 인한 사망자 수는 줄어들 것이며, 오늘날 우리는 전보다 훨씬 더 적은 양의 화석연료를 채굴하고 있으므로 우리의 발자국은 전 세계적으로 크게 줄어들 것이다. 그 성과는 점점 더 커지고 있다. 재생에너지는 화석연료보다 밀도가 훨씬 낮지만, 동시에 사실상 무제한이라는 이점을 가지고 있다. 태양과 바람으로부터 나오는 에너지를 포집하려면 더 많은 패널과 터빈이 필요하지만, 그래도 충분히 그 에너지를 포집한다면 전기요금이 크게 떨어질 것이다.

탄소 배출이 정체되고 감소함에 따라 세계는 에너지의 제약을 덜 받고 전보다 더 부유해지고 생산성이 향상될 수 있다. 에너지가 풍부해지면 여러 가지 매력적인 선택지가 생긴다. 풍부한 전력을 활용해 대기에서 직접 이산화탄소를 추출하여 폴리에틸렌으로 전환함으로써 온실효과에 대처하는 동시에 필요한 것보다 더 많은 플라스틱을 생산할수 있다. 초음속 비행기에 동력을 공급하는 합성연료를 만들어 런던에서 도쿄까지의 비행시간을 단 몇 시간으로 단축할 수도 있다. 풍부하고 값싼 에너지로 사막의 매끄럽고 둥근 모래 알갱이를 네모난 알갱이로 만들어 건설용으로 사용한다면 모래 마피아의 등장, 메콩강 삼각주의 파괴, 모래 개발이 환경에 미치는 영향 등은 모두 사라지게 될것이다.

이것은 아주 매력적인 비전이다. 하지만 이러한 목표를 달성하려면 엄청난 노력, 시간과 돈이 필요하다. 물질 세계 전체를 재생에너지로 전환할 수 있는 단 하나의 스위치는 존재하지 않는다. 그것은 엄청난 양의 원자재를 필요로 한다. 10만 가구에 전력 공급이 가능한 100메가와트 발전 용량의 소형 천연가스 터빈을 풍력으로 대체하려면 무엇이 필요한지 생각해보자. 먼저 약 20개의 거대한 풍력발전 터빈이 필요한데, 이 정도 규모의 터빈을 설치하려면 강철 3만 톤, 콘크리트 5만 톤, 블레이드용 플라스틱과 유리섬유 900톤, 구리 540톤이 필요하다(해상 풍력발전소의 경우에는 세 배 더 필요하다). 반면에 가스 터빈은 약 강철 300톤, 콘크리트 2,000톤, 권선winding과 변압기용 구리 50톤 등이 필요하다.

한 예측에 따르면, 앞으로 22년 동안 인류는 지난 5,000년 동안 채굴한 것보다 더 많은 구리를 채굴해야 한다.[7]

그러나 이 비전에서 가장 난처한 점은 이 부분이다. 우리 중 많은 사람, 어쩌면 대부분이 그 미래를 맞이하지 못할 것이다.

변수가 너무 많아서 이를 예측하는 것은 아주 까다로운 작업이지만, 가장 널리 사용되는 모델을 선택하고 모든 것이 계획대로 진행되어 2050년에 탄소 중립을 달성했다고 해보지. 이 경우 대기 중의 탄소 농도가 낮아지고 경제적·기후적 이점이 비용을 넘어서기 시작하는 '손익분기점'은 2080년 안팎일 것이다. 다른 모델은 이 시점을 훨씬 뒤로 잡고 있다.[8]

잠시 생각해보라. 이 희생과 투자의 기간 동안 혜택을 보게 될 첫 번째 세대, 즉 손익분기점을 넘기면서 전성기를 맞이할 세대는 21세기 중반이 되어서야 태어날 것이다. 그들은 오늘날 태어나고 있는 아이들의 자녀들의 자녀인 것이다.

이로 인해 우리는 앞으로 세 가지 리스크와 마주하게 된다. 첫 번째, 사람들이 절망하며 포기하는 것이다. 인류가 자신이 경험하지도 못할 미래를 위해 생계를 자발적으로 여러 세대에 걸쳐서 희생한 전례가 있는가? 현재의 탄소 중립 정책은 에너지 밀도가 높고 값싼 화석연료를 포기하라는 것인데, 과연 인류가 그런 선택을 하겠는가? 정치인들이 이런 문제를 명확히 규정하고 있지 않아 반발의 위험이 크다.

두 번째 리스크는 탄소 중립을 향한 이러한 노력이 정치적 저항과 대중의 무관심으로 인해 어려움을 겪는다는 것이다. 전 세계 여러 나라에서 풍력발전 터빈과 태양광 패널 사업의 허가 절차가 점점 더 까다로워지고 있다. 남아메리카와 유럽에서는 구리와 리튬 프로젝트가 축소되고 있다. 이런 물질에 대한 수요가 높은데 공급이 따라오지 못한다면, 그 결과가 어떻게 될 것인지는 너무나 뻔하다. 리튬 등 원자재 공급에 대한 우려로 인해 가격이 상승한 것이다.

만약 리튬이나 구리의 공급 부족이 장기화되면 우리는 탄소 중립을 달성할 수 없다. 이는 더 많은 사람들이 광물을 획득하는 새로운 방법을 고민해야 한다는 의미이다. 그러나 이 글을 쓰고 있는 지금, 광산학을 공부하려는 젊은이들이 너무 부족하다. 콘월에 있는 캠본 광산학교는 세계 최고의 광산학 교육기관이지만, 광산공학과의 신입생 모집을 중단했다. 물질에 대한 지식을 배우고자 하는 사람이 없다면 우리에게 무슨 희망이 있겠는가.

세 번째 리스크는 물질 세계가 구축한 지정학적 기반이 붕괴되는 것이다. 실리콘 칩은 전 세계를 여러 번 돌고 돌아 당신의 기기에 탑재된다. 구리 원자도 마찬가지다. 구리 원자는 지구의 반대편에서 채굴되어 다른 지역(보통 중국)에서 정제되고 그런 다음 완전히 다른 곳으로 향하는 기기에 통합된다. 우리가 알고 있는 세계, 그리고 해마다 가격을 하락시키는 데 도움이 되는 모든 선순환은 이런 상호연계성에 의존하고 있다.

공급망이 제대로 작동해 물질이 지구의 한쪽에서 반대쪽으로 자유롭게 유통되던 시대에는, 물건이 어디에서 오고, 어디에서 어떻게 만들어지는지는 그리 중요하지 않았다. 물건은 저절로 나타나서 산업 기계 속으로 편입되었으므로, 우리는 그 물건의 제조 과정이나 유통 경로에 대해 신경 쓰지 않았다. 그러나 전쟁과 무역 분쟁으로 인해 이런 공급망이 붕괴되는 상황이 발생하면, 물질 세계는 급속하게 아주 중요한 사안이 된다. 우리가 전 세계 어디에서나 쉽게 구할 수 있었던 값싸고 흔한 물질이 아주 긴급한 새로운 문제로 등장한다. 오늘날 제품 제조의 복잡성이 이전 세대보다 훨씬 더 높아졌다는 점을 감안할 때, 전 세계 국가가 자급자족을 선택한다면 잠재적인 후폭풍이 심각할 것이다.[9]

하지만 지금쯤이면 당신은 물질이 얼마나 중요한지 알 것이기 때문에 이 정도는 놀라운 문제로 다가오지 않을 것이다. 물질은 현대 사회의 초석이고, 물질이 없다면 우리는 심각한 난관에 빠지게 되리라는 것을 잘 알 테니까. 또 에너지가 다양한 형태로 물질의 생산을 뒷받침하고 있으므로, 물질과 에너지가 동시에 부족하면 정말로 심각한 사태가 발생한다는 사실도 알고 있을 것이다. 때로는 그 영향이 미묘하고 점진적일 때도 있다. 선진국들의 경제 생산성이 정체되기 시작한 때가 미국과 유럽이 에너지 사용을 줄이기 시작한 시점(1970년대)과 일치한다는 것은 우연이 아니다. 때때로 그 영향은 아주 본능적이고 극적이다. 러시아가 2022년 우크라이나를 침공하면서 유럽 일부 지역은 에너지 공급원이 끊겨서 석유 가격이 급등했다. 이러한 현상은 다시 유럽 대륙 전반의 경기침체로 이어졌다. 가스 공급 부족 사태에 직면한 유럽은 산업 중심지의 본질에 대해서 다시 생각해봐야 했다. 하버-보슈 공정을 개발한 독일의 화학 대기업 BASF는 루드비히스하펜Ludwigshafen에 있는 암모니아공장 일부를 폐쇄하고 해외에서 화학물질을 수입하기 시작했다. 이러한 결정들은 화석연료로의 전환을 가속화하는 데 도움이 될 수 있지만 그 방법은 단절적일 뿐만 아니라 너무 비용이 많이 든다. 금융 배관plumbing에 일시적 단락短絡이 발생하는 것과 에너지 시스템 전체에 단락이 발생하는 것은 완전히 다른 문제이다.

에너지는 문제의 한 부분일 뿐이다. 위기는 세계 경제의 전체 구조에 대한 많은 의문을 불러일으켰기 때문이다. 만약 공급망에 더 이상

의존할 수 없다면, 지난 수십 년 동안 제조업을 서서히 축소시켜온 선진국들은 그 과정을 다시 역진逆進시킬 수 있을까? 그것이 가능할까? 정책 입안자들은 대안을 마련하기 위해 고심하는 한편 오늘날 사태가 돌아가는 방식에 대한 실질적인 그림조차 갖고 있지 않다는 것을 깨달았다.

여기에는 지난 세계대전과 비슷한 점이 있다. 1940년대 미국 상무부의 정책 입안자들은 가용자원을 파악하기 위해 경제학자 사이먼 쿠즈네츠Simon Kuznets에게 국가회계시스템을 구축해달라고 의뢰했다. 그 결과 우리가 오늘날 GDP(국민총생산)로 알고 있는 개념이 탄생했다. 2020년대에 미 상무부는 '반도체 주권'을 달성할 수 있는지 예측하기 위해 반도체 공급망에 대한 조사연구에 착수했다. 그들은 광산 입구, 웨이퍼 제조사, 조립 공장, 그리고 그 중간의 무수한 부품 납품업체 사이의 연결고리와 관계를 살펴보면서, 물질 세계 중 이 분야의 원시적 지도를 작성하게 되었다. 곧 이러한 지도와 물질의 사용을 도표화한 물질흐름분석과 함께 GDP 통계에 대조를 이루면서 의존과 협력의 위력을 드러낼 수 있을 것이다.[*][10]

이런 기본적 물질 세계의 지도들을 살펴보면 무엇을 볼 수 있을까? 연결과 의존의 그물망은 너무나 복잡하여 그것을 해체한다는 것은 거의 불가능해 보인다. 호주에서 중국으로 건너간 철광석은 강철이 되어서, 다시 유럽으로 건너가 고급 합금이 되고, 대서양을 건너 뉴저지로 보내 압축·강화된다. 각진 모래는 건설 현장으로 흘러들고, 실리카 모

---

[*] 국가 소득의 계량표를 만들려 했던 쿠즈네츠의 노력은 예전에도 있었던 비슷한 노력의 반복이었다. 17세기에 영국 학자 윌리엄 페티는 잉글랜드와 웨일스의 중요 경제 데이터의 추산치들을 수집했다. 이때에도 수집 목적은 국가의 전쟁 수행 능력을 측정하기 위한 것이었는데 해당 전쟁은 1665~1667년 사이의 제2차 앵글로-더치 전쟁이었다.

래는 유리공장으로, 석영암은 실리콘 제련 공장으로 보내진다. 구리와 리튬은 칠레에서 중국으로 건너갔다가 다시 되돌아온다. 소금과 소금물은 화학공장에서 다양한 화학물질로 바뀐다.

5대양 6대주를 둘러싼 이 놀라운 상호연결의 세계 덕분에 우리는 물질에서 에너지에 이르기까지 모든 문명의 구성 요소를 당연하게 여길 수 있게 되었다. 칠레와 호주에서 구리와 철의 채굴 규모가 확대된 것과 마찬가지로, 무역의 흐름도 확대되었다. 오늘날 컨테이너선 한 척이 16세기 영국 상선 전체가 운송했던 것보다 더 많은 화물을 운송할 수 있다. 더 이상 지구를 마음대로 돌아다닐 수 없다면 전 세계를 누비던 공급망은 어떻게 될까? 지구 한쪽에서 출발한 배가 지구 반대쪽에 제시간에 도착한다는 것을 더 이상 당연시할 수 없다면, 아니 실제로는 아예 불가능하다면 어떤 일이 벌어질까? 1차 세계대전 당시 쌍안경 부족으로 영국군의 전력을 위태롭게 한 '유리 기근'을 떠올려 보면 그 답을 쉽게 얻을 수 있다. 이런 상황에서 갑자기 무언가를 채굴하고 만드는 것은 더 이상 무의미한 꿈틀거림이 아니라 모든 것이다.[11]

여러 해 동안 무시되어 왔지만 물질의 세계는 경이롭다. 오늘날 전 세계 과학자와 제조업체 간의 협력과 경쟁 덕분에 우리는 주머니 속에 나노 기술을 넣고 다닐 수 있게 되었다. 이러한 지적 능력과 재료과학의 네트워크 덕분에 팬데믹에 대응할 수 있는 치료제의 개발과 제조에 몇 달 밖에 걸리지 않게 되었다. 만약 그 일에 종사하는 사람이 많다면, 우리의 삶을 변화시키는 놀라운 물건을 만들어내는 일이 훨씬 더 쉬워진다.

물질의 세계는 오늘날 우리 삶의 기반이며, 우리의 조상들이 감내해야 했던 힘든 노동과 고된 가사일에서 벗어나게 해준다. 1801년 당시

1만 제곱미터의 밭에서 밀을 생산하려면 평균 150시간의 노동력이 필요했다. 오늘날에는 강철 쟁기, 디젤 엔진, 반도체 기반의 콤바인 추수기 덕분에 2시간이 채 걸리지 않는다. 또 같은 면적에 훨씬 많은 밀을 심을 수 있다. 100년 전에는 1톤의 구리를 생산하는 데 230시간의 노동력이 필요했지만, 오늘날에는 약 18시간이면 충분하다. 이러한 놀라운(대부분 인정받지 못하는) 발전을 이루게 된 것은, 농업과 광업을 산업화하기 위하여 엄청난 양의 에너지, 금속, 화학물질이 투입되었기 때문이다. 그 결과 오늘날에는 소수의 인력만 우리 모두를 먹여 살리는 산업에 종사하고 있다.[12]

나는 평생을 비물질의 세계에서 일했고 내 손을 더럽히지 않고 물질 세계의 결실을 누려왔다. 그런 사람으로서 이 책에 소개된 여행은 내 눈을 번쩍 뜨게 하는 경험이었다. 여행을 하면 할수록, 우리 모두는 생존을 위해 의존하는 1차 산업과 단절되어 있다는 느낌이 강해졌다. 아마도 이것은 현대 자본주의의 필연적 결과일 것이다. 우리는 전 세계 어디에서나 원하는 물건을 저렴한 가격에 살 수 있지만, 그것이 어떻게 만들어지고, 어떻게 전달되는지 그 과정에 대해 별로 아는 게 없다. 연필이나 반도체를 어떻게 만드는지 이해하는 사람이 단 한 명도 없다는 사실은 별로 중요하지 않다. 하지만 이런 단절 상태가 자본주의에 대해 느끼는 소외감을 부추긴다면? 아마도 이것이 선진국의 일부 사람들이 대량생산에서 벗어나 장인이 만든 수공예품을 더 선호하고, 심지어 온라인으로 물품을 주문하지 않고 집에서 직접 제품을 만들어 사용하려는 이유일 것이다. 이 모든 것은 물질 세계의 기본과 다시 연결되려는 열망을 보여준다.

우리는 반드시 그 세계와 다시 연결되어야 한다. 왜냐하면 이곳은 현대를 살아가는 우리에게 희망을 안겨주는 이야기로 가득 차 있기 때문이다. 오랫동안 사람들은 오늘날과 같은 규모의 철와 강철을 만드는 게 불가능할 것이라고 생각했다. 콘크리트 재사용이 허황된 꿈이라고 생각했다. 과학자들은 극자외선을 이용해 반도체를 대량생산하는 것은 고사하고 그 자외선을 잘 다룰 수 있을지 여부를 의심했다.

앞으로 10년 혹은 20년 후에 과거를 되돌아보면 이렇게 말할까? 왜 우리는 세계의 에너지망을 뒷받침할 만큼 충분한 수소를 생산하려고 그토록 노심초사했을까? 왜 지하 깊은 곳의 뜨거운 암석으로부터 풍부한 전력을 생산하려고 그렇게 애썼을까? 우리의 자녀들은 오늘날 우리가 스마트폰을 만지작거리며 느꼈던 만족감을, 핵융합발전소를 바라보며 똑같이 느낄 수 있을까? 우리 조상들은 터득하지 못한 화학물질이 들어가고, 현미경으로도 관찰할 수 없을 정도로 극소형 트랜지스터가 장착된 그 스마트폰 말이다. 물질 세계로의 여행에서 얻을 수 있는 한 가지 교훈이 있다면 이런 것이다. 충분한 시간, 노력, 협업을 투자한다면 이런 일들은 언제든지 벌어질 수 있다. 라이트 법칙의 논리처럼 시간이 경과해 인류가 경험을 쌓으면 물건을 더 빨리 생산할 수 있게 된다. 그리고 우리가 대만에서 방문한 것과 같은 파운드리에서 만든 반도체로 구동되는 컴퓨터와 인공지능의 도움으로 이러한 발견을 더욱 가속화할 수 있다는 그럴듯한 주장도 있다.

우리 중 대다수는 기후변화를 막고 이익이 발생하는 손익분기 시점까지 살아남지 못할 것이다. 그러나 우리는 인류가 다음 에너지 전환을 달성하는 데 도움이 될 혁신을 지켜볼 수 있을 것이다. 앞으로 수십 년은 경제 역사상 가장 흥미로운 시기가 될 것이다. 탄소 배출량을 제로로 만든다는 것은 산업혁명을 다시 상상해봐야 한다는 뜻이다. 또

한 금속 제련과 화학물질 생산, 에너지 공급에 이르기까지 물질 세계의 거의 모든 공정을 재고해야 한다는 뜻이다. 우리는 지금보다 훨씬 더 청정하고 지속 가능한 전력망을 구축할 수 있다. 개발도상국에 비약적인 발전을 가져다주는 기술을 제공해 그 나라 국민들이 수백 년 동안 석탄 화력발전소에서 뿜어내는 스모그와 오염으로 인해 고통받지 않게 할 수 있다. 현대의 전지보다 수십 배 저장 기능이 향상된 새로운 배터리와 미로 같은 트랜지스터보다 훨씬 더 복잡한 실리콘 칩도 만들어낼 수 있다.

그래핀graphene과 탄소나노튜브를 사용하여 이 책에 나오는 일부 물질의 성능을 향상시키거나 대체할 수 있는 완전히 새로운 시대, 즉 나노물질의 세계가 다가오고 있다. 플라스틱 덕분에 20세기 화학자들은 땅에서 파낸 분자 물질에 대한 의존에서 벗어나 완전히 새로운 물질을 설계할 수 있었다. 이와 마찬가지로 21세기 화학자들은 그보다 훨씬 더 멀리 나아간 새로운 물질을 설계해낼 수 있을 것이다. 구리나 강철보다 전도성이 뛰어난 나노소재 와이어, 녹슬지 않는 강철, 리튬이나 코발트 같은 희귀 물질의 대체물을 상상해보라. 이것은 흥분되고 고무적이며 아찔한 도전이 아닐 수 없다.

우리 중 대다수는 '손익분기점'을 넘어서는 걸 보지 못할 것이다. 하지만 그렇다고 우리가 늘 하던 일을 멈출 수는 없다. 인류는 태초부터 지구에 눈에 보이는 흔적을 남겨왔다. 그렇지 않은 척하는 것은 아무런 의미도 없다. 그것은 우리 역사의 일부이다. 덕분에 인간은 전보다 더 오래, 더 편안하게 살게 되었다. 그리고 지구상에는 전에 상상하지 못했던 많은 사람이 살게 되었다. 80억의 두뇌와 80억 개의 희망과 꿈이 공존하고 있는 것이다.

우리는 좀 더 지속 가능하고 청정한 삶을 살 수 있으며, 파괴와 오염을 줄이고 지구와 조화를 이루며 살아갈 수 있다. 이러한 과정에서 물질 세계를 피하거나 무시하지 않고 그 세계를 적극 받아들이고 이해하고자 애써야 한다. 이 책에서 다루는 여섯 가지 물질은 인간의 존속과 번영에 이바지했다. 여섯 가지 물질은 우리가 마법을 이룰 수 있도록 해주었다. 물질은 그런 일을 또다시 해낼 것이다.

주 註

프롤로그

1) World Gold Council data, https://www.gold.org/goldhub/data/gold-demand-by-country.

2) Leonard Read, 'I, Pencil', 1958, https://fee.org/resources/i-pencil/.

3) A. McAfee, *More From Less: The Surprising Story of How We Learned to Prosper Using Fewer Resources-and What Happens Next* (Simon & Schuster UK, 2019).

4) R.W. Clark, *Einstein: The Life and Times* (Random House, 1995).

1장 유리로 바라본 세상

1) R.A. Bagnold, 'Journeys in the Libyan Desert 1929 and 1930', *Geographical Journal 78/1* (July 1931): 13, https://doi.org/10.2307/1784992; Major R.A. Bagnold, 'A Lost World Refound', *Scientific American 161/5* (November 1939): 261-3, https://doi.org/10.1038/scientificamerican1139-261.

2) T. Aboud, 'Libyan Desert Glass: Has the Enigma of Its Origin Been Resolved?', *Physics Procedia 2/3* (November 2009): 1425-32.

3) David Hockney, *Secret Knowledge: Rediscovering the Lost Techniques of the Old Masters* (Thames & Hudson, 2006).

4) Alan Macfarlane and Gerry Martin, *The Glass Bathyscaphe: How Glass Changed the World* (Profile, 2011).

5) Pliny the Elder, *The Natural History*, trans. J. Bostock, H.T. Riley (Taylor and Francis, 1855), Book XXXVI, Chapter 65.

6) Reiner Zorn, 'A Wing Explained', *Nature Physics 18/4* (April 2022): 374-5.

7) Seth C. Rasmussen, *How Glass Changed the World*, Vol. 3, SpringerBriefs in Molecular Science (Springer, 2012), https://doi.org/10.1007/978-3-642-28183-9.

8) Roy and Kay McLeod, 'War and Economic Development: Government and the Optical Industry in Britain, 1914-18', in J.M. Winter (ed.), *War and Economic Development* (Cambridge University Press, 1975).

9) *Official History of the Ministry of Munitions* (facsimile: Naval & Military Press, 2008), Vol. XI, Part III, p. 42.

10) Guy Hartcup, *The War of Invention* (Brassey's, 1988). Also see Adam Hochschild, *To End All Wars: A Story of Protest and Patriotism in the First World War* (Picador, 2011).

11) Stephen King-Hall, *A North Sea Diary, 1914-1918* (Forgotten Books, 2012).

12) *History of the Ministry of Munitions*, Vol. VII, Part 1, p. 1.

13) 앞의 책, Vol. XI, Part 3, p. 83.

2장 콘크리트의 빛과 그림자

1) Speech by US Admiral Harry Harris, commander of the Pacific Fleet, to the Australian Strategic Policy Institute, 31 March 2015.

2) Author's analysis of data from UN COMTRADE database.

3) UN COMTRADE database.

4) Anthony H. Cooper et al., 'Humans Are the Most Significant Global Geomorphological Driving Force of the 21st Century', *Anthropocene Review 5/3* (2018): 222-9.

5) Emily Elhacham et al., 'Global Human-made Mass Exceeds All Living Biomass', Nature 588/7838 (2020): 442-4. The weight of biomass can be found in Yinon Bar-On, Rob Phillips and Ron Milo, 'The Biomass Distribution on Earth', *Proceedings of the National Academy of Sciences*, 19 June 2018.

6) WWF-Greater Mekong/WWF Freshwater Practice, 'The Sands Are Running Out', WWF Water Case Study, 2018, https://www.wwf.org.uk/sites/default/files/2018-04/180419_Mekong_sediment_CS- external.pdf.

7) Christian Jordan et al., 'Sand Mining in the Mekong Delta Revisited-Current Scales of Local Sediment Deficits', *Scientific Reports 9*, article number 17823 (2019).

8) G.M. Kondolf et al., 'Changing Sediment Budget of the Mekong: Cumulative

Threats and Management Strategies for a Large River Basin', *Science of the Total Environment 625* (2018): 114-34.

9) Pascal Peduzzi, 'Sand, Rarer than One Thinks: UNEP Global Environmental Alert Service (GEAS)-March 2014', United Nations Environment Programme, 2014.

10) Yang Zekun, 'Crackdown on Yangtze Sand Mining Stepped Up', *China Daily*, 2 March 2021.

11) Debashish Karmakar, 'Bihar: 4 Cops Injured as Sand Mafia Attacks Police Party in Nawada District', *Times of India*, 2 June 2021; 'Policeman Injured After Being Shot at by Two Unidentified Men in Rajasthan's Sikar', *Times of India*, 20 July 2021; Avinash Kumar, 'Bihar: 18 Cops Found Protecting Illegal Sand Mining Shifted, More Under Radar', *Hindustan Times*, 12 July 2021; Vivek Trivedi, 'Another Forest Dept Team Attacked by Sand Mafia in MP's Morena', *News18*, 30 July 2021.

12) Pascal Peduzzi et al., *Sand and Sustainability: 10 Strategic Recommendations to Avert a Crisis* (United Nations Environment Programme, 2022).

13) Andrew Rabeneck, 'The Transformation of Construction by Concrete', in Nuts & Bolts of Construction History Vol. 2 (Picard, 2012), pp.627-36, https://structurae.net/en/literature/conference-paper/transformation-of-construction-by-concrete.

14) Charles Kenny, 'Paving Paradise', *Foreign Policy* (blog), https://foreignpolicy.com/2012/01/03/paving-paradise/.

15) Rocio Titiunik et al., *Housing, Health, And Happiness*, Policy Research Working Papers (The World Bank, 2007).

16) 콘크리트 형성에 관해 서술하면서 참고한 자료 중 이 책에 가장 훌륭한 묘사와 설명이 담겨 있다. Mark Miodownik, *Stuff Matters: The Strange Stories of the Marvellous Materials that Shape Our Man-made World* (Penguin, 2013).

17) L.M. Seymour et al., 'Hot Mixing: Mechanistic Insights into the Durability of Ancient Roman Concrete', *Science Advances 9/1* (2023).

18) 좀 더 포괄적인 설명은 이 책을 참고하라. Robert Courland, *Concrete Planet: The Strange and Fascinating Story of the World's Most Common Man-Made Material* (Prometheus, 2011).

19) Andrew Rabeneck, 'Thomas Edison and Modern Construction: The Longue Duree of the Long Kiln', *Proceedings of the Sixth Annual Construction History Conference*

(Queen's College, Cambridge, 2019), p. 13.

20) 미국 지질조사국의 통계 자료를 바탕으로 추산했다.

21) Ugo Bardi, professor of physical chemistry at the University of Florence: https://cassandralegacy.blogspot.com/2019/01/what-happened-in-2015-that-changed.html.

22) 콘크리트는 생산량 계산이 까다로운 편이며, 그 누적 총생산량을 추산하는 일은 훨씬 더 복잡하다. 시멘트 생산량에 대해서는 믿을 만한 통계들이 있다. 대부분 USGS의 자료인데, 이 책에서도 활용했다. 그 외에 다음 문헌도 참고했다. Robert W. Lesley, 'History of the Portland Cement Industry in the United States', *Journal of the Franklin Institute 5* (March 1898): pp. 324 – 36. 그러나 이 데이터들이 다루는 시점은 1926년부터의 전 세계일 뿐이다. 전 세계의 수치를 알아내기 위해 나는 이 시기에 미국 대 나머지 국가들의 생산량 비율을 1:1로 잡았다. 이는 1920년대 중반의 비율과 대체로 일치한다. 그러고는 콘크리트 총생산량을 계산하기 위해 시멘트, 모래, 자갈의 비율을 콘크리트 표준 배합비인 1:2:3으로 잡았다. 다른 배합비는 시멘트 함량이 더 낮고 혼합물 속에 남아 있는 물의 무게도 고려하지 않으므로, 콘크리트의 최종 질량을 실제보다 적게 잡을 수도 있다. 그러나 같은 이유로 이 계산은 오래된 콘크리트를 새 건물에 재활용하는 것은 고려하지 않는다.

23) William J. Mallett, 'Condition of Highway Bridges Continues to Improve', Congressional Research Service report, 19 May 2020, https://crsreports.congress.gov/product/pdf/IN/IN11395; George Greenwood and Graeme Paton, 'Half of Bridges on England's Busiest Roads in "poor condition"', *The Times*, 3 December 2020, https://www.thetimes.co.uk/article/half-of-bridges-on-englands-busiest-roads-in-poor-condition-3vpwhg6c9.

24) Johanna Lehne and Felix Preston, 'Making Concrete Change: Innovation in Low-carbon Cement and Concrete', Chatham House, June 2018.

3장 반도체의 탄생

1) Anton Howes, 'Age of Invention: Where Be Dragons?', https://antonhowes.substack.com/p/age-of-invention-where-be-dragons.

2) Vaclav Smil, *Making the Modern World: Materials and Dematerialization* (Wiley, 2013).

3) Ernest Braun and Stuart Macdonald, *Revolution in Miniature: The History and Impact of Semiconductor Electronics* (Cambridge University Press, 1978).

4) 이러한 숙련공 중 한 명이 전하는 훌륭한 구전 역사가 여기에 있다. https://computer-history.org/blog/patricias-perfect-pull/.

5) 더 많은 정보가 궁금하다면 다음 자료를 참고하라. *IEEE*, International Roadmap for Devices and Systems 2021.

6) Braun and Macdonald, *Revolution in Miniature*.

7) Gordon Moore, 'The Role of Fairchild in Silicon Technology in the Early Days of "Silicon Valley"', *Proceedings of the IEEE 86/1* (January 1998).

8) 'A look inside the factory around which the modern world turns', *The Economist*, 21 December 2019.

9) Chris Miller, *Chip War: The Fight for the World's Most Critical Technology* (Simon & Schuster, 2022).

10) Jeremiah Johnson et al., 'Dining at the Periodic Table: Metals Concentrations as They Relate to Recycling', *Environmental Science & Technology 41* (2007): pp. 1759-65; Brian Rohrig, 'Smartphones: Smart Chemistry', American Chemical Society, April/May 2015, https://www.acs.org/content/acs/en/education/resources/highschool/chemmatters/past-issues/archive-2014-2015/smartphones.html.

4장 생명의 물질

1) John Julius Norwich, *A History of Venice* (rev. edition, Penguin, 2003).

2) Toyin Falola, '"Salt is Gold": The Management of Salt Scarcity in Nigeria during World War II', *Canadian Journal of African Studies/Revue Canadienne des Études Africaines 26/3* (1992): p. 416.

3) Cecilia Lee-fang Chien, *Salt and State: An Annotated Translation of the Songshi Salt Monopoly Treatise* (University of Michigan Press, 2004), p. 5.

4) 앞의 책, p. 6.

5) *Discourse on Salt and Iron*, 'Chapter One: The Basic Arguments, The Discourses on Salt and Iron', http://www.8bei8.com/book/yantielun_2.html.

6) Pierre Laszlo, *Salt: Grain of Life* (Columbia University Press, 2001).

7) S.A.M. Adshead, *Salt and Civilization* (Palgrave Macmillan, 1992), pp. 218-30.

8) Roy Moxham, *The Great Hedge of India* (Constable, 2001).

9) Mahatma Gandhi, *Selected Political Writings*, ed. D. Dalton (Hackett, 1996), pp. 76-8.

5장 소금의 산업화

1) K.L. Wallwork, 'The Mid-Cheshire Salt Industry', *Geography 44/3* (July 1959), pp. 171 - 86; Paul G.E. Clemens, 'The Rise of Liverpool, 1665-1750', *Economic History Review 29/2* (May 1976), pp. 211-25.

2) J.M. Fells, 'The British Salt Trade in the Nineteenth Century', *Economic Journal* 11/43 (September 1901), pp. 421-31; Ralph Davis, 'Merchant Shipping in the Economy of the Late Seventeenth Century', *Economic History Review* 9/1 (1956), pp. 59-73; Bank of England Millennium of Data spreadsheet.

3) Lion Salt Works Museum, Northwich.

4) Fells, 'British Salt Trade', p. 427.

6장 화약, 전쟁의 도화선

1) Harold Blakemore, *From the Pacific to La Paz: Antofagasta and Bolivia Railway Company, 1888 - 1988* (Imprint unknown, 1990).

2) Patricio García Méndez, *The Reinvention of the Saltpeter Industry* (A Impresores, 2018).

3) John Mayo, 'The Antofagasta Nitrate Company and the Outbreak of the War of the Pacific', *Boletín de Estudios Latinoamericanos y del Caribe* 28 (June 1980), pp. 3 - 11.

4) Thomas O'Brien, '"Rich beyond the Dreams of Avarice": The Guggenheims in Chile', *Business History Review* 63/1 (Spring 1989), pp. 122 - 59.

5) Thomas Hager, *The Alchemy of Air: A Jewish Genius, a Doomed Tycoon, and the Scientific Discovery that Fed the World but Fueled the Rise of Hitler* (Crown, 2008).

6) United Nations Food and Agriculture Organisation, *The State of Food Security and Nutrition in the World*, 2020 and 2022 reports (United Nations, 2020/2022).

비하인드 스토리: 소금을 지배하는 자가 세상을 지배한다

1) 제호슈타인해의 형성에 대해서는 로툰다 지질학 그룹(Rotunda Geology Group)의 훌륭한 설명을 참조하라. http://www.rotundageologygroup.org/2012_11_01/ZechsteinPotash

7장 강철 전쟁

1) 'Enver Tskitishvili about Azovstal – Plant Shut Down Competently', Metinvest Media, 19 March 2022, https://metinvest.media/en/page/enver-cktshvl-pro-azovstal-kombnat-zupinili-gramotno--ekologchno-zagrozi-nema; also, author interview with individual from Metinvest. 우크라이나 철강회사 메틴베스트(Metinvest) 출신의 개인들과 진행한 인터뷰도 참고했다.

2) J.E. Gordon, *The New Science of Strong Materials: Or Why You Don't Fall Through the Floor* (rev. ed., Penguin, 1991).

3) Stefan Pauliuk, Tao Wang and Daniel B. Müller, 'Steel All over the World: Estimating in-Use Stocks of Iron for 200 Countries', *Resources, Conservation and Recycling 71* (February 2013): pp. 22 – 30.

4) United Nations Environment Programme, *Global Resources Outlook 2019: Natural Resources for the Future We Want* (United Nations, 2020). 2019년 데이터를 비롯한 연관 데이터베이스를 다음의 UNEP 웹사이트에서 확인할 수 있다. https://www.resourcepanel.org/global-material-flows-database.

5) 테오필루스 프레스비터(Theophilus Presbyter)의 기록은 다음 자료에서 인용했다. J.E.Gordon, *The New Science of Strong Metals: Or Why You Don't Fall Through the Floor* (Penguin, 1991).

6) Vaclav Smil, *Energy and Civilization: A History* (The MIT Press, 2017) and *Still the Iron Age: Iron and Steel in the Modern World* (Butterworth-Heinemann, 2016).

7) Paul Gait, 'Valuing Jevons' "Invaluable Metal"', Bernstein, September 2018; Tao Wang, Daniel B. Müller and Seiji Hashimoto, 'The Ferrous Find: Counting Iron and Steel Stocks in China's Economy', *Journal of Industrial Ecology 19/5* (25 August 2015): pp. 877 – 89.

8) Jung Chang and Jon Halliday, *Mao: The Unknown Story* (Vintage Digital, 2012).

9) Wei Li and Dennis Tao Yang, 'The Great Leap Forward: Anatomy of a Central Planning Disaster', *Journal of Political Economy 113/4* (August 2005): pp. 840 – 77, https://doi.org/10.1086/430804.

10) Serhii Plokhy, *The Gates of Europe: A History of Ukraine* (Penguin, 2015).

11) James Kynge, *China Shakes The World: The Rise of a Hungry Nation* (Weidenfeld & Nicolson, 2010).

12) Blast furnace count from Global Energy Monitor: https://www.gem.wiki/Main_
Page; data on Chinese production from USGS and World Steel Association.

13) Stephen Kotkin, *Magnetic Mountain: Stalinism as a Civilization* (University of
California Press, 1997).

14) Michael Schwirtz, 'Last Stand at Azovstal – Inside the Siege that Shaped the
Ukraine War', *New York Times*, 24 July 2022. https://www.nytimes.com/2022/07/24/
world/europe/ukraine-war-mariupol-azovstal.html.

8장 용광로 속으로

1) Smil, *Still the Iron Age*.

2) Data on metallurgical coal from the IEA; data on blast furnaces collated by the author
from the Global Energy Monitor database: https://www.gem.wiki/ Main_Page.

3) Daniela Comelli et al., 'The Meteoritic Origin of Tutankhamun's Iron Dagger
Blade', *Meteoritics & Planetary Science 51/7* (2016): pp. 1301 – 9.

4) Roger Osborne, *Iron, Steam & Money: The Making of the Industrial Revolution*
(Pimlico, 2014).

5) Peter Appleton, *A Forgotten Industry – The Alum Shale Industry of North-East Yorkshire*
(Boroughgate, 2018).

6) Simon Winchester, *Exactly: How Precision Engineers Created the Modern World*
(William Collins, 2018).

7) Vaclav Smil, 'Energy (r)evolutions take time', *World Energy* 44 (2018): pp. 10 – 14;
Maddison Project Database 2020, University of Groningen, https://www.rug.
nl/ggdc/historicaldevelopment/maddison/releases/maddison-project-database-
2020?lang=en.

8) J.M. Allwood and J. M. Cullen, *Sustainable Materials: With Both Eyes Open* (UIT
Cambridge, 2012).

9) Daniel E. Sichel, 'The Price of Nails since 1695: A Window into Economic
Change', *Journal of Economic Perspectives 36/1* (2022): pp. 125 – 50.

10) Robert J. Gordon, *The Rise and Fall of American Growth: The US Standard of Living
since the Civil War* (Princeton University Press, 2017); Marc Levinson, *The Box: How
the Shipping Container Made the World Smaller and the World Economy Bigger* (Princeton

University Press, 2016).

11) Tom Standage, *A Brief History of Motion: From the Wheel to the Car to What Comes Next* (Bloomsbury, 2021).

12) Steven Watts, *The People's Tycoon: Henry Ford and the American Century* (Vintage, 2009).

13) World Steel Association, *The White Book of Steel* (World Steel Association, 2012).

14) Julian M. Allwood, *A Bright Future for UK Steel* (Cambridge University Press, 2016).

15) Katherine Felkins, H.P. Leigh and A. Jankovic, 'The Royal Mail Ship Titanic: Did a Metallurgical Failure Cause a Night to Remember?', *JOM 50/1* (January 1998): pp. 12–18; Tim Foecke, 'Metallurgy of the RMS *Titanic*', National Institute of Standards and Technology, 1998.

16) Dinny McMahon, *China's Great Wall of Debt: Shadow Banks, Ghost Cities, Massive Loans and the End of the Chinese Miracle* (Little, Brown, 2018).

17) Adam Minter, 'China's Latest Innovation? The Ballpoint Pen', Bloomberg, 16 January 2017, https://www.bloomberg.com/view/articles/2017-01-16/china-s-latest-innovation-the-ballpoint-pen?sref=n6On5IIq; Adam Taylor, 'Finally, China Manufactures a Ballpoint Pen All by Itself', *Washington Post*, 18 January 2017, https://www.washingtonpost.com/news/worldviews/wp/2017/01/18/finally-china-manufactures-a-ballpoint-pen-all-by-itself/.

18) Kim Browne, '"Ghost Battleships" of the Pacific: Metal Pirates, WWII Heritage, and Environmental Protection', *Journal of Maritime Archaeology 14/1* (April 2019): pp. 1–28.

9장 강철로 만들어진 세계

1) M. Grant Norton, *Ten Materials that Shaped Our World* (Springer, 2021).

2) https://en.wikipedia.org/wiki/Harry_Page_Woodward.

3) William Finnegan, 'The Miner's Daughter', *New Yorker*, 18 March 2013, http://www.newyorker.com/magazine/2013/03/25/the-miners-daughter.

4) *The Splash*, ABC (undated), https://www.youtube.com/watch?v=IdXonJowDT0.

5) David Lee, 'The Ghost of Lang Hancock', *Inside Story*, 19 August 2020, https://insidestory.org.au/the-ghost-of-lang-hancock/; *Australian Dictionary of National*

Biography, https://adb.anu.edu.au/biography/hancock-langley-frederick-lang-17492.

6) 이 서술은 중간 보고서와 최종 보고서뿐만 아니라, 푸투쿤티쿠라마 사람들을 대표하는 조직인 PKKP 그리고 리오틴토의 자료를 포함하여 호주 의회가 실시한 주칸 협곡 조사에서 나온 다양한 진술에 근거한다.

7) Rio Tinto Supplementary Responses to Questions, Inquiry into the destruction of 46,000 year old caves at the Juukan Gorge in the Pilbara region of Western Australia, Submission, 20 August 2020.

8) 'World Steel in Figures 2022', World Steel Association, 2022.

9) Stefan Pauliuk et al., 'The Steel Scrap Age', *Environmental Science & Technology 47/7* (2 April 2013): pp. 3448‑54.

10) Allwood and Cullen, *Sustainable Materials*.

10장 구리의 시대

1) Richard Pence (ed.), *The Next Greatest Thing* (National Rural Electric Cooperative Association, 1984).

2) Robert Caro, *The Path to Power: The Years of Lyndon Johnson* (The Bodley Head, 2019).

3) Gordon, *Rise and Fall of American Growth*.

4) Henry Sanderson, 'Copper Miners Pin Hopes on Electric Cars as China Falters', *Financial Times*, 8 April 2016, https://www.ft.com/content/0e091ff8-fd5a-11e5-b5f5-070dca6d0a0d; Nicholas Snowdon et al., 'Green Metals Copper Is the New Oil', Goldman Sachs, 13 April 2021.

5) 다음 동영상 예시들은 전자기 효과를 잘 설명한다. https://www.youtube.com/watch?v=sENgdSF8ppA&t=85s, 그리고 https://www.youtube.com/watch?v=5BeFoz3Ypo4.

6) William D. Nordhaus, 'Do Real-Output and Real-Wage Measures Capture Reality? The History of Lighting Suggests Not', in *The Economics of New Goods* (University of Chicago Press, 1996), pp. 27‑70, https://www.nber.org/books-and-chapters/economics-new-goods/do-real-output-and-real-wage-measures-capture-reality-history-lighting-suggests-not.

7) 'Olympic Cyclist Vs. Toaster: Can He Power It?', 2015, https://www.youtube.com/watch?v=S4O5voOCqAQ.

8) https://www.ge.com/steam-power/products/steam-turbines/nuclear-arabelle.

9) IEA, *The Role of Critical Minerals in Clean Energy Transitions* (IEA, 2021), pp. 45-9, 58, 65-6.

10) Martin Lynch, *Mining in World History* (Reaktion, 2003). 이 책은 구리뿐만 아니라 다른 물질들의 채굴 역사에 관해 내가 본 최고의 책이다.

11) Andrew Bloodworth, 'A Once and Future Extractive History of Britain', in E. Hunger, T.J. Brown and G. Lucas (eds), *Proceedings of the 17th Extractive Industry Geology Conference* (EIG Conferences, 2014), pp. 1-6.

12) Chris Evans and Olivia Saunders, 'A World of Copper: Globalizing the Industrial Revolution, 1830-70', *Journal of Global History 10/1* (March 2015).

13) Huw Bowen, 'Copperopolis: Swansea's Heyday, Decline, and Regeneration', lecture, Legatum Institute History of Capitalism Series, 2016.

14) Lynch, *Mining in World History*.

11장 땅속으로 더 깊이

1) 이 책의 추키카마타에 관한 정보 대부분은 2022년 5월 말에 현지 광산을 방문한 경험에서 나왔다. USGS 외에 국제 구리 연구 그룹(International Copper Study Group)도 구리 생산에 관한 양질의 자료들을 제공한다. 특히 국제 구리 연구 그룹의 연감은 훌륭한 데이터를 얻을 수 있는 보고이다. 추키카마타와 그 인근 광산에서 채굴한 구리의 현재와 과거 생산량 등 내가 사용한 데이터 대부분을 여기서 구했다.

2) Barry Golding and Suzanne D. Golding, *Metals, Energy and Sustainability: The Story of Doctor Copper and King Coal* (Springer, 2017), p. 137. 이 훌륭한 책에는 추키카마타 역사에 관한 풍부한 자료들이 담겨 있다.

3) 추키카마타와 그 인근 광산의 과거와 현재 구리 생산량은 내가 계산한 것이다. 1980년대의 수치는 코델코(Codelco)와 칠레구리위원회(Cochilco)의 자료를, 누적 수치에 대해서는 다음 자료를 참고했다. A paper by Alejandro Faunes et al, 'Chiquicatama, Core of a Planetary Scale Cu-Mo Anomaly', in T.M.Porter, *Super Porphyry Copper and Gold Deposits - A Global Perspective* (PGC, 2005). 이 글을 쓰고 있는 현재, 추키카마타의 누적 총생산량은 약 4500만 톤이고, 에스콘디다의 누적 총생산량은 약 3000만 톤이다. 구리의 총생산량은 USGS 데이터를 참고했다.

4) Jochen Smuda et al., 'Element Cycling during the Transition from Alkaline to Acidic

Environment in an Active Porphyry Copper Tailings Impoundment, Chuquicamata, Chile', *Journal of Geochemical Exploration 140* (May 2014): pp. 23 – 40.

5) Sandra Cortes et al., 'Urinary Metal Levels in a Chilean Community 31 Years after the Dumping of Mine Tailings', *Journal of Health and Pollution 6/10* (June 2016): pp. 19 – 27.

6) Paul R. Ehrlich, *The Population Bomb* (Ballantine, 1989).

7) Paul Sabin, *The Bet* (Yale University Press, 2013).

8) Pierre Desrochers and Christine Hoffbauer, 'The Post War Intellectual Roots of the Population Bomb. Fairfield Osborn's "Our Plundered Planet" and William Vogt's "Road to Survival" in Retrospect', *Electronic Journal of Sustainable Development 1/3* (2009): p. 26.

9) Andrew McAfee, *More from Less: The Surprising Story of How We Learned to Prosper Using Fewer Resources – and What Happens Next* (Simon & Schuster, 2019).

10) Julian L. Simon, 'Resources, Population, Environment: An Oversupply of False Bad News', *Science*, 27 June 1980.

11) Ira Beaman Joralemon, *Romantic Copper: Its Lure and Lore* (D. Appleton-Century Co., 1934).

12) David Cohen, 'Earth's Natural Wealth: An Audit', *New Scientist*, 23 May 2007; Richard A. Kerr, 'The Coming Copper Peak', *Science*, 14 February 2014.

13) Manuel Mendez, Damir Galaz-Mandakovic and Manuel Prieto, 'Tele-Production of Miningscapes in the Open-Pit Era: The Case of Low-Grade Copper, Bingham Canyon, US and Chuquicamata, Chile (1903 – 1923)', *Extractive Industries and Society 8/4* (1 December 2021).

14) T. LeCain, *Mass Destruction: The Men and Giant Mines that Wired America and Scarred the Planet* (Rutgers University Press. 2009).

15) Ernesto Che Guevara, *The Motorcycle Diaries*, trans. Che Guevara Studies Center (Penguin, 2021).

16) Paul Gait, 'Metals & Mining: Why Isn't the Price of Copper US$24,000/t (or US$11/Lb)? An Overview of the Impact of "Moore's Law in Mining"', Bernstein, 2018.

17) German Flores and Alex Catalan, 'A Transition from a Large Open Pit into a

Novel "Macroblock Variant" Block Caving Geometry at Chuquicamata Mine, Codelco Chile', *Journal of Rock Mechanics and Geotechnical Engineering 11/3* (June 2019): pp. 549–61; Pablo Paredes, Tomás Leaño Chlebnicek and Leopoldo Jauriat, 'Chuquicamata Underground Mine Design: The Simplification of the Ore Handling System of Lift 1', in *Proceedings of the Fourth International Symposium on Block and Sublevel Caving* (Australian Centre for Geomechanics, 2018), pp. 385–98.

18) Marian Radetzki, 'Seven Thousand Years in the Service of Humanity – the History of Copper, the Red Metal', *Resources Policy 34/4* (December 2009).

19) Tim Worstall, 'The No Breakfast Fallacy: Why the Club of Rome Was Wrong about Us Running out of Resources', Adam Smith Institute, 2015.

20) Resources numbers from USGS. Annual consumption projections from Daniel Yergin et al., 'The Future of Copper', IHS Markit/S&P Global, 2022.

21) 이 수치들은 칠레구리위원회의 데이터를 바탕으로 계산한 결과이다. Chilean copper output (thousands of tonnes), 2004: 5,413; 2016: 5,553. Average copper mine head grade, 2004: 1.1 per cent, 2016: 0.65 per cent. Data on grades: https://www.cochilco.cl/Presentaciones%20Ingls/Chilean%20Copper%20Mining%20Costs.pdf.

22) Jeff Doebrich, 'Copper – A Metal for the Ages', USGS, 2009.

23) Paul Gait, 'Metals & Mining: Copper and the Green Economy – Thoughts from Our Decarbonisation Conference', Bernstein, 2019.

12장 새로운 국경

1) 이 부분은 2018년에 자메이카 킹스턴의 국제해저기구를 방문해서 얻은 자료, 그리고 사무총장 마이클 로지와의 인터뷰 자료를 포함하고 있다. 또한, 나는 2018년에 취리히로 가서 과학자 그레천 프뤼그린(Gretchen Früh-Green)을 인터뷰했다. 그는 2000년에 실시했던 탐사에서 '잃어버린 도시'를 처음으로 발견한 사람이다. '프로젝트 울트라'에 관한 자료 대부분은 2022년 7월에 브램 머튼을 인터뷰하면서 얻었다.

2) 코발트 http://pubs.usgs.gov/periodicals/mcs2022/mcs2022-cobalt.pdf.
   니켈 http://pubs.usgs.gov/periodicals/mcs2022/mcs2022-nickel.pdf.

3) S. Petersen et al., 'News from the Seabed – Geological Characteristics and Resource Potential of Deep-Sea Mineral Resources', *Marine Policy 70* (August 2016).

4) M. Hannington et al., 'The Abundance of Seafloor Massive Sulfide Deposits', *Geology*

39/12 (1 December 2011).

13장 원유의 발견

1) Thomas C. Barger, *Out in the Blue: Letters from Arabia 1937-1940* (Selwa Pr, 2000).

2) Daniel Yergin, *The Prize: The Epic Quest for Oil, Money & Power* (Simon & Schuster, 2012). 13장의 대부분, 그중에서도 석유 산업의 역사에 관해서는 이 뛰어난 책에 크게 의지했다.

3) Richard Rhodes, *Energy: A Human History* (Simon & Schuster, 2018).

4) Vaclav Smil, *Oil: A Beginner's Guide* (Oneworld, 2017).

5) https://explorer.aapg.org/story/articleid/2185/elephant-hid-in-desert.

6) Smil, *Oil*.

7) 'BP Statistical Review of World Energy 2022', 2022, https://www.bp.com/en/global/corporate/energy-economics/statistical-review-of-world-energy.html.

8) E.A. Wrigley, *Energy and the English Industrial Revolution* (Cambridge University Press, 2010).

9) IEA World Energy Balances, accessed July 2022.

10) Maya Foa, 'Joe Biden Needs Saudi Oil But Must Not Ignore Its Human Rights Record', *Financial Times*, 13 July 2022.

11) Daniel Yergin, *The New Map: Energy, Climate, and the Clash of Nations* (Penguin, 2020); Gregory Zuckerman, *The Frackers: The Outrageous Inside Story of the New Energy Revolution* (Penguin, 2013).

12) 'The father of fracking', *The Economist*, 3 August 2013, https://www.economist.com/business/2013/08/03/the-father-of-fracking.

13) 'Biden Interrupted by Macron at G7, Told Saudis Are Near Oil Capacity Limit', *Newsweek*, 28 June 2022, https://www.newsweek.com/biden-interrupted-macron-g7-told-saudis-oil-capacity-limit-1719747.

14) John Tierney, 'Economic Optimism – Yes, I'll Take That Bet', *New York Times*, 28 December 2010, https://www.nytimes.com/2010/12/28/science/28tierney.html.

14장 현대의 연금술

1) 14장의 대부분, 특히 정유 공정에 관한 내용은 다음의 책을 주로 참고했다. *Petroleum*

Refining in Nontechnical Language by William Leffler (PennWell, 2020).

2) Anthony N. Stranges, 'The Conversion of Coal to Petroleum: Its German Roots', *Fuel Processing Technology 16/3* (June 1987).

3) Rob West, 'Oil and War – Ten Conclusions from WWII', Thunder Said Energy, 3 March 2022, https://thundersaidenergy.com/2022/03/03/oil-and-war-ten-conclusions-from-wwii/; Yergin, *The Prize*.

4) Yergin, *The Prize*; Anthony Stranges, 'Germany's Synthetic Fuel Industry, 1927 – 1945', in J.E. Lesch (ed.), *The German Chemical Industry in the Twentieth Century*, *vol. 18, Chemists and Chemistry*, (Springer, 2000).

5) Peter W. Becker, 'The Role of Synthetic Fuel in World War II Germany: Implications for Today?', *Air University Review*, July – August 1981.

6) 'US Navy Technical Report 87-45 – The Wesseling Synthetic Fuel Plant', http://www.fischer-tropsch.org/primary_documents/gvt_reports/USNAVY/usnavy-europe_toc.htm.

7) David Edgerton, 'Controlling Resources: Coal, Iron Ore and Oil in the Second World War', in Michael Geyer and Adam Tooze (eds), *The Cambridge History of the Second World War* (Cambridge University Press, 2015), pp. 122 – 48.

8) Rebecca Skloot, 'Houses of Butterflies', *PittMed*, Winter 2001; 'Looney Gas and Lead Poisoning – A Short, Sad History', *Wired*, 5 January 2001, https://www.wired.com/2013/01/looney-gas-and-lead-poisoning-a-short-sad-history; William J. Kovarik, 'The Ethyl Controversy: How the News Media Set the Agenda for a Public Health Controversy over Leaded Gasoline, 1924 – 1926', thesis, University of Maryland, 1993, https://drum.lib.umd.edu/handle/1903/16750.

15장 화석연료의 산물

1) Susan Freinkel, *Plastic: A Toxic Love Story* (Mariner, 2011).

2) *UN World Population Prospects 2022* (United Nations, 2022), https://www.un.org/development/desa/pd/content/World-Population-Prospects-2022; Frank Viviano, 'How the Netherlands Feeds the World', *National Geographic*, September 2017, https://www.nationalgeographic.com/magazine/article/holland-agriculture-sustainable-farming.

3) https://www.producebluebook.com/2021/12/13/tomatoes-greenhouse-grown-grows/.

4) William Alexander, 'Indoor Farming Is a "No-Brainer." Except for the Carbon Footprint', *New York Times*, 21 June 2022, https://www.nytimes.com/2022/06/21/opinion/environment/climate-change-greenhouses-drought-indoor-farming.html.

5) Vaclav Smil, 'CrossTalk: The Tomato's Energy Footprint', *IEEE Spectrum 58/3* (March 2021). 관련 기록은 다음과 같다. Vaclav Smil, *How the World Really Works: A Scientist's Guide to Our Past, Present and Future* (Penguin, 2022).

6) Norton, *Ten Materials*.

7) 'Polythene Comes of Age', *ICI Magazine*, September 1954.

8) E. Raymond Ellis, *Polythene Came from Cheshire* (E.R. Ellis, 2005).

9) Claudia Flavell-While, 'Dermot Manning and colleagues at ICI – Plastic Fantastic', *Chemical Engineer*, 1 November 2001, https://www.thechemicalengineer.com/features/cewctw-dermot-manning-and-colleagues-at-ici-plastic-fantastic/.

10) Norton, *Ten Materials*.

11) Freinkel, *Plastic*.

12) IEA, *The Future of Petrochemicals* (IEA, 2018).

13) Chris DeArmitt, *The Plastics Paradox: Facts for a Brighter Future* (Phantom Plastics, 2020).

14) Jon Gertner, *The Idea Factory: Bell Labs and the Great Age of American Innovation* (Penguin, 2013).

15) Alice A. Horton, 'Plastic Pollution: When Do We Know Enough?', *Journal of Hazardous Materials* 422 (January 2022); 'Microplastics in household dust could promote antibiotic resistance', *The Economist*, 10 November 2021, https://www.economist.com/science-and-technology/microplastics-in-household-dust-could-promote-antibiotic-resistance/21806204.

16) IEA, *World Energy Outlook 2022* (IEA, 2022).

비하인드 스토리: 에너지 대전환이 시작된다

1) 'North Field: Sharing the Weight of the World?', Thunder Said Energy, 28 July 2022, https://thundersaidenergy.com/2022/07/28/north-field-sharing-the-weight-

of-the-world/.

2) Vaclav Smil, 'What We Need to Know about the Pace of Decarbonization', *Substantia 3/2* (2919), Supplement 1: pp. 13–28.

3) Demand projections from Announced Pledges Scenarios in IEA World Economic Outlook 2022 (IEA, 2022), and from BP Energy Outlook 2023 Edition (BP, 2023).

16장 소금사막

1) Seth Fletcher, *Bottled Lightning: Superbatteries, Electric Cars, and the New Lithium Economy* (Hill & Wang, 2011).

2) IEA, *Net Zero by 2050 – A Roadmap for the Global Energy Sector* (IEA, 2021).

3) https://www.nobelprize.org/prizes/chemistry/2019/whittingham/facts/.

4) Jarod C. Kelly et al., 'Energy, Greenhouse Gas, and Water Life Cycle Analysis of Lithium Carbonate and Lithium Hydroxide Monohydrate from Brine and Ore Resources and Their Use in Lithium Ion Battery Cathodes and Lithium Ion Batteries', *Resources, Conservation and Recycling* 174 (November 2021), https://doi.org/10.1016/j.resconrec.2021.105762.

5) Jorge S. Gutierrez et al., 'Climate Change and Lithium Mining Influence Flamingo Abundance in the Lithium Triangle', *Proceedings of the Royal Society B: Biological Sciences* 289/1970 (9 March 2022).

17장 2차전지의 시대

1) Stanford Energy, 'Sustainable Supply Chain for Batteries | Straubel, Mikolajczak, & Urtel | StorageX Symposium', 2020, https://www.youtube.com/watch?v=FQ0yFAGELnE.

2) 'Lithium Ion Battery Gigafactory Assessment', Benchmark Mineral Intelligence, June 2022.

3) IEA, *Role of Critical Minerals*.

4) G. James Herrera and Frank Gottron, 'National Stockpiles: Background and Issues for Congress', Congressional Research Service 'In Focus' report, 15 June 2020; Maiya Clark, 'Revitalizing the National Defense Stockpile for an Era of Great-Power Competition', The Heritage Foundation, 4 January 2022.

5) Ana Swanson, 'Biden Invokes Cold War Statute to Boost Critical Mineral Supply', New York Times, 31 March 2022, https://www.nytimes.com/2022/03/31/business/economy/biden-minerals-defense-production-act.html: battery costs: https://about.bnef.com/blog/battery-pack-prices-cited-below-100-kwh-for-the-first-time-in-2020-while-market-average-sits-at-137-kwh/.

18장 변화하는 세계

1) Neil Munshi, 'Belgium's reckoning with a brutal history in Congo', *Financial Times*, 13 November 2020, https://www.ft.com/content/a17b87ec-207d-4aa7-a839-8e17153bcf51.

2) USGS, *Mineral Commodity Summaries 2022* (US Geological Survey, 2022).

3) John Higginson, *A Working Class in the Making: Belgian Colonial Labor Policy, Private Enterprise, and the African Mineworker, 1907–1951* (University of Wisconsin Press, 1989).

4) 'Managing impact in Hoboken', Umicore, 17 March 2021, https://www.umicore.com/en/newsroom/news/managing-impact-in-hoboken/.

5) T.E. Graedel et al., *Recycling Rates of Metals: A Status Report* (United Nations Environment Programme, 2011).

6) IEA, *World Energy Outlook 2022*.

에필로그

1) J. Doyne Farmer and Francois Lafond, 'How Predictable Is Technological Progress?', *Research Policy* 45/3 (1 April 2016): pp. 647–65.

2) Data collected by John C. McCallum, https://jcmit.net/index.htm.

3) Azeem Azhar, *Exponential: Order and Chaos in an Age of Accelerating Technology* (Cornerstone Digital, 2021).

4) Smil, 'What We Need to Know'.

5) UK historical electricity generation data: https://www.gov.uk/government/statistical-data-sets/historical-electricity-data.

6) Data from the International Energy Agency.

7) Mark P. Mills, 'The Hard Math of Minerals', *Issues in Science and Technology*, 27

January 2022, https://issues.org/environmental-economic-costs-minerals-solar-wind-batteries-mills/; copper data from Gait, 'Copper and the Green Economy'; prediction about future copper demand from *The Future of Copper: Will the looming supply gap short-circuit the energy transition?* (IHS Market/S&P Global, 2022).

8) Smil, *How the World Really Works*.

9) Zoltan Pozsar, 'War and Industrial Policy', Credit Suisse, 24 August 2022.

10) Diane Coyle, *GDP: A Brief but Affectionate History* (Princeton University Press, 2015); Pozsar, 'War and Industrial Policy'.

11) 일반적인 파나맥스 컨테이너선은 5,000TEU를 수송할 수 있는데 대략 7만 톤이다. 영국 상선단의 누적 수송 능력 6만 8000톤과 대비된다. Yuval Noah Harari, 'Lessons from a Year of Covid', *Financial Times*, 26, February 2021.

12) Smil, *How the World Really Works*, p. 51; Gait, 'Why Isn't the Price of Copper US$24,000/t'.

참고 문헌

이 책은 물질 세계의 표면만을 겨우 다뤘을 뿐이다. 만약 당신이 더욱 깊이 파고들고 싶다면, 다행히 귀중한 읽을거리들이 있다. 경험상 유일하게 경고할 부분은 이런 부류의 책이 매우 중독적이라는 점이다. 미처 무엇인지 깨닫기 전에 당신은 명반 생산이나 수소분해, 혹은 실리콘 불에 관한, 탈출하기 무척 어려운 웜홀 깊숙한 곳에 갇히게 된다. 하지만 그런 위험을 기꺼이 감수하겠다면 여기 몇몇 시작점을 일러둔다.

물질 세계의 정수를 담은 지식을 가진 사람을 찾는다면 그 사람은 아마도 바츨라프 스밀일 것이다. 그는 체코 출신의 과학자로 캐나다 매니토바대학교의 교수이다. 그의 연구는 이 책의 많은 부분에 영향을 미쳤다. 비료나 강철, 혹은 고대부터 현대에 이르는 인간의 에너지 활용에 관한 파란만장한 궤적의 역사를 더욱 파고들고 싶다면 그의 영향력은 더욱 커질 것이다. 시작점으로 삼기 가장 좋은 책은 2022년

* 참고 문헌 중 원서명이 표기된 것은 절판되었거나 국내 미출간된 책이다.

출간된 《세상은 실제로 어떻게 돌아가는가》이다.

책의 대부분을 지배하는 또 다른 테마, 즉 우리가 산업혁명이라고 부르는 것이 실은 에너지혁명이라는 주장은 고인이 된 토니 리글리Tony Wrigley에게 많은 영향을 받았다. 그가 2010년 펴낸 책 《에너지와 영국의 산업혁명Energy and the English Industrial Revolution》은 해당 주제에 관한 사고방식을 변화시켰다. 에너지야말로 가장 중요한 것으로, 물질 세계로 더 과감히 나아갈수록 나는 더욱 절실하게 깨달았다. 이에 대한 한 가지 탁월한 사용 설명서는 리처드 로즈Richard Rhodes의 《에너지: 인류의 역사Energy: A Human History》가 있다.

재료과학에 관심이 있다면 J. E. 고든J.E. Gordon의 《강한 물질의 새로운 과학The New Science of Strong Materials》으로 시작하면 좋다. 이반 아마토Ivan Amato의 《스터프Stuff》와 스티븐 사스Stephen Sass의 《문명과 물질》, 마크 미오도닉Mark Miodownik의 《사소한 것들의 과학》까지 탁월한 대중 과학서도 많다. 존 브라운John Browne의 《세계를 바꾼 일곱 가지 원소Seven Elements That Have Changed the World》도 매우 유용하다. 당신이 물질의 토끼 굴로 더욱 깊이 들어가고자 한다면 여기 몇 가지 제안이 있다.

모래

모래에 관해선 두 가지 뛰어난 책이 있는데, 마이클 웰랜드Michael Welland의 《모래: 끝나지 않은 이야기Sand: The Never-Ending Story》와 빈스 베이저Vince Beiser의 《모래가 만든 세계》이다. 인류 발전에서 유리가 맡은 중심적 역할에 관한 흥미진진한 주장을 보려면 게리 마틴Gerry Martin과 앨런 맥팔레인Alan Macfarlane이 쓴 《유리 바티스카프The Glass Bathyscaphe》를 권한다. 당신이 많은 과학 입문서를 읽은 뒤라면 세스 라스무센Seth

Rasmussen의《유리가 바꾼 세계 *How Glass Changed the World*》가 볼 만하다. 콘크리트에 관한 과학과 경험에 관해 많은 교과서를 찾을 수 있겠지만, 개관을 위해서라면 로버트 쿠얼랜드Robert Courland의《콘크리트, 지구를 덮다》가 최고이다. 하지만 책을 다 읽고 건설된 세상에 관해 더 많은 걸 알고 싶다면 빌 애디스Bill Addis의《빌딩 *Building*》을 권한다. 이 책은 앞으로 몇 년 동안 획획 넘기면서 계속 읽어야 할 두꺼운 '벽돌책'이기도 하다. 실리콘 칩에 관한 장을 작성할 때 반도체 공정을 쉽게 설명한 책은 놀라울 정도로 부족했다. 존 거트너Jon Gertner의《벨 연구소 이야기》는 벨 연구소의 웨이퍼 초기를 다루는 탁월한 책이며, 1978년 출판된 어니스트 브라운Ernest Braun과 스튜어트 맥도널드Stuart MacDonald가 쓴《미니어처 혁명 *Revolution in Miniature*》이라는 훌륭한 책도 있다. 내가 최종 원고를 제출하기 직전 진작 출간되었어야 할 반도체에 관한 책을 보게 되었는데, 바로 크리스 밀러의 탁월한 책《칩 워》이다. 실리콘 공급망에 대하여 관심이 생겼다면 이 책을 꼭 읽어야 한다.

소금

소금에 대한 훌륭한 대중서는 피에르 라즐로Pierre Laszlo의《소금의 문화사》와 마크 컬랜스키Mark Kurlansky의《소금 *Salt: A World History*》(절판)이지만, 소금과 (이 장의 그림자 주제이기도 한) 화학물질 모두에 관한 세부 사항을 자세히 보여주는 뛰어난 논문과 책은 무수히 많다. 염화나트륨의 역사에 더 깊이 뛰어들고자 한다면 새뮤얼 애드셰드Samuel Adshead의《소금과 문명 *Salt and Civilization*》을 고려하라. 칠레 칼리체에 관한 이야기에서 가장 좋은 시작점은 토머스 헤이거의《공기의 연금술》로 프리츠 하버의 비극적인 이야기를 탁월하게 그려냈다. 하버의 발명품은 이 책에 뚜렷한 흔적을 남겼다. 벵하민 라바투트Benjamin Labatut의 《우리가 세상을 이해하길 멈출 때》는 다양한 과학적 발견을 반쯤 허구적으로 묘사한 소설인데, 고압 제조 기술에 관해 많은 정보를 주지는 않지만 첫 장(99퍼센트 정확한)은 하버의 인생에 관한 가장 시적인 이야기를 선사할 것이다.

철

철과 구리를 다룬 여러 장은 마틴 린치Martin Lynch의 《채굴과 제련의 세계사 *Mining in World History*》(절판)에 많은 신세를 졌다. 이 책은 이 사업의 진화에 관해 최고의 설명을 제공한다. 바츨라프 스밀의 《여전히 철기시대 *Still the Iron Age*》는 제강에 관한 세부 사항을 훌륭하게 다루고, 로저 오스본Roger Osborne의 《철, 증기, 그리고 돈 *Iron, Steam & Money*》은 영국 산업혁명 이야기를 당신에게 들려줄 것이다. 철에 집착한 스탈린과 그 결과 생겨난 도시에 관한 이야기는 스티븐 코트킨Stephen Kotkin이 《마그네틱 마운틴 *Magnetic Mountain*》에서 전한 내용이 유명하다. 이 장 후반, 특히 강철의 미래에 관한 부분은 줄리언 올우드Julian Allwood와 조너선 컬런Jonathan Cullen의 책 《지속 가능한 자원 *Sustainable Materials: With Both Eyes Open*》 덕이었고, 정말 큰 신세를 졌다. 케임브리지대학교 웹사이트에서 책을 무료로 다운로드할 수 있다. 한번 읽어보면 충분히 보람을 느낄 것이다.

구리

전기 혁명에 관한 구리를 다룬 장의 초반 대부분은 세 권의 책에서 영향을 받았다. 로버트 카로Robert Caro의 권위 있는 린든 B. 존슨Lyndon

B. Johnson 전기 《권력으로 가는 길 *The Path to Power*》 1권, 토머스 파크 휴스 Thomas Parke Hughes의 《전력의 네트워크 *Networks of Power*》와 시골 전력 네트워크 초기화 즈음의 전미 시골 전기 협동조합이 출판한 리처드 펜스 Richard Pence의 책 《다음 위대한 업적 *The Next Greatest Thing*》이다. 토머스 에디슨의 전기는 셀 수 없이 출간되었고 가장 새로운 관점은 에드먼드 모리스 Edmund Morris가 쓴 것이지만, 부분적으로는 구리 부족으로 결정된 싸움이기노 한 전기 체계의 싸움에 관한 흥미로운 설명은 질 존스 Jill Jonnes의 《빛의 제국 *Empires of Light*》(절판)을 따라갈 만한 것이 없다. 구리에 대해 더 알고 싶다면 수잰 골딩 Suzanne Golding과 배리 골딩 Barry Golding의 《금속, 에너지, 지속 가능성 *Metals, Energy and Sustainability: The Story of Doctor Copper and King Coal*》은 보물 같은 책이 될 것이다. 이 책은 추키카마타의 거대한 구멍을 심도 깊게 다루고 있다. 폴 에를리히와 줄리언 사이먼의 맬서스 학파 대 낙관적 미래파 내기는 폴 세이빈 Paul Sabin의 이름마저도 적절한 책 《내기 *The Bet*》에서 자세히 다룬다. 심해 채굴에 관한 책이 출간되길 기다리지만, 당연하게도 이는 심해 채굴이 상업적으로 현실화되어야 가능한 얘기일 것이다.

석유

석유에 관한 한 대니얼 예긴 Daniel Yergin의 《황금의 샘》이 다른 모든 책을 압도한다. 에너지는 고사하고 현대사에 조금이라도 관심이 있다면 당장 이 책을 읽어야 한다. 그렉 저커먼 Greg Zuckerman의 《프래커스 *The Frackers*》는 셰일 혁명에 관한 뛰어난 기술이며, 바츨라프 스밀의 《천연가스: 21세기를 위한 연료 *Natural Gas: Fuel for the 21st Century*》는 지정학적 어려움과 상관없이 향후 몇십 년간 의지해야 할 메탄에 관해 더욱 풍부하고도 상세한 내용을 제공한다. 일반인에게 석유 정제를 설명하는 최고의 책은 단연코 윌리엄 레플러William Leffler의 《비전문적 언어로 본 석유 정제Petroleum Refining in Nontechnical Language》로 이 책이 없었다면 나는 절대 스파게티처럼 교차된 배관을 이해하지 못했을 것이다. 수전 프라인켈Susan Freinkel의 《플라스틱: 독한 러브스토리Plastic: A Toxic Love Story》는 석유화학 제품 이야기로 들어서는 훌륭한 입문서이며, 윌리엄 리더William Reader의 두 권으로 구성된 ICI 역사서는 이 놀라운 물질에 관한 기원을 필요 이상으로 자세하게 들려줄 것이다(소금에 관해선 더 자세하게 서술하고 있음은 말할 것도 없다). 누군가 ICI의 차후 종말에 관한 책을 쓰고 싶다면 적어도 여기에 독자 한 사람이 있다는 점을 알리고 싶다.

리튬

앞으로 몇십 년간 리튬과 배터리 화학물질에 관한 탁월한 책이 많이 나오겠지만, 이 책을 쓰던 당시 가장 뛰어난 두 권은 세스 플레처Seth Fletcher의 《슈퍼배터리와 전기차 이야기》와 스티브 러바인Steve LeVine의 《파워하우스The Powerhouse》였다. 하지만 2022년 출판된 헨리 샌더슨Henry Sanderson의 《볼트 러시Volt Rush》는 채굴, 그리고 우리가 미래에 동력을 공급하는 데 필요한 원료에 관해 자세한 정보를 제공한다. 테슬라가 현재의 명성을 지니기까지 겪은 파란만장한 여정에 관해 더 알고 싶다면 팀 히긴스Tim Higgins의 《테슬라, 전기차 전쟁의 설계자》를 읽으면 된다. 리튬을 다룬 장의 마지막 부분에서 콩고를 잠깐 언급했는데, 아담 혹실드Adam Hochschild의 《레오폴드 왕의 유령King Leopold's Ghost》(절판)을 권하면서 양해를 구하고자 한다. 이 책이 다루는 시기는 콩고의 구리와 우라늄 사업보다 다소 앞서는 때이지만, 이 위대한 아프리카 국가의 앞날을 망쳐놓은 제국주의의 문제를 분명하게 다루고 있다.

나의 물질 세계로의 여행을 도와준 책을 정리한 리스트의 주소를 공유한다. 앞서 거론된 책들 말고도 무수한 논문과 저널이 있다. 자료의 출처를 모두 찾아보기를 원한다면 다음 사이트를 참고하기 바린다.
www.edmundconway.com/material-world-bibliography

감사의 말

물질 세계 이야기를 전하며 가장 경이롭고 도전적인 것 중 하나는 이 책이 기존의 자연과학 혹은 문학 카테고리 어디에도 깔끔하게 분류되지 않는다는 점이다. 《물질의 세계》는 지질학 이야기이지만 기술을 다루고 있다. 역사와 경제에 관한 책이지만, 물리학과 생물학은 물론 재료과학과 화학도 다룬다. 요약하면 모든 분야를 조금씩 다룬다는 뜻이고, 그게 바로 저널리스트에 불과한 내가 이런 여러 분야를 하나로 묶으려고 하는 이유에 대하여 제시할 수 있는 최선의 방어 수단이다.

이 책을 쓰면서 느낀 즐거움 중 하나는 세계의 유수한 전문가들을 만나 세상이 실제로 어떻게 움직이는지 골치 아픈 질문을 할 자격을 부여받았다는 점이다. 이 책은 자원을 변형해 사람을 구하고 삶을 향상시키는 제품으로 바꾸는 광부와 엔지니어, 그러니까 물질 세계의 주민들은 물론이고 과학자, 환경운동가, 정책 입안자, 사업가 수백 명과 나눈 대화의 산물이다. 비록 그들의 이름이 표지에 드러나지 않았다고 하더라도(혹은 감사의 말에서까지 익명으로 남기를 바랐던 사람들이라도), 나는 이 책이 나보다는 그들의 이야기로 남기 바란다.

조언과 개념을 제공해주느라 시간을 할애하고 어리석은 질문에도 인내심 있게 답해준 사람들에게 뭐라고 감사의 뜻을 표현해야 할지 모르겠다. 그들은 다음과 같다. 줄리언 올우드, 저스틴 베어링, 톰 바이드, 나이절 부클리, 플로 불러프, 톰 버틀러, 다이앤 코일, 장고 데이비슨, 스테판 더브라위너, 아테네 도널드, 데이빗 에저턴, 사이먼 에번스, 앤드루 풀틴, 폴 게이트, 벤 골드스미스, 벤 고든, 새러 고든, 앤디 홀데인, 라이너 하우스, 앤드루 힐드, 닐 흄, 마이클 로지, 데이비드 맵스톤, 브라이언 메넬, 사이먼 무어스, 브램 머튼, 크리스 밀러, 맬컴 펜, 호세 이그나시오 페레스, 사이먼 프라이스, 앤드루 레이브넥, 캐스퍼 롤스, 맷 리들리, 바츨라프 스밀, 조너선 스펜서, 주디 스티븐슨, 리키 타이트, 프랜시스 월, 자일스 윌크스. 특별히 감사를 전할 사람으로는 제이미 벨, 앤드루 블러드워스, 리처드 데이비스, 리처드 존스와 랍 웨스트가 있는데, 이들은 원고 일부를 꼼꼼히 읽고 무척 중요한 조언과 수정을 해주었다. 그러나 물질 세계에서 다루는 주제의 광대함을 생각한다면 실수가 없을 경우 오히려 나 자신이 더 놀랄 것이다. 본문에 실수가 남아 있다면, 오로지 나만의 잘못이다.

이 책의 아이디어는 누구보다도 뛰어난 에이전트인 조너선 콘웨이와의 대화에서 시작됐다. 우리는 성을 공유하지만 친척은 아닌, 하지만 오랜 우정을 나누는 사이인데 이 프로젝트로 그도 나만큼 자랑스럽기를 바란다. 출판사 WH 앨런과 에버리의 제이미 조지프와 다른 직원들에게도 크게 감사한다. 이제 시작 단계인 원고를 책과 비슷한 것으로 변신시킨 건 그들의 공이다. 내가 재직 중인 스카이뉴스, 특히 내 상사인 존 라일리와 조너선 레비에게 감사한다. 우리에게 가장 바빴던 몇 년 동안 이 책을 쓸 수 있도록 시간을 허락하고 지원도 아끼지 않았다. 석유 정제와 소금 제조 기술 같은 모호한 주제를 다루는, 틀림없이 마구잡이 같아 보이는 시도에 협조해야 했던 내 동료들에게 감사와 사과의 말을 전한다. 이 책을 읽고 있다면 그 난리를 피웠던 결과가 대체 무엇이었는지 알게 될 것이라고 생각한다.

그리고 무엇보다 가족에게 감사한다. 평생 가장 사랑하는 엘리자에게 감사한다. 그녀는 내 영감과 행복의 원천이자 이 책의 최초의 독자가 되어 가장 날카로운 질문을 던졌다. 딸들에게도 감사한다. 해변이나 정원에서 같이 놀아주지 않고 글을 쓰겠다고 오랜 시간 책상에 앉아 있는 아버지를 잘 참아주었다. 땅속이나 바다로 가는 여행에서 돌아올 때마다 가장 무시무시한 기념품이 될 것이라고 생각되는 것들을 가져왔다. 바위와 흙, 크리스털과 이상한 가루 같은 것 말이다. 이런 기념품을 만질 때면 경이로움과 흥분을 느끼게 되는데 이 책의 진정한 주제를 떠올리게 해주기 때문이다. 보기에는 단순한 물질 속에는 마법이 담겨 있다. 이것이 모든 과정에서 가장 영감을 주는 교훈이었다.

옮긴이 후기

이 책은 낯선 사람을 처음 만났을 때와 같은 강렬한 호기심을 가지고 현대 사회를 이끌어가고 있는 대체 불가능한 여섯 가지 물질(모래, 소금, 철, 구리, 석유, 리튬)의 파란만장한 생애를 추적한다. 모래나 소금, 철 같은 물질은 우리 주변에서 쉽게 찾아볼 수 있지만 아무도 주목하지 않는다. 아주 오래전부터 계속 지금의 상태였기 때문이다.

우리는 물질 세계와는 다른, 그러니까 이 책의 저자가 말하는 '비물질의 세계'에서 너무 오래 살아왔다. 학문, 금융, 정책, 정치, 종교 등은 서비스, 관리, 행정, 측량 같은 이론 중심의 추상적 세계의 지적 작용이 가해져야만 비로소 파악할 수 있다. 반면에 물질은 눈에 보이는 그대로 언제 어디서나 쉽게 접할 수 있으므로 거기에는 지적 배경이 많지 않고, 그래서 자세히 알 필요가 없다고 치부하는 것이다.

《물질의 세계》는 이러한 상식을 완전히 뒤엎는다. 물질은 지금의 물질이 되기까지 멀고 복잡한 과정을 거쳤다. 그 과정을 알아내기 위해 저자는 지구 곳곳을 여러 차례 오가면서 현장에서 목격했거나 전해 들은 이야기들을 소상하게 풀어놓는다. 여행자라면 방문하는 나라의 역사나 유물, 문화, 자연 경관을 여행의 목적으로 삼겠지만, 물질 세계로의 여행은 주로 물질이 어떤 변화 과정을 거쳐서 인류의 생활에 영향을 미치게 되었는지를 심층적으로 탐구한다.

이 책에서 펼쳐지는 물질의 무한한 변신은 인상적이다. 한 알의 씨앗이 땅에 떨어져 죽으면(모습을 바꾸면) 거대한 참나무가 되듯이, 모래 한 알도 다양한 모습으로 변신함으로써 오늘날의 세상을 만들어낸다. 모래에서 콘크리트를 만들어 지상의 집을 짓고, 다시 모래로 만든 유리를 통해 광섬유를 생산해 인터넷 세상을 구축하며, 모래에서 실리콘을 만들어 인공지능의 핵심인 반도체를 제조한다. 결국 고도로 발달된 현대 문명은 모래 한 알에서 시작된 셈이다.

지금까지 우리는 고도로 발달된 문명을 누리기만 했을 뿐 복잡한 과정은 잘 알지 못했다. 이 책은 모래 외에도 소금, 철, 구리, 석유, 리튬까지 현대 사회에 엄청난 파급 효과를 미치고 있는 물질의 변화 과정을 아주 상세히 추적한다. 물질의 발전이라는 관점에 입각하면 인류의 역사는 계승과 단절의 역사였다. 마차는 편리하지만 말들이 배출하는 배설물로 인한 거리 오염이 있었다. 그 오염에 탈출하기 위해 자동차가 탄생했다. 그러나 이제는 자동차의 과도한 탄소 배출을 저감하고 탄소 중립의 상태를 실현하기 위한 전기차가 등장하고 있다. 전기차의 핵심은 배터리로 그 주된 소재는 리튬이다. 그런데 스마트폰, 노트북, 그리고 전기차에 사용되는 리튬이 아주 오래된 지하의 소금물에서 만들어진다는 점은 물질 세계가 가진 역설 중 하나이다. 태고의 것이 가장 새로운 것을 탄생시키는 것이다.

환경을 지키기 위해 대체 생산한 물질은 그 생산 과정 자체가 환경의 새로운 파괴로 이어진다. 이런 갈등 상황을 면밀히 파악하기 위하여 저자는 생태 파괴의 현장에서 현지인과 활동가로부터 생생한 증언을 듣는다. 남미와 호주 등 지구 곳곳에서 이러한 개발이 환경을 파괴하며 주민들의 삶을 빼앗아간다.

여섯 가지 물질의 파란만장한 생애를 모두 읽고 나면 이런 결론을 내리게 된다. 물질이 정신을 떠받쳐왔고 그리하여 물아일여物我一如(사물과 내가 하나가 된다)다. 다시 말해 물질의 발견은 언제나 기술의 발전과 연계되어 왔다. 기술을 탄생시킨 것은 인간의 정신이며, 정신은 물질로부터 자극을 받는 것이다. 가령 공기 중에서 질소를 뽑아내는 하버-보슈 공정이나 구리의 성질을 이용해 통신망으로 활용한 것, 18세기 화학자들이 역청에서 가연성 액체를 증류하는 법을 알아낸 것이라든지, 프리드리히 베르기우스가 석탄을 원유로 바꾼 사례들은 모두 기술(정신)이 물질에 작용한 경우이다. 그래서 '먼저 사물이 있고 그 다음에 정신이 있다'라고 말하게 된다.

전 세계 인구는 21세기 말이 되면 100억 명에 도달할 것이다. 늘어나는 인구와 오염되는 환경을 생각하면 기존의 물질을 활용하는 법에 대하여 우리는 더욱 깊이 알아야 할 필요가 있다. 물질로 물질의 폐혜를 퇴치해온 지난 과정들을 생각하면 그 물질이 원래 어디에서 시작했는지 아는 것이 더욱 중요해졌다. 길을 잃으면 출발했던 곳으로 되돌아가듯이, 물질로 빚어진 현재의 문제를 해결하려면 그 물질의 시작점을 알아내야 한다. 그런 기준이 있어야 앞으로 다가올 변화의 모습을 예측할 수 있을 것이다.

이 책은 박진감 넘치는 여행기처럼 보이지만, 인류의 미래에 대해 깊이 생각하게 만드는 치열한 조사 보고서이다. 우리는 지상에 있는 모든 사람을 만나지 못해도 주변 사람들을 통해 인류의 평균적 모습을 읽을 수 있다. 같은 논리의 연장선상에서 대표적인 물질 몇 개만 알고 있다면 물질 세계에 대한 개요를 얻을 수 있지 않을까. 작은 모래알에 온 세상이 담겨 있는 것처럼, 실제로 모래 한 알 덕분에 오늘날 문명 세계가 여기까지 올 수 있었다. 이 책에서 소개하는 여섯 가지 물질은 인간의 삶에 있어 혁혁한 공을 세운 역전의 용사들이다. 그 치열한 역사의 전쟁 속에서 흥미롭고 감동적인 이야기를 만날 수 있다.

찾아보기

ㄱ

가성소다 232, 324, 484

가오, 찰스 80~81

가와르 유전 385~387, 391, 394, 396, 398, 403, 439, 447

  아라비안 라이트 403

갈철석 288

강합금 240, 275, 279, 342, 360

거대한 모래 바다 43~47, 50, 79, 89, 217~218

《건축10서》 98

게르마늄 115, 127, 144, 323, 513

고대(의) 바다 198, 217, 389

골재 49, 93, 96~97, 101~102

《관자》 167

광산 연합 513~515

광섬유 18, 55, 73, 80~81

교류 전력 78, 324~325

구겐하임, 대니얼 210, 213, 345~346

구디너프, 존 B. 468~470

구아노 205~206, 339, 366

구타페르카 432, 437

국제석유자본 393, 418

국제해저기구(ISA) 363~371

그레이트글렌단층 61~62, 77

그레이트솔트호 458

그린수소 301, 419, 530

그린스틸 301~302

근원암 386~387, 393~394, 396

금 11~15

기가팩토리 491~493, 495~499, 501, 519, 524

ㄴ

나비의 집 417

〈나, 연필〉 20~21

나치 76~77, 129, 240, 255, 258, 275, 408, 413, 429

나트륨 56, 459, 502

나프타 437

납 12, 51~52, 72, 337, 416~418, 465~466, 514

  테트라에틸납 416~417

납축전지 465, 468, 517

내연기관 352, 388, 415, 446

네온 254, 257~258

노스필드 447

노킹 415~416

녹 266, 287

니오븀 145, 275

니켈 29, 72, 267, 275, 321, 342, 360~361, 466, 500~504

  니켈 수소 배터리 470

ㄷ

다금속단괴 360~362, 365, 367~368, 370

대서양 중앙해령 357~359, 361~362, 365, 370

대플리니우스 55~57, 524

도거뱅크 97

돌로마이트 288

동광석 318~321, 330, 332, 335, 337, 345, 347, 352, 512

동기시대 319

동정광 331, 335

등유 315, 382, 388, 404, 406, 436, 531
케러신 382

딥타임 62

ㄹ

레오폴드 2세 510, 512~514

로마 클럽 341, 344, 361, 393
《성장의 한계》 341, 344, 351, 393

로칼린 광산 77, 193~194

로칼린 모래(백사) 63, 65, 78

록펠러, 존 D. 423, 431, 439

롤프스, 게르하르트 44~46

리비아사막유리 47~48, 50, 62, 79

리토스 472

리튬 삼각지대 472, 504, 518

리튬 이온 배터리 406, 467~470, 484, 493~495, 500~502, 512, 517, 518

리튬 코발트 산화물(LCO) 469, 500

리튬직접추출(DLE) 483

ㅁ

마그네슘 161, 180, 221~222, 459, 477
마그네슘염 211, 219

마그니토고르스크 제철소 252~254, 257, 303

망간 26, 240, 275, 278~279, 360, 367, 479, 500, 502~503

맬서스, 토머스 340, 344, 527
맬서스 학파 340, 344
《인구론》 340

머스크, 일론 492

메콩강 삼각주 91~92

모래알 17~18, 22, 46~50, 59~60, 68, 85, 93, 113, 122

모번 반도 62~63, 77

목탄 161, 203, 267, 268~272

몰리브데넘 72, 141, 275, 336

무라노섬 52, 59, 72

미기후 332

미니밀 300

미즐리, 토머스 416~418

미첼, 조지 P. 393~396

ㅂ

바나듐 72, 275, 277~278

바릭골드 11~13

바스프 212, 409, 411

바쿠 유전 382, 410, 412

방진복 138, 483, 496, 498

배그놀드 사구 46

배사 구조 384

베르기우스, 프리드리히 410, 412, 431, 574

베서머, 헨리 244~245, 254, 273, 283, 304

베셸링 정유공장 401, 404, 407, 410, 413, 415, 419~420

변압기 275, 314~315, 354, 526~527, 533

보슈, 카를 212, 339, 410

볼타, 알레산드로 464

볼타 전지 464

분유정 383, 411

붕규산유리 18~19, 22, 67, 72

납붕규산유리 72

VLCC 443~445

브리티시 솔트 179~180, 185, 189, 483

브록만 광산 292~293, 295

블록 채굴법 348~349

비료 204, 212~215, 219~220, 222, 230, 428~429

비료의 3요소 219

빙엄캐니언 광산 332, 346

ㅅ

사구 44~48, 211, 267, 272

사염화규소 78

사이먼, 줄리언 338~344, 397~398

산업혁명 29, 31, 34, 53, 55, 123, 188, 191, 268, 271, 282, 300, 388, 490, 504

산화철 63, 96, 266, 290

살라르 데 아타카마 457~458, 460, 471, 476, 490, 520

석영 22, 47, 58~59, 62, 72, 77, 79, 81, 113, 120~123, 128~134, 146, 148, 346

석유 파동 392

석회 57~58, 96, 99, 105~106, 108, 110, 189,

192, 268

선철 243, 264~265, 267, 270~272

선캄브리아기 288

섬전암 47

세금 53, 74~75, 169~172, 208

가벨 169~170, 172

염세 169~170, 172

유리세 74

창문세 74

세라발 120~122, 133

세이프 사구 45~48, 211

바르한 46

셰일 217, 288, 394, 404, 449

소금사막 202, 457~458, 460, 471~472, 503

소금산맥 461

소다석회유리 57

크라운유리 73

소다회 59, 188~190, 192, 232, 431, 483

솔베이 공정 189, 220

쇼트, 오토 67, 71~72, 74~75, 463, 468

수압파쇄법 394~395

프래킹 394~395, 448~449

수은 12, 192, 517

순철 245

순환 경제 368, 516, 520

스밀, 바츨라프 125, 429

스탠더드오일 380, 410, 423

스테인리스강 275

스트로벨, J. B. 492, 518

스포듀민 472, 504, 518

스핀들톱 383

슬래그 254, 256, 266, 519

슬루프 프로젝트 371

습식제련법 350,

시멘트 18~19, 94~96, 98~103, 105~110, 125, 127, 143, 254, 464

  시멘트 제조법 98~99, 106, 464

  알칼리활성시멘트 107

시안화물 12

시추 87, 179, 181, 220, 359, 380~381, 383, 394, 449

식염 180, 185, 206, 215, 483

  염류 206

  플뢰르 드 셀 160

  천일염 161, 195, 462

  히말라야 핑크솔트 196, 222

실리카 47~50, 56~57, 59~60, 63, 79, 89, 121, 254, 459

  실리카 모래 60, 78, 93, 188

  용·융실리카 79, 139

실리콘 칩 19, 22~23, 29, 50~51, 117, 130, 138, 143, 146, 242, 493, 499

실리콘메탈 121~122, 124~125, 131, 148

  지멘스 공정 125, 127, 148, 232

심해 채굴 364~366, 368~369, 371~372, 478, 517

쌍안경 65~71, 77, 141, 538

CCS 106

CATL 24, 494, 499~500, 502, 518

ㅇ

ICI 186, 189, 226, 229~230, 430~433, 437~439

아조우스탈 제철소 239~240, 243, 253, 303

  아조우 연대 256~257

츠키티슈빌리, 엔베르 239, 255~258

아타카마 201, 206, 208~211, 214~215, 217, 330, 332~334, 337, 457~458, 460, 462, 471~472, 474, 476, 481, 484, 490, 520, 527

  볼리비아 겨울 458

아프리카 유성 43, 62

안토파가스타 201~202, 207~211, 350, 480

알루미늄 242, 278, 303~304, 312, 318, 342, 344, 434, 468, 504, 516

알칼리 물질 188

암염 178, 181, 183, 190~191, 197~198, 219~221, 228, 233, 383~384

애플 24, 119, 135, 146, 493, 495, 498

양극재 469, 480, 500, 504, 520

에너지 전환 33~34, 271, 315, 354, 448, 450, 522, 528, 540

에디슨, 토머스 99~101, 322~324, 344, 353, 464~467, 490

  A셀 466

에를리히, 파울 338~344, 349~350, 397

  《인구 폭탄》 339, 341

에소 469

SQM 214~215, 462, 476~476, 481, 483

AHSS 278

ASML 24, 119, 139~141, 146

에펠탑 244~245

FCAB 202

연성강 275

연철 243~245, 270, 279

열수구 358~359, 370

  블랙 스모커 359, 362, 365

염정 462

《염철론》 168

염화나트륨 157, 185, 196, 206, 461, 462

염화마그네슘 219

염화수소 125, 148, 232, 526

염화칼륨 219

칼리암염 219~221

오논다가호 182, 192

오유톨고이 광산 372

오픈릴 493~494

옥탄가 415~416

옹스트롬 시대 118

와디 379, 382, 384

와트, 제임스 270~271

외르스테드, 한스 크리스티안 322

요오드(아이오딘) 168, 215

용융주석 78, 140

용해채굴법 178, 193

우덴-웬트워스 기준 50, 121

우유니 소금사막 458, 471, 503

우크라이나 31, 107, 197, 220, 239~240,
250~251, 253~254, 257~258, 275, 303, 359,
390, 429, 448, 536

원유 197, 303, 381~392, 394~398, 402~406,
408, 410~412, 414, 419~420, 423~425,
431, 439, 443~450, 531, 574

경질원유 385, 403~405

중질원유 404~405

원주민 14, 290, 292, 294~298

드리밍 292~293

락폴 293~298

원주민 유산법 292

푸투쿤티쿠라마 293~297

웨스팅하우스, 조지 322~324, 353

웨이퍼 115, 119, 128~134, 137~138,
140~141, 144~148, 230, , 323

게르마늄 웨이퍼 323

실리콘 웨이퍼 119, 130, 132~134, 138,
141, 144~146, 148, 230, 496

초순수 실리콘 웨이퍼 22

윈스퍼드 광산 193~195, 197, 221

윌킨슨, 존 271

유라시아 218, 358

유리섬유 11, 303, 436, 531

유미코아 514~515, 518~519, 532

US스틸 253, 292, 301

유전 220, 385~387, 391, 394, 397, 410, 412

유정 380, 394, 396, 403

유황 192, 203, 264, 270, 273, 279, 321, 447

융제 56~57, 76, 188, 232, 265

음극 406, 467, 469, 494, 500, 502, 512

음극재 406, 500

음포넹 금광 223, 225

이산화규소 47

이산화탄소 20, 105~106, 109, 123, 197, 266,
299, 301, 386, 389, 428~429, 447

2차 세계대전 26, 76, 165, 239, 257, 275, 279,
366, 411, 413, 415, 418, 432~433, 503

2차전지 360~361

인광석 219

인류세 89, 440, 471

1차 세계대전 26, 65~66, 75~76, 141, 209,
212~213, 220, 281, 411

잉곳 129~130, 132, 402

ㅈ

자다라이트 473

자이스, 카를 67, 75
　자이스 67, 71, 119, 141
자철석 288, 302~303
재활용 강철 247, 300~301
잿물(포타시) 219, 463
쟁기 246, 250, 273, 539
　디어, 존 246
저류암 386~387, 393, 396, 449~450
적철석 288, 290, 293, 302
전기국가 484~485
전기동 331, 349, 351
전기로 300
전기분해 72, 192, 232, 323, 331, 351, 526
전기의 시대 72, 322, 333, 344, 347, 353
전기히트펌프(EHP) 352
전략 비축유 197
전력망 16, 315, 323~324, 333
전로 244, 251, 254, 272~273, 300
전자기 55, 72, 186, 314, 322
전해 채취 350, 372
전해액 466, 502
정제소 321, 323, 331, 334, 336, 481
제강소 249, 252, 254, 263~264, 272
제너럴 모터스 416~417
제번스, 윌리엄 스탠리 278
　제번스의 역설 278, 300
제벨 379, 384
제흐슈타인(해) 217~218, 220~221, 223, 229
젤리롤 495, 500
　젤리롤 로더 495
주칸 협곡 293, 295~296
중탄산나트륨 190, 431, 483
증기 엔진 271, 316

증기기관 53, 55, 270~271, 388
증류탑 405, 407
지구온난화 386, 389, 416, 528
지질시대 89~90
질산칼륨 전쟁 209, 214, 329, 331
질소 고정 205

ㅊ
차아염소산염 188
창, 모리스 135
챈스 형제 71, 74
천연가스 303, 383, 385, 393~394,
초대륙 120, 218, 358, 386
초크랄스키법 128~130, 402
최초의 배터리 464~465
추키카마타 구리 광산 210, 330, 332~333,
　335~336, 338, 345, 347~350, 363, 401
친차 제도 204~207, 211, 339, 366

ㅋ
카나리아 제도 91, 219
카네기, 앤드루 251, 291, 345~346
카라자스 광산 302
칼리치 206~212, 214~215
코르테즈 광산 11~16, 335
코발트 183, 267, 281, 329, 360~361, 367, 479,
　501~504, 512~519, 541
코크스 122, 265, 269~270, 272, 282, 531
　니들코크스 406, 469
　코크스로 255, 258
코퍼맨 330, 345

콘크리트 제조법 98, 108~109
  로마식 제조법 98
콩고 183, 331, 360~361, 372, 509~515, 517
크로뮴 275
크리스털유리 52, 72, 251
  플린트유리 72~74
클라리온-클리퍼턴 해역(CCZ) 360~361, 365, 370
클로르알칼리 공정 185, 186~188, 192, 232
클린룸 130, 132, 137~138, 142, 148, 158, 257, 498
클링커 100, 106
키루나 광산 302, 335

ㅌ

타르 382, 406
  콜타르 406
탄산나트륨 190, 431
탄산칼륨 76, 219, 220~222, 228~229
탄소 발자국 222, 336, 353
탄소 중립 353~354, 389, 491
탄소섬유 303, 436, 531
탄전 253, 409, 413
태양광 패널 26, 124, 126, 134, 148, 232, 317, 353, 389, 447, 450, 459, 489, 492, 517, 524, 526, 530~531
턴디시 276
텅스텐 72, 195, 342~343
테슬라 78, 135, 491~495
테슬라, 니콜라 324
텍사스 유전 410, 448
텍타이트 47~48

토르타 334~335, 372
투탕카멘 44, 47, 267
트랜지스터 51, 115~118, 127, 136~139, 144~146, 338, 523, 527
트럼프 119
티스사이드 20, 191, 229~232, 403, 439
TSMC 24, 119, 135~136, 139, 141~143, 146~148, 496, 499

ㅍ

파나소닉 493~494, 496~497, 499~501
파운드리 22, 119, 128, 135, 144, 158, 540
패러데이, 마이클 55, 72, 317, 322
팹리스 136
Fab 18 135~137, 144, 148
  서브팹 137, 148, 158, 257
페니키아 56~57, 76, 78, 206, 318, 462, 524
페름 분지 396, 448
펠릿 301~302, 439
포드 46, 277, 416, 525
  모델A 46
  모델T 277, 525
  포드, 헨리 277, 346, 490, 498, 517
포토 공정 138~139, 257
포트탤벗 제철소 263, 266, 282
포틀랜드시멘트 98, 103, 107~109
폴리실리콘 124, 126~128, 132, 148, 526
폴리에틸렌 431~433, 435, 439, 440~441, 523
폴리할라이트 221~223, 227~231
풍력발전 터빈 18, 26, 110, 317, 333, 372~373, 447, 450, 516, 524

프래킹 394~395, 448~449
플랑테, 가스통 465, 469
  납-산 공식 465
피크 오일 410, 449
피크 코퍼 345, 351, 361
피터먼(분변 수집가) 203

ㅎ

하라드 379~380, 382, 384
하버, 프리츠 212
하버-보슈 공정 212~213, 215, 249, 419, 428,
  527, 529, 536
    합성 암모니아 339
    합성 질산염 213~214, 410, 481
하이드, 제임스 프랭클린
  초순도 용융유리
한국 51, 130, 142, 257, 299, 368, 497
할라인 소금 광산 178, 197
합금 241, 248, 267, 274~279, 319, 322, 463,
  468
합성 석유 410~413
해저 표층 361, 364
핵융합 463, 540
향유고래 382, 436
  고래기름 315, 382
험버 정유공장 406, 469
화석연료 16, 26~27, 31~34, 105~106, 266,
  268, 303, 352, 388, 390, 402, 416, 424~429,
  449
화약 202~203, 207, 212, 298, 335
환경 발자국 110
휘발유 390~391, 409, 411~412, 416~418,

424, 473, 491, 498
휘팅엄, 스탠리 467~468, 470
  삽입 468
흑연 21, 406, 469, 500, 502~504, 531~532
흑요석 47~48
희토류 230, 275, 313
히타이트족 244, 267
히틀러, 아돌프 240, 253, 411~412, 415

옮긴이 이종인

1954년 서울에서 태어나 고려대학교 영어영문학과를 졸업하고 한국 브리태니커 편집국장과 성균관대학교 전문 번역가 양성 과정 겸임 교수를 역임했다. 지금까지 인문, 사회과학, 문학 등 250여 권의 책을 번역했다. 옮긴 책으로 《로마제국 쇠망사》, 《숨결이 바람 될 때》, 《폰더 씨의 위대한 하루》, 《국부론》, 《1984》, 《그리스인 조르바》 등이 있다. 지은 책으로 《번역은 글쓰기다》, 《살면서 마주한 고전》, 《번역은 내 운명》 (공저) 등이 있다.

물질의 세계

6가지 물질이 그려내는 인류 문명의 대서사시

초판 1쇄 2024년 3월 8일
초판 12쇄 2024년 11월 4일

지은이 | 에드 콘웨이
옮긴이 | 이종인

발행인 | 문태진
본부장 | 서금선
편집 2팀 | 임은선 김광연 원지연   교정 | 이민희

기획편집팀 | 한성수 임선아 허문선 최지인 이준환 송은하 송현경 이은지 장서원
마케팅팀 | 김동준 이재성 박병국 문무현 김윤희 김은지 이지현 조용환 전지혜
디자인팀 | 김현철 손성규   저작권팀 | 정선주
경영지원팀 | 노강희 윤현성 정헌준 조샘 이지연 조희연 김기현
강연팀 | 장진항 조은빛 신유리 김수연 송해인

펴낸곳 | ㈜인플루엔셜
출판신고 | 2012년 5월 18일 제300-2012-1043호
주소 | (06619) 서울특별시 서초구 서초대로 398 BnK디지털타워 11층
전화 | 02)720-1034(기획편집) 02)720-1024(마케팅) 02)720-1042(강연섭외)
팩스 | 02)720-1043 전자우편 | books@influential.co.kr
홈페이지 | www.influential.co.kr

한국어판 출판권 ⓒ ㈜인플루엔셜, 2024

ISBN   979-11-6834-174-6   (03900)